财政部规划教材

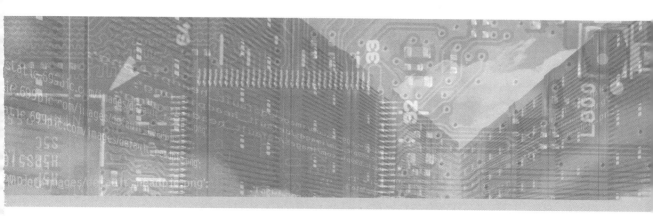

会计信息系统
——基于用友ERP-U8⁺V15.0

Accounting Information System
——Based on Ufida ERP-U8⁺V15.0

（第2版）

钟爱军　刘　慧　罗　姣　主　编
尹志洪　闵　剑　李　莉　富艳娇　副主编

中国财经出版传媒集团

经济科学出版社
Economic Science Press
·北京·

图书在版编目（CIP）数据

会计信息系统：基于用友 ERP – U8 + V15.0／钟爱军，刘慧，罗姣主编 . —— 2 版 . —— 北京：经济科学出版社，2024.4
财政部规划教材
ISBN 978 – 7 – 5218 – 5797 – 9

Ⅰ.①会… Ⅱ.①钟… ②刘… ③罗… Ⅲ.①会计信息 – 财务管理系统 – 高等学校 – 教材 Ⅳ.①F232

中国国家版本馆 CIP 数据核字（2024）第 070710 号

责任编辑：杜　鹏　武献杰　常家凤
责任校对：隗立娜
责任印制：邱　天

会计信息系统
—— 基于用友 ERP – U8 + V15.0
（第 2 版）

钟爱军　刘　慧　罗　姣　主编
尹志洪　闵　剑　李　莉　富艳娇　副主编

经济科学出版社出版、发行　新华书店经销
社址：北京市海淀区阜成路甲 28 号　邮编：100142
编辑部电话：010 – 88191441　发行部电话：010 – 88191522
网址：www. esp. com. cn
电子邮箱：esp_bj@ 163. com
天猫网店：经济科学出版社旗舰店
网址：http://jjkxcbs. tmall. com
固安华明印业有限公司印装
787 × 1092　16 开　25.75 印张　540000 字
2024 年 4 月第 2 版　2024 年 4 月第 1 次印刷
ISBN 978 – 7 – 5218 – 5797 – 9　定价：59.00 元
（图书出现印装问题，本社负责调换。电话：010 – 88191545）
（版权所有　侵权必究　打击盗版　举报热线：010 – 88191661
QQ：2242791300　营销中心电话：010 – 88191537
电子邮箱：dbts@ esp. com. cn）

第 2 版 前 言

《会计信息系统》是财务管理、会计学和审计学等专业的一门核心课程,我们编写团队在系统总结会计信息化工作实践和全面反思《会计信息系统》课程教学活动的基础上,编写和修订了这本《会计信息系统》教材。

2011 年,用友 ERP – U8 V10.1 软件系统发布,目前还有许多院校仍然作为教学平台使用;2018 年,用友 ERP – U8⁺V15.0 软件系统发布,用友新一代 ERP 系统融入了先进的管理理念和新的财税制度,数字化管理平台的建设水平再上新台阶。"用友 U8⁺以企业信息化管理解决方案为核心,为企业构建精细化管理、产业链协同、社交化运营于一体的企业互联网经营管理平台,助力企业应势而变,赢得未来。"

《会计信息系统》课程既具有一定的理论性,又有很强的实践性,"教学改革改到深处是课程,改到实处是教材",《会计信息系统》课程的教学改革想做到与时俱进,要先提高教材质量。为了满足新时期财会审专业人才培养的新要求,本教材编写团队以用友 ERP – U8⁺V15.0 系统作为教学平台来研发新教材,新教材在武汉商学院立项建设的大力支持下,由武汉商学院、武汉理工大学和用友集团新道科技股份有限公司通力合作研发。

本教材内容包括财务链系统和供应链管理系统,具体包括会计信息系统的基本认知、系统管理和基础设置、总账系统应用、报表系统应用、薪资管理系统应用、固定资产管理系统应用、应收款系统应用、应付款系统应用、供应链管理系统应用,共 9 个项目,细分为 35 项典型工作任务。本教材内容对接新时期企业会计信息化工作的基本应用场景,涵盖会计信息系统的业财融合原理、工作流程和操作方法,体现了系统性观念、逻辑性思维和规范化操作,尤其是全面系统地总结了软件用户在应用用友 ERP – U8⁺V15.0 系统中所有可能遇到的疑难问题。

第 1 版教材出版后受到使用院校教师和有关专业人士的关注与支持,编写团队不忘初心,再接再厉,动态完善,持续改进,努力打造会计信息系统实验教学的"金剧本"。

本教材的主要特色有：

1. 理论联系实际，结构和体例设计科学合理。以理论为先导，以案例为载体，以解决实际问题为重点，实施任务驱动，在实际操作与理论学习相结合的基础上开展思维训练，内容呈现图文并茂，学习上手快。

2. 融入思政内容，认真落实立德树人总要求。通过思想政治教育，引领学生健康成长，培养遵纪守法、积极向上、全面发展的高素质人才。

3. 提供全套资源，着力为教育教学提供便利。为读者提供知识链接、操作演示视频、即测即评等学习帮助，为教师提供教学大纲、教案、教学 PPT 等工作便利。

4. 关注能力培养，助力提高软件应用的水平。重点有安排，难点说透彻，疑点讲规范，对学习中所有可能出现的疑难问题进行系统梳理和全面总结，注意培养会计信息系统应用的操作规范意识和职业敏感意识。

本教材由钟爱军、刘慧、罗姣担任主编，尹志洪、闵剑、李莉、富艳娇担任副主编。钟爱军负责教材内容体系设计以及总纂工作，罗姣负责企业参编人员的组织工作，刘慧、李莉、富艳娇负责教学视频录制。章节编写分工是：钟爱军（武汉商学院）负责编写项目一，刘慧（武汉商学院）负责编写项目二，闵剑（武汉理工大学）负责编写项目三，冯军（武汉商学院）负责编写项目四，王腊梅（武汉商学院）负责编写项目五，罗姣（新道科技股份有限公司）负责编写项目六，李莉（新道科技股份有限公司）负责编写项目七，富艳娇（新道科技股份有限公司）负责编写项目八，尹志洪（武汉商学院）负责编写项目九。徐亚文（湖北经济学院）、陈蕾（武汉纺织大学）、刘葵红（武汉轻工大学）、胡波（武汉工程大学）、郑晓燕（湖北商贸学院）、肖味味和宗隽（徐州工程学院）、陆群（徐州工业职业技术学院）对修订工作提出了建议。

本教材在编写和修订过程中得到华中科技大学管理学院张兆国教授和袁建国教授、武汉大学经济与管理学院李青原教授、中南财经政法大学会计学院张敦力教授、武汉理工大学管理学院陈晓芳教授、对外经济贸易大学张新民教授、山东财经大学会计学院王爱国教授、广东外语外贸大学会计学院刘中华教授、重庆理工大学会计学院陈旭教授、上海国家会计学院杨寅教授的关心和指导，武汉商学院、武汉理工大学管理学院、新道科技股份有限公司、经济科学出版社等单位的领导给予了大力支持和帮助，同时也得到了编者家人和同事们的支持，在此一并表示谢意！

由于水平有限，若有错误和不当，请批评指正，来信请致 717682331@qq.com。

编　者

2024 年 2 月

前　言

用友 U8$^+$ 以企业信息化管理解决方案为核心，为成长型企业构建集精细管理、产业链协同、社交化运营于一体的企业互联网经营管理平台，助力企业应势而变，赢得未来。

本教材以用友 ERP–U8$^+$ V15.0 为平台，对接财税新规定和会计信息化工作新场景，内容涵盖财务链和供应链两大板块，分为会计信息系统的基本认知、系统管理和基础设置、总账系统应用、报表系统应用、薪资管理系统应用、固定资产管理系统应用、应收款系统应用、应付款系统应用、供应链管理系统应用，共9个项目，细分为35项典型任务，主要介绍会计信息系统应用的基本原理以及会计信息系统软件的操作流程和方法，助力读者快速形成会计信息系统软件应用能力。

本教材主要有以下特点：

1. 对接社会新发展，体现软件新功能。与 ERP–U8 V10.1 版本的教材相比，在总账系统的出纳业务管理中，新增了网上报销业务内容；在薪资管理系统应用中，新个税业务的处理更加便捷；在供应链管理系统应用中，新增了合同管理内容。

2. 结构设计科学，体例设计合理，对接人才培养新模式。以案例为载体，以目标实现和问题解决为导向，实施任务驱动，动手操作与知识学习相结合，方法培养与思维训练相结合，内容呈现图文并茂，老师好教，学生易学。

3. 融入课程思政内容。以党的二十大精神为指引，落实立德树人的根本任务，通过思政小课堂引导学生树立正确的世界观、人生观和价值观，助力培养综合素质高、业务能力强的新型会计人才。

4. 配套资源系统全面。为读者提供知识链接、演示视频、即测即评等助学帮助，为教师提供教学大纲、教案、教学 PPT 等教学便利，助力提高教学效率和效果。

5. 全面破解疑难问题。对学习中可能出现的问题进行系统梳理和全面总结，重点有安排，难点讲透彻，疑点讲规范，强化职业规范意识，提高软件应用能力。

本教材由钟爱军、刘慧、罗姣担任主编，尹志洪、闵剑、李莉、富艳娇担任副主编。钟爱军负责教材大纲的拟订以及总纂工作，罗姣负责相关组织工作，刘慧、李莉、富艳娇负责视频等配套资源的建设。编写分工如下：钟爱军（武汉商学院）负责编写项目一，刘慧（武汉商学院）负责编写项目二，闵剑（武汉理工大学）负责编写项目三，冯军（武汉商学院）负责编写项目四，王腊梅（武汉商学院）负责编写项目五，罗姣（新道科技股份有限公司）负责编写项目六，李莉（新道科技股份有限公司）负责编写项目七，富艳娇（新道科技股份有限公司）负责编写项目八，尹志洪（武汉商学院）负责编写项目九。

本教材的出版得到了武汉商学院、武汉理工大学、新道科技股份有限公司和经济科学出版社等单位领导的大力支持，在此深表谢意！同时，还要感谢编者家人和朋友们的关心与支持！

由于水平有限，若有错误和不当，敬请读者批评指正，来信请致 717682331@ qq. com。

编 者

2023 年 6 月

目录

项目一　会计信息系统的基本认知

【学习目标】

知识目标：

◎ 掌握会计信息系统的相关概念。

◎ 了解会计信息化发展历程。

能力目标：

◎ 认识会计信息化发展趋势。

◎ 明确会计信息系统建立和运行管理的要点。

◎ 熟悉或者掌握会计软件安装方法。

素养目标：

◎ 熟知企业会计信息化工作规范，遵纪守法，坚守会计职业道德。

◎ 迎接新时代的挑战，勤学苦练，立志成为会计信息化工作中的行家里手。

【学习指引】

今天，我们开始系统地学习实用性很强的专业课程——会计信息系统，这将对我们的会计职业生涯发展产生积极有利的影响。

人类文明发展史始终是人类努力用数字解密世界的历史，从漫长的农业文明进步到快速发展的工业文明，再到如今飞速发展的信息化时代，人类从混沌中一路跌跌撞撞地走来，我们有幸能够生活在精彩纷呈的数字经济时代，从事或将从事与信息化紧密相关的财务管理工作。面对财务数字化转型发展的新机遇和新挑战，你准备好了吗？下面，我们就从会计信息系统的基本认知开始吧。

学习任务 1-1　会计信息系统相关概念

[任务概述] 人们对事物的认识，需要通过概念来表达或者反映，学习、工作与交流自然离不开概念。希望通过对会计电算化、会计信息化、会计软件、会计信息系统、ERP 系统、XBRL 以及会计智能化等会计信息系统相关概念的学习和认识，能够对会计信息系统有一个基本认知。

一、会计电算化

1954 年，美国通用电气公司首次运用电子计算机计算职工薪金，揭开了人类利用计算机进行会计数据处理的序幕。

1979 年，财政部拨款 500 万元给第一汽车制造厂，进行计算机辅助会计核算工作试点，拉开了我国将电子计算机技术应用于会计领域的序幕。

1981 年 8 月 19 日，在财政部、第一机械工业部和中国会计学会的支持下，第一汽车制造厂和中国人民大学联合发起，在长春召开了"财务、会计、成本应用电子计算机专题讨论会"，会议参照当时国际上通用名词 EDPA（Electronic Data Processing Account），把电子计算机技术在会计工作中的应用正式命名为"会计电算化"。

会计电算化起步发展的几个重要时间节点如图 1－1 所示。

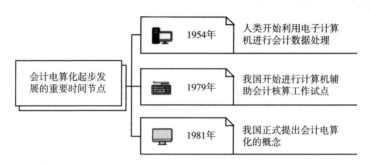

图 1－1　会计电算化起步发展的时间节点

狭义的会计电算化就是指以电子计算机为主体的电子信息技术在会计工作中的应用。广义的会计电算化是指与实现电算化有关的所有工作。狭义的会计电算化和广义的会计电算化概念对比如图 1－2 所示。

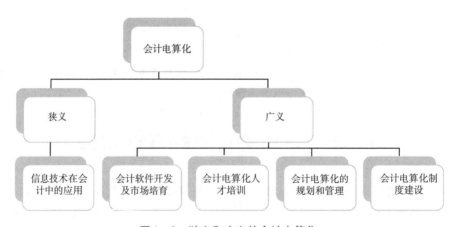

图 1－2　狭义和广义的会计电算化

二、会计信息化

随着电子计算机应用技术的迅速发展，与工业化相对应的信息化逐渐被人们接受。随着企业信息化等概念的提出，会计信息化一词也应运而生。1999 年，专家学者提出了从会计电算化到会计信息化的发展方向。

会计信息化是指企业利用计算机、网络通信等现代信息技术手段开展会计核算，以及利用上述技术手段将会计核算与其他经营管理活动有机结合的过程。

会计电算化是会计信息化的初级阶段，是会计信息化发展的基础。相对于会计电算化而言，会计信息化是一次质的飞跃。现代信息技术手段能够实时便捷地获取、加工、传递、存储和应用会计信息，为企业经营管理、控制决策和经济运行提供充足、实时、全方位的信息。

会计信息化已不再简单模仿传统会计进行事务处理，而是充分利用信息技术突破传统会计局限，实现会计数据输入的分布化和多元化、会计数据处理的集中化和实时化。同时，利用现代信息技术将会计信息系统与企业管理子系统充分融合，实现购销存、人财物一体化核算、监控与管理，与物流、资金流、信息流、知识流、工作流、增值流等协调统一，充分利用大数据技术进行财务分析和决策，满足管理需求。总之，会计信息化更多地强调会计信息的增值性。

会计信息化与会计电算化的关系如图 1-3 所示。

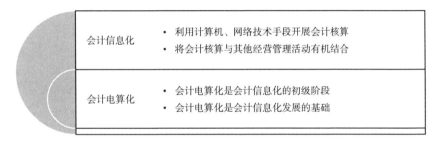

图 1-3　会计信息化与会计电算化的关系

三、会计软件

会计软件是指专门用于会计核算、财务管理的计算机软件、软件系统或者其功能模块，包括一组指挥计算机进行会计核算与管理工作的程序、存储数据以及有关资料。

会计软件的功能如图 1-4 所示。

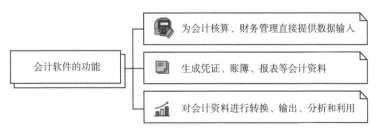

图 1-4　会计软件的功能

　　会计软件的功能模块主要包括账务（总账系统）处理模块、固定资产管理模块、薪资管理模块、应收款管理模块、应付款管理模块、成本管理模块、报表管理模块、存货核算模块、财务分析模块、预算管理模块、项目管理模块和其他管理模块等。

　　财务和供应链管理为财务分析提供基础数据，财务分析又为决策支持和预算管理提供依据。财务和供应链管理主要模块之间的数据传递关系如图 1-5 所示。

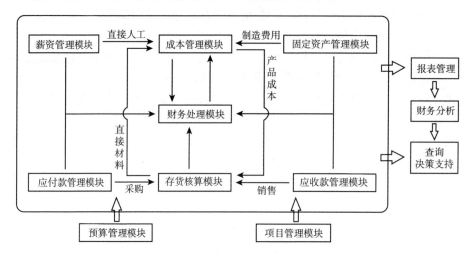

图 1-5　会计软件各个模块之间的数据传递关系

四、会计信息系统

　　会计信息系统（Accounting Information System，AIS），是指由会计软件及其运行所依赖的软硬件环境组成的集合体，是利用信息技术对会计数据进行采集、存储和处理，完成会计核算任务，并提供会计管理、分析与决策相关会计信息的系统，其实质是将会计数据转化为会计信息的系统，是企业管理信息系统的一个重要子系统。会计信息系统分类如图 1-6 所示，会计信息系统的工作任务及其工作流程如图 1-7 所示。

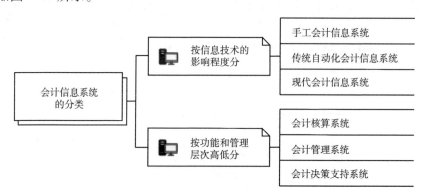

图 1-6　会计信息系统分类

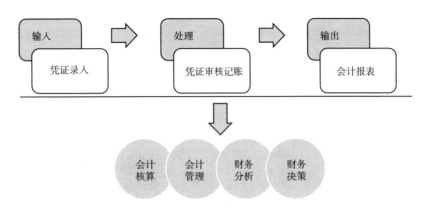

图1-7　会计信息系统的工作任务及流程

五、ERP 和 ERP 系统

企业资源计划（Enterprise Resource Planning，ERP），是指利用信息技术，一方面将企业内部所有资源整合在一起，对开发设计、采购、生产、成本、库存、分销、运输、财务、人力资源、品质管理进行科学规划；另一方面将企业与其外部的供应商、客户等市场要素有机结合，实现对企业的物资、人力、财务和信息等资源进行一体化管理（四流一体化或四流合一），其核心思想是供应链管理，强调对整个供应链的有效管理，提高企业配置和使用资源的效率。在功能层次上，ERP 除了最核心的财务、分销和生产管理等管理功能以外，还集成了人力资源、质量管理、决策支持等企业其他管理功能。ERP 系统的管理思想如图1-8所示。从图1-8中可以看出，会计信息系统已经成为 ERP 系统的一个子系统。

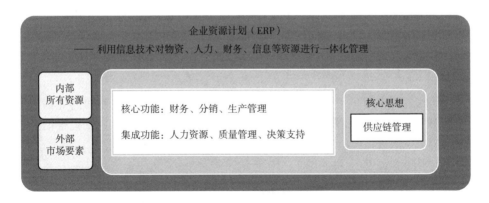

图1-8　企业资源计划（ERP）的管理思想

ERP 系统的工作内容及数据流程如图1-9所示。

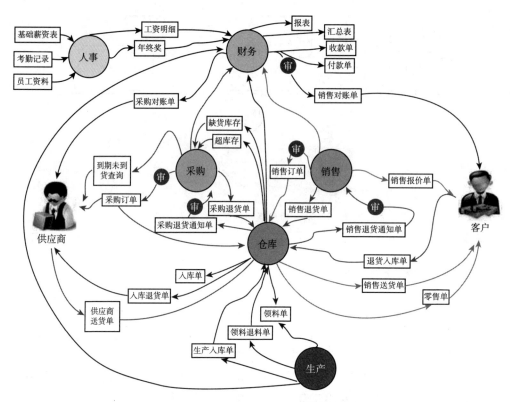

图1-9　ERP系统的工作内容及数据流程

六、可扩展商业报告语言

可扩展商业报告语言（Extensible Business Reporting Language，XBRL），是一种基于可扩展标记语言（Extensible Markup Language）的开放性业务报告技术标准。

（一）XBRL 的作用与优势

XBRL 的主要作用在于将财务和商业数据电子化，促进了财务和商业信息的显示、分析和传递。XBRL 通过定义统一的数据格式标准，规定了企业报告信息的表达方法。

企业应用 XBRL 的优势如图1-10 所示。

（二）我国 XBRL 的发展历程

我国 XBRL 的发展始于证券领域，发展历程见表1-1。

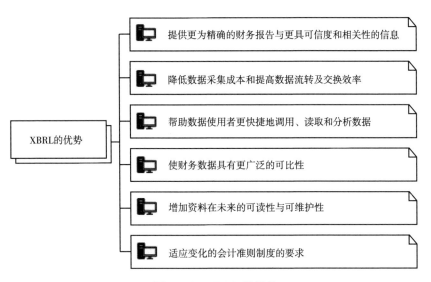

图 1-10　XBRL 的优势

表 1-1　　　　　　　　　　　　　　XBRL 在中国的发展历程

时间	事件
2003 年 11 月	上海证券交易所在全国率先实施基于 XBRL 的上市公司信息披露标准
2005 年 1 月	深圳证券交易所颁布了 1.0 版本的 XBRL 报送系统
2005 年 4 月	上海证券交易所加入 XBRL 国际组织
2006 年 3 月	深圳证券交易所加入 XBRL 国际组织
2008 年 11 月	XBRL 中国地区组织成立
2009 年 4 月	财政部发布的《关于全面推进我国会计信息化工作的指导意见》将 XBRL 纳入会计信息化的标准
2010 年 10 月	国家标准化管理委员会和财政部颁布可扩展商业报告语言（XBRL）技术规范系列国家标准和企业会计准则通用分类标准

七、智能会计

　　智能会计从 2016 年起步，就现有认识而言，智能会计就是将体现人工智能（Artificial Intelligence，AI）先进算法的机器人流程自动化（Robotic Process Automation，RPA）以及智能财务系统应用到会计工作中，随着会计智能化的发展，会计领域将普遍应用机器学习、深度学习、自然语言理解、知识图谱、专家系统等技术。

【问题思考】

　　1. 什么是会计电算化？什么是会计信息化？

　　2. 会计信息化与会计电算化有何不同？

视频：财务机器人应用场景介绍

3. 会计软件有哪些功能模块？各模块之间的数据如何传递？

4. 会计信息系统包含哪些内容？

学习任务 1-2 中国会计信息化的发展

[任务概述] 一方面介绍我国会计信息化发展历程，另一方面对会计信息化未来发展进行展望，激发读者学习兴趣和期待。

一、中国会计信息化发展的历史总结

从 1979 年开始，中国的会计信息化事业伴随着改革开放的步伐，经过四十多年的风雨兼程，取得了举世瞩目的成就。

（一）自行开发和应用的 10 年：缓慢起步阶段

1979~1988 年，只有少部分企业自行开发和应用计算机解决会计核算问题，属于会计电算化的起步阶段。在此期间，由于会计电算化人才奇缺、计算机硬件昂贵，会计电算化应用局限在单项数据处理上，范围小，水平低。不过，该阶段的探索工作为后来会计电算化的快速发展提供了思想上、组织管理上和制度建设上的准备。

（二）商品化软件大发展的 10 年：快速发展阶段

1989~1998 年，既是会计电算化快速发展的 10 年，也是商品化财务软件群雄争霸的 10 年，此阶段的软件基本属于部门级会计软件。在此期间，财政部出台了一系列的会计电算化管理制度，初步建立了会计电算化管理体系。通过建立软件评审制度，促进了商品化软件市场的发展和繁荣，有力地推动了会计电算化核算软件在我国的应用和普及。

（三）财务与业务一体化融合的 10 年：快速进步阶段

1999~2008 年，既是企业管理软件大发展的 10 年，也是会计信息系统与企业管理信息系统相融合的 10 年。在此阶段，会计电算化进入财务与业务数据处理一体化阶段。在此期间，壮大了一批民族软件企业，软件企业在改革开放的大潮中加速前进，在学习中进步，在竞争中成长，通过学习和吸收国外先进的管理理念和软件开发技术，培养和造就了一批既懂计算机技术又熟悉会计业务的复合型人才，财务及管理软件得到了广泛的应用。至此，中国会计电算化和信息化经过 30 年的发展，形成了一个初步繁荣的会计软件市场，顺应了市场经济发展的要求，满足了会计改革的需要，极大地降低了广大会计人员的劳动强度，提高了会计工作效率和工作水平。

（四）进入全面推进会计信息化建设阶段

从 20 世纪 80 年代福特公司建立全球第一家财务共享服务中心起，"共享服务"这一概念便开始深入人心。

国内从 2005 年开始，以中兴通讯为代表的大型集团企业开始建立财务共享服务中心。经济一体化使全球经济规则、技术规则趋同，会计信息化标准成为企业解决财务管理问题的关键技术。

2005 年，国家质检总局和国家标准化管理委员会颁布《信息技术会计核算软件数据接口规范》，使会计核算软件进入标准化阶段。同年，上海国家会计学院召开 XBRL 在中国应用与发展研讨会。

在我国会计信息化事业发展的第三个 10 年结束之际，财政部果断指出，大力推进会计信息化向标准化和国际化发展。

2008 年 11 月，中国会计信息化委员会暨 XBRL 中国地区组织成立大会在北京召开。

2009 年 4 月，财政部发布《关于全面推进我国会计信息化工作的指导意见》，吹响了全面推进会计信息化建设的号角，明确提出了全面推进我国会计信息化工作的目标、任务、措施和要求。随后，财政部相继颁布了《关于发布企业会计准则通用分类标准的通知》《关于企业会计准则通用分类标准实施若干事项的通知》《关于发布 2015 版企业会计准则通用分类标准的通知》等政策，使我国进入了会计信息化标准建设阶段。

为推动企业会计信息化，节约社会资源，提高会计软件和相关服务质量，规范信息化环境下的会计工作，财政部于 2013 年 12 月发布《企业会计信息化工作规范》。

（五）会计智能化（智能财务）扬帆起航

人工智能的快速发展，触发了新的应用场景。大数据时代的到来要求企业具有经营管理敏捷性和信息决策实时性，以数据驱动业务发展的现代企业需要从大数据环境下获取决策信息。企业借助人工智能技术智能化地处理会计工作，挖掘数据背后隐含的秘密，让数据通过洞察变成信息和知识，辅助管理决策。

2016 年，德勤和 Kira Systems 联手宣布将人工智能引入会计、税务、审计等工作中；随后，以"四大"为代表的会计师事务所和以金蝶集团、用友集团、元年科技为代表的软件厂商纷纷推出了自己的财务机器人方案，标志着我国进入了会计智能化阶段。

二、中国会计信息化事业发展展望

40 多年的发展为我国会计信息化奠定了良好的基础，也为后续的快速持续发展提供了机遇。随着新技术的不断涌现、人才体系的逐步健全以及财务流程的纵深融合、财务边界的不断扩大、管理决策需求的快速增长，我国会计信息化事业将得到持续的推进。

（一）会计信息化的技术趋势

现代技术的发展轨迹预示着未来技术正朝着不可预期的方向发展，并对会计产生深远影响。在众多技术中，大智移云物区（大数据、人工智能、移动互联、云计算、物联网、区块链）技术的影响将不断凸显。

随着会计智能化发展的深入，机器学习、深度学习、自然语言理解、知识图谱、专家系统等技术在会计领域的应用会趋于成熟。

财务共享的发展则将更加依赖 RPA、电子发票、电子档案、移动计算、图像识别、财务云、5G 通信、大数据分析、商务智能等技术。

区块链、人工智能技术的发展以及大批成熟应用场景的出现，将会伴随着新的财务管理模式的出现，引发企业决策模式、管理运营模式、生产经营模式、服务创新模式和数据分析模式等方面的变革。

（二）会计信息化的企业应用

传统会计信息化可以帮助企业解决采购销售、会计核算、管理会计、决策支持等会计工作，未来会计信息化将引领会计工作向纵横延伸。

财务会计将与管理会计更加融合。借助于商业智能、数据挖掘等技术，使财务工作的重点向大会计融合的方向发展。

财务会计将与业务活动深度一体化。财务会计的工作源于业务活动，借助信息技术，使企业财务与业务的一体化程度进一步加深。

会计信息系统将打破组织的边界，与外部系统实现有机集成。不仅会实现与税务、财政、金融系统的集成，还会实现与上下游企业、战略伙伴等机构信息系统的集成。

会计信息的呈现方式将向频道化、个性化、实时化、可视化等方向发展。

这将使会计信息用于加强和改善企业经营管理以及帮助政府部门进行宏观调控等方面的作用更加彰显。

（三）会计信息化的市场产品

传统的会计信息化市场产品主要以中小规模的财务软件或者 ERP 系统为主，当前的市场已发生了较大的变化。鉴于财务工作涉及范围越来越广，未来会计信息化市场产品将呈现以下趋势。

跨组织边界、融合了会计信息处理核心功能的企业供需链管理系统，体现人工智能先进算法的 RPA 以及新型的智能财务系统，包含预算和绩效管理等功能的管理会计信息系统，融业务活动、财务会计与管理会计为一体的财务共享服务系统等产品将成为市场的主流。

将金税系统与企业风险管控系统有机集成的、将财务大数据与商业智能有机结合的、将物联网和区块链技术有机融合的新型会计信息系统将会陆续出现并不断优化。

在互联网环境下，能帮助企业提供所需的洞察、完善业务模式、创造竞争机会并打造敏捷财务团队的新一代财务云产品开始出现。

【问题思考】

1. 我国会计信息化未来的发展趋势是什么？
2. 畅想未来的会计工作会是什么样子。

视频：走进企业财务共享服务中心

学习任务 1 - 3　会计信息系统的建立

[**任务概述**] 介绍会计信息系统建立的程序、步骤、方法和注意问题。企业根据发展战略和业务需要进行会计信息系统建设，首先要确立系统建设目标，然后根据目标进行系统建设战略规划，最后将规划细化为项目建设方案并实施。

一、会计信息化工作规划

会计信息系统是指利用信息技术对会计信息进行采集、存储和处理，完成会计核算任务，并为管理、分析、决策提供一系列重要信息的系统。其组成要素包括会计信息系统的硬件、软件、数据文件、工作人员以及保障系统运行的制度规范，其核心部分是功能完备的会计软件，起决定作用的是从事会计信息化工作的人员。

（一）建立会计信息化组织管理机构

会计信息化工作涉及单位内部的各个方面，尤其是大型单位，需要较多的人力、物力、财力等多项资源。建立会计信息系统组织管理机构的基本目的是为制定和执行会计信息系统总体规划提供组织保证。

根据我国会计信息化工作的实践经验，会计信息化组织管理机构的设立和作用的发挥，是一个单位会计信息系统能否建设成功的首要因素。组织管理机构应由单位主要负责人挂帅，由相关职能部门的负责人和技术骨干参加。

会计信息化组织管理机构的主要任务和职责是制定本单位会计信息化工作的发展规划，组织会计信息系统的建立，建立会计信息化管理制度，组织有关人员参加会计信息化培训与学习，监督会计信息系统的正常运行。

（二）项目计划和需求分析

项目计划通常包括项目范围说明、项目进度计划、项目质量计划、项目资源计划、项目沟通计划、风险对策计划、项目采购计划、需求变更控制、配置管理计划等内容。项目计划不是完全静止、一成不变的，在项目启动阶段，可以先制订一个较为实际的项目计划，确定项目主要内容和重大事项，然后根据项目的大小和性质以及项目进展情况进行调整、充实和完善。

需求分析的目的是明确信息系统需要实现哪些功能。该项工作是系统分析人员和用户单位的管理人员、业务人员在深入调查的基础上，详细描述业务活动涉及的各项工作以及用户的各种需求，从而建立未来目标系统的逻辑模型。

需求分析需要重视进行会计信息系统建设的咨询。我国会计软件应用的成功经验和失败教训无不证明，无论单位是走自主或联合开发之路，还是选用现成的商品化软件，进行会计信息系统建设的咨询都很有必要。尤其是实施复杂的、规模较大的系统，向提供咨询服务的专业化机构进行咨询的意义更为重大。这是因为，专业咨询人员经过长期的职业化训练，积累了丰富的应用经验，具有行业业务处理特殊性的清醒认识，具备系统运作的分析能力，经过调研能够很快地把握应用的需求，制订出相应的切合实际的实施方案，并能提供系统实施过程中的一系列技术支持，大大降低了系统实施的风险。在进行会计信息系统建设咨询的基础上，结合本单位的现状和未来发展目标，进一步地进行系统建设分析，科学制订会计信息系统建设的具体实施方案。主要咨询对象包括使用了会计软件的同类单位、会计软件厂商、会计软件经销商、提供会计软件咨询服务的社会专业机构。

咨询能够满足本单位需要的会计软件运行模式。会计软件运行的模式主要有两种：单机应用模式、网络应用模式。单机应用模式是指整个系统中只配置一台计算机和相应的外部设备，所使用的计算机为微型计算机。在单机结构中，所有的数据集中输入输出，同一时刻只能供一个用户使用。在单机平台下运行的会计软件，往往被称为单用户版，早期的会计软件多采用这种模式。现在的网络软件安装在单机上也称为单机应用模式。单机应用模式的优点是投资小，上马容易，见效快；缺点是可靠性差，一台机器发生故障会导致整个工作中断，同一时刻只能由一个用户使用，不利于数据的共享，工作效率低，造成资源的浪费，只适合对账表处理要求不高的小微型单位。网络应用模式是指基于网络系统平台开展会计信息化工作，包括局域网、广域网应用。网络系统是指利用通信线路和通信设备，将地理上分散的、具有独立功能的多个计算机系统相互连接起来，按照网络协议进行数据通信，用功能完善的网络软件实现资源共享的计算机的集合。网络按其覆盖的地理范围大小分为局域网模式和广域网模式。局域网所覆盖的地理范围有限，但传输速率高，其拓扑结构（物理连接方式）简单，通常归属于单一的组织管理。广域网覆盖的地理区域大，但传输速率比局域网低，而且拓扑结构复杂，一般大型的跨地区、跨国家的集团企业需要采用这种模式，基于 Web 技术的会计软件可以在广域网上运行。网络应用不仅是世界范围计算机应用的潮流，也是会计信息化应用发展的一个重要方向。

咨询软件运行的环境。在会计信息系统中，硬件系统、操作系统以及数据库支撑软件等被称为会计软件运行的环境。运行环境是数据的载体，直接涉及会计信息系统运行的安全性与可靠性，关系到会计信息系统运行的质量和效率。

会计信息系统的硬件环境是指系统运行所配置的硬件及其组合模式。一般地，当前主流配置计算机及其相关的外部设备和网络设备，其性能都能满足当前所开发的会计软件运行的需要，关于计算机工作环境设备，如空调和 UPS 电源，应视其所处的实际环境进行配置。

会计软件运行需要相应的软件平台，主要是操作系统和数据库系统，也需要一定的工具软件提供相应辅助。典型的操作系统有 Windows 系列操作系统、UNIX 类操作系统、Linux 类操作系统以及 Mac 操作系统。数据库系统作为会计软件的支撑软件，在会计信息系统中发挥着对大量复杂数据进行有效管理的作用。小型会计信息化软件往往将数据库集成到软件内部，而大型会计软件一般需要另外购买和安装，常见的大型数据库有 Oracle、SQL Server、DB2、Sybase 等。工具软件是会计信息化用户用来完成特殊任务的维护工具，如杀毒软件、磁盘管理软件等。办公自动化软件是具有文字处理和表处理功能的应用软件，如 Word、Excel 等，这些软件可作为会计信息系统的辅助部分，完成一些会计数据的处理工作。

（三）制订会计信息化实施方案

制订会计信息化实施方案的目的是使会计信息系统建设有章可循，起到指导、规范、约束作用。有了会计信息系统建设的咨询和分析，制订会计信息化实施方案便有了很好的基础。会计信息化实施方案的主要内容应包含以下几个方面。

1. 确立会计信息化工作目标。建立一个什么样的会计信息系统的基本依据是单位发展的总目标。这是因为会计信息化的目的不仅是将会计人员从繁重的手工劳动中解放出来，更重要的是通过现代化的会计核算手段和财务管理手段来提高会计信息处理的全面性、准确性和及时性，真正做到对经济业务和事项的事前、事中、事后的有效控制，充分发挥会计的职能作用。

2. 确定会计信息系统的总体结构。会计信息系统的总体结构是指会计信息系统的规模、业务处理范围，以及由哪些子系统构成。系统结构应从分析现有手工系统的任务、业务处理过程以及部门间的联系入手，根据计算机处理数据的特点和系统的目标来确定，并应在单位条件允许的条件下具有一定的前瞻性。

3. 配备和培训专业人员。会计信息化人才一直是制约会计信息化发展的关键因素。会计信息系统的运行和管理需要不同专业类型、不同水平层次的专业人员，为了适应这种需要，应根据系统目标和本单位现有人员的情况，制订专业人员的培训和配备计划，使人员的配备和系统的建设同步进行，系统一旦建成即可投入运行。

会计信息化岗位一般有系统主管、数据录入、审核记账、数据分析等。

4. 建立会计信息系统运行管理制度。会计信息化工作顺利进行需要有会计信息化管理制度作保障，包括会计信息化岗位责任制度、会计信息化操作管理制度、计算机硬软件和数据管理制度、会计信息化档案管理制度。

5. 资金预算安排。开展会计信息化工作需要较多的资金投入，在编制好各种计划之后，便要进行费用预算，即测算各分项目的费用预算和全部投资总额，以便安排资金的来源。

6. 工作日程安排。确定工作日程主要是规定会计信息系统的具体实施分几步进行，并确定每一步的目标和任务，以及各实施阶段的资源分配等，以便组织实施。工作日程安排要体现各个子系统在整个系统中的地位以及单位实际需要的先后次序，同时要考虑经济上、技术上的可行性。

二、会计信息系统软件的配备

会计软件是以会计理论和会计方法为基础，以会计准则和会计制度为依据，以计算机及其应用技术为手段，以会计数据为处理对象，以为会计核算、财务管理和单位其他管理提供信息为目标，将计算机技术应用于会计工作的软件系统。会计软件系统建设就是建立并完善能够满足本单位实际需要的会计信息软件应用系统。

（一）配备会计软件的方式

会计软件的配备方式，如图1–11所示。

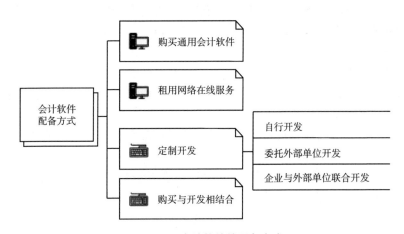

图1–11 会计软件的配备方式

购买成熟的商品化会计软件，已成为单位开展会计信息化应用的普遍方式。

1. 购买通用会计软件。通用会计软件是指软件公司为会计工作专门设计开发，并以产品形式投入市场的应用软件。企业作为用户，付款购买即可获得软件的安装使用以及人员培训等服务。购买成熟通用的商品化会计软件，已成为单位开展会计信息化应用的普遍方式。购买通用会计软件的优缺点如表1–2所示。

表1–2 　　　　　　　　　　购买通用会计软件的优缺点

优点	（1）企业投入少，见效快，实现信息化的过程简单； （2）软件性能稳定，质量可靠，运行效率高，能够满足企业的大部分需求； （3）软件的维护和升级由软件公司负责； （4）软件安全保密性强，用户只能执行软件功能，不能访问和修改源程序，软件不易被恶意修改，安全性高
缺点	（1）软件针对性不强，针对一般用户设计，难以适应企业的特殊业务或流程； （2）为保证通用性，软件功能设置复杂，业务流程简单的企业不易操作

2. 租用网络在线服务。随着计算机网络技术的发展，一种全新的网络化会计信息系统应用模式应运而生——租用网络在线会计信息化服务系统，如软件即服务（Software – as – a – Service，SaaS）、按需软件（on – Demand Software）、应用服务提供商（the Application Service Provider，ASP）、托管软件（Hosted Software）。用户以在线方式建立自己的会计信息系统，通过网络在线录入各种业务数据、在线运行会计信息服务系统，来完成会计核算和财务管理的各项任务，运行模式如图 1 – 12 所示。在这种模式下，用户只需配备能上网的计算机，每年支付一定的租用费，无须支付系统的升级费用和维护费用，而且不受时间和地域的限制，做到在线办公和移动办公。这种方式将是未来小微企业实现会计信息化的新选择。

图 1 – 12   租用网络在线服务

用友和金蝶公司均提供在线会计服务业务，供小微企业使用。

3. 定制开发。

（1）自行开发。自行开发是单位自己组织编程人员和财会人员，以及既懂会计又懂编程的复合型人员进行系统开发，其优缺点如表 1 – 3 所示，这种方式只适合大型单位采用。

表 1 – 3   自行开发会计软件的优缺点

优点	（1）充分考虑自身生产经营特点和管理要求，针对性和适用性强； （2）对系统充分了解，解决问题快捷，改进及时，保证系统使用流畅
缺点	（1）系统开发要求高、周期长、成本高，系统实施比较缓慢； （2）普通企业难以维持一支稳定的高素质软件人才队伍

（2）委托外部单位开发。企业通过委托外部单位进行会计软件开发，其优缺点如表 1 – 4 所示。

表1-4　　　　　　　　　　委托外部单位开发会计软件的优缺点

优点	(1) 软件的针对性较强，降低了用户的使用难度； (2) 对企业自身技术力量的要求不高
缺点	(1) 委托开发费用较高； (2) 开发人员需要花大量时间了解业务流程和客户需求，开发时间长； (3) 开发系统的实用性差，常常不适用于企业的业务处理流程； (4) 外部单位的服务与维护承诺不易做好，目前已很少使用

（3）企业与外部单位联合开发。一些较为特殊的单位，通用的商品化软件不能完全适合本单位使用，本单位又有较强的经济实力和一定的软件开发技术力量，可以走联合开发之路。企业与外部单位联合开发是指企业联合外部单位进行软件开发，由本单位财务部门和网络信息部门进行系统分析，外部单位负责系统设计和程序开发工作，开发完成后，对系统的重大修改由网络信息部门负责，日常维护工作由财务部门负责。这种办法既避免了本单位技术力量不足、自行开发周期长的缺点，又弥补了通用软件不能完全适应特殊需求的不足，是一部分大中型单位会计信息化采用的一种方式。其优缺点如表1-5所示。

表1-5　　　　　　　　　　与外部单位联合开发会计软件的优缺点

优点	(1) 兼顾企业自身需求与利用外单位软件开发力量，开发系统质量高； (2) 内部人员参与开发，熟悉系统结构和流程，有利于系统维护和升级
缺点	(1) 需要外部技术人员与内部技术人员、会计人员沟通，开发周期较长； (2) 企业支付给外单位的开发费用相对较高

（4）购买与开发相结合。企业一般采取购买软件与服务的方式开展会计信息化工作，但是如果购买的通用会计软件仍然不能满足需要，有一定技术实力的企业还会开发个性化的软件作为补充。

（二）用友简介

用友的全称为用友网络科技股份有限公司（股票代码：600588），创立于1988年，2001年在上海证券交易所上市，现已发展成全球领先的企业云服务与软件提供商。用友致力于用创想与技术推动商业和社会进步，通过构建和运行全球领先的商业创新平台——用友BIP，服务企业数智化转型和商业创新，成就千万数智企业，让企业云服务随需而用，让数智价值无处不在，让商业创新如此便捷。据高德纳（Gartner）研究显示，用友公司既是全球企业级应用软件（ERP）TOP10中唯一的亚太厂商，在全球ERP SaaS市场位居亚太区厂商排名第一，也是唯一入选Gartner全球云ERP市场指南、综合人力资源服务市场指南的中国厂商。同时，IDC数据显示，用友公司持续领跑中国企业云服务市场，在中国应用平台化云服务APaaS市场占有率第一、中国企业应用SaaS市场占有率第一，并荣获2021年度全球财务SaaS客户满意度大奖，是中国企业数智化服务和软件国产化自主创新的领导品牌。用友在财务、人力、供应链、采购、制造、营销、研发、项目、资产、协同领域为客户提供数字化、智能化、高弹性、安全可信、平台化、生态化、全球化和社会化的企业云服务产品与解决方案。用友秉承用户之友、持续创新、专业奋斗的核心价值观，一切源于为客户创造价值。目前，用友在全球拥有230多个分支机构、三大产业园区、九大创新中心，超过2.5万名员工。

三、会计信息系统的实施

（一）购置计算机硬件

计算机硬件设备是会计信息系统运行的物质基础，不同的单位应根据未来发展的目标、经济力量大小和管理需要等因素确定计算机硬件设备购置计划，对计算机硬件的档次、网络结构、外部设备以及它们的数量作出原则性规定。从计划阶段就对硬件系统提出规定，有助于从会计信息化工作的整体需要出发，作出合理的长远安排，克服从眼前需要和局部需要出发的局限性，避免系统资源的浪费。

（二）购置或开发会计软件

会计信息系统所需要的软件包括操作系统软件、数据库软件、会计软件以及其他工具软件。操作系统和数据库软件一般采用购买的方式，需要综合考虑会计软件配套需要以及硬件配置的兼容性。目前，配备会计软件的方式主要有购买通用会计软件、租用网络在线服务、定制开发、购买通用软件与自主开发相结合四种方式。如果采用购买通用会计软件的方式，那么应该制订出软件购置计划；如果选择自主开发会计软件，那么就要制订软件开发计划和可行性分析阶段实施细则计划等。

（三）安装会计软件

本教材教学平台为用友 ERP－U8⁺V15，该产品定位于企业管理软件的中端应用市场，是国内应用最广泛的企业管理软件，具有典型代表性。要保证会计软件的正常运行，需要了解软件的运行环境，并掌握软件安装方法。

知识链接：用友 ERP－U8⁺V15.0 软件的安装

（四）进行系统初始化前的数据准备

系统初始化工作是系统运行的第一步，要做的事情就是进行一些建账的初始设置和基础数据的录入，这就需要将准备录入计算机的有关手工数据进行收集、整理和审核。

1. 核对账目。整理所有手工凭证、账簿、报表数据，进行财产清查，核对账目，保证凭证、账簿、报表以及实物之间相符。

2. 制定科目体系。按照国家统一制度的要求，结合本单位实际，制定相应的会计科目体系，包括各级会计科目的名称、编码和辅助核算要求等。

3. 确定辅助管理体系。根据会计科目体系及单位核算和管理的要求，确定辅助管理项目体系，如部门、个人、客户和供应商往来以及项目等。

4. 整理余额和发生额。整理有关会计科目以及有关辅助核算项目的余额和发生额。

5. 其他需要整理和明确的项目及内容。

（五）系统试运行

各项工作准备就绪，即可开始数据的录入、校验、加工和输出，针对发现的问题进行相应的调整、调试，并进一步健全和完善会计信息系统运行管理制度，为保证系统正式投入运行做好各种准备。

（六）系统正式投入运行

试运行成功，可投入正式运行。正式运行期间，应该做好系统运行的各项安全管理和维护，抓好岗位责任制和操作管理制度的落实，做好数据的综合利用和电子档案管理。

四、开展会计信息化工作应注意的问题

会计信息系统的建立和运行是一项复杂的系统工程，要做好这项工作，需要领导高度重视，人力、物力和财力支持要到位，必须树立系统的观念，必须加强基础工作，必须重视专业人才的培养。

（一）领导要重视，支持须到位

系统目标、实施方案、经费预算等需要领导支持和批准，数据采集和反馈涉及各个部门，许多全局性问题需要从不同角度、不同层面考虑和解决，会计信息化应用的实践证明，领导在会计信息系统中起着至关重要的作用。

（二）必须树立系统的观念

会计信息系统是管理信息系统的一个重要子系统，必须从全局要求出发，既要避免产生"信息孤岛"，以实现数据共享，又要克服各自为政、重复组织数据的弊端。即便是在计算机的应用只限于财会部门的情况下，也要考虑其他部门对会计信息数据共享的需要，保留必要的接口，以利于发展的需要。

（三）必须加强会计基础工作

传统手工会计，由于管理水平、人员素质以及手工本身的局限性，不同程度地存在规范性问题，计算机应用引入会计领域后，由于软件本身所带来的规范性和先进性，对会计基础工作提出了不可回避的规范要求。因此，在会计信息化条件下，必须加强会计基础工作，才能真正发挥会计信息化的作用。这些基础工作主要包括管理制度和内部控制规范，会计数据收集、录入规范，会计工作程序规范，会计数据输出规范。

（四）必须重视会计信息化专业人才的培养

会计信息化专业人才是会计信息系统中起主导作用的关键因素，会计信息系统的运行和管理需要不同岗位、不同类别、不同层次的专业人员，会计信息化事业的发展对会计信息化人才提出了越来越高的要求，必须重视会计信息化专业人才的培养。

（五）遵循循序渐进的原则

目前，我国会计信息化应用的整体水平有了较大提高，但高层次管理和应用的人员仍然匮乏，不同行业、不同单位的会计基础工作又参差不齐。在进行会计信息系统建设时，应考虑单位的实际情况，采取循序渐进、不断提高的方式。条件好的单位可以先一次全部实现会计核算的计算机处理，再逐步推进到全面管理层面上；条件差的单位可以先完成账表基本核算的计算机处理，再逐步推进到其他核算模块的计算机应用处理，最后达到全面核算和管理的要求。

【问题思考】

1. 会计信息系统建设工作规划管理的内容主要有哪些？
2. 会计信息化实施方案应该包括哪些主要内容？
3. 如何选择商品化会计软件？

视频：走进用友新道

学习任务1-4 会计信息系统的运行管理

［任务概述］介绍会计信息系统运行管理的内容、会计信息系统的管控目标和措施。

现代信息技术的应用，解决了手工会计工作中存在的会计信息不全面、会计信息提供不及时和不准确的难题，为会计工作从单纯的核算型向管理型转变提供了强大的技术支持。会计信息系统的建立不仅改变了会计工作的操作方式，而且引起了会计业务流程、会计管理程序和方法、会计人员的组织方式以及内部控制等方面的一系列变革，从而对会计管理提出了新的要求。

一、会计信息系统运行管理的内容

会计信息系统运行管理的主要目标是要保证会计信息系统正常地、安全地运行。要保证会计信息系统正常地、安全地运行，需要解决两个方面的问题：一是要建立适合本单位会计信息系统运行的组织机构和管理体制，包括职能部门或者职能小组的设立、会计信息系统工作人员的分工，以及岗位责任制的建立；二是要制定适合会计信息系统运行特点的会计管理制度，包括操作管理制度、维护管理制度、会计档案管理制度等。

（一）组织管理

会计信息系统组织管理的目的就是要建立岗位责任制，以便做到事事有人管，人人有专责，办事有要求，工作有检查，有利于提高工作效率和工作质量。会计信息系统的组织管理就是设立会计信息化职能部门或者职能小组，定人定岗、明确分工，建立责任制。会计信息系统工作岗位是指直接管理、操作、维护计算机及会计软件系统的工作岗位，一般可划分如下：

1. 系统主管。负责协调计算机及会计软件系统的运行工作，要求具备财会和信息技术知识以及相关的会计信息系统组织管理的经验。系统主管可由会计主管兼任，采用中小型计算机和网络会计软件的单位，应设立此岗位。

2. 数据录入。负责输入记账凭证和原始凭证等会计数据，输出记账凭证、会计账簿、报表，进行部分会计数据处理工作，要求具备会计软件操作知识，达到初级水平。

3. 审核记账。负责对输入的会计数据进行审核，以保证凭证的合法性、正确性和完整性，操作会计软件登记机内账簿，对打印输出的账簿、报表进行确认。此岗要求具备会计和信息技术知识，达到初级水平，可由主办会计兼任。

4. 系统维护。负责保证计算机硬件、软件的正常运行，管理电子数据。此岗要求具备信息技术和会计知识，达到中级水平。采用大型、小型计算机和计算机网络会计软件的单位应设立此岗，在大中型单位应由专职人员担任，维护人员不对实际会计数据进行操作。

5. 稽核。负责监督计算机及会计软件系统的运行，防止利用计算机进行舞弊。审查人员要求具备会计和信息技术知识，达到中级水平，采用大型、小型计算机和大型会计软件的单位，可设立此岗位。

6. 数据分析。负责对会计数据进行分析，要求具备信息技术和会计知识，达到中级水平。采用大型、小型计算机和计算机网络会计软件的单位，可设立此岗位，由主管会计兼任。

7. 会计档案资料保管。负责存档数据盘、程序盘、输出的账表、凭证和各种会计档案资料的保管工作，做好存储介质、数据及资料的安全保密工作。

8. 软件开发。由本单位人员进行会计软件开发的单位，设立软件开发岗位，主要负责本单位会计软件的开发和软件维护工作。

以上会计信息系统工作岗位的划分，主要是针对会计信息系统规模较大的单位，这些单位的业务量比较大，工作岗位划分很细，一些岗位常常是一岗多人。对于中小型单位，会计部门的人员少，会计业务比较简单，业务量少，应根据实际需要设置相应岗位，可以一人多岗，但应满足内部控制制度的需要，如出纳岗位与记账、审核岗位以及会计档案保管岗位不能是同一人。

（二）操作管理

1. 明确规定操作人员的权限。通常由系统管理员为各类操作人员设置使用权限。未经授权，一律不得上机；操作权限的分工要符合内部控制制度，系统开发人员、维护人员不得从事业务处理的操作工作；出纳人员不得同时具有不相容的操作权限。

2. 操作人员必须严格按照会计业务流程进行操作。要保证输入计算机的会计数据正确、合法，已经输入的数据发生错误，应根据不同情况进行留有痕迹的修改，操作人员离开机房前，应执行相应命令退出系统，否则密码就会失去作用，给无关人员操作系统留下机会。

3. 操作人员上机必须进行登记。专人保存必要的上机操作记录，记录操作人员、操作时间、操作内容、故障情况和处理结果等内容。

4. 防范计算机病毒的措施。不得随便使用外来移动硬盘或优盘，确须使用要先进行病毒检查。

（三）维护管理

1. 硬件设备的维护管理。要经常对有关设备进行保养，保持机房和设备的整洁，防止意外事故的发生。硬件维护工作中，小故障一般由本单位的维护人员负责，较大的故障应及时与硬件生产或销售厂家联系解决。

2. 系统软件的维护管理。检查系统文件的完整性，是否被非法删除和修改，保证系统软件的正常运行。

3. 会计信息系统的维护管理。日常使用软件过程中发现的问题，系统维护员应尽早排除障碍，如不能排除，应马上求助于软件开发公司的专职维护人员或本单位的软件开发人员。

软件的修改、版本升级等程序维护是由软件开发厂家负责的，软件维护人员的主要任务是与软件开发销售单位进行联系，及时得到新版会计软件。对于自行开发软件的单位，程序维护则包括了正确性维护、完善性维护和适应性维护等内容。对正在使用的会计软件进行修改，对通用会计软件进行升级，要有审批手续。

4. 会计数据的安全维护管理。会计数据的安全维护是为了确保会计数据和会计软件的安全保密，防止对数据和软件的非法修改和删除，主要内容包括：经常进行备份工作，以避免意外和人为错误造成数据的丢失；每日对会计资料进行备份；对存放的数据要保存双备份。

（四）会计档案管理

会计信息系统档案，是指存储在计算机中的会计数据和计算机打印出来的纸介质，包括记账凭证、会计账簿、会计报表等数据，以及会计软件系统开发运行中编制的各种文档以及其他会计资料。单位必须加强对会计信息化档案管理工作的领导，建立和健全会计档案的立卷、归档、保管、调阅和销毁管理制度，并由专人负责管理。

做好防火、防潮、防尘等工作，重要会计档案应准备双份，安全存放在两个不同的地点。

会计软件的全套文档资料及会计软件程序均属于会计档案，如果遇到会计软件升级、更换以及会计软件运行环境改变，旧版本会计软件及相关的文档资料应与该软件使用期的会计资料一并归档。

二、会计信息系统的内部控制

（一）会计信息系统内部控制的意义

会计信息系统比手工会计系统更加复杂，技术要求更高，更有可能产生舞弊和犯罪行为，或出现无意的差错。同时，单位实现会计信息化后，管理和决策部门对会计信息的依赖日益增强，更需要加强内部控制。建立内部控制的目的就是保证会计信息系统所产生信息的正确性、可靠性、及时性，使会计业务处理符合会计准则和制度的要求，防止违法行为的发生，提高信息系统的效率，充分发挥会计信息系统的作用。

（二）会计信息系统内部控制的目标

会计信息系统内部控制的目标是健全机构、明确分工、落实责任、严格操作规程，充分发挥内部控制作用，促进企业有效实施内部控制，提高企业现代化管理水平，减少人为操纵因素；同时，增强信息系统的合法性、安全性、可靠性和合理性、适应性以及相关信息的及时性，为建立有效的信息沟通机制提供支持保障。

合法性是指会计信息系统内部控制要保证处理的经济业务及有关数据符合有关法律、规章和制度。

安全性是指会计信息系统内部控制有利于保证财产和数据的安全，具有严格的操作权限，以及保密功能、恢复功能和防止非法操作功能。

可靠性是指会计信息系统内部控制能够保证数据的输入、加工和输出正确无误。

合理性是指会计信息系统内部控制要保证处理的经济业务及有关数据有利于提高工作效率和经济效益。

适应性就是要求会计信息系统的内部控制能适应管理需要、环境变化和例外业务。

及时性是指会计信息系统内部控制有利于及时输入数据、及时处理数据、及时输出和传递数据，保证会计信息化处理数据的及时利用。

信息系统内部控制的主要对象是信息系统，由计算机硬件、软件、人员、信息流和运行规程等要素组成。

（三）会计信息系统内部控制的功能

1. 预防性控制功能。通过防止或阻止错误、事故、舞弊等来避免对信息的准确、完整、安全造成影响。例如，通过设置口令来防止非法接触和使用计算机，避免对数据文件和程序进行破坏、篡改和非法复制。

2. 检测性控制功能。通过找出、发现已经发生的错误、事故、舞弊来防止危害的扩大，使危害得以消除。例如，通过系统记录，发现非法修改应用程序或数据文件的行为。

3. 纠正性控制功能。通过更正已检测出的错误，处理发生的舞弊行为，减轻危害，使系统恢复正常。例如，通过数据和程序备份措施，补救对程序和数据的危害。

（四）会计信息系统内部控制的特点

与手工会计相比，会计信息系统的内部控制主要有以下几个方面的特点。

1. 控制的方式发生变化。会计信息系统将手工条件下的大部分会计核算工作，如记账、算账、对账、编制报表等集中在计算机中由会计软件来完成。手工条件下的会计工作基本上演变为只负责对原始数据的收集、审查、整理、录入和信息处理结果的分析与保管方面。会计业务执行主体的变化导致了内部控制实施主体的变化，尽管不能取代全部人工条件下的所有会计工作，但是，关键的会计信息处理和业务核算工作已由会计软件集中代替。于是，会计工作的执行主体演变为人与会计软件两个因素。这种变化使得会计信息系统中的内部控制实施主体也演变为人与软件两个因素，控制方式演变为由人工控制转为人工控制和程序控制相结合。

2. 控制的重点发生变化。会计信息系统实现后，会计人员不再需要进行手工登记账目，不需要进行平行登记，所有数据都源于凭证库，数据只需一次性录入，系统将自动进行多项业务处理。输入操作不当，将会引发日记账、明细账、总账乃至会计报表等一系列的错误。因此，数据输入操作不当问题是信息化条件下会计业务处理程序中关键的内部控制问题。

3. 控制的范围扩大。由于会计信息系统的数据处理方式与手工处理方式相比有所不同，以及计算机系统建立与运行的复杂性，要求内部控制的范围相应扩大，其中包括一些手工系统中没有的控制内容，如对系统硬件、软件运行的控制，以及数据备份、数据恢复和数据存储的控制等。

4. 控制的风险增大。手工条件下，会计的多项业务资料，如凭证、日记账、明细账、总账等均由不同的责任人分别记录并保管，未经授权，任何人都难以浏览到全部的会计资料。而在会计信息系统中，所有的会计信息均集中于计算机中，且由同一套会计软件执行多项业务处理。在计算机网络技术和数据库技术所导致的计算机数据资料高度共享的条件下，如果没有相应的内部控制措施，系统数据和信息处理资料面临被不留痕迹非法浏览、修改、拷贝乃至毁损的巨大系统问题风险。

企业实施信息化后，会计资料存储介质的变化也导致了会计资料管理方面的一系列重要内部控制问题。原来手工条件下的纸介质将由新的存储介质代替，使会计信息化的资料保存面临一系列新的风险问题。

会计信息化还引发了其他一些风险，如系统不当开发问题、计算机病毒入侵问题、未经授权的软件调用和修改问题，以及软件系统实施所引发的审计问题等。

会计信息化使系统内部控制体系出现的变化均源于会计软件这一新的会计业务执行主体，它是我们认识和设计会计信息系统内部控制体系的主线。

（五）会计信息系统内部控制的措施

1. 组织控制。所谓组织控制，就是将系统中不相容的职责进行分离，即对系统中各类人员之间进行分工，并以相应的管理规章与之配套。其目的在于通过设立一种相互稽核、相互监督和相互制约的机制来保障会计信息的真实、可靠，减少发生错误和舞弊的可能性。

在手工方式下，不相容的职能相分离通过分散处理方式实现显而易见，但会计信息化方式下，业务的处理集中在计算机中，岗位职能的分离显得极其重要。具体包括程序设计职能同会计业务处理职能相分离，系统管理和维护同业务操作职能相分离，出纳业务职能同对出纳控制的职能相分离，设立独立的档案保管职能，有效地防止未经批准而使用程序、数据文件和系统资料的行为。

2. 操作控制。操作控制的目的是通过规范计算机操作，减少产生差错和未经批准而使用程序、数据文件的机会。操作控制是通过制定和执行规范的操作规程来实现的，主要包括以下几个方面。

一般操作控制。主要是对操作所作的一般性规定，包括设备进出机房的要求、设备使用的要求、软件应用的基本规范要求，以及机房中禁止的活动和行为。

数据输入控制。输入是会计信息系统的信息入口，是出错的主要环节。数据采集的控制方法主要有使用格式标准的凭证、只接受内容齐全的凭证、进行凭证交接的详细登记。数据输入控制的主要内容包括对凭证日期的控制、对凭证编号的控制、对附件的控制、对摘要的控制、对金额的控制、对科目使用的控制、对辅助信息的控制。对于联机输入，还必须有反馈机制，即数据通过终端传送到主机，终端屏幕应有主机收到数据的反馈信息提示。各种录入的数据均需具有完整、真实的原始凭证，并经过严格的审批。数据录入员对输入数据有疑问，应及时核对，不能擅自修改。数据处理控制的基本要求就是要按规范的业务处理流程进行操作。有些数据处理控制往往被编入计算机程序，如数据有效性检验、余额检查、试算平衡等。数据输出控制包括屏幕查询、打印机打印输出、备份文件输出等形式。输出控制的目的：一是要保证各种输出结果的真实、完整和正确；二是要控制机房工作人员非经授权不能向任何人提供任何资料和数据。

3. 系统安全控制。保证计算机系统的运行安全以及会计档案安全，消除由于外部环境因素导致系统运行错误以及数据毁损的安全隐患，包括接触控制、环境控制和后备控制。

接触控制是防止各种非法人员进入机房，杜绝未经授权的人擅自动用系统的各种资源，保护机房内的设备、机内的程序和数据的安全，以保证各项资源的正确性。随着网络技术快速发展，单位应加强网络安全的控制，设置网络安全性措施，包括数据保密、访问控制、身份识别等。

环境控制是为了尽量减少外界因素所致的危害和系统故障，以保障设备正常运行，主要包括防盗、防水、防火、防高温、防潮湿、防强磁场干扰、防病毒破坏。机房还应采用单独供电系统，并且经常检查电源、接地线的安全，以保证机房用电安全。

后备控制是为在系统出现问题后能够迅速恢复被毁程序和数据所采取的一些预防性措施，主要包括程序软件备份和数据备份，这些备份的文件都要保存在安全的地方，并与原件分开存放，一旦出现意外情况可以立即恢复。

【问题思考】

1. 开展会计信息化工作应该注意哪些主要问题？
2. 会计信息系统运行管理的主要内容有哪些？

学习任务1-5　企业会计信息化工作规范

[**任务概述**] 主要介绍企业会计信息化工作基本规范。

一、会计软件和服务的规范

1. 会计软件应当保障企业按照国家统一会计准则制度开展会计核算，不得有违背国家统一会计准则制度的功能设计。

2. 会计软件的界面应当使用中文并且提供对中文处理的支持，可以同时提供外国或者少数民族文字界面对照和处理支持。

3. 会计软件应当提供符合国家统一会计准则制度的会计科目分类和编码功能。

4. 会计软件应当提供符合国家统一会计准则制度的会计凭证、账簿和报表的显示和打印功能。

5. 会计软件应当提供不可逆的记账功能，确保对同类已记账凭证的连续编号，不得提供对已记账凭证的删除和插入功能，不得提供对已记账凭证日期、金额、科目和操作人的修改功能。

6. 鼓励软件供应商在会计软件中集成可扩展商业报告语言（XBRL）功能，便于企业生成符合国家统一标准的 XBRL 财务报告。

7. 会计软件应当具有符合国家统一标准的数据接口，满足外部会计监督需要。

8. 会计软件应当具有会计资料归档功能，提供导出会计档案的接口，在会计档案存储格式、元数据采集、真实性与完整性保障方面，符合国家有关电子文件归档与电子档案管理的要求。

9. 会计软件应当记录生成用户操作日志，确保日志的安全、完整，提供按操作人员、操作时间和操作内容查询日志的功能，并能以简单易懂的形式输出。

10. 以远程访问、云计算等方式提供会计软件的供应商，应当在技术上保证客户会计资料的安全、完整。对于因供应商原因造成客户会计资料泄露、毁损的，客户可以要求供应商承担赔偿责任。

11. 客户以远程访问、云计算等方式使用会计软件生成的电子会计资料归客户所有。

软件供应商应当提供符合国家统一标准的数据接口供客户导出电子会计资料，不得以任何理由拒绝客户导出电子会计资料的请求。

12. 以远程访问、云计算等方式提供会计软件的供应商，应当做好本厂商不能维持服务情况下，保障企业电子会计资料安全以及企业会计工作持续进行的预案，并在相关服务合同中与客户就该预案作出约定。

13. 软件供应商应当努力提高会计软件相关服务质量，按照合同约定及时解决用户使用中的故障问题。会计软件存在影响客户按照国家统一会计准则制度进行会计核算问题的，软件供应商应当为用户免费提供更正程序。

14. 鼓励软件供应商采用呼叫中心、在线客服等方式为用户提供实时技术支持。

15. 软件供应商应当就如何通过会计软件开展会计监督工作提供专门教程和相关资料。

二、企业会计信息化的工作规范

1. 企业应当充分重视会计信息化工作，加强组织领导和人才培养，不断推进会计信息化在本企业的应用。

2. 企业开展会计信息化工作，应当根据发展目标和实际需要，合理确定建设内容，避免投资浪费。

3. 企业开展会计信息化工作，应当注重信息系统与经营环境的契合。

4. 大型企业、企业集团开展会计信息化工作，应当注重整体规划，统一技术标准、编码规则和系统参数，实现各系统的有机整合，消除"信息孤岛"。

5. 企业配备的会计软件应当符合《企业会计信息化工作规范》所规定的会计软件和服务规范的要求。

6. 企业配备会计软件，应当根据自身技术力量以及业务需求，考虑软件功能、安全性、稳定性、响应速度、可扩展性等要求，合理选择购买、定制开发、购买与开发相结合等方式。定制开发包括企业自行开发、委托外部单位开发、企业与外部单位联合开发。

7. 企业通过委托外部单位开发、购买等方式配备会计软件，应当在有关合同中约定操作培训、软件升级、故障解决等服务事项，以及软件供应商对企业信息安全的责任。

8. 企业应当促进会计信息系统与业务信息系统的一体化，通过业务的处理直接驱动会计记账，减少人工操作，提高业务数据与会计数据的一致性，实现企业内部信息资源共享。

9. 企业应当根据实际情况，开展本企业信息系统与银行、供应商、客户等外部单位信息系统的互联，实现外部交易信息的集中自动处理。

10. 企业进行会计信息系统前端系统的建设和改造，应当安排负责会计信息化工作的专门机构或者岗位参与，充分考虑会计信息系统的数据需求。

11. 企业应当遵循企业内部控制规范体系要求，加强对会计信息系统规划、设计、开发、运行、维护全过程的控制，将控制过程和控制规则融入会计信息系统，实现对违反控制规则情况的自动防范和监控，提高内部控制水平。

12. 对于信息系统自动生成且具有明晰审核规则的会计凭证，可以将审核规则嵌入会计软件，由计算机自动审核。未经自动审核的会计凭证，应当先经人工审核再进行后续处理。

13. 处于会计核算信息化阶段的企业，应当结合自身情况，逐步实现资金管理、资产管理、预算控制、成本管理等财务管理信息化。处于财务管理信息化阶段的企业，应当结合自身情况，逐步实现财务分析、全面预算管理、风险控制、绩效考核等决策支持信息化。

14. 分公司、子公司数量多、分布广的大型企业、企业集团应当探索利用信息技术促进会计工作的集中，逐步建立财务共享服务中心。

实行会计工作集中的企业以及企业分支机构，应当为外部会计监督机构及时查询和调阅异地储存的会计资料提供必要条件。

15. 外商投资企业使用的境外投资者指定的会计软件或者跨国企业集团统一部署的会计软件，应当符合《企业会计信息化工作规范》所规定的会计软件和服务规范的要求。

16. 企业会计信息系统数据服务器的部署应当符合国家的有关规定。数据服务器部署在境外的，应当在境内保存会计资料备份，备份频率不得低于每月一次。境内备份的会计资料应当能够在境外服务器不能正常工作时，独立满足企业开展会计工作的需要以及外部会计监督的需要。

17. 企业会计资料中对经济业务事项的描述应当使用中文，可以同时使用外国或者少数民族文字对照。

18. 企业应当建立电子会计资料备份管理制度，确保会计资料的安全、完整和会计信息系统的持续、稳定运行。

19. 企业不得在非涉密信息系统中存储、处理和传输涉及国家秘密，关系国家经济信息安全的电子会计资料；未经有关主管部门批准，不得将其携带、寄运或者传输至境外。

20. 企业内部生成的会计凭证、账簿和辅助性会计资料，同时满足下列条件的，可以不输出纸面资料。

（1）所记载的事项属于本企业重复发生的日常业务；

（2）由企业信息系统自动生成；

（3）可及时在企业信息系统中以人类可读形式查询和输出；

（4）企业信息系统具有防止相关数据被篡改的有效机制；

（5）企业对相关数据建立了电子备份制度，能有效防范自然灾害、意外事故和人为破坏的影响；

（6）企业对电子和纸面会计资料建立了完善的索引体系。

21. 企业获得的需要外部单位或者个人证明的原始凭证和其他会计资料，如果同时满足会计资料附有可靠的电子签名且电子签名经符合《中华人民共和国电子签名法》的第三方认证、所记载的事项属于本企业重复发生的日常业务、可及时在企业信息系统中查询和输出、企业对相关数据建立了电子备份制度及完善的索引体系等这些条件，可以不输出纸面资料。

22. 企业会计资料的归档管理，应遵循国家有关会计档案管理的规定。

23. 实施企业会计准则通用分类标准的企业，应当按要求向财政部报送 XBRL 财务报告。

三、会计信息化的监督管理

1. 企业使用会计软件不符合《企业会计信息化工作规范》要求，由财政部门责令限期改正。限期不改的，财政部门应当予以公示，并将有关情况通报同级相关部门或其派出机构。

2. 财政部采取组织同行评议、向用户企业征求意见等方式对软件供应商提供的会计软件遵循《企业会计信息化工作规范》的情况进行检查。省、自治区、直辖市人民政府财政部门发现会计软件不符合《企业会计信息化工作规范》的，应当将有关情况报财政部。

3. 软件供应商提供的会计软件不符合《企业会计信息化工作规范》的，财政部可以约谈该供应商主要负责人，责令限期改正。限期内未改正的，由财政部予以公示，并将有关情况通报相关部门。

会计信息化的监督管理工作内容和流程如图 1-13 所示。

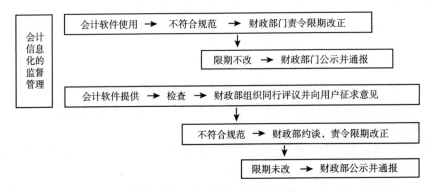

图 1-13　会计信息化的监督管理

【问题思考】

1. 企业会计信息化工作规范包括哪几个方面的内容？

2. 企业内部生成的会计凭证、账簿和辅助性会计资料，在满足什么条件的情况下可以不输出纸面资料？

法规知识链接：会计信息化工作规范

【思政小课堂——齐朗诵向未来】

未来的样子取决于我们现在的行动与努力，"青年兴则国家兴，青年强则国家强"，在实现中华民族伟大复兴的新征程上，我们青年学子肩负着时代使命，我们要坚定理想信念，肩负起责任担当，以青春之我、奋斗之我，勤奋学习，努力为民族复兴和祖国建设贡献自己的一分力量。"工欲善其事，必先利其器"，只有掌握新技术，才能提高财务信息化应用水平，进而赋能经济管理新要求、促进经济社会新发展。

几度风雨几度春秋，乘势而上搏激流，追求理想初心不改，德优业精显身手。逐梦新时代，奋进新征程，让我们一起向未来！

【项目小结】

通过项目一的学习，我们对会计信息系统有了基本认知。

首先，我们要逐步理解会计电算化、会计信息化、会计软件、会计信息系统、ERP 系统、XBRL 以及会计智能化等会计信息系统相关概念，这是我们认识事物、开展专业学习与交流的基础，随着对会计信息化发展历程的了解，要进一步加深认识这些概念内涵。

其次，我们对会计信息系统建立的程序、步骤、方法和注意问题进行了认知。企业根据发展战略和业务需要进行会计信息系统建设，首先要确立系统建设目标，然后根据目标进行系统建设战略规划，最后将规划细化为项目建设方案并实施。

要从事会计信息化工作，还必须遵循会计信息化工作规范，因此，我们最后还对企业会计信息化工作基本规范进行了学习。

我们还可以通过网络学习、社会实践等途径，积累更多的知识，更加全面地了解会计信息系统知识，在后续的学习中更加系统地掌握会计信息系统软件操作的方法。

【即测即评】

扫描二维码，进行即测即评。

即测即评：项目一

项目二　系统管理和基础设置

【学习目标】

知识目标：

◎ 了解用户管理身份类型。

◎ 了解数据维护基本方法。

◎ 理解期初建账基本原理。

能力目标：

◎ 根据企业会计核算实际要求，完成相应用户身份及权限设置。

◎ 运用期初建账基本原理，完成企业初始账套规定设置，理解当前设定意图。

◎ 依照企业原始数据信息，完成基础数据设置，注意操作时的便捷模式。

◎ 熟练应用账套输出和账套引入的方法，保证学习过程中资料的完整性。

素养目标：

◎ 培养学生探索问题的兴趣。

◎ 培养学生勤奋学习的精神。

◎ 培养学生善于动手的能力。

【学习指引】

用友 ERP - U8⁺V15.0 软件安装完毕后，该如何实现操作应用呢？

用友 ERP - U8⁺V15.0 属于通用化的财务软件，每个企业必须结合自身需要进行初始设置，完成操作员设置、账套创建、操作权限分配、操作规则定义、基础数据设置等一系列工作，将一个通用系统转变成适合本单位使用的专用系统。

马上就要进入用友 ERP - U8⁺V15.0 系统完成你的专属设置啦，你是不是很期待呢？

学习任务 2 - 1　系统初始化概述

[**任务概述**] 会计信息化工作的起点是系统初始化，也就是期初建账工作，目的是将一个通用软件系统设置为适合本单位使用的专用系统。本学习任务介绍用友软件的系统初始化模块的功能、操作流程以及基础设置内容。

一、系统管理的功能

系统管理模块包括用户管理，账套管理，数据备份、恢复与维护。其主要功能见图 2 - 1。

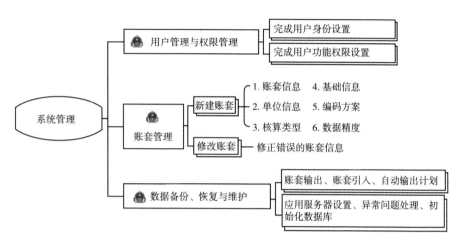

图 2 - 1 系统管理主要功能

二、系统管理操作流程

新用户操作流程，见图 2 - 2。

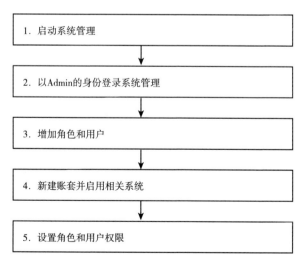

图 2 - 2 系统管理操作流程（新用户）

以上年数据为基础的老用户操作流程，见图 2 - 3。

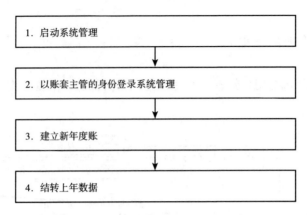

图 2-3　系统管理操作流程（老用户）

三、基础设置的内容及其操作流程

在进行日常账务处理前，需要确定操作规则、设置基础数据，包括基本信息定义、基础档案定义、业务单据设计、权限定义等，操作内容及流程见图 2-4。

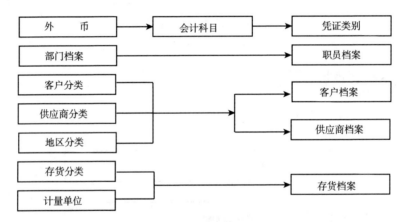

图 2-4　基础设置内容

四、Admin 和账套主管的权限区分

Admin 和账套主管的权限见表 2-1。

表 2-1　　　　　　　　　　Admin 和账套主管在系统管理模块中的权限

主菜单	子菜单	功能说明	Admin	账套主管
系统	设置备份计划	自动备份计划	○	○
账套	建立	建立账套	○	
	修改	修改账套		○

主菜单	子菜单	功能说明	Admin	账套主管
账套	引入	恢复账套	○	
	输出	备份账套	○	
年度账	建立	建立年度账		○
	清空年度数据	清空年度账数据		○
	引入	恢复年度账		○
	输出	备份年度账		○
	结转上年数据	数据年度结转		○
权限	角色	角色管理	○	
	用户	用户管理	○	
	权限	权限管理	○	○
视图	清除异常任务		○	
	清除选定任务		○	
	清除所有任务		○	
	清退站点		○	
	清除单据锁定		○	
	上机日志		○	

【问题思考】

1. 系统管理的功能与基础设置的内容分别有哪些?

2. Admin 和账套主管的权限有何不同?

学习任务 2-2 系统管理的操作

[**任务概述**] 系统初始化工作从系统管理子系统的操作开始,本项学习任务主要训练学生掌握用户设置、账套创建、用户权限分配、账套备份和账套恢复的操作方法。

一、任务目标

1. 熟悉系统管理界面。

2. 理解系统管理的作用。

3. 理解用户权限设置的意义。

4. 掌握设置角色和用户方法。

5. 掌握建立新账套方法。

6. 掌握权限设置方法。

7. 掌握数据备份工作。

8. 掌握数据恢复工作。

二、准备工作

1. 安装的用友软件符合操作要求。

2. 了解系统管理的功能。

3. 了解 Admin 和账套主管的权限。

4. 更改计算机系统时间为 2022 年 3 月 1 日。

5. 准备一个剩余空间不小于 16G 的 U 盘。

三、任务引例

1. 用户信息（见表 2 – 2）。

表 2 – 2   用户信息

姓名	编号	认证方式	密码	角色
张主管	01	用户 + 口令	01	账套主管
李制单	02	用户 + 口令	02	
王审核	03	用户 + 口令	03	
赵出纳	04	用户 + 口令	04	

2. 账套信息（见表 2 – 3）。

表 2 – 3   账套信息

项目	内容
账套号	666
账套名称	长城兴荣科技
账套路径	默认路径（一般为 C：\ U8SOFT \ ADMIN）
启用会计期	2022 年 3 月
会计期间	年度为 1 月 1 日至 12 月 31 日，每月按自然起止日期设置

3. 单位信息（见表 2 – 4）。

表 2 – 4   单位信息

项目	内容
单位名称	长城兴荣科技有限公司
单位简称	长城兴荣

续表

项目	内容
单位地址	
法人代表	郑强
邮政编号	

4. 核算类型（见表 2-5）。

表 2-5 核算类型

项目	内容
本币代码	RMB
本币名称	人民币
企业类型	商业
行业性质	2007 年新会计制度科目，并按行业性质预置科目
科目预置语言	中文（简体）
账套主管	张主管

5. 基础信息。

对存货、客户、供应商进行分类，有外币业务。

6. 分类编码方案（见表 2-6）。

表 2-6 分类编码方案

项目	编码方案级次
科目编码级次	4222
客户分类编码级次	223
供应商分类编码级次	223
存货分类编码级次	22
部门编码级次	22
结算方式编码级次	12
收发类别编码级次	12

7. 数据精度。

全部保留 2 位小数。

8. 用户权限（见表 2-7）。

表2-7   用户权限

姓名	权限
张主管	负责账套管理，具有所有模块全部权限
李制单	负责日常业务凭证处理，具有总账、UFO报表、应付款管理、应收款管理、薪资管理、固定资产、网上报销、公共单据、公用目录、合同管理、存货核算、采购管理、销售管理、库存管理模块的全部权限
王审核	负责凭证的审核，具有凭证查询和审核权限
赵出纳	负责出纳签字、支票管理、银行账管理，具有出纳签字、凭证查询以及出纳的全部权限

9. 自动备份计划（见表2-8）。

表2-8   自动备份计划

项目	内容
计划编号	202203
计划名称	666账套备份计划
备份类型	账套备份
发生频率	每周
发生天数	1
开始时间	03：00：00
有效触发	2小时
保留天数	0
备份路径	C：\ UFIDAU8BAK
账套	666

【重点提示】重点理解系统管理的功能及作用，掌握用户管理以及权限分配，能够区分系统管理员与账套主管的职责，掌握账套的基础设置，理解其对后续操作的关联性。按照过程指导进行操作，直到能够根据实训任务和任务引例资料独立完成。

四、操作指导

操作流程见图2-5。

第一步	第二步	第三步	第四步	第五步	第六步	第七步
• 登录系统	• 用户管理	• 新建账套	• 修改账套	• 权限管理	• 账套备份与恢复	• 数据维护

图2-5 操作流程

（一）登录系统

1. 启动系统管理。以 Admin 的身份选择〖开始〗—〖用友 ERP – U8$^+$〗—〖系统管理〗，启动系统管理。

2. 登录系统管理。选择〖系统〗—〖注册〗功能菜单，显示登录系统管理界面。

3. 在"登录到"中选择登录服务器，一般使用本机电脑名或者 ip 地址（127.0.0.1），在〖操作员〗中输入〖Admin〗，〖密码〗为空，在〖账套〗中选择〖default〗，如图 2–6 所示。

视频：2–1
登录系统

图 2–6　登录系统管理界面

4. 单击〖登录〗按钮，登录系统管理模块，界面见图 2–7，顺利完成后即进入系统管理界面。

图 2–7　系统管理界面

Admin 登录说明见图 2–8。

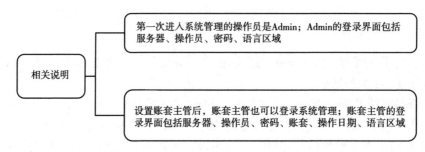

图 2-8 Admin 登录说明

知识链接：
2.1 用户管理

视频：2-2
用户管理

（二）用户管理

1. 在"系统管理"主界面，选择〖权限〗菜单中的〖用户〗子菜单，单击进入用户管理功能界面。

2. 在用户管理界面，单击"增加"按钮，显示"操作员详细情况"界面，依次录入信息，编号"01"，姓名"张主管"，认证方式为"用户＋口令（传统）"，口令"01"，确认口令"01"，并取消 UU 用户，角色"账套主管"，见图 2-9。单击"增加"按钮，保存新增用户信息。

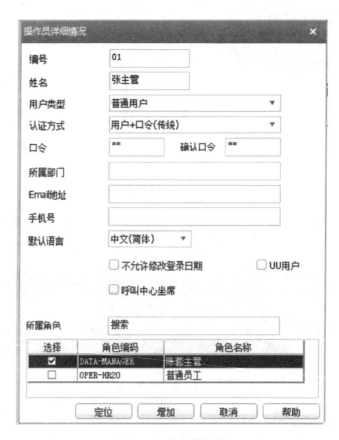

图 2-9 增加操作员

3. 按照给定资料, 继续增加用户, 依次录入 02 李制单、03 王审核、04 赵出纳。

（三） 新建账套

1. 打开新建账套功能。在系统管理界面单击〖账套〗—〖建立〗, 进入创建新账套的向导。

视频：2–3
新建账套

2. 录入账套信息。录入账套号 "666", 账套名 "长城兴荣科技", 启用会计期 "2022 年 3 月", 取消 "适用 UU", 取消 "启用智能输入", 见图 2–10。

图 2–10 创建账套

账套设置说明见图 2–11。

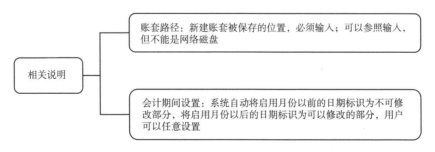

图 2–11 账套设置说明

3. 录入单位信息。单击 "下一步" 按钮, 完成单位信息录入, 单位名称为 "长城兴荣科技有限公司"、单位简称为 "长城兴荣"、法人代表为 "郑强", 见图 2–12。

图 2 – 12　录入单位信息

单位信息设置说明见图 2 – 13。

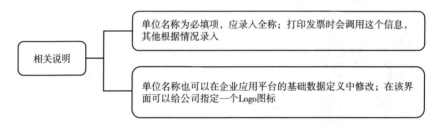

图 2 – 13　单位信息设置说明

4. 录入核算类型。单击"下一步"按钮，进入核算类型界面，企业类型为"商业"，行业性质为"2007 年新会计制度科目"，账套主管为张主管，选中"按行业性质预置科目"复选框，见图 2 – 14。

图 2 – 14　定义核算类型

核算类型设置说明见图 2 – 15。

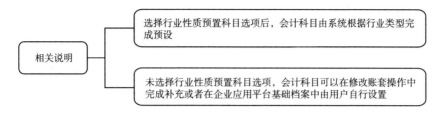

图 2 – 15　核算类型设置说明

5. 设置基础信息。单击"下一步"按钮，进入基础信息选择界面，选中所有复选框，见图 2 – 16。

图 2 – 16　设置基础信息

6. 开始创建账套。单击"完成"按钮，出现"可以创建账套吗?"的提示，单击"是"按钮，进入创建账套过程，见图 2 – 17。

图 2 – 17　创建账套

账套路径设置见图 2–18。

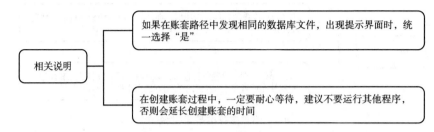

图 2–18　账套路径设置

7. 设置编码方案。等待几分钟后，系统自动弹出编码方案界面。根据任务引例资料，修改编码方案，先单击"确定"按钮保存方案，再单击"取消"按钮，关闭界面，见图 2–19。

项目	最大级数	最大长度	单级最大长度	第1级	第2级	第3级	第4级	第5级	第6级	第7级	第8级	第9级
科目编码级次	13	40	9	4	2	2	2					
客户分类编码级次	5	12	9	2	2	3						
供应商分类编码级次	5	12	9	2	2	3						
存货分类编码级次	8	12	9	2	2							
部门编码级次	9	12	9	2	2							
地区分类编码级次	5	12	9	2	3	4						
费用项目分类	13	50	9	1	2							
结算方式编码级次	2	3	3	1	2							
货位编码级次	8	20	9	2	3	4						
收发类别编码级次	3	5	5	1	2							
项目设备	8	30	9	2	2							
责任中心分类档案	5	30	9	2	2							
项目要素分类档案	6	30	9	2	2							
供应商银行编码级次	5	12	9	2	3	4						

确定(O)　取消(C)　帮助(F)

图 2–19　设置编码方案

编码方案设置说明见图 2–20。

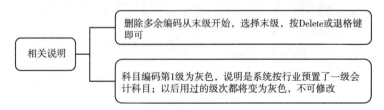

图 2–20　编码方案设置说明

8. 设置数据精度。关闭编码方案后，自动弹出数据精度界面，默认值与资料相同，不需要修改，直接单击"取消"按钮即可，见图2-21。

图2-21 设置数据精确度

9. 完成操作。关闭数据精度界面后，系统提示"现在进行系统启用设置?"。如果选择"否"，则目前不进行系统启用的设置，见图2-22，系统启用功能也可以在后面完成。接着会弹出提示"请进入企业应用平台进行业务操作!"，单击"确定"按钮，完成创建账套的操作。

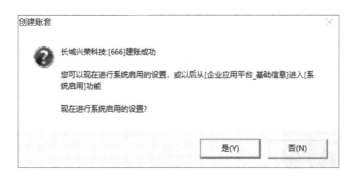

图2-22 是否启用系统提示

（四）修改账套

上一环节操作中有误，可通过本功能修正部分错误。练习时，观察是不是所有的内容都可以修改。

1. 账套主管注册系统管理。在系统管理中选择菜单〖系统〗—〖注销〗，Admin退出系统，重新进入登录界面，输入账套主管"01"，口令"01"，选择账套"666"，日期为"2022年3月1日"（可先将光标放在年、月、日上，再通过上下箭头直接调整日期），单击"确定"按钮，账套主管登录进入系统，见图2-23。

视频：2-4
修改账套

图 2 - 23　登录企业应用平台

2. 打开修改账套功能。在系统管理中选择菜单〖账套〗—〖修改〗，进入修改账套界面，见图 2 - 24。

图 2 - 24　修改账套界面

3. 修改账套信息。根据需要修改的账套信息，可以修改的有账套信息页中的"账套名称"，单位信息页中的所有信息，核算信息页中的"企业类型"，基础信息页中的全部信息、编码方案和数据精度。

账套修改说明见图2-25。

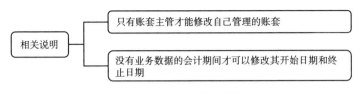

图2-25 账套修改说明

（五）权限管理

1. 以 Admin 身份登录系统管理。

2. 打开功能权限界面。选择菜单〖权限〗—〖权限〗，打开功能权限分配界面，见图2-26。

图2-26 功能级权限设置界面

3. 核对账套和年度。核对界面上方是否为"666"账套和2022年度，如果不是，进行修改。当存在多套账或多个账套库时，一定要核对正上方的账套号和年度。

4. 选择权限分配对象。从操作员列表中选择"02"操作员李制单，单击"修改"按钮。

5. 设置权限。根据任务引例资料，在界面的右边分别选择总账、UFO报表、应付款管理、应收款管理、薪资管理、固定资产、公共单据、公共目录、存货核算、采购管理、销售管理、库存管理、网上报销、合同管理。

6. 单击工具栏上的保存按钮，保存当前权限。

7. 按照4~6步的方法，依据任务引例资料，依次设置"03""04"操作员的权限。

（六）数据备份与恢复

系统提供"账套输出""账套引入""自动备份计划"三种方式对数据进行备份。

1. 账套输出。

（1）以 Admin 身份登录系统管理。如果以账套主管身份登录，会错成账套库的输出。

视频：2-6
账套输出

（2）选择菜单〖账套〗—〖输出〗，打开账套输出界面，选择备份存放的位置。出现账套备份路径选择窗口后，选择一个位置（此处以 D 盘为例），如"D：\ U8SOFT \ Admin \ 127. 0. 0. 1 \ ZT666 \ 2022"，单击"新建文件夹"按钮，文件夹命名为"2-2系统管理"，见图2-27。建议每次备份时新建一个文件夹，并以实验任务命名，以区分每次的实训结果。

图 2-27 选择账套备份路径

（3）备份输出。单击"确定"按钮，出现账套输出界面，见图 2-28。核对"选择"选项框已勾选，账套号"666"，账套名称"长城兴荣科技"，其他默认不做处理，单击"确认"按钮，完成情况转变为"正在处理"。

图 2-28 账套输出界面

（4）输出成功。系统自动将备份文件复制到指定的文件夹，提示"输出成功"，单击"确定"按钮，完成账套输出，见图2-29。

图2-29　确认输出

（5）将备份文件夹复制到U盘。

2. 账套引入。

（1）以Admin身份登录系统管理。

（2）打开账套引入功能。在引入账套前，需要将上一次的备份复制到硬盘。选择菜单〖账套〗—〖引入〗，进入账套引入界面。

（3）选择账套备份位置。选择备份文件按钮，找到"2-2系统管理"文件夹中的"UfErpAct. Lst"文件，单击〖确定〗按钮，见图2-30。

视频：2-7
账套引入

图2-30　选择账套备份文件

（4）选择将账套恢复到哪里。出现默认引入路径提示后，单击〖确定〗按钮，显示"请选择账套引入的目录"界面，见图 2 - 31，单击〖确定〗按钮。

图 2 - 31　账套数据引入路径

此步是选择将备份文件恢复到目的地，应该选择"D：\U8SOFT\Admin"这个位置，原因是当初建账套时，选择的是这个位置，因此，按原位置恢复。选择后，注意查看最下面的提示行是否为"选定的目录名：D：\U8SOFT\Admin"。

（5）开始恢复。在恢复过程中，如果有历史数据，会有"覆盖"提示，单击"是"按钮。几分钟后，提示"账套［666］引入成功！"，完成操作。

3. 自动备份计划。

（1）以 Admin 身份登录系统管理。

（2）选择菜单〖系统〗—〖设置备份计划〗，进入备份计划设置界面。

（3）单击"增加"按钮，打开备份计划详细情况设置界面。

（4）录入计划编号：202203，计划名称：666 账套备份计划，修改发生频率：每周，录入开始时间：3：00：00，单击文字"请选择备份路径"后的"增加"按钮，选中位置"C：\"，单击"新建文件夹"，录入"UFIDAU8BAK"，单击"确定"按钮，选择此文件夹后，单击"确定"按钮，选择账套"666"，长城兴荣科技，单击最下行的"增加"按钮即可，操作内容见图 2 - 32。

视频：2 - 8
自动备份计划

图 2 - 32　增加备份计划

（5）单击"备份计划详细情况"界面中的"取消"按钮，在备份计划设置中可以看到有一条记录。单击工具栏的"退出"按钮，完成全部操作。

备份计划设置说明见图2-33。

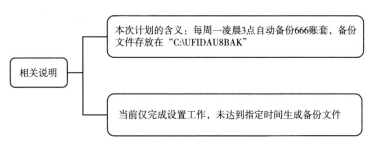

图2-33 备份计划设置说明

（七）数据维护

为保证系统稳定运行，需要掌握软件运行原理，并掌握基本维护知识。

1. 应用服务器配置。应用服务器配置主要实现数据库服务器配置、消息中心参数配置、服务器参数配置，通过异常处理可以清除数据库配置、重启IIS，启动界面见图2-34。

知识链接：2.3 应用服务器配置

图2-34 应用服务器配置

2. 异常问题处理。由于用友软件可在多用户环境下运行，在使用过程中可能会由于不可预见的原因造成某些单据处于锁定状态或异常占用状态，导致其他用户无法使用。

系统在〖视图〗菜单下提供〖清除异常任务〗〖清除选定任务〗〖清除所有任务〗〖清退站点〗〖清除单据锁定〗功能，见图2-35。

当出现非正常锁定状态或异常状态时，只需要调用相应功能即可清除只读和锁定。如果不知道调用哪个功能处理，调用〖清除所有任务〗即可。

3. 初始化数据库。初始化功能是对系统中的所有数据进行清空，将系统还原到安装时最干净的状态，系统内既没有任何账套，也没有任何自定义的操作员。

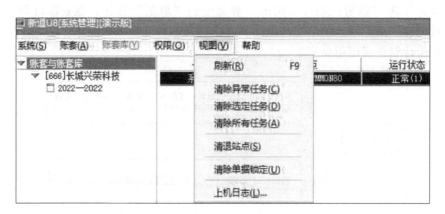

图 2-35　异常问题处理

初始化数据库的操作方法如下：

（1）选择〖系统〗—〖初始化数据库〗，进入初始化界面，见图 2-36。

图 2-36　初始化数据

（2）输出实例和口令。在数据库实例中输入"127.0.0.1"，如果安装时没有设置 SA 口令，则口令为空；如果在安装数据库时已设有密码，则先输入当时设置的密码，再单击"确认"按钮。

（3）系统自动还原数据。系统提示"确定初始化数据库实例吗?"，选择"是"，进入初始化过程，在此过程中，会出现"覆盖系统数据库""覆盖门户数据库""覆盖工作流数据库""覆盖 MOM 数据库"等提示，分别选择"是"即可。几分钟后，自动完成初始化数据库。

（八）账套备份

将账套输出至"2-2 系统管理"文件夹，压缩后保存到 U 盘。

五、疑难解答

学习任务 2-2 疑难解答见表 2-9。

表2-9　　　　　　　　　　　　学习任务2-2疑难解答

问题出处	问题描述	问题解答
登录身份	第一次登录时的SA admin和Admin是哪里来的？	是系统内置的超级管理员和管理员
登录界面	登录界面中，"登录到"里面应输入什么内容？	"登录到"中的内容是逻辑层服务器的计算机名或IP地址，用于配置表示层与逻辑层的连接
系统管理	账套和账套库区别？	账套是账套库的上一级，账套是由一个或多个账套库组成，一个账套库含有一年或多年使用数据。一个账套对应一个经营实体或核算单位，账套中的某个账套库对应这个经营实体的某年度区间内的业务数据

【实训报告】

通过扫描二维码查看实训报告格式，可以据此参照制作纸质实训报告。

实训报告：学习任务2-2

【问题思考】

1. 2022年业务处理完毕后，还需要新建账套吗，为什么？
2. 修改账套时不能修改的内容有哪些？
3. 账套和账套库的区别有哪些，各自的用处是什么？
4. 财务人员离职后，如何处理人员账号？
5. 在企业门户出现互斥后，怎么处理？

学习任务2-3　基础设置

[任务概述] 在系统管理子系统中创建账套和设置用户权限后，还需要进一步确定软件操作的一些规则，设置基础数据，这些工作称为基础设置。本项学习任务主要训练学生掌握基本信息定义、基础档案定义的方法。

一、任务目标

1. 熟悉基础设置的各项具体功能。
2. 掌握基础设置中各项定义内容的操作方法。
3. 理解基础设置在整个系统中的作用。

二、准备工作

1. 修改或确认计算机时间为2022年3月1日。
2. 引入"2-2系统管理"文件夹下的备份账套。

三、任务引例

1. 系统启用。启用"GL 总账""AR 应收款管理""AP 应付款管理""FA 固定资产""WA 薪资管理"模块，启用日期为 2022 年 3 月 1 日。

2. 部门档案（见表 2 – 10）。

表 2 – 10 部门档案

部门编码	部门名称
01	总经理办公室
02	人力资源部
03	会计核算中心
04	资产管理中心
05	采购部
0501	商品采购部
0502	办公品采购部
06	销售部
0601	总部销售中心
0602	华南销售中心
0603	华北办事处
0604	海外办事处
07	仓管部

3. 人员类别（见表 2 – 11）。

表 2 – 11 人员类别

人员类别编码	人员类别名称
1001	管理人员
1002	采购人员
1003	销售人员
1004	兼职人员

4. 人员档案（见表2－12）。

表2－12　　　　　　　　　　　　　人员档案

人员编码	人员姓名	性别	人员类型	行政部门	是否业务员
0001	陈锦	男	管理人员	总经理办公室	是
0002	王致	男	管理人员	人力资源部	是
0003	李锦	女	管理人员	会计核算中心	是
0004	周道	男	管理人员	资产管理中心	是
0005	王新	男	采购人员	商品采购部	是
0006	柯甜	女	采购人员	商品采购部	是
0007	何鑫	男	采购人员	商品采购部	是
0008	刘力	男	采购人员	办公品采购部	是
0009	赵德	男	销售人员	总部销售中心	是
0010	秦斯	男	销售人员	华南销售中心	是
0011	李星	男	销售人员	华北办事处	是
0012	陈然	男	销售人员	海外办事处	是
0013	刘海	男	管理人员	仓管部	是
0014	薛珍	女	管理人员	仓管部	是
0015	赵玲	女	兼职人员	人力资源部	否
0016	钱嘉	女	兼职人员	人力资源部	否

5. 客户分类（见表2－13）。

表2－13　　　　　　　　　　　　　客户分类

类别编码	类别名称
01	海外
02	国内

6. 客户档案（见表2－14）。

表2－14　　　　　　　　　　　　　客户档案

编码	客户名称	简称	所属分类	税号	分管部门	专管业务员
01	SAP集团	SAP	01	111222333	海外办事处	陈然
02	用友集团	用友	02	222333444	华北办事处	李星
03	金蝶集团	金蝶	02	333444555	华南销售中心	秦斯
04	金算盘有限公司	金算盘	02	444555666	华北办事处	李星
05	任我行有限公司	任我行	02	555666777	华北办事处	李星
06	速达有限公司	速达	02	666777888	华南销售中心	秦斯
07	零散销售客户	零售	02		总部销售中心	赵德

7. 供应商分类（见表 2 – 15）。

表 2 – 15　　　　　　　　　　　　　供应商分类

分类编码	分类名称
01	产品供应商
02	办公用品供应商

8. 供应商档案（见表 2 – 16）。

表 2 – 16　　　　　　　　　　　　　供应商档案

编码	供应商名称	简称	所属分类	税号	分管部门	分管业务员
01	联想集团	联想	01	123456789	商品采购部	柯甜
02	戴尔集团	戴尔	01	012345678	商品采购部	何鑫
03	惠普集团	惠普	02	234567890	办公品采购部	刘力

以上供应商全部选择采购属性。

引例中未提供的信息或者未做要求的内容，均使用系统默认值。

【重点提示】先按照过程指导进行操作，直到能够根据实训任务和任务引例资料独立完成。特别注意系统启用日期、编码方案设置等细节问题。

四、操作指导

操作流程见图 2 – 37。

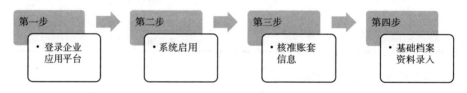

图 2 – 37　系统基础设置流程

（一）登录企业应用平台

1. 通过开始菜单启用企业应用平台。选择〖开始〗—〖用友 ERP – U8⁺〗—〖企业应用平台〗，打开操作员登录界面。

2. 以"01"操作员的身份登录系统。输入操作员"01"，密码"01"，选择"666"账套，操作日期为 2022 – 03 – 01，单击"确定"按钮，进入企业应用平台，见图 2 – 38。

视频：2 – 9
登录企业应
用平台

图 2 - 38　企业应用平台界面

（二）系统启用

要使用一个产品必须先启用这个产品。

1. 打开"系统启用"功能。单击〖业务导航〗—〖基础设置〗—〖基本信息〗—〖系统启用〗菜单，进入系统启用界面。

2. 启用总账。选择总账（GL），在方框内打钩，弹出日历，见图 2 - 39，选择 2022 年 3 月 1 日，依次单击"确定"按钮和"是"按钮，完成总账的启用。

视频：2 - 10
系统启用

图 2 - 39　启用总账

3. 依次启用"AR 应收款管理""AP 应付款管理""FA 固定资产""WA 薪资管理"模块，启用日期都为 2022 年 3 月 1 日，启用结果见图 2 - 40。一旦模块启用后发生使用，其将无法取消启用。

图 2－40　系统启用

（三）编码方案

在新建账套时，如果编码方案有误，可以在此重新调整，如果没有错误，可以跳过此步。

1. 启动"编码方案"。单击〖业务导航〗—〖基础设置〗—〖基本信息〗—〖编码方案〗菜单，进入编码方案设置界面。

2. 根据"学习任务2－2任务引例资料"核对编码方案是否正确。

3. 如果出现错误，直接在界面内进行修改，先单击"确定"按钮以保存，再单击"取消"按钮，退出当前功能。

编码方案说明见图2－41。

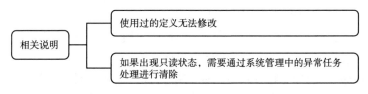

图 2－41　编码方案说明

（四）本单位信息

此内容在创建账套时录入过，如果在创建账套时有误，可以在此进行修改。

1. 进入"单位信息"界面。单击〖业务导航〗—〖基础设置〗—〖基础档案〗—〖机构人员〗—〖本单位信息〗菜单，进入单位信息录入界面。

2. 根据"学习任务2－2任务引例资料"核对编码方案是否正确。如果出现错误，通过"下一步"和"上一步"录入数据，录入完成后，单击"完成"按钮，自动保存数据并关闭界面。

（五）部门档案定义

用于设置企业各个职能部门的信息，既可以是企业真实的部门机构，也可以是虚拟的核算单元。

视频：2－11
部门档案定义

1. 启动“部门档案”。单击〖业务导航〗—〖基础设置〗—〖基础档案〗—〖机构人员〗—〖机构〗—〖部门档案〗菜单，进入部门档案录入界面。

2. 进入增加状态。单击工具栏上的“增加”按钮，界面右边进入增加状态。

3. 录入数据。在部门编码中录入“01”，在部门名称中录入“总经理办公室”，取消“启用 UU”。

4. 单击工具栏上的“保存”按钮，保存当前记录。

5. 根据任务引例资料，录入其他部门，见图 2-42。

图 2-42 部门档案设置

6. 单击部门档案旁的“×”项，关闭当前界面。

（六）人员类别定义和人员档案定义

由于在定义个人档案时需要调用人员类别信息，因而需先定义人员类别。人员档案定义用于设置各部门中需要进行核算和业务管理的职员信息，方便其他业务模块的调用。

视频：2-12
人员类别与
档案定义

1. 人员类别定义。

（1）进入“人员类别”设置界面。单击〖业务导航〗—〖基础设置〗—〖基础档案〗—〖机构人员〗—〖人员〗—〖人员类别〗菜单，进入人员类别管理界面。

（2）删除系统预置类别。选中“正式工”所在行，单击工具栏上的“删除”按钮，提示“请确认要删除该档案项？”，单击“确定”按钮。依次删除“合同工”与“实习生”。

（3）增加人员类别。单击工具栏上的“增加”按钮，进入人员类别设置界面，在档案编码中录入“1001”，在档案名称中录入“管理人员”，单击“确定”按钮，保存当前记录，见图2-43。

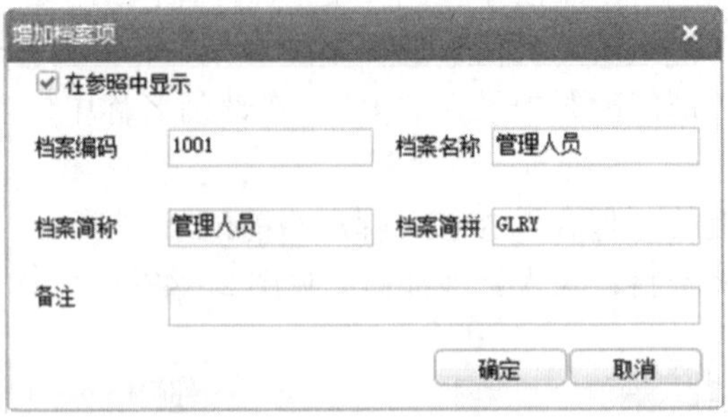

图2-43　增加人员类别

（4）根据任务引例资料，完成采购人员、销售人员和兼职人员类别定义。

（5）单击工具栏上的"退出"按钮，关闭当前界面。

2. 人员档案定义。

（1）进入"人员档案"设置界面。单击〖业务导航〗—〖基础设置〗—〖基础档案〗—〖机构人员〗—〖人员〗—〖人员档案〗菜单，进入人员档案管理界面。

（2）进入增加状态。单击工具栏上的"增加"按钮，进入人员档案增加界面。

（3）录入数据。在人员编码中录入"0001"，在人员姓名中录入"陈锦"，单击性别的参照，选择"男"；单击行政部门的参照，选择"总经理办公室"；单击雇佣状态的参照，选择"在职"；单击人员类别的参照，选择"管理人员"，选择复选框"是否业务员"，勾选"是"，系统自动填写业务或费用部门，见图2-44。

图2-44　增加人员档案

（4）单击工具栏上的"保存"按钮，保存当前记录。

（5）依次录入数据。根据任务引例资料，录入其他人员档案，见图2-45。

序号	□	人员编码	姓名	行政部门名称	部门	雇佣状态	人员类别	性别	业务或费用部门名称	到职日期	离职日期
1	□	0001	陈锦	总经理办公室	01	在职	管理人员	男	总经理办公室		
2	□	0002	王致	人力资源部	02	在职	管理人员	男	人力资源部		
3	□	0003	李锦	会计核算中心	03	在职	管理人员	女	会计核算中心		
4	□	0004	周道	资产管理中心	04	在职	管理人员	男	资产管理中心		
5	□	0005	王新	商品采购部	0501	在职	采购人员	男	商品采购部		
6	□	0006	柯甜	商品采购部	0501	在职	采购人员	女	商品采购部		
7	□	0007	何鑫	商品采购部	0501	在职	采购人员	男	商品采购部		
8	□	0008	刘力	办公品采购部	0502	在职	采购人员	男	办公品采购部		
9	□	0009	赵德	总部销售中心	0601	在职	销售人员	男	总部销售中心		
10	□	0010	秦斯	华南销售中心	0602	在职	销售人员	男	华南销售中心		
11	□	0011	李星	华北办事处	0603	在职	销售人员	男	华北办事处		
12	□	0012	陈然	海外办事处	0604	在职	销售人员	男	海外办事处		
13	□	0013	刘海	仓管部	07	在职	管理人员	男	仓管部		
14	□	0014	薛珍	仓管部	07	在职	管理人员	女	仓管部		
15	□	0015	赵玲	人力资源部	02	在职	兼职人员	女			
16	□	0016	钱嘉	人力资源部	02	在职	兼职人员	女			

图 2 - 45 人员档案列表界面

（6）关闭界面。先单击人员档案旁"×"项，返回人员列表界面，再单击人员列表旁"×"项，关闭当前界面。

（七）客户分类及客户档案定义

在建立账套时定义了客户分类，因此，需要先建立客户分类，再定义客户档案。企业可以根据自身管理的需要，将客户按行业、地区进行分类。

视频：2 - 13
客户分类及客户档案定义

1. 客户分类定义。

（1）进入"客户分类"定义界面。单击〖业务导航〗—〖基础设置〗—〖基础档案〗—〖机构人员〗—〖客商信息〗—〖客户分类〗菜单，进入客户分类录入界面。

（2）进入增加状态。单击工具栏上的"增加"按钮，进入增加状态。

（3）根据任务引例资料录入数据。分类编码中录入"01"，分类名称中录入"海外"。

（4）保存数据。单击工具栏上的"保存"按钮，保存当前记录。

（5）根据任务引例资料录入国内客户分类，见图 2 - 46。

图 2 - 46 客户分类设置

（6）单击工具栏上的"退出"按钮，关闭当前界面。

2. 客户档案定义。

（1）进入"客户档案"定义界面。单击〖业务导航〗—〖基础设置〗—〖基础档案〗—〖机构人员〗—〖客商信息〗—〖客户档案〗菜单，进入客户档案管理界面。

（2）进入增加状态。单击工具栏上的"增加"按钮，进入档案增加界面。

（3）录入数据。在"基本"选项卡中，客户编码中录入"01"，客户名称中录入"SAP集团"，客户简称中录入"SAP"，所属分类选择"海外"，税号中录入"111222333"，选择"国内"复选框。在"联系"选项卡中，分管部门选择"海外办事处"，专管业务员选择"陈然"，见图2-47。

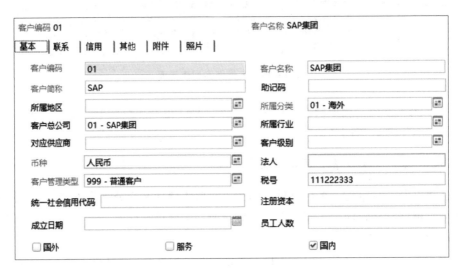

图2-47　增加客户档案

（4）单击工具栏上的"保存"按钮，保存当前记录。

（5）根据任务引例资料，录入其他客户档案，见图2-48。

客户分类	序号	选择	客户编码	客户名称	客户简称	发展日期	专营业务员名称	分管部门名称
客户分类 —(01) 海外 —(02) 国内	1		01	SAP集团	SAP	2022-03-01	陈然	海外办事处
	2		02	用友集团	用友	2022-03-01	李星	华北办事处
	3		03	金蝶集团	金蝶	2022-03-01	秦斯	华南销售中心
	4		04	金算盘有限公司	金算盘	2022-03-01	李星	华北办事处
	5		05	任我行有限公司	任我行	2022-03-01	李星	华北办事处
	6		06	速达有限公司	速达	2022-03-01	秦斯	华南销售中心
	7		07	零散销售客户	零售	2022-03-01	赵德	总部销售中心

图2-48　客户档案列表

（6）先单击增加客户档案旁"×"项，返回客户档案列表界面，再单击客户档案旁"×"项，关闭当前界面。

（八）供应商分类及供应商档案定义

在建立账套时选择了供应商分类，需要先建立供应商分类，再定义供应商档案。

1. 供应商分类定义。

（1）进入"供应商分类"定义界面。单击〖业务导航〗—〖基础设置〗—〖基础档案〗—〖机构人员〗—〖客商信息〗—〖供应商分类〗菜单，进入供应商分类录入界面。

视频：2-14
供应商分类
及供应商档
案定义

（2）进入增加状态。单击工具栏上的"增加"按钮，进入增加状态。

（3）根据任务引例资料录入数据。在分类编码中录入"01"，在部门名称中录入"产品供应商"。

（4）保存数据。单击工具栏上的"保存"按钮，保存当前记录。

（5）根据任务引例资料录入办公用品供应商分类，见图2-49。

图2-49 供应商分类

（6）单击工具栏上的"退出"按钮，关闭当前界面。

2. 供应商档案定义。

（1）进入"供应商档案"定义界面。单击〖业务导航〗—〖基础设置〗—〖基础档案〗—〖机构人员〗—〖客商信息〗—〖供应商档案〗菜单，进入供应商档案管理界面。

（2）进入增加状态。单击工具栏上的"增加"按钮，进入供应商档案增加界面。

（3）录入数据。在客户编码中录入"01"，在供应商名称中录入"联想集团"，供应商简称中录入"联想"；所属分类选择"产品供应商"；税号中录入"123456789"；分管部门选择"商品采购部"，专管业务员选择"柯甜"。

（4）单击工具栏上的"保存"按钮，保存当前记录。

（5）根据任务引例资料，录入其他供应商档案，见图2-50。

图2-50 供应商列表

（6）关闭界面。先单击增加供应商档案旁"×"项，返回供应商档案列表界面，再单击供应商档案旁"×"项，关闭当前界面。

基础档案设置说明见图2–51。

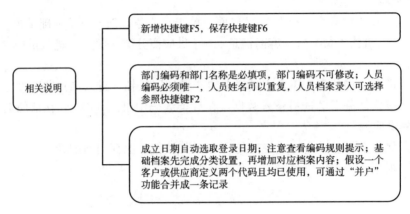

图2–51　基础档案设置说明

（九）账套备份

将账套输出至"2–3基础设置"文件夹，压缩后保存到U盘。

五、疑难解答

学习任务2–3疑难解答见表2–17。

表2–17　　　　　　　　　学习任务2–3疑难解答

问题出处	问题描述	问题解答
档案设置	设置部门档案时，在"机构人员"下只显示"本单位信息"，无法进行档案设置？	原因是没有进行系统启用的操作。账套主管登录企业应用平台，单击〖基础设置〗—〖基本信息〗—〖系统启用〗菜单，进入系统启用界面，进行系统启用的操作；启用系统后，进行"重注册"操作
客户档案	建立客户档案时为什么要先进行客户分类？	如果在建立账套时定义了客户分类，那么在建立客户档案时就必须先进行客户分类定义，再设置客户档案
人员档案	为什么先定义部门档案再定义人员档案？	因为在定义人员档案时需要使用部门档案信息

【实训报告】

通过扫描二维码查看实训报告格式，可以据此参照制作纸质实训报告。

【问题思考】

1. 为什么系统启用日期要用2022年3月1日？

2. 如果编码规则与任务引例资料不符，该怎样修改编码方案？

实训报告：学习任务2–3

【思政小课堂——系统观之"真谛"】

　　有人想买一块地，于是就去询问卖家。卖家说：只要交上100两银子，在太阳落山之前，你能用脚印圈多大的地，那地就是你的。如果你没有按时回到起点，那你就什么都没有。买家心里想这太划算了，于是他马上和卖家签了合约。

　　第二天一大早，买家高兴地迈开大步，心里盘算着未来美好生活，他一分钟也没停过，眼看太阳快要下山了才往回走。结果呢，贪心的人什么都没有得到，还白白给了给卖家100两银子。如果是你，你会如何做呢？

　　人们专注于"芝麻"只是为了活下去或活得更好，但"捡西瓜"并不难，只要你辩证地看待世界和人生，既要看到小事情，又要具备大的系统观，不要一味贪心或只关注眼前得失，而是将目光放得更长远，提升专注力，从整体、全局角度来选择"西瓜"，然后像躲避瘟疫一样，远离"芝麻"，自然你就是"捡西瓜"的智慧人！

【项目小结】

　　本项目主要阐述了账套管理、用户管理以及基础数据定义的逻辑关系与操作方法。

　　初学者往往对于操作内容难以理解，只能对着教材上的步骤进行，离开教材后就不知所措，这种情况属于正常现象。学生现在需要坚持做下去，学习进行到一定阶段，把前后内容联系起来，困惑自然消除，教师也要尽可能讲清楚所录入数据分别在以后哪些地方用到。

　　建议学生多思考前后操作的逻辑关系，用联系的观点看问题，在操作中注意看清电脑屏幕提示，理解每个操作内容的意义。

【即测即评】

　　扫描二维码，进行即测即评。

即测即评：项目二

项目三　总账系统应用

【学习目标】

知识目标：

◎ 熟悉总账系统的功能与操作流程。

◎ 掌握总账系统初始设置的方法。

◎ 能够熟练地进行记账凭证的填制和审核。

◎ 能够采用合适的方法对错账进行更正。

◎ 掌握出纳业务管理的方法。

◎ 理解网上报销流程及应用。

能力目标：

◎ 掌握正确进行月末自动转账凭证的定义。

◎ 掌握自动转账凭证生成的顺序并能正确生成凭证。

◎ 熟悉或者掌握会计软件安装方法。

◎ 掌握账证查询的各种方法。

素养目标：

◎ 培养会计软件操作的规范性和发现问题的敏感性。

◎ 培养勤奋学习精神和合作意识。

【学习指引】

总账系统既是用友 ERP – U8⁺ V15.0 系统的核心模块，也是最基础的模块；既可以单独运行，也可以与其他系统联用，整个 ERP – U8⁺ V15.0 系统的全部凭证最后都会传递到总账系统进行统一处理。下面，我们开始总账模块的学习。

学习任务 3 – 1　总账系统的功能和操作流程

[任务概述] 之前课程中，我们完成了用户设置、新账套的建立、权限分配和基础设置等工作，接下来要进行的工作是总账系统的应用。这里所称总账不是指手工意义上的总分类账，而是集成账务处理系统。总账系统是财务系统的核心模块，主要有总账系统的初始设置、日常账务处理、月末账务处理，进行试算平衡、对账、结账、生成月末工作报告等。本任务介绍了总账系统的功能、总账系统与其他系统之间的关系、总账系统的操作流程，是后续操作训练的理论（原理）准备。

一、总账系统的功能结构

总账系统是财务系统的核心模块，主要功能有总账系统初始设置、凭证处理、出纳管理、账簿查询、辅助核算管理和期末处理等。在学习过程中，注意与手工账处理方法进行比较。网上报销作为一个单独的模块，专门处理费用借款报销，在此归属为出纳业务。具体功能如图 3 − 1 所示。

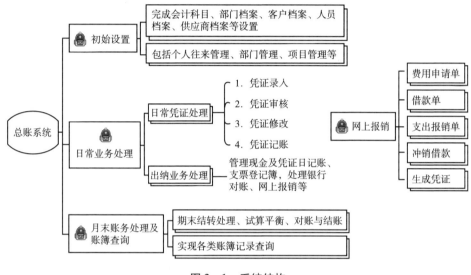

图 3 − 1 系统结构

二、与其他系统的关系

总账系统既可以单独使用，也可以与其他系统同时使用。总账系统与其他系统的数据流程关系如图 3 − 2 所示。

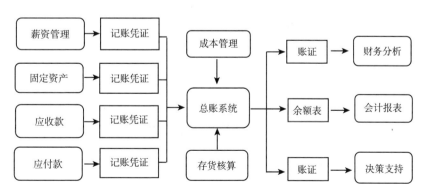

图 3 − 2 总账系统与其他系统的数据流程关系

三、总账系统的操作流程

总账系统的岗位分工如表3-1所示，基本工作流程如图3-3所示。

表3-1   总账系统的岗位分工

工作任务	工作岗位	工作内容
初始设置	账套主管	设置总账系统参数 设置外币种类及汇率 设置会计科目 建立部门、职员、客户和供应商档案以及项目目录 设置凭证类别 设置结算方式 录入期初余额
日常账务处理	制单会计 出纳员 审核会计 主管会计 记账会计	填制、修改和删除记账凭证 出纳签字、网上报销 审核记账凭证 会计主管签字 记账
月末账务处理	主管会计 制单会计 审核会计 记账会计 出纳员 主管会计	定义自动转账凭证 生成自动转账凭证 审核自动转账凭证 自动转账凭证记账 银行对账 结账
数据管理	Admin 账套主管	账套数据备份与恢复 账套库修改及账套库备份与恢复

初始设置主要完成会计科目体系的建立和期初余额录入。

日常处理主要完成凭证的录入、审核、记账。

期末处理主要完成自动转账、对账与结账，以及账表的查询、输出。

对于计算机系统而言，凭证录入即数据输入，记账相当于数据处理，账表查询属于数据输出；审核是为了保证输入的正确性，月末自动转账的实质是让计算机代替人工填写凭证，结账是为了对输入的数据进行封存。数据输入由操作员录入完成，数据处理和输出由计算机完成，数据输入直接关系到数据输出的准确性。

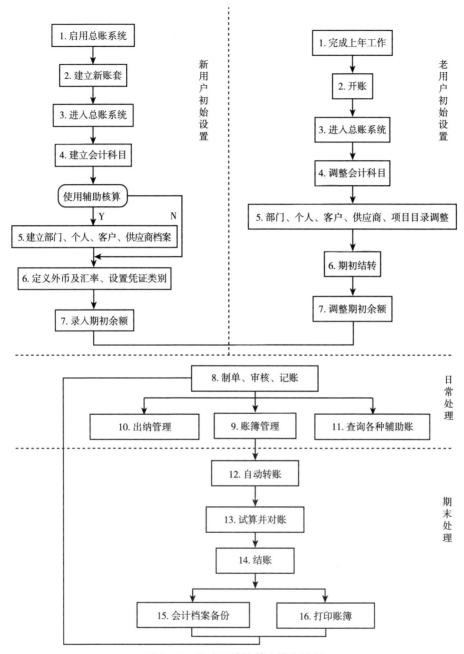

图3-3 总账系统的基本操作流程

学习任务3-2 总账系统初始设置

[任务概述] 总账系统初始设置是总账业务处理的基础性工作，本项学习任务主要训练学生掌握选项设置、会计科目设置、辅助核算定义、凭证类别定义、外币

及汇率设置、结算方式设置、期初余额录入的方法。

一、任务目标

1. 了解总账系统的功能。
2. 明确总账系统的操作流程。
3. 熟悉总账系统初始设置的内容。
4. 掌握总账系统初始设置的方法。
5. 理解设置总账系统参数的意义。
6. 掌握期初余额的录入方法。
7. 理解辅助核算的意义。
8. 能正确进行辅助核算设置。
9. 理解数据权限与金额权限设置的意义。

二、准备工作

1. 更改计算机系统时间为 2022 年 3 月 1 日。
2. 引入 "2 - 3 基础设置" 文件夹下的备份账套。

三、任务引例

1. 总账系统参数。进行支票控制，取消 "赤字控制"，取消 "现金流量科目必录现金流量项目"，可以使用应收受控科目，可以使用应付受控科目，可以使用存货受控科目，制单权限控制到科目，凭证审核控制到操作员，出纳凭证必须经由出纳签字，不允许修改、作废他人填制的凭证，部门排序方式、个人排序方式、项目排序方式均按编码排序，数量小数位和单价小数位均为 2，其他选项按默认值。

2. 外币。外币美元符号为 USD，采用固定汇率，汇率小数为 5 位数，记账汇率为 6.60000。

3. 会计科目（见表 3 - 2）。在预置科目基础上，增加或修改科目。

表 3 - 2　　　　　会计科目（基于预置的 2007 年新会计制度科目）

级次	科目编码	科目名称	外币	单位	辅助账类型	方向	备注
1	1001	库存现金			日记账	借	修改设置
1	1002	银行存款			日记账 银行账	借	修改设置
2	100201	工商银行			日记账 银行账	借	新增
2	100202	建设银行	美元		外币 日记 银行	借	新增
1	1121	应收票据			客户往来	借	修改设置

级次	科目编码	科目名称	外币	单位	辅助账类型	方向	备注
1	1122	应收账款			客户往来	借	修改设置
2	112201	人民币账户			客户往来	借	新增
2	112202	美元账户	美元		客户往来	借	新增
1	1123	预付账款			供应商往来	借	修改设置
2	122101	其他个人应收款			个人往来	借	新增
2	122102	其他单位应收款			客户往来	借	新增
2	122103	预付报刊费				借	新增
2	122104	其他				借	新增
2	132101	受托代销商品				借	新增
2	140501	联想电脑		台	数量核算	借	新增
2	140502	戴尔电脑		台	数量核算	借	新增
2	140601	分期收款发出商品				借	新增
1	1473	合同资产				借	新增
1	1474	合同资产减值准备				借	新增
1	1475	合同履约成本				借	新增
1	1476	合同履约成本减值准备				借	新增
1	1477	合同取得成本				借	新增
1	1478	合同取得成本减值准备				借	新增
1	1485	应收退货成本				借	新增
1	1605	工程物资			项目核算	借	修改设置
2	160501	专用材料			项目核算	借	新增
2	160502	专用设备			项目核算	借	新增
2	160503	预付大型设备款			项目核算	借	新增
2	160504	为生产准备的工具			项目核算	借	新增
1	2201	应付票据			供应商往来	贷	修改设置
2	220201	应付货款			供应商往来	贷	新增
2	220202	暂估应付款				贷	新增
1	2203	预收账款			客户往来	贷	修改设置
1	2205	合同负债				贷	新增
2	221101	应付工资				贷	新增
2	221102	工会经费				贷	新增
2	221103	职工教育经费				贷	新增
2	221104	养老保险				贷	新增

续表

级次	科目编码	科目名称	外币	单位	辅助账类型	方向	备注
2	221105	医疗保险				贷	新增
2	221106	失业保险				贷	新增
2	221107	住房公积金				贷	新增
2	222101	应交增值税				贷	新增
3	22210101	进项税额				借	新增
3	22210102	销项税额				贷	新增
2	222102	未交增值税				贷	新增
2	222103	应交消费税				贷	新增
2	222104	应交企业所得税				贷	新增
2	231401	受托代销商品款				贷	新增
2	410101	法定盈余公积				贷	新增
2	410102	任意盈余公积				贷	新增
2	410401	提取法定盈余公积				贷	新增
2	410402	提取任意盈余公积				贷	新增
2	410403	未分配利润				贷	新增
2	600101	联想电脑		台	数量核算	贷	新增
2	600102	戴尔电脑		台	数量核算	贷	新增
1	6101	公允价值变动收益				贷	修改设置
1	6112	其他收益				贷	新增
1	6114	净敞口套期收益				贷	新增
1	6115	资产处置收益				贷	修改设置
2	640101	联想电脑		台	数量核算	借	新增
2	640102	戴尔电脑		台	数量核算	借	新增
1	6403	税金及附加				借	修改设置
1	6601	销售费用			部门核算	借	修改设置
2	660101	广告费			部门核算	借	新增
2	660102	会务费			部门核算	借	新增
2	660103	招待费			部门核算	借	新增
2	660104	通信费			部门核算	借	新增
2	660105	办公费			部门核算	借	新增
2	660106	折旧费			部门核算	借	新增
2	660107	工资			部门核算	借	新增
2	660108	工会经费			部门核算	借	新增

级次	科目编码	科目名称	外币	单位	辅助账类型	方向	备注
2	660109	职工教育经费			部门核算	借	新增
2	660110	养老保险			部门核算	借	新增
2	660111	医疗保险			部门核算	借	新增
2	660112	失业保险			部门核算	借	新增
2	660113	住房公积金			部门核算	借	新增
2	660199	其他			部门核算	借	新增
1	6602	管理费用			部门核算	借	修改设置
2	660201	差旅费			部门核算	借	新增
2	660202	会务费			部门核算	借	新增
2	660203	招待费			部门核算	借	新增
2	660204	通信费			部门核算	借	新增
2	660205	办公费			部门核算	借	新增
2	660206	折旧费			部门核算	借	新增
2	660207	工资			部门核算	借	新增
2	660208	工会经费			部门核算	借	新增
2	660209	职工教育经费			部门核算	借	新增
2	660210	养老保险			部门核算	借	新增
2	660211	医疗保险			部门核算	借	新增
2	660212	失业保险			部门核算	借	新增
2	660213	住房公积金			部门核算	借	新增
2	660299	其他			部门核算	借	新增
2	6605	研发费用				借	新增
2	6702	信用减值损失				借	新增

（1）增加不存在的科目，修改已有的会计科目，不在本表中的科目不用删除。

（2）指定"1001库存现金"为现金总账科目；"1002银行存款"为银行总账科目；指定"1001库存现金""100201工商银行""100202建设银行"为现金流量科目。

（3）"1121应收票据""1122应收账款""112201人民币账户""112202美元账户""2203预收账款""122102其他单位应收款"等科目辅助账类型为"客户往来"，受控系统：应收系统。

（4）"2201应付票据""220201应付货款""1123预付账款"等科目辅助账类型为"供应商往来"，受控系统：应付系统。

4. 项目目录（如表3-3所示）。

项目大类：工程管理（普通项目；项目级次：1级长度为2，其他级次长度为0）。

核算科目："1605 工程物资"及其下级所有明细科目。

项目分类：01 - 停车棚，02 - 仓库。

表 3 - 3 项目目录

编号	名称	是否结算	所属分类码
01	办公区停车棚	否	停车棚（01）
02	宿舍区停车棚	否	停车棚（01）

5. 凭证类别（见表 3 - 4）。

表 3 - 4 凭证类别

类别名称	限制类型	限制科目
收款凭证	借方必有	1001，1002
付款凭证	贷方必有	1001，1002
转账凭证	凭证必无	1001，1002

6. 期初余额（见表 3 - 5）。

表 3 - 5 期初余额（表格数据调整）

科目编码	科目名称	方向	年初余额	累计借方	累计贷方	余额
1001	库存现金	借	6 300.00	5 400.00	4 400.00	7 300.00
100201	工商银行	借	1 390 272.00		131 294.00	1 258 978.00
100202	建设银行	借	415 410.00			415 410.00
	外币（美元）	借	62 940.91			62 940.91
1012	其他货币资金		1 055 977.12		1 055 977.12	
1122	应收账款	借	926 600.00			926 600.00
122101	其他个人应收款	借		6 000.00		6 000.00
1231	坏账准备	贷	7 000.00	3 000.00	6 000.00	10 000.00
132101	受托代销商品	借	45 000.00			45 000.00
140501	联想电脑	借	400 000.00	300 000.00	200 000.00	500 000.00
	数量（台）		80.00	60.00	40.00	100.00
140502	戴尔电脑	借	1 000 000.00	750 000.00	500 000.00	1 250 000.00
	数量（台）		200.00	150.00	100.00	250.00
1407	商品进销差价	贷	20 000.00			20 000.00
1601	固定资产	借	1 608 600.00	1 000 000.00		2 608 600.00
1602	累计折旧	贷	459 471.12		11 728.88	471 200.00
160501	专用材料	借	58 000.00			58 000.00
160502	专用设备	借	43 000.00			43 000.00

续表

科目编码	科目名称	方向	年初余额	累计借方	累计贷方	余额
2001	短期借款	贷	1 000 000.00			1 000 000.00
220201	应付货款	贷			565 000.00	565 000.00
220202	暂估应付款	贷	500 000.00			500 000.00
221101	应付工资	贷		330 280.00	330 280.00	
221104	养老保险	贷		26 422.40	26 422.40	
221105	医疗保险	贷		6 605.60	6 605.60	
221106	失业保险	贷		1 651.40	1 651.40	
221107	住房公积金	贷		26 422.40	26 422.40	
22210101	进项税额	借		130 000.00		130 000.00
22210102	销项税额	贷			260 000.00	260 000.00
222104	应交企业所得税	贷		14 069.50	14 069.50	
231401	受托代销商品款	贷			25 000.00	25 000.00
2501	长期借款	贷	2 000 000.00			2 000 000.00
4001	实收资本	贷	2 000 000.00			2 000 000.00
410101	法定盈余公积	贷				341 410.00
4103	本年利润	贷		56 278.00	56 278.00	
410403	未分配利润	贷			56 278.00	56 278.00
600101	联想电脑	贷		320 000.00	320 000.00	
	数量（台）			40.00	40.00	
600102	戴尔电脑	贷		800 000.00	800 000.00	
	数量（台）			100.00	100.00	
640101	联想电脑	借		200 000.00	200 000.00	
	数量（台）			40.00	40.00	
640102	戴尔电脑	借		500 000.00	500 000.00	
	数量（台）			100.00	100.00	
6403	税金及附加	借		17 194.50	17 194.50	
660101	广告费	借		80 000.00	80 000.00	
660106	折旧费	借		506.48	506.48	
660204	通信费	借		2 000.00	2 000.00	
660206	折旧费	借		16 951.28	16 951.28	
6702	信用减值损失	借		6 000.00	6 000.00	

（1）"1122 应收账款"明细账。2022 年 2 月 7 日，金蝶集团购联想电脑 100 台，每台无税售价 8 200 元，增值税销项税额为 106 600 元，款未收，合计 926 600 元，凭证号：转 - 0218。

（2）"122101 其他个人应收款"明细账。2022 年 2 月 8 日，总经理办公室陈锦借差旅费 6 000 元，凭证号：转 - 0288。

（3）项目明细（见表3-6）。

表3-6　　　　　　　　　　　　　项目明细

科目	项目	金额
160501 专用材料	01 办公区停车棚	30 000.00
	02 宿舍区停车棚	28 000.00
160502 专用设备	01 办公区停车棚	23 000.00
	02 宿舍区停车棚	20 000.00

（4）"220201 应付货款"明细账。2022 年 2 月 10 日，向戴尔集团购入戴尔电脑 100 台，每台无税价 5 000 元，合计 500 000 元；增值税为 65 000 元，合计 565 000 元，款未付，凭证号：转-0318。

（5）"660101 广告费"明细账（见表3-7）。

表3-7　　　　　　　　　　　　　费用明细

部门	累计借方	累计贷方	本币金额
华南销售中心	50 000.00	50 000.00	
华北办事处	30 000.00	30 000.00	

（6）"660204 通信费"明细账（见表3-8）。

表3-8　　　　　　　　　　　　　费用明细

部门	累计借方	累计贷方	本币金额
总经理办公室	200.00	200.00	
人力资源部	200.00	200.00	
会计核算中心	200.00	200.00	
资产管理中心	200.00	200.00	
商品采购部	600.00	600.00	
办公室采购部	200.00	200.00	
仓管部	400.00	400.00	

（7）"660106 折旧费、660206 折旧费"明细账（见表3-9）。

表3-9　　　　　　　　　　　　　费用明细

部门	累计借方	累计贷方	会计科目
总经理办公室	6 313.00	6 313.00	660206
资产管理中心	7 774.54	7 774.54	660206
华南销售中心	506.48	506.48	660106
仓管部	2 863.74	2 863.74	660206

7. 结算方式（见表3－10）。

表3－10　　　　　　　　　　　　结算方式

结算方式编码	结算方式名称	是否票据管理
1	现金	否
2	现金支票	是
3	转账支票	是
4	电汇	是
5	网上银行	是
6	银行承兑汇票	是

对应票据类型全部为空。

8. 常用摘要（见表3－11）。

表3－11　　　　　　　　　　　　常用摘要

摘要编码	摘要内容
1	出差借款
2	商品采购
3	销售商品
4	计提折旧

9. 数据权限定义。

（1）科目权限。02、04用户具有所有科目的查账和制单权限。

（2）用户权限。03用户对应01、02用户，具有查询、审核、弃审权限。

【重要提示】关注会计科目属性的设置，即客户、供应商、部门、个人、项目、日记账、银行账、数量、外币、指定现金账、指定银行账、指定现金流量。科目属性的设置关联到后续的一系列账务处理工作，是计算机处理会计业务的巧妙之处，是区别于手工账务的关键之处。注意区分功能权限、数据权限和金额权限三者的不同。

四、操作指导

操作流程如图3－4所示。

图3－4　操作流程

总账系统初始设置工作由账套主管操作，登录日期为2022年3月1日。

（一）设置总账系统参数

用友软件是一个通用软件，可以通过定义相应参数来满足企业自身管理需要。

1. 启动总账的"设置"功能。单击〖业务导航〗—〖业务工作〗—〖财务会计〗—〖总账〗—〖设置〗—〖选项〗菜单，进入总账的参数设置界面，如图3-5所示。

图3-5　设置选项

2. 进入修改状态。单击"编辑"按钮，进入参数的修改状态。

3. 修改总账参数。根据任务引例资料修改总账选项参数。

4. 单击"确定"按钮，自动保存设置，并关闭选项界面。

总账参数设置说明如图3-6所示。

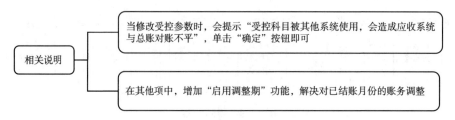

图3-6　总账参数设置说明

（二）外币设置

在制单过程中，如果有外币业务，一定会用到外币，月末还要进行外币的汇兑损益计算，此功能用于定义外币的种类及汇率。

知识链接：3.1 总账选项参数说明

1. 启动"外币设置"功能。单击〖业务导航〗—〖基础设置〗—〖基础档案〗—〖财务〗—〖外币设置〗菜单，进入外币设置界面。

2. 增加外币种类。单击工具栏上的"增加"按钮，进入增加状态，根据任务引例资料，录入币符"USD"、币名"美元"、汇率小数位"5"，核对折算方式，并单击"确认"按钮，完成增加。

3. 设置外币汇率。选择"美元"，录入记账汇率：6.60000，如图 3-7 所示。

注意：此处显示的固定汇率和浮动汇率，在〖总账〗—〖选项〗中设置。

视频：3-2 外币设置

图 3-7 外币设置

4. 单击工具栏上的"退出"按钮，关闭当前界面。

设置汇率说明如图 3-8 所示。

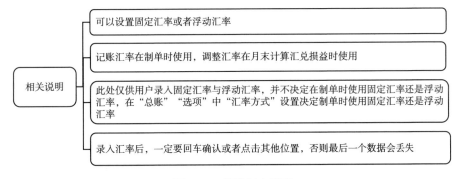

图 3-8 设置汇率说明

视频：3-3～
视频：3-5
定义会计科目

（三）定义会计科目

本功能完成对会计科目的设立和管理，用户可以根据业务的需要方便地增加、插入、修改、查询、打印会计科目。

1. 增加会计科目。对于不存在的科目编码，需要通过新增的方法来增加科目。

（1）打开"会计科目"管理界面。单击〖业务导航〗—〖基础设置〗—〖基础档案〗—〖财务〗—〖会计科目〗菜单，打开"会计科目"设置窗口。

（2）进入增加状态。单击工具栏上的"增加"按钮，打开新增科目界面。

（3）输入科目信息。录入科目编码"100201"，科目名称"工商银行"，选择"日记账""银行账"复选框。

（4）保存新增数据。单击"确定"按钮，数据自动保存，"确定"按钮自动变成"增加"按钮。

（5）根据任务引例资料，录入其他明细科目。

（6）单击"关闭"按钮，关闭增加界面，退回浏览状态。

增加会计科目说明如图3-9所示。

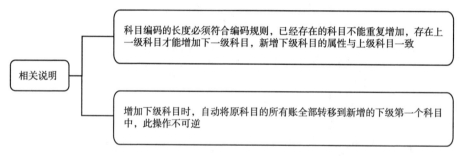

相关说明

科目编码的长度必须符合编码规则，已经存在的科目不能重复增加，存在上一级科目才能增加下一级科目，新增下级科目的属性与上级科目一致

增加下级科目时，自动将原科目的所有账全部转移到新增的下级第一个科目中，此操作不可逆

图3-9 增加会计科目说明

知识链接：3.2
科目设置说明

2. 修改会计科目。

（1）选择修改对象。在"会计科目"界面，找到并单击需要修改的科目"1122"。

（2）进入修改状态。单击工具栏上的"修改"按钮，打开修改界面，如图3-10所示。

（3）修改定义。在辅助核算下选择"客户往来"复选框，受控系统为应收系统。

（4）保存修改。先单击"确定"按钮，保存修改数据，再单击"返回"按钮，关闭修改界面。

（5）根据任务引例资料，修改全部其他科目。

修改科目说明如图3-11所示。

3. 删除会计科目。对于多余的科目，可以通过此方法进行删除。

（1）选择删除对象。在"会计科目"窗口中，单击选择需要删除的会计科目。

图 3 - 10 修改会计科目

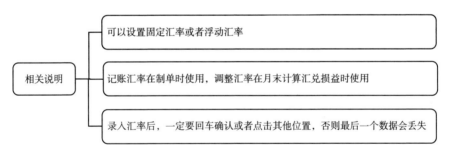

图 3 - 11 修改科目说明

（2）删除科目。单击工具栏上的"删除"按钮，系统给出提示，如图 3 - 12 所示，单击"确定"按钮即可。

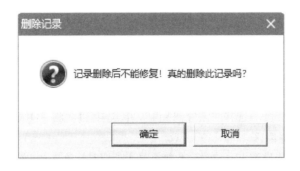

图 3 - 12 删除记录对话框

删除会计科目说明如图 3 - 13 所示。

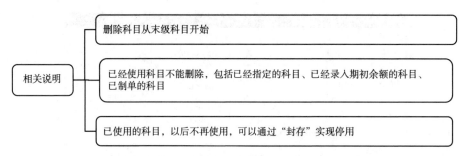

图 3 - 13 删除会计科目说明

4. 指定会计科目。指定会计科目是指定出纳的专管科目。指定科目的目的是让某些科目与相应的功能建立关联。通俗地说，计算机并不知道每个科目的用途，通过指定操作，可以让计算机"认识"哪个科目是库存现金，哪个科目是银行存款。

（1）打开"指定科目"功能界面。在"会计科目"窗口中，单击〖指定科目〗菜单，打开"指定科目"窗口界面。

（2）指定现金科目。选择"现金科目"单选按钮，将"1001 库存现金"从待选科目区移至已选科目区，如图 3 - 14 所示。

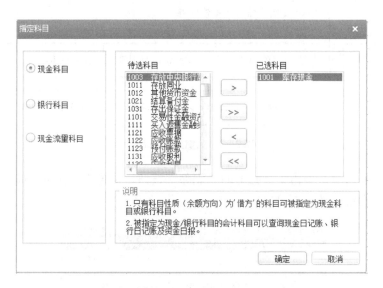

图 3 - 14 指定科目

（3）指定银行科目。选择"银行科目"单选按钮，将"1002 银行存款"从待选科目区移至已选科目区。

（4）指定现金流量科目。选择"现金流量科目"单选按钮，将"1001 库存现金、100201 工商银行、100202 建设银行"从待选科目区移至已选科目区。

（5）单击"确定"按钮，保存指定的科目，并自动关闭窗口。

指定科目说明如图 3 - 15 所示。

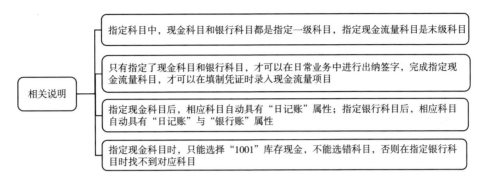

图 3 - 15　指定科目说明

(四) 定义项目档案

视频: 3 - 6
定义项目档案

　　为了便于管理,可以将具有相同特性的一类项目定义成一个项目大类,一个项目大类可以核算多个项目,也可以对这些项目进行分类管理,将存货、成本对象、现金流量、项目成本等作为核算的项目分类,还可以自由设置任何具有相同经济性质的一类经济业务组成一个项目大类,如一份合同、一张订单、一个建筑项目、一个投资项目等。项目档案定义为科目辅助属性"项目核算",可将项目核算理解为自定义辅助核算,而客户、供应商、部门、个人这四个属于专用的辅助核算。

　　定义项目档案的内容包括四个方面:定义项目大类、定义项目核算科目、定义项目分类、定义项目目录。

　　1. 启动"项目档案"管理功能。单击〖业务导航〗—〖基础设置〗—〖基础档案〗—〖财务〗—〖项目大类〗菜单,进入项目大类设置界面。

　　2. 定义项目大类。

　　(1) 打开增加项目大类向导。单击工具栏上的"增加"按钮,系统打开向导,进入增加状态。

　　(2) 定义项目大类名称。在新项目大类名称处录入"工程管理",并选择"普通项目",如图 3 - 16 所示,单击"下一步"按钮,进入下一个设置界面。

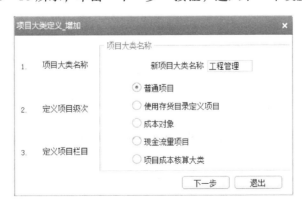

图 3 - 16　定义项目大类名称

定义项目大类说明如图 3 - 17 所示。

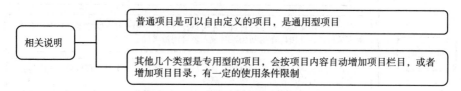

相关说明
- 普通项目是可以自由定义的项目，是通用型项目
- 其他几个类型是专用型的项目，会按项目内容自动增加项目栏目，或者增加项目目录，有一定的使用条件限制

图 3 - 17　定义项目大类说明

（3）录入项目级次。在项目级次一级处将"1"改成"2"。

（4）单击"下一步"按钮，进入下一个设置界面。

（5）定义项目栏目。此处无须增加新的栏目，因此，单击"完成"按钮，完成项目大类的定义，返回项目档案界面。

定义项目说明如图 3 - 18 所示。

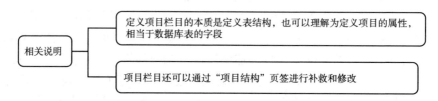

相关说明
- 定义项目栏目的本质是定义表结构，也可以理解为定义项目的属性，相当于数据库表的字段
- 项目栏目还可以通过"项目结构"页签进行补救和修改

图 3 - 18　定义项目说明

3. 定义项目核算科目。定义项目大类与科目的关系，即什么科目使用哪个项目。

（1）选择项目大类。选择"核算科目"页签，在右上角选择项目大类"工程管理"，如图 3 - 19 所示。

图 3 - 19　指定项目核算科目

（2）选择科目。将左边的"1605"及其明细科目从待选科目区全部移到已选科目区。

（3）保存设置。单击工具栏"保存"按钮，保存科目。

选定核算科目说明如图 3 - 20 所示。

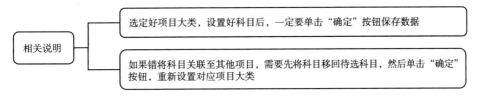

图 3 - 20　选定核算科目说明

4. 定义项目分类。此处用于定义项目目录的分类。

（1）单击〖业务导航〗—〖基础设置〗—〖基础档案〗—〖财务〗—〖项目分类〗菜单，进入项目分类设置界面。

（2）录入分类数据。在分类编码中录入"01"，在分类名称中录入"停车棚"。

（3）保存结果。单击工具栏"保存"按钮，保存录入的数据，在左边的树状结构中会显示保存结果。

（4）继续完成"02 仓库"的分类定义，如图 3 - 21 所示。

图 3 - 21　项目档案—项目分类定义

定义项目分类说明如图 3 - 22 所示。

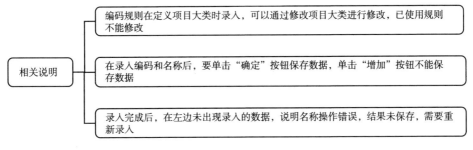

图 3 - 22　定义项目分类说明

5. 定义项目目录。用于录入具体的项目明细。

（1）单击〖业务导航〗—〖基础设置〗—〖基础档案〗—〖财务〗—〖项目目录〗菜单，进入项目大类设置界面。

（2）进入增加状态。单击工具栏上的"增加"按钮，在表体处自动增加一条空行。

（3）录入项目目录数据。在项目编码中录入"01"，在项目名称中录入"办公区停车棚"，在所属分类码中选择"01"，在项目编码中录入"02"，在项目名称中录入"宿舍区停车棚"，在所属分类码中选择"01"，如图3-23所示。

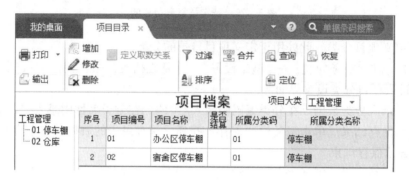

图3-23　项目目录维护

（4）单击"项目目录"旁边的"×"按钮，关闭当前窗口，返回上一界面。定义项目目录说明如图3-24所示。

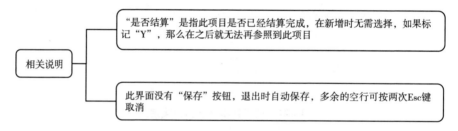

图3-24　定义项目目录说明

（五）定义凭证类别

通过凭证类别的定义，用户可以按照本单位的需要对凭证进行分类管理。

1. 启动"凭证类别"功能。单击〖业务导航〗—〖基础设置〗—〖基础档案〗—〖财务〗—〖凭证类别〗菜单，进入凭证类别预置界面。

2. 选择分类方式。根据任务引例资料要求，选择"收付转"分类方式，如图3-25所示，单击"确定"按钮，系统进入凭证类别界面，并自动增加三条记录。

3. 设置限制类型和限制科目。先单击工具栏上的"修改"按钮，再双击第一行的限制类型，选择"借方必有"，在限制科目中输入或参照录入"1001，1002"，并依次录入第二行与第三行，如图3-26所示。

4. 单击工具栏上的"退出"按钮，关闭当前界面。

视频：3-7
设置凭证类别

— 84 —

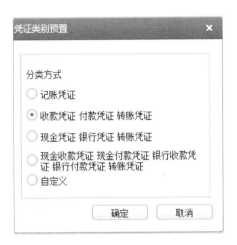

凭证类别预置
分类方式
记账凭证
收款凭证 付款凭证 转账凭证
现金凭证 银行凭证 转账凭证
现金收款凭证 现金付款凭证 银行收款凭证 银行付款凭证 转账凭证
自定义
确定
取消

图 3－25 凭证类别设置

凭证类别
文件(F) 编辑(E) 工具(T)
输出 增加 修改 删除 退出
凭证类别
类别字 类别名称 限制类型 限制科目 调整期
收 收款凭证 借方必有 1001, 1002
付 付款凭证 贷方必有 1002, 1001
转 转账凭证 凭证必无 1001, 1002

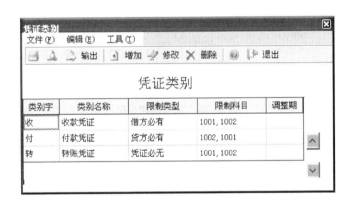

图 3－26 设置凭证类别

定义凭证类别说明如图 3－27 所示。

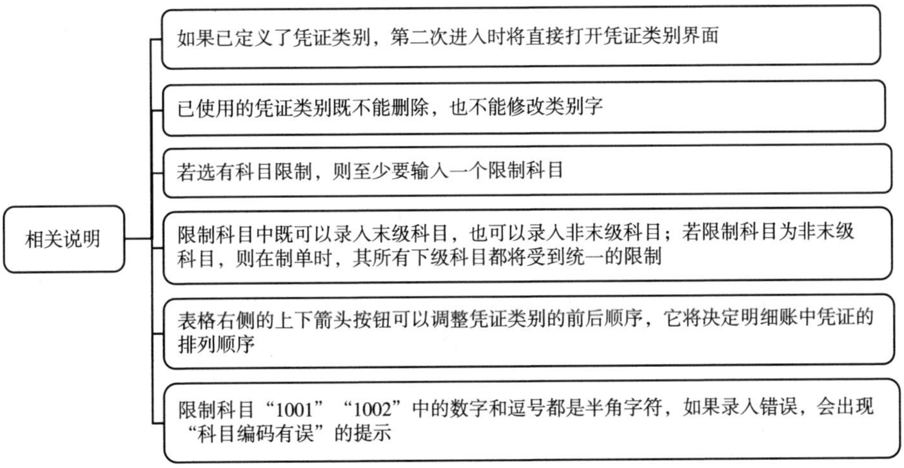

相关说明
如果已定义了凭证类别，第二次进入时将直接打开凭证类别界面
已使用的凭证类别既不能删除，也不能修改类别字
若选有科目限制，则至少要输入一个限制科目
限制科目中既可以录入末级科目，也可以录入非末级科目；若限制科目为非末级科目，则在制单时，其所有下级科目都将受到统一的限制
表格右侧的上下箭头按钮可以调整凭证类别的前后顺序，它将决定明细账中凭证的排列顺序
限制科目“1001”“1002”中的数字和逗号都是半角字符，如果录入错误，会出现“科目编码有误”的提示

图 3－27 定义凭证类别说明

（六）录入期初余额

期初余额录入工作有两项，一是录入科目的期初余额和科目辅助账的期初明细；二是核对期初余额，并进行试算平衡。

视频：3 - 8
期初余额录入

1. 打开"期初余额录入"界面。单击〖业务导航〗—〖业务工作〗—〖财务会计〗—〖总账〗—〖设置〗—〖期初余额〗菜单，进入"期初余额录入"窗口。

2. 录入基本科目余额。单击库存现金的期初余额区域，录入"累计借方"5 400、"累计贷方"4 400、"期初余额"7 300，年初余额会自动生成，如图 3 - 28 所示。

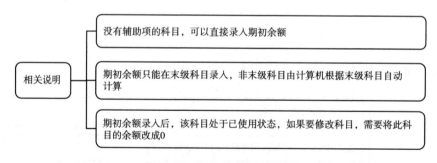

图 3 - 28　录入期初余额

3. 根据任务引例资料，用同样的方法录入其他白色区域科目的余额。

录入期初余额说明如图 3 - 29 所示。

相关说明
- 没有辅助项的科目，可以直接录入期初余额
- 期初余额只能在末级科目录入，非末级科目由计算机根据末级科目自动计算
- 期初余额录入后，该科目处于已使用状态，如果要修改科目，需要将此科目的余额改成0

图 3 - 29　录入期初余额说明

4. 录入辅助项科目余额（以应收账款为例）。

（1）打开"辅助期初余额"界面。双击"112201 人民币账户"科目的期初余额区域，系统自动打开"辅助期初余额"窗口，如图 3 - 30 所示。

（2）进入"期初往来明细"录入界面。单击工具栏上的"往来明细"按钮，系统自动打开"期初往来明细"录入窗口。

（3）录入往来明细。单击工具栏上的"增行"按钮，增加一个空行，根据资料录入日期，参照录入凭证号，参照录入客户，录入摘要，选择方向，录入金额，如图 3 - 31 所示。

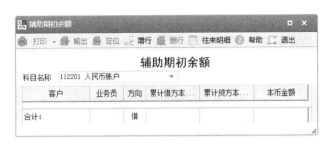

图 3-30 辅助期初余额

图 3-31 录入往来明细

（4）汇总往来明细。单击工具栏上的"汇总"按钮，将明细数据根据客户和业务员分类汇总到辅助期初余额中，并给出提示，如图 3-32 所示，单击"确定"按钮。

图 3-32 完成汇总对话框

（5）返回至"期初余额录入"界面。单击工具栏上的"退出"按钮，关闭"期初往来明细"窗口，在"辅助期初余额"窗口中可以看到已增加了一行汇总数据，单击工具栏上的"退出"按钮，关闭"辅助期初余额"窗口，返回"期初余额录入"窗口。

5. 根据所给引例资料，录入其他辅助科目数据。

录入辅助核算期初说明如图 3-33 所示。

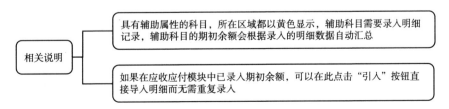

图 3-33 录入辅助核算期初说明

6. 期初对账。

（1）打开"期初对账"界面。单击工具栏上的"对账"按钮，系统打开"期初对账"窗口，如图 3-34 所示。

图 3-34　期初对账

（2）开始对账。单击"开始"按钮，系统自动开始对账，并在界面上显示对账结果。

（3）退出对账。单击"取消"按钮，关闭"期初对账"窗口，返回至上一界面。

7. 试算平衡。

（1）试算平衡计算。单击工具栏上的"试算"按钮，系统自动开始进行试算平衡计算，显示"期初试算平衡表"界面，显示计算结果，如图 3-35 所示。

图 3-35　期初试算平衡表

（2）单击"确定"按钮，关闭当前界面，返回上一界面。

期初试算平衡说明如图 3-36 所示。

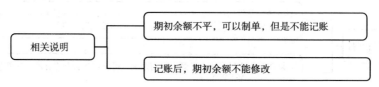

图 3-36　期初试算平衡说明

（七）定义结算方式

企业与银行的业务往来需要很多票据，如现金支票、转账支票等，为了方便银行对账，在制单过程中或其他往来业务单据中，需要记录这些结算方式，因此，在使用结算方式前，需要进行结算方式的定义。该功能就是用来建立和管理用户在经营活动中所涉及的结算方式。

视频：3 – 9
定义结算方式

1. 启动"结算方式"功能。单击〖业务导航〗—〖基础设置〗—〖基础档案〗—〖收付结算〗—〖结算方式〗菜单，进入结算方式管理界面。

2. 进入增加状态。单击工具栏上的"增加"按钮，界面右边进入增加状态。

3. 根据任务引例资料录入数据。在结算方式编码中录入"1"，在结算方式名称中录入"现金"，取消"是否票据管理""适用零售"复选框，如图 3 – 37 所示。

图 3 – 37　设置结算方式

4. 保存数据。单击工具栏上的"保存"按钮，保存当前记录。

5. 根据任务引例资料，录入其他结算方式。

6. 单击工具栏上的"退出"按钮，关闭当前界面。

结算方式说明如图 3 – 38 所示。

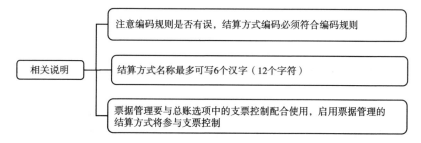

相关说明

注意编码规则是否有误，结算方式编码必须符合编码规则

结算方式名称最多可写6个汉字（12个字符）

票据管理要与总账选项中的支票控制配合使用，启用票据管理的结算方式将参与支票控制

图 3 – 38　结算方式说明

（八）定义常用摘要

在输入单据或凭证的过程中，会有摘要完全相同的情况发生，如果将这些常用摘要存储起来，在输入单据或凭证时随时调用，将大大提高工作效率。调用常用摘要可以在输入摘要时直接输摘要代码或参照输入。

视频：3－10
定义常用摘要

1. 启动"常用摘要"管理功能。单击〖业务导航〗—〖基础设置〗—〖基础档案〗—〖其他〗—〖常用摘要〗菜单，打开常用摘要管理界面。

2. 增加一条常用摘要。单击工具栏上的"增加"按钮，进入增加状态，根据任务引例资料录入摘要编码"1"、摘要内容"出差借款"。

3. 根据任务引例资料，将其他常用摘要录入完成，如图3－39所示。

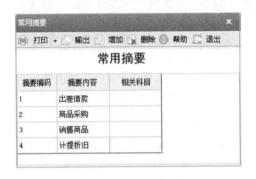

图3－39　设置常用摘要

4. 单击工具栏上的"退出"按钮，关闭当前界面。

设置常用摘要说明如图3－40所示。

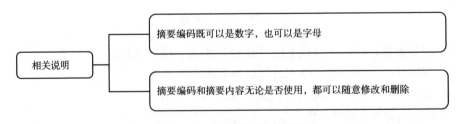

图3－40　设置常用摘要说明

（九）数据权限

视频：3－11
账套数据权
限设置

用友软件中的权限分为功能权限、数据权限和金额权限三种，其中，功能权限设置在系统管理中完成。

数据权限分记录级的数据权限和字段级的数据权限，记录级的数据权限可以理解为对一个数据表中行的使用权限，如科目表中部分科目的使用权限或用户表中对部分用户的审核权限，而字段级的数据权限可以理解为对一个数据表中列的使用权限，如限制仓库保管员看到出入库单上有关产品的价格信息。记录级数据权限操作方法如下：

1. 启动"数据权限分配"。单击〖业务导航〗—〖系统服务〗—〖权限〗—〖数据权限分配〗菜单，进入数据权限分配界面。

2. 选择权限分配对象和业务对象。选择用户"02 李制单"，业务对象下拉列表选择"科目"，单击工具栏上的"授权"按钮，系统打开记录权限设置界面。

3. 设置权限并选择记录。核对权限，保证"查账"和"制单"权限处于选择状态，根据资料要求，将全部科目从左边的禁用区移至右边的可用区，如图 3 - 41 所示。

图 3 - 41　科目记录权限设置

4. 保存设置。单击"保存"按钮，弹出提示信息，先单击"确定"按钮关闭提示，再单击窗口右上角的"关闭"按钮，关闭当前界面，返回前一界面。

5. 完成操作员的数据权限设置。根据任务引例资料完成设置，如图 3 - 42 所示。

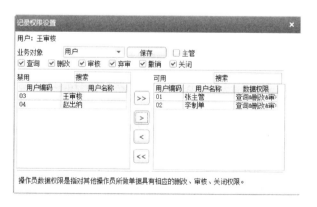

图 3 - 42　用户权限设置

6. 单击工具栏上的"退出"按钮，关闭当前界面。

设置数据权限说明如图 3-43 所示。

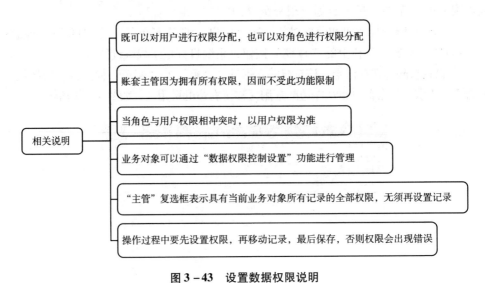

图 3-43　设置数据权限说明

（十）账套备份

将账套输出至"3-2 总账系统初始设置"文件夹，压缩后保存到 U 盘。

五、疑难解答

学习任务 3-2 疑难解答见表 3-12。

表 3-12　　　　　　　　　　　　学习任务 3-2 疑难解答

问题出处	问题描述	问题解答
项目目录	为什么定义完项目大类后，在待选科目区没有科目？	有两种可能性：一是已将科目与其他项目大类关联；二是没有定义相应的科目为项目核算属性。如果是第一个错误，那么需要在其他项目大类中将科目移回待选区；如果是第二个错误，只需要修改相应科目为项目核算属性即可
期初余额	录入期初余额后，试算不平衡，怎么检查错误？	试算不平衡，唯一的方法就是将所有科目的期初值核对一遍，往往是期初值多0或少0问题，如果与同学一起练习，可先与其他同学的试算结果比对一下，然后只需要重点检查资产、负债、所有者权益某一个方面的期初值
	如果应收账款没有定义客户属性，又直接录入了科目的期初余额，现在想设置该科目的客户属性，该如何处理？	需要先将该科目的期初余额改为0，然后将该科目客户往来属性选中，最后录入该科目的客户往来明细金额即可

续表

问题出处	问题描述	问题解答
会计科目	录入代码时，提示不符合编码规则，如何处理？	如果录入的代码没有错误，那就是编码规则错误，需要到〖基础设置〗—〖基本信息〗—〖编码方案〗中修改编码规则

【实训报告】

通过扫描二维码查看实训报告格式，可以据此参照制作纸质实训报告。

【问题思考】

实训报告：学习任务3－2

1. 录入期初余额后，试算不平衡，检查的流程是什么？
2. 录入代码时，提示不符合编码规则，如何处理？
3. 新增科目时，有何限制？
4. 功能权限、数据权限与金额权限三者之间有何联系和区别？
5. 项目定义包括哪几个内容？
6. 科目定义时主要的属性有哪些？

学习任务3－3　总账日常账务处理

[**任务概述**] 总账日常账务主要是记账凭证处理工作，本项学习任务主要训练学生学会记账凭证的填制、修改、删除、审核以及记账。

一、任务目标

1. 了解日常账务处理工作的内容。
2. 掌握日常账务中凭证处理的方法。
3. 掌握凭证填制过程中辅助账数据录入的方法。
4. 能对不同情况下的错账采取合适的更正方法。
5. 能分析不能进行凭证修改和删除的原因。
6. 能分析不能进行凭证审核和出纳签字的原因。
7. 能解决制单不序时的问题。
8. 能解决不能记账的问题。
9. 能对错账进行有痕迹修改和无痕迹修改。
10. 会删除不需要的凭证。
11. 理解业务日期超前和滞后的提示问题。

二、准备工作

1. 更改计算机系统时间为 2022 年 3 月 31 日。

2. 引入"3 - 2 总账系统初始设置"文件夹下的备份账套。

三、任务引例

1. 2022 年 3 月发生的经济业务（金额单位默认为人民币元）。

（1）2022 年 3 月 1 日，从工商银行提取现金 50 000 元，日常工作备用。

借：库存现金　　　　　　　　　　　　　　　　　　　50 000
　　贷：银行存款——工商银行　　　　　　　　　　　　　　　50 000

（2）2022 年 3 月 2 日，收到金蝶集团转账支票一张，收回上月货款 926 600 元，支票号：ZZ3004，存入工商银行。

借：银行存款——工商银行　　　　　　　　　　　　　926 600
　　贷：应收账款——人民币账户　　　　　　　　　　　　　926 600

（3）2022 年 3 月 3 日，向联想集团购入联想笔记本电脑 100 台，每台不含税进价 5 000 元，共计 500 000 元，增值税 65 000 元，发票已到，商品已验收入库，款未付。

借：库存商品——联想电脑　　　　　　　　　　　　　500 000
　　应交税费——应交增值税（进项税额）　　　　　　　65 000
　　贷：应付账款——应付货款　　　　　　　　　　　　　　565 000

（4）2022 年 3 月 4 日，用工商银行转账支票向联想集团支付货款 565 000 元，支票号：ZZ1002，用于支付本月 3 日购买的 100 台联想笔记本电脑的货款，支票领用人：柯甜。

借：应付账款——应付货款　　　　　　　　　　　　　565 000
　　贷：银行存款——工商银行　　　　　　　　　　　　　　565 000

（5）2022 年 3 月 4 日，以工商银行转账支票归还前欠戴尔集团货款 565 000 元，支票号：ZZ1003，用于支付上个月 100 台电脑的货款，支票领用人：何鑫。

借：应付账款——应付货款　　　　　　　　　　　　　565 000
　　贷：银行存款——工商银行　　　　　　　　　　　　　　565 000

（6）2022 年 3 月 5 日，以现金预付全年的报纸杂志费 9 600 元。

借：其他应收款——预付报刊费　　　　　　　　　　　9 600
　　贷：库存现金　　　　　　　　　　　　　　　　　　　　9 600

（7）2022 年 3 月 5 日，人力资源部摊销应由本月负担的报纸杂志费 800 元。

借：管理费用——办公费　　　　　　　　　　　　　　800
　　贷：其他应收款——预付报刊费　　　　　　　　　　　　　800

（8）2022 年 3 月 5 日，向用友集团出售联想电脑 100 台，每台不含税售价 8 200 元，增值税销项税额 106 600 元，产品已发出，款项尚未收到。

借：应收账款——人民币账户　　　　　　　　　　　　926 600
　　贷：主营业务收入——联想电脑　　　　　　　　　　　　820 000
　　　　应交税费——应交增值税（销项税额）　　　　　　　106 600

（9）2022年3月5日，向SAP集团出售戴尔电脑50台，每台不含税售价1 400美元，1美元兑人民币汇率为6.6000，价税合计79 100美元，折合人民币共计522 060元，其中，不含税总额462 000元，增值税销项税额60 060元，产品已发出，货款以网上银行结算，已存入建设银行，结算号：WY4001。

　　借：银行存款——建设银行　　　　　　　　　　522 060
　　　　贷：主营业务收入——戴尔电脑　　　　　　　　462 000
　　　　　　应交税费——应交增值税（销项税额）　　　60 060

（10）2022年3月6日，收到用友集团转账支票一张，收回本月5日销售货款926 600元，结算号：ZZ2004，存入工商银行。

　　借：银行存款——工商银行　　　　　　　　　　926 600
　　　　贷：应收账款——人民币账户　　　　　　　　926 600

（11）2022年3月6日，用工商银行转账支票支付产品广告费3 000元，结算号：ZZ1004，支票领用人：赵德，部门：总部销售中心。

　　借：销售费用——广告费　　　　　　　　　　　3 000
　　　　贷：银行存款——工商银行　　　　　　　　　3 000

（12）2022年3月8日，总经理办公室陈锦报销差旅费5 700元，偿还借款300元。

　　借：库存现金　　　　　　　　　　　　　　　　300
　　　　管理费用——差旅费　　　　　　　　　　　5 700
　　　　贷：其他应收款——其他个人应收款　　　　　6 000

2. 修改凭证。
把第7笔业务的费用摊销部门由人力资源部改为总经理办公室。

3. 常用凭证。
摘要：从工商银行提取现金。凭证类别：付款凭证。科目编码：1001和100201。

4. 审核和记账。
对所有的凭证进行审核、出纳签字、主管签字、记账。

【重要提示】实训重点是填制凭证，注意判断凭证的类别；对于具有辅助项的科目，注意弹出的窗口，掌握修改辅助项的方法；了解数据权限和金额权限的作用；掌握现金流量录入的方法。填制凭证过程指导只给出部分特殊业务操作过程，操作时注意将所有业务全部录入。在审核、出纳签字和主管签字时，应注意更换操作员。

四、操作指导

操作流程如图3-44所示。

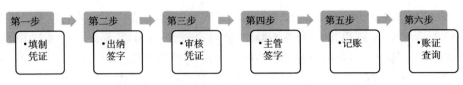

图 3-44 操作流程

（一）填制凭证

视频：3-12
填制凭证

填制凭证也被称为制单，是账务处理最基础的环节，直接影响整个账务处理系统的应用效果。

1. 填制第1笔业务记账凭证（普通业务）。

（1）启用企业应用平台，以02操作员的身份登录系统。

（2）启动"填制凭证"功能。单击〖业务导航〗—〖业务工作〗—〖财务会计〗—〖总账〗—〖凭证〗—〖填制凭证〗菜单，打开"填制凭证"窗口。

（3）进入增加状态。单击工具栏上的"增加"按钮，或按F5键。

（4）更改凭证类型。单击凭证类别的参照按钮，选择"付款凭证"。

（5）更改凭证日期。将凭证日期改为"2022.03.01"。

（6）录入摘要。在摘要栏录入"日常工作备用金"，并回车确认。

（7）录入借方科目。在科目名称栏，单击参照按钮（或按F2键），选择"资产"类科目"1001库存现金"，或者直接在科目名称栏输入"1001"，并回车确认。

（8）录入借方金额。在借方金额栏录入金额"50 000"并回车确认。

（9）录入贷方科目。在科目名称栏，参照或直接录入"100201"并回车确认。

（10）在弹出的辅助项窗口，录入相关信息。

（11）录入贷方金额。按回车键，或用鼠标单击"贷方金额"栏，录入贷方金额"50 000"，或直接按"="键，如图3-45所示。

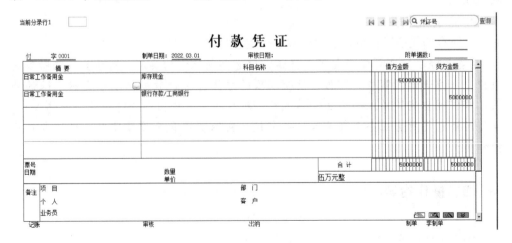

图 3-45 付款凭证

（12）保存凭证。单击"保存"按钮，系统弹出"凭证已保存成功！"信息提示框，单击"确定"按钮返回。

业务 1 填制说明如图 3-46 所示。

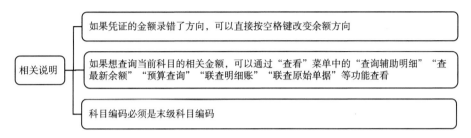

图 3-46　业务 1 填制说明

2. 填制第 2 笔业务记账凭证（录入银行账辅助项、现金流量、客户往来辅助项）。

（1）进入增加状态。在"填制凭证"窗口中，单击"增加"按钮或按 F5 键。

（2）选择凭证类别为收款凭证，更改凭证日期为 2 日。

（3）录入摘要。在摘要栏录入"收回销售欠款"，并回车确认。

（4）录入借方科目。在科目名称栏，参照或直接录入"100201"，回车确认，弹出辅助项窗口。

（5）录入辅助项数据。在辅助项窗口中，单击结算方式参照按钮，选择转账支票，输入支票号：ZZ3004，发生日期：2022-03-02，如图 3-47 所示。

图 3-47　结算方式辅助项对话框

（6）录入借方金额。单击"确定"按钮，在借方录入金额 926 600。

（7）录入现金流量。单击工具栏上的"流量"按钮，弹出"现金流量录入修改"对话框。

（8）选择参照。单击"项目编码"的参照，弹出参照列表。

（9）选择编码。根据业务性质选择"01"号项目编码，系统自动带出项目名称，如图 3-48 所示。

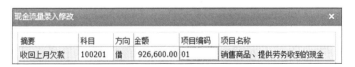

图 3-48　现金流量录入窗口

（10）单击"确定"按钮，关闭"现金流量录入修改"界面，回车，自动增加下一行摘要。

（11）录入贷方科目。在科目名称栏，参照或直接录入"1122"，并回车确认，打开辅助项窗口。

（12）录入辅助信息。在打开的辅助项对话框中录入辅助信息，如图3-49所示。

图3-49　客户辅助项对话框

（13）录入贷方金额。单击"确定"按钮，按等号键，录入贷方金额926 600。

（14）保存凭证。单击"保存"按钮，系统弹出"凭证已保存成功！"信息提示框，单击"确定"按钮返回。

业务2填制说明如图3-50所示。

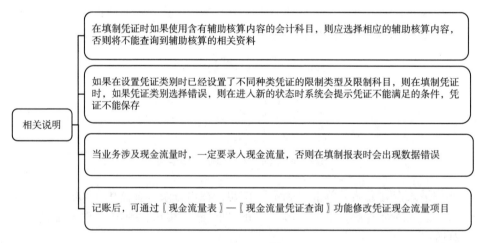

图3-50　业务2填制说明

3. 填制第3笔业务记账凭证（录入数量辅助项、供应商辅助项）。

（1）进入增加状态。在"填制凭证"窗口中，单击"增加"按钮或按F5键。

（2）选择凭证类别为转账凭证，更改凭证日期为3日。

（3）录入摘要。在摘要栏录入"进货，款未付"，并回车确认。

（4）录入借方科目。在科目名称栏参照或直接录入"140501"，并回车确认，弹出一个辅助项窗口，录入辅助项数据，如图3-51所示。

图 3 – 51 数量辅助项对话框

（5）单击"确定"按钮，系统自动录入借方金额，回车确认，按照上述方法，录入借方第二个科目。

（6）录入贷方科目。在科目名称栏参照或直接录入 220201，并回车确认。

（7）在打开的辅助项对话框中录入供应商信息。在辅助项窗口中，单击"供应商"参照按钮，选择"联想"，或输入客户编码"01"（业务员会自动弹出），如图 3 – 52 所示。供应商辅助项的必填项是供应商，如果业务中没有给出票号，则不填。

图 3 – 52 供应商辅助项对话框

（8）录入贷方金额。单击"确定"按钮，按等号键，录入贷方金额 565 000。

（9）保存凭证。单击"保存"按钮，系统弹出"凭证已保存成功！"信息提示框，单击"确定"按钮返回。

4. 填制第 4~6 笔业务的记账凭证。

按照上述方法录入第 4~6 笔业务的记账凭证。第 4 笔和第 5 笔业务要注意进行支票的补充登记，第 4 笔、第 5 笔和第 6 笔业务还要注意录入现金流量。

5. 填制第 7 笔业务的记账凭证（录入部门辅助项）。

（1）进入增加状态。在"填制凭证"窗口中，单击"增加"按钮或按 F5 键。

（2）选择凭证类别，更改凭证日期。

（3）录入摘要。在摘要栏录入"摊销报纸杂志费"，并回车确认。

（4）录入借方科目。在科目名称栏参照或直接录入"660202"，并回车确认，弹出一个辅助项窗口。

（5）录入部门信息。在"辅助项"窗口中，单击"部门"参照按钮，选择"人力资源部"，或输入客户编码"02"。

（6）录入借方金额。单击"确定"按钮，录入借方金额"800"。

（7）录入贷方科目。在科目名称栏参照或直接录入"122103"，并回车确认。

（8）录入贷方金额。单击"确定"按钮，按等号，录入贷方金额"800"。

（9）保存凭证。单击"保存"按钮，系统弹出"凭证已保存成功！"信息提示框，单击"确定"按钮返回。

6. 按照上述方法将剩余5笔业务的记账凭证录入系统中。

（二）修改凭证

凭证录入时，尽管系统提供了多种控制错误的措施，但误操作还是在所难免。未复核的凭证可以由制单人直接修改，现以第7笔业务为例进行修改。

视频：3-13
修改凭证

1. 启动"填制凭证"功能。单击〖凭证〗—〖填制凭证〗菜单，找到转字2号凭证。

2. 选中科目。光标放入科目"管理费用/办公费"这一行的任意位置。

3. 打开辅助项。双击辅助项图标，弹出辅助项窗口。

4. 更改部门。删除"人力资源部"，单击"参照"按钮，选择"总经理办公室"，或输入部门编码"01"。

5. 保存凭证。单击"确定"按钮，并保存凭证，系统弹出"凭证已保存成功！"信息提示框，单击"确定"按钮，退出界面。

修改凭证说明如图3-53所示。

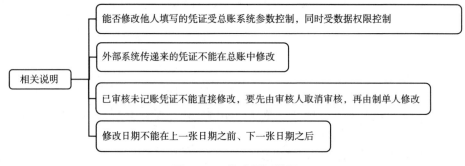

图3-53　修改凭证说明

（三）删除凭证

系统未提供直接删除凭证的功能，必须通过先作废再整理完成。

1. 进入填制凭证窗口。以操作员"02"的身份，单击〖凭证〗—〖填制凭证〗菜单，进入"填制凭证"窗口。

2. 查找凭证。单击"上张""下张"，找到要删除的凭证。

3. 作废凭证。单击菜单〖制单〗—〖作废/恢复〗，在凭证左上角打上"作废"的标志。

4. 整理凭证。单击菜单〖制单〗—〖整理凭证〗，根据系统要求选择凭证期间，单击"确定"按钮，系统打开"作废凭证表"对话框，在表格中双击"删除"栏选择删除对象。

5. 整理凭证号。单击"确定"按钮，系统弹出"是否还需整理凭证断号"信息提示框，单击"是"按钮，系统完成对凭证号的重新整理。

6. 关闭界面。

删除凭证说明如图 3-54 所示。

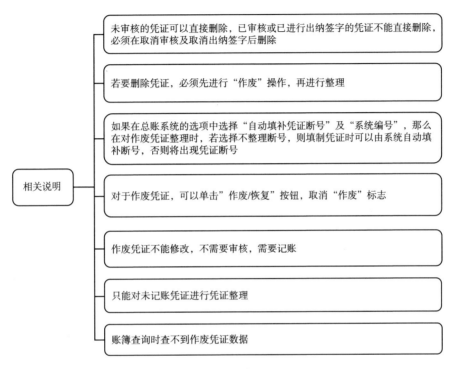

相关说明
- 未审核的凭证可以直接删除，已审核或已进行出纳签字的凭证不能直接删除，必须在取消审核及取消出纳签字后删除
- 若要删除凭证，必须先进行"作废"操作，再进行整理
- 如果在总账系统的选项中选择"自动填补凭证断号"及"系统编号"，那么在对作废凭证整理时，若选择不整理断号，则填制凭证时可以由系统自动填补断号，否则将出现凭证断号
- 对于作废凭证，可以单击"作废/恢复"按钮，取消"作废"标志
- 作废凭证不能修改，不需要审核，需要记账
- 只能对未记账凭证进行凭证整理
- 账簿查询时查不到作废凭证数据

图 3-54 删除凭证说明

（四）凭证录入技巧

在录入凭证过程中，除了可以使用"F5"增加、"F6"保存、"F2"参照、"="自动平衡、空格键切换借贷方向等常用快捷键提高录入效率外，还可以通过常用摘要、常用凭证、红字凭证、凭证复制、凭证草稿保存、账证联查、自动转账等功能提高凭证录入效率。

1. 常用摘要。将经常使用的凭证摘要定义成为常用摘要，当需要录入摘要时，只需要录入常用摘要编码即可，此方法可提升摘要录入速度，减轻录入人员的工作量。常用摘要的定义方法除了前面业务中介绍的方法外，还可以在填写凭证时，在摘要参照界面直接新增摘要为常用摘要，可大大提高常用摘要录入效率。

2. 常用凭证。可以将反复出现的业务设置成常用凭证，以提高工作效率。

（1）启用"常用凭证"功能。单击〖业务导航〗—〖业务工作〗—〖财务会计〗—〖总账〗—〖设置〗—〖常用凭证〗菜单，打开"常用凭证"对话框。

（2）进入增加状态。单击"增加"按钮。

视频：3-14
设置常用凭证

（3）选择凭证类型。录入编码"1"，录入说明"从工商银行提取现金"，单击"凭证类别"栏的下三角按钮，选择"付款凭证"，如图3-55所示。

图3-55 设置常用凭证

（4）进入常用凭证填制窗口。单击"详细"按钮，进入"常用凭证—付款凭证"窗口。

（5）录入科目编码。先单击"增分"按钮，录入科目编码"1001"，再单击"增分"按钮，在第2行"科目编码"栏录入"100201"，辅助信息不填，填写结果如图3-56所示。

图3-56 常用凭证具体内容

（6）退出界面。

录入常用凭证说明如图3-57所示。

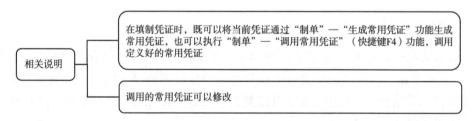

图3-57 录入常用凭证说明

3. 红字凭证。如果发现已记账凭证有错误，可到填制凭证中，通过冲销凭证功能生成一张红字冲销凭证，无须手工录入，实现有痕迹修改。操作方法为，在填制凭证的浏览状态，单击工具栏上的"冲销凭证"按钮，选择月份、凭证类别，录入凭证号，单击"确定"按钮即可生成红字冲销凭证。

4. 凭证复制。当需要重复填写凭证时，或要填写的大部分内容相同时，可通过复制功能快速生成凭证内容。操作方法为，在填写凭证窗口的浏览状态找到要复制的凭证对象，单击工具栏上的"复制"按钮，自动增加一张内容一样的凭证，适当修改后保存即可。

5. 凭证草稿保存。在填写凭证的过程中，如果凭证信息不完整，可通过"凭证草稿保存"功能进行挂单处理，在进行草稿保存时，不对凭证任何数据进行有效性检查。当需要继续录入时，通过"凭证草稿引入"功能导入挂单数据即可。

6. 账证联查。在填写凭证时，可直接查询当前行科目的历史数据，可查询的功能有联查明细账、联查原始单据、查辅助明细、科目余额，此处的查询结果均包含未记账凭证数据。

7. 自动转账。自动转账分账务内转账与账务外转账，账务内转账在总账模块完成，通过月末的转账功能实现，可将有取数规律的凭证交由计算机自动生成，在后面的业务中会有专门的介绍。账务外转账通过总账之外的其他模块生成凭证，如工资、固定资产、采购、销售、应收、应付等模块，均可根据原始单据生成凭证到总账中，无须人工录入凭证，在相关模块均有详细讲解。

（五）出纳签字

为加强现金收支管理，保证数据正确，系统设置了出纳签字功能。出纳人员可通过"出纳签字"功能对制单人填制的涉及库存现金或银行存款科目的凭证进行核对，主要核对金额是否正确，审查中认为错误或有异议的凭证，应交与填制人员修改后再核对。

1. 重新注册。以04操作员身份登录系统。

2. 启动"出纳签字"功能。单击〖业务导航〗—〖业务工作〗—〖财务会计〗—〖总账〗—〖凭证〗—〖出纳签字〗菜单，打开"出纳签字"对话框。单击"确定"按钮，进入"出纳签字"列表窗口，如图3－58所示。

视频：3－15
出纳签字

出纳签字列表

	制单日期	凭证编号	摘要	借方金额合计	货方金额合计	制单人	审核人	审核日期	记账人	出纳签字人	
☐	2022-03-02	收－0001	收回上月货款	926,600.00	926,600.00	李制单					
☐	2022-03-05	收－0002	向SAP出售电脑	522,060.00	522,060.00	李制单					
☐	2022-03-06	收－0003	收到用友集团货款	926,600.00	926,600.00	李制单					
☐	2022-03-08	收－0004	报销差旅费	6,000.00	6,000.00	李制单					
☐	2022-03-01	付－0001	备用金	50,000.00	50,000.00	李制单					
☐	2022-03-04	付－0002	支付联想集团货款	565,000.00	565,000.00	李制单					
☐	2022-03-04	付－0003	支付戴尔集团货款	565,000.00	565,000.00	李制单					
☐	2022-03-05	付－0004	预付全年报纸杂...	9,600.00	9,600.00	李制单					
☐	2022-03-06	付－0005	支付广告费	3,000.00	3,000.00	李制单					
合计				3,573,860.00	3,573,860.00						

共9条记录　　　　　　　　　　　凭证共9张　已签字0张　未签字9张

图3－58　出纳签字列表

3. 打开待签字凭证。单击"确定"按钮，打开待签字的第一张凭证。

4. 出纳签字。先单击工具栏上的"签字"按钮，单击"下张凭证"按钮，再单击"签字"按钮，直到将已经填制的凭证全部签字。

5. 关闭界面。单击"退出"按钮。

出纳签字说明如图 3-59 所示。

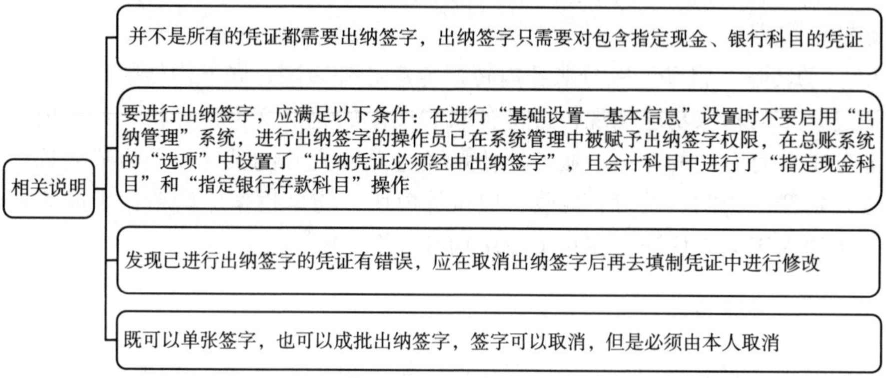

相关说明

- 并不是所有的凭证都需要出纳签字，出纳签字只需要对包含指定现金、银行科目的凭证
- 要进行出纳签字，应满足以下条件：在进行"基础设置—基本信息"设置时不要启用"出纳管理"系统，进行出纳签字的操作员已在系统管理中被赋予出纳签字权限，在总账系统的"选项"中设置了"出纳凭证必须经由出纳签字"，且会计科目中进行了"指定现金科目"和"指定银行存款科目"操作
- 发现已进行出纳签字的凭证有错误，应在取消出纳签字后再去填制凭证中进行修改
- 既可以单张签字，也可以成批出纳签字，签字可以取消，但是必须由本人取消

图 3-59　出纳签字说明

（六）审核凭证

审核凭证是指由具有审核权限的操作员按照会计制度规定对制单人填制的记账凭证进行的合法性检查。

1. 重新注册。以 03 操作员的身份登录系统。

2. 启动"审核凭证"功能。单击〖凭证〗—〖审核凭证〗菜单，打开"凭证审核"对话框。

3. 设置查询条件。单击"确定"按钮，进入"凭证审核"列表窗口。

4. 打开待审核凭证。单击"确定"按钮，打开待审核的收字 1 号凭证。

5. 审核凭证。单击工具栏上的"审核"按钮，系统自动审核第一张凭证，并打开下一张未审核凭证。

6. 依次审核其他凭证，直到将已经填制的凭证全部审核签字。

7. 单击"退出"按钮退出。

审核凭证说明如图 3-60 所示。

（七）主管签字

主管签字可以理解为是主管对凭证的"复核"。

1. 重新注册。以 01 操作员的身份登录系统。

2. 启动"主管签字"功能。单击〖凭证〗—〖主管签字〗菜单，打开"主管签字"对话框。

3. 打开主管签字窗口。单击"确定"按钮，进入主管签字列表窗口。

视频：3-16
审核凭证

视频：3-17
主管签字

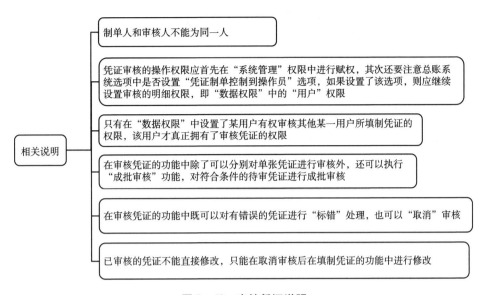

图 3 – 60　审核凭证说明

4. 打开待签字凭证。单击"确定"按钮，打开待签字的收字 1 号凭证。

5. 签字。单击工具栏上的"签字"按钮，系统将自动在凭证的右上角签字，如图 3 – 61 所示。

图 3 – 61　主管已签字凭证

6. 依次签字其他凭证。先单击"下张凭证"按钮，再单击"签字"按钮，直到将已经填制的凭证全部签字。

7. 关闭界面。单击"退出"按钮退出。

（八）记账

记账一般采用向导方式，当操作员发出记账指令时，计算机按照预先设计的记账程序自动地进行合法性检验、科目汇总、登记账簿等操作。

视频：3-18
记账

1. 打开记账对话框。以01操作员的身份登录系统，单击〖凭证〗—〖记账〗菜单，打开"记账"对话框，如图3-62所示。

图3-62　记账对话框

2. 选择记账范围。先单击"全选"按钮，再单击"记账"按钮，弹出"期初试算平衡表"。

3. 进行记账。单击"确定"按钮，系统自动开始记账，完成后，弹出"记账完毕！"对话框，单击"确定"按钮，退出界面。

记账说明如图3-63所示。

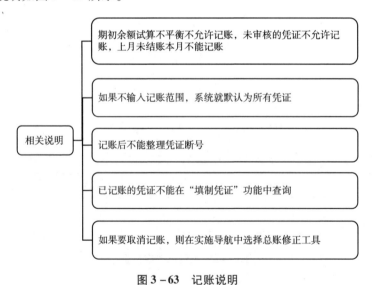

图3-63　记账说明

（九）账套备份

将账套输出至"3-3总账日常账务处理"文件夹，压缩后保存到U盘。

五、疑难解答

学习任务3-3疑难解答见表3-13。

表 3 - 13　　　　　　　　　　　学习任务 3 - 3 疑难解答

问题出处	问题描述	问题解答
出纳签字	为什么在出纳签字时只能看到部分凭证	并不是所有凭证都需要出纳签字，只有凭证中含有指定现金科目、指定银行科目中包含的科目时，才需要出纳签字
	在"系统管理"中已经给出纳员赋予了出纳签字权限，但是出纳员进入总账系统准备进行出纳签字时，凭证菜单下却没有"出纳签字"子菜单命令，无法进行出纳签字	因为启用了"出纳管理"系统。需进入"基础设置—基本信息—系统启用"，取消启用出纳管理
审核凭证	可不可以由 01 操作员填写凭证，由 02 操作员复核凭证	从功能权限上来看，01 操作员具有制单权限，02 操作员具有复核权限。但是，由于设置了用户级的数据权限，如果 02 操作员对 01 操作员没有审核权，就不能实现此操作
	制单人与出纳可否为同一人，制单人与复核人可否为同一人，制单人与主管可否为同一人	用友软件中要求制单人与复核人不能为同一人，其他并没有限制
记账	记账时试算不平衡，如何判断错误的位置	因为在制单过程中，只有凭证平衡后才能保存，因此，记账时提示不平衡，一般是因为期初余额不平衡，需要到期初余额中进行试算平衡检查
填制凭证	填制凭证时不能调用常用摘要，如何解决	进入系统管理系统，依次单击"权限—公共目录设置—其他"，勾选常用摘要
	凭证录入后发现结算方式等辅助信息没有录入或客户、供应商等录入错误，如何修改或补录辅助信息	先打开填制凭证窗口，通过翻页或查找功能找到凭证，鼠标点击需要重新填写辅助信息的会计科目，让其获得焦点，再点击右下角"魔术棒"图标，在弹出的窗口中录入或修改辅助信息
	在制单过程中，填写现金流量科目及其金额后，如果想让计算机自动弹出现金流量填写窗口，而不是手动单击"流量"按钮，应如何设置	可在总账的选项中选中"现金流量科目必录现金流量项目"复选框
查询凭证	如何查询凭证	在填制凭证窗口可查询凭证，但只能查看未记账凭证，也可通过"凭证"—"查询凭证"功能查看所有凭证，但要注意数据权限对查询结果的影响
	如何判断凭证是否已记账	既可通过"查询凭证"功能查找到凭证，查看凭证下方的记账人签名，如果有签名，表示已记账，也可设置凭证查询条件为"已记账凭证"，如果显示，表示已记账
修改凭证	如果发现凭证中现金流量项目录入有问题或者中途设置现金流量科目，需要调整以前凭证的操作	直接在"总账"—"现金流量"—"现金流量凭证查询"中修改，无须取消结账、记账审核等操作

【实训报告】

通过扫描二维码查看实训报告格式，可以据此参照制作纸质实训报告。

【问题思考】

1. 如何批量复核凭证？

2. 如何查询凭证？

3. 如何判断凭证是否已记账？

4. 如何生成红字冲销凭证？

5. 制单人与出纳可否为同一人，制单人与复核人可否为同一人，制单人与主管可否为同一人？

6. 在制单过程中，填写现金流量科目及其金额后，如果想让计算机自动弹出现金流量填写窗口，而不是手动单击"流量"按钮，应如何设置？

实训报告：学习任务3-3

学习任务3-4 出纳业务管理

[任务概述] 本项学习任务主要训练学生掌握支票登记簿管理、银行对账以及日记账查询的方法。

一、任务目标

1. 掌握出纳业务的处理方法。
2. 掌握银行对账的处理方法。
3. 理解网上报销流程及应用。

二、准备工作

1. 更改计算机系统时间为2022年3月31日。
2. 引入"3-3总账日常账务处理"文件夹下的备份账套。

三、任务引例

1. 转账支票。2022年3月12日，办公品采购部刘力领用转账支票一张，支票号：ZZ1080，准备用于购买办公用品，限额5 000元。

2. 100201工商银行对账期初数据。企业日记账余额为1 200 000元，银行对账单期初余额为1 150 000元，有企业已收而银行未收的未达账（2022年2月28日）转账支票，结算号：ZZ0911，金额50 000元。

3. 2022年3月银行对账单（见表3-14）。

表 3 – 14   银行对账单

日期	结算方式	票号	借方金额	贷方金额	余额
2022.03.01	现金		50 000		1 200 000
2022.03.02	转账支票	ZZ0911	50 000		1 250 000
2022.03.04	转账支票	ZZ3004	926 600		2 176 600
2022.03.08	转账支票	ZZ1003		565 000	1 611 600
2022.03.20	转账支票	ZZ4008	72 000		1 683 600

【重要提示】银行存款日记账来自企业，银行对账单来自开户银行。当月凭证填写完成，记账后，即可得到企业银行存款日记账，而银行对账单需要每月手工输入。注意掌握什么样的科目才能进行银行对账，如果在填写凭证时没有填写结算方式和结算号，会有什么样的结果。

四、操作指导

操作流程如图 3 – 64 所示。

图 3 – 64　操作流程

（一）登记支票登记簿

为了加强企业的支票管理，出纳人员通常通过"支票登记簿"记录支票领用人、领用日期、支票用途、是否报销等情况。

1. 启动企业应用平台，以 04 操作员的身份登录系统。

2. 启动"登记支票登记簿"功能。单击〖业务导航〗—〖业务工作〗—〖财务会计〗—〖总账〗—〖出纳〗—〖支票登记簿〗菜单，打开"银行科目选择"对话框。

3. 选择银行科目。单击"确定"按钮，进入"支票登记簿"窗口。

4. 进入增加状态。单击工具栏上的"增加"按钮，系统自动增加一个空行。

5. 录入支票领用信息。录入领用日期"2022.03.12"，领用部门"办公品采购部"，领用人"刘力"，支票号"ZZ1080"，预计金额"5 000"。

6. 单击工具栏上的"×"按钮，关闭当前界面。

登记支票登记簿说明如图 3 – 65 所示。

视频：3 – 19 登记支票登记簿

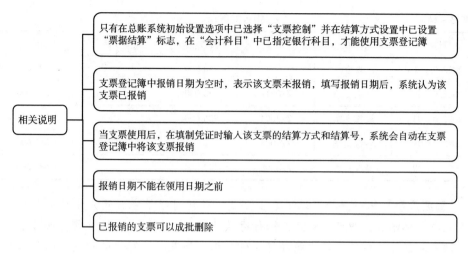

相关说明

只有在总账系统初始设置选项中已选择"支票控制"并在结算方式设置中已设置"票据结算"标志，在"会计科目"中已指定银行科目，才能使用支票登记簿

支票登记簿中报销日期为空时，表示该支票未报销，填写报销日期后，系统认为该支票已报销

当支票使用后，在填制凭证时输入该支票的结算方式和结算号，系统会自动在支票登记簿中将该支票报销

报销日期不能在领用日期之前

已报销的支票可以成批删除

图 3 - 65　登记支票登记簿说明

（二）录入银行对账期初

第一次使用银行对账功能前，系统要求录入日记账和对账单的调整前余额和未达账项。

视频：3 - 20
录入银行对账期初

1. 启动"银行对账期初"录入功能。单击〖业务导航〗—〖业务工作〗—〖财务会计〗—〖总账〗—〖出纳〗—〖银行对账〗—〖银行对账期初录入〗菜单。

2. 选择"银行科目"。进入"银行科目选择"窗口，选择"工商银行（100201）"，单击"确定"按钮，进入"银行对账期初"窗口。

3. 录入调整前余额。在单位日记账的调整前余额栏录入"1 200 000.00"，在银行对账单的调整前余额栏录入"1 150 000.00"。

4. 录入期初未达账项。单击"日记账期初未达账项"按钮，打开"企业方期初"窗口，单击工具栏上的"增加"按钮，录入或选择凭证日期"2022 - 02 - 28"，在借方金额栏录入"50 000"，如图 3 - 66 所示。

图 3 - 66　企业方期初

5. 保存数据。录入数据后，单击工具栏上的"退出"按钮，返回银行对账期初窗口，最终结果如图 3 - 67 所示。

6. 关闭界面。

银行对账期初说明如图 3 - 68 所示。

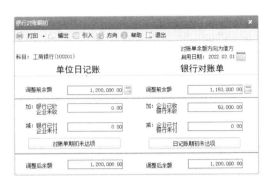

图 3-67　银行对账期初

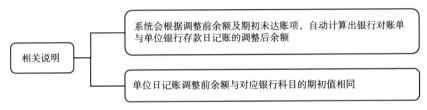

图 3-68　银行对账期初说明

（三）录入银行对账单

要实现计算机自动进行银行对账，在月末对账前，必须将银行开出的银行对账单输入计算机，存入"对账单"文件。

1. 启动"银行对账单"功能。单击〖业务导航〗—〖业务工作〗—〖财务会计〗—〖总账〗—〖出纳〗—〖银行对账〗—〖银行对账单〗菜单，打开"银行科目选择"对话框。

视频：3-21
录入银行对账单

2. 选择银行科目。单击"确定"按钮，进入"银行对账单"窗口。

3. 进入增加状态。单击工具栏上的"增行"按钮，系统自动增加一个空行。

4. 录入"银行对账单"数据。选择日期"2022.03.01"，选择结算方式"现金"，录入借方金额"50 000"，回车。

5. 依次录入其他数据。按照第4步操作的方法，录入其他数据，如图3-69所示。

图 3-69　银行对账单

---

6. 保存数据。录入后数据自动保存。

7. 单击窗口上的"×"按钮，关闭当前界面。

录入银行对账单说明如图3－70所示。

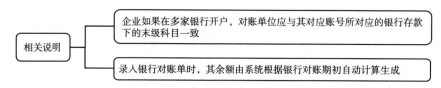

图3－70　录入银行对账单说明

（四）银行对账

银行对账是指将银行对账单与银行存款日记账中相同的业务进行核对勾销，得到未达账项。系统提供"自动对账"和"手工对账"两种方法。标准的业务，可以通过自动对账进行勾对，对于因结算方式、结算号等录入错误或漏填的业务，则需要通过手工的方式勾对。

自动对账是系统根据对账依据自动进行核对、勾销，自动对账两清的标志为"○"。系统默认的自动对账的对账条件为"日期相差12天""结算方式相同""结算票号相同"，单击每一项对账条件前的复选框可以取消相应的对账条件，即在对账时不考虑相应的对账条件。

手工对账是对自动对账的一种补充，手工对账两清的标志为"Y"。在自动对账后如果发现一些应该勾对而未勾对上的账项，可以分别双击"两清"栏直接进行手工调整。

如果对账单中有两笔以上记录同日记账对应，则对应账单都应标上两清标志。

如果想取消对账，可以采用自动取消和手工取消两种方式。单击"取消"按钮，可以自动取消所有两清标记，如果手工取消，则可以双击要取消对账标志业务的"两清"栏，取消两清标志。

1. 启动"银行对账"功能。单击〖业务导航〗—〖业务工作〗—〖财务会计〗—〖总账〗—〖出纳〗—〖银行对账〗菜单，打开"银行科目选择"窗口。

2. 选择银行科目。单击"确定"按钮，进入"银行对账"窗口，如图3－71所示。

视频：3－22
银行对账

图3－71　银行对账

3. 进行对账。单击"对账"按钮，打开"自动对账"对话框，如图 3 – 72 所示。

图 3 – 72 自动对账

4. 设置对账条件。在"自动对账条件选择"窗口中，单击"确定"按钮，出现"对账"结果，如图 3 – 73 所示。

				单位日记账							银行对账单			

科目：100201(工商银行)

票据日期	结算方式	票号	方向	金额	两清	凭证号数	摘要	对账序	日期	结算方式	票号	备注	方向	金额	两清	对账序号
2022.03.02	3	ZZ3004	贷	926,600.00	◇	收-0001	收到款	202203310	2022.03.01	1			借	50,000.00		
2022.03.06	3	ZZ2004	贷	926,600.00		收-0003	收到用友集团货款		2022.03.02	3	ZZ0911		借	50,000.00		
2022.03.01			贷	50,000.00		付-0001	日常工作备用金		2022.03.04	3	ZZ3004		借	926,600.00	◇	2022033100002
2022.03.04	3	ZZ1002	贷	565,000.00		付-0002	支付联想集团货款		2022.03.08	3	ZZ1003		贷	565,000.00	◇	2022033100001
2022.03.04	3	ZZ1003	贷	565,000.00	◇	付-0003	支付戴尔集团货款	202203310	2022.03.20	3	ZZ4008		借	72,000.00		
2022.03.06	2		贷	3,000.00		付-0005	支付广告费									
			借	50,000.00		-0000										

图 3 – 73 银行对账

5. 单击工具栏上的"×"按钮，关闭当前界面。

（五）输出余额调节表

对账完成后，系统自动生成银行存款余额调节表。

1. 启动"余额调节表"功能。单击〖业务导航〗—〖业务工作〗—〖财务会计〗—〖总账〗—〖出纳〗—〖银行对账〗—〖余额调节表查询〗菜单，进入"银行存款余额调节表"窗口，如图 3 – 74 所示。

银行存款余...

🖶 打印 ▾ 📤 输出 📖 详细

银行存款余额调节表

银行科目（账户）	对账截止日期	单位账账面余额	对账单账面余额	调整后存款余额
工商银行(100201)		1,870,200.00	1,683,600.00	1,992,200.00
建设银行(100202)		79,100.00	0.00	79,100.00

图 3 – 74 银行存款余额调节表

2. 查看详细记录。单击工具栏上的"详细"按钮，进入"余额调节表（详细）"窗口。

3. 单击工具栏上的"×"按钮，关闭当前界面，依次关闭本功能其他界面。

银行余额调节表编制说明如图3-75所示。

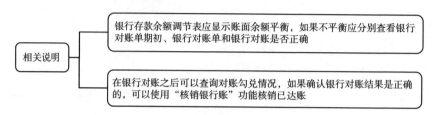

图3-75 银行余额调节表编制说明

（六）核销银行账

当银行对账已平，系统中已达账项已没有保留的必要时，可以通过核销已达账功能，清空用于对账的日记账已达账项和银行对账单已达账项，核销银行账后删除的已达账项不可恢复，银行对账不平时，不能使用核销功能。

1. 启动"核销银行账"功能。单击〖业务导航〗—〖业务工作〗—〖财务会计〗—〖总账〗—〖出纳〗—〖银行对账〗—〖核销银行账〗菜单，打开"核销银行账"窗口，如图3-76所示。

图3-76 核销银行账

2. 核销银行账。选择"100201"科目，单击"确定"按钮，自动核销银行账（在训练过程中，请不要点"确定"按钮，否则无法检查前面的对账错误）。

3. 关闭界面。

核销银行账说明如图3-77所示。

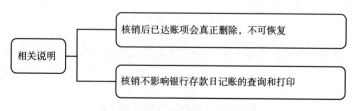

图3-77 核销银行账说明

（七）查询现金日记账

1. 启动"现金日记账"功能。单击〖业务导航〗—〖业务工作〗—〖财务会计〗—〖总账〗—〖出纳〗—〖现金日记账〗菜单，打开"现金日记账查询条件"窗口，如图 3－78 所示。

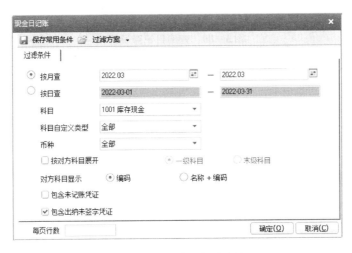

图 3－78　现金日记账查询

2. 显示查询结果。在查询条件中单击"确定"按钮，打开"现金日记账"窗口，如图 3－79 所示。

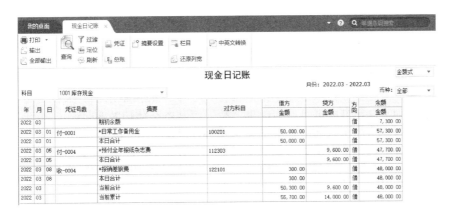

图 3－79　现金日记账

3. 关闭界面。

查询日记账说明如图 3－80 所示。

（八）查询 2022 年 3 月 31 日资金日报表

资金日报表是反映某一日现金、银行存款发生额及余额情况的报表，在企业财

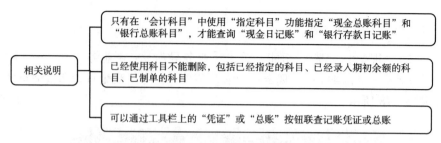

图3-80　查询日记账说明

务管理中占据重要位置，提供当日借、贷金额合计和余额，以及发生的业务量等信息。

1. 启动"资金日报表"功能。单击〖业务导航〗—〖业务工作〗—〖财务会计〗—〖总账〗—〖出纳〗—〖资金日报〗菜单，打开"资金日报条件查询条件"窗口。

2. 显示查询结果。选择日期"2022-03-31"，单击"确定"按钮，进入"资金日报表"窗口。

3. 单击工具栏上的"退出"按钮，关闭当前界面。

（九）账套备份

将账套输出至"3-4出纳业务管理"文件夹，压缩后保存到U盘。

五、网上报销业务（拓展内容）

（一）必备知识

1. U8网上报销业务简介。

网上报销系统作为企业、行政事业单位内部信用控制的工具，主要处理企业内部往来业务，对企业、行政事业单位内部部门、个人的借款余额、欠款笔数和欠款日期进行控制，从而及时处理企业内部欠款，提高资金使用效率。

网上报销系统作为企业、行政事业单位费用控制的工具，主要从两个方面来对企业的费用进行控制：报销标准的控制和费用预算的控制。通过对报销标准和费用预算的控制，做到对各项费用进行事前计划、事中控制，并为事后的分析考核提供数据。

2. 费用申请及借款处理流程，如图3-81所示。

（二）任务引例

1. 费用申请及借款业务处理。长城兴荣有限公司拟召开全员大会，由陈锦组织，现提交费用申请单，申请会议费5 000元，费用由总经办承担，审核通过后为其办理借款业务。

2. 日常报销业务处理。长城兴荣有限公司全员大会结束，陈锦报销会议费

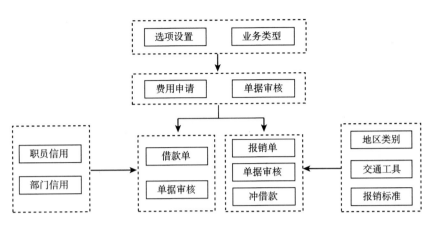

图 3-81　费用申请及借款处理流程

5 000 元，填制报销单。

3. 日常报销财务处理。长城兴荣有限公司的财务会计根据陈锦提交的会议费报销单，冲销借款单，并生成记账凭证。

4. 日常报销账表查询。长城兴荣有限公司财务会计导出本月借款统计表、借款明细表及网报业务一览表，提交财务经理。

（三）操作指导

该部分内容作为拓展内容学习，无须操作。

1. 费用申请及借款业务处理。

（1）使用 01 操作员的身份登录。双击〖U8⁺企业应用平台〗—〖业务导航〗—〖业务工作〗—〖财务会计〗—〖网上报销〗—〖日常业务〗—〖费用申请〗—〖费用申请单〗菜单，如图 3-82 所示。

（2）录入内容后，单击"保存"—"审核"按钮。

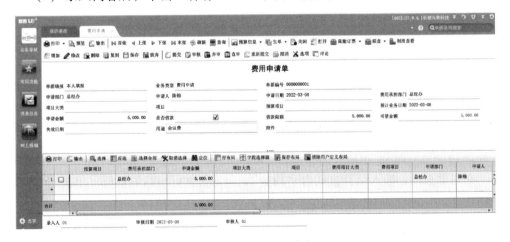

图 3-82　费用申请单

（3）生成借款单，单击"生单"—"生成借款单"按钮。

（4）选择"支付方式"为"现金支付"，单击"保存"按钮，提示"保存成功"；单击"审核"按钮，弹出审核意见弹窗，单击"同意"按钮，之后单击"保存"—"审核"按钮，如图3-83所示。

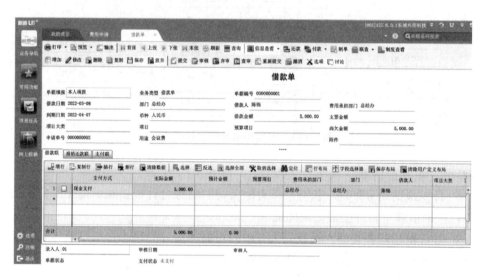

图3-83 借款单

（5）支付借款，在借款单页面，单击"付款"—"对私支出"按钮，弹出付款页面，如图3-84所示。

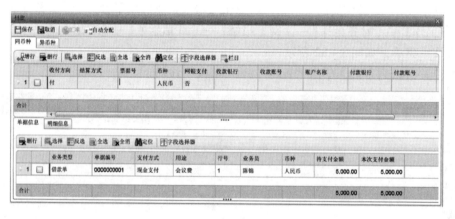

图3-84 付款页面

在付款页面，输入结算方式为"现金"，勾选付款行与借款单行，单击"保存"按钮。

2.日常报销业务处理。

（1）双击〖U8⁺企业应用平台〗—〖业务导航〗—〖业务工作〗—〖财务会计〗—〖网上报销〗—〖日常业务〗—〖费用申请〗—〖费用申请单〗，进入费用申请单填制界面，单击"末张"按钮，找到会议费的费用申请单，如图3-85所示。

图3-85　费用申请单

（2）单击"生单"—"生成报销单"按钮，弹出业务类型选择界面，选择"会议费"。录入"费用项目"为"会议费"，单击"保存"按钮，提示"保存成功"，会议费报销单生成成功，如图3-86所示。

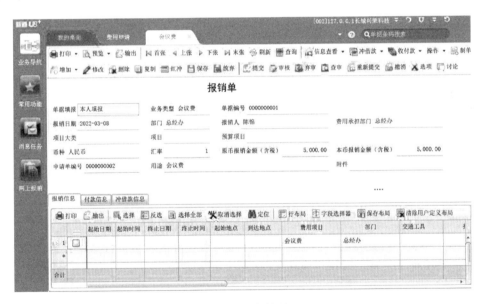

图3-86　报销单

3. 日常报销财务处理。

（1）双击〖U8⁺企业应用平台〗—〖业务导航〗—〖业务工作〗—〖财务会计〗—〖网上报销〗—〖日常业务〗—〖报销〗—〖会议费报销〗，进入会议费报销单页面，如图3-87所示。

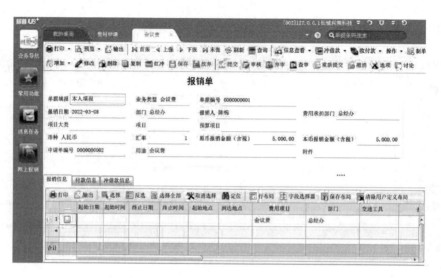

图 3-87　报销单

（2）单击"冲借款"按钮，进入冲借款信息页面，单击"修改"按钮，页面下方出现借款信息，如图 3-88 所示。

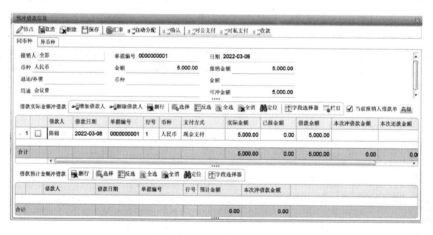

图 3-88　冲借款页面

（3）单击"自动分配"按钮，系统自动将本次冲借款金额代入，单击"保存"按钮，系统提示"冲借款指定成功"，如图 3-89 所示。

图 3-89　冲借款页面

（4）审核报销单。将冲借款页面关闭，回到报销单页面，单击"审核"按钮，将报销单审核通过。再次单击"冲借款"按钮，回到冲借款页面，单击"确认"按钮，冲借款成功，如图3-90所示。

图3-90 审核报销单

4. 日常报销账表查询。

（1）网报业务一览表。双击〖U8⁺企业应用平台〗—〖业务导航〗—〖业务工作〗—〖财务会计〗—〖网上报销〗—〖报表查询〗—〖网报业务一览表〗，如图3-91所示。

图3-91 网报业务一览表

（2）借款明细表。双击〖U8⁺企业应用平台〗—〖业务导航〗—〖业务工作〗—〖财务会计〗—〖网上报销〗—〖报表查询〗—〖借款明细表〗，如图3-92所示。

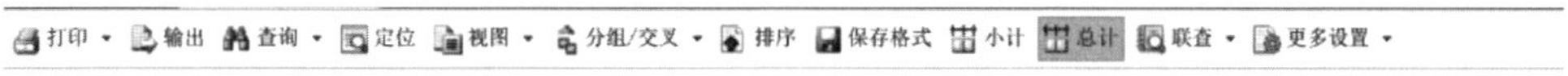

图3-92 借款明细表

（3）借款统计表。双击〖U8⁺企业应用平台〗—〖业务导航〗—〖业务工作〗—〖财务会计〗—〖网上报销〗—〖报表查询〗—〖借款统计表〗，如图3-93所示。

打印 ▾ 输出 查询 ▾ 定位 视图 ▾ 分组/交叉 ▾ 排序 保存格式 小计 总计 联查 ▾ 更多设置 ▾

借款统计表

业务日期： 2022-03-01 到 2022-03-08　　　　　　　　金额式

部门		借款人		信用笔数	未归还笔数	信用天数	最长期限	借款金额	尚欠金额
部门编码	部门名称	借款人编码	借款人名称						
1	总经办	01	陈锦		0		0	5,000.00	0.00
总计								5,000.00	0.00

图3-93　借款统计表

六、疑难解答

学习任务3-4疑难解答（见表3-15）。

表3-15　　　　　　　学习任务3-4疑难解答

问题出处	问题描述	问题解答
银行对账	在进行银行对账时，单位日记账是空的，是什么原因？	说明银行存款日记账中没有发生额，解决的方法是对所有的凭证进行记账
录入银行期初余额	为什么银行账期初余额平衡，在操作完银行对账后，结果不平衡？	手工对账时，左边选择的金额之和不等于右边选择的金额之和
银行对账	核销银行账操作完成后，核销的记录可以恢复吗？	选择需要反核销的银行科目，ALT+U
银行对账单	银行对账时为什么不能显示2021年12月28日的那一条记录？	此记录是在银行对账期初时录入，如果要显示此条记录，在银行对账查询条件窗口的月份起始值必须为空

【实训报告】
通过扫描二维码查看实训报告格式，可以据此参照制作纸质实训报告。
【问题思考】
1. 在什么情况下才可以使用支票登记簿功能？
2. 银行对账期初中的单位日记账调整前余额与哪里的金额相同？
3. 核销银行账操作完成后，核销的记录可以恢复吗？
4. 资金日报表与现金、银行存款日记账有何不同？

实训报告：学习任务3-4

学习任务3-5　总账月末账务处理

[任务概述] 本项学习任务主要训练学生掌握月末自动转账和结账处理的方法，

重点是对自动转账原理的认识、自动转账公式的定义、自动转账业务流程的理解。

一、任务目标

1. 了解自动转账原理。
2. 掌握自动转账设置的方法。
3. 能够利用自动转账功能设置自动转账凭证。
4. 能够利用已设置的自动转账模型生成转账凭证。
5. 了解总账月末账务处理的内容与程序。
6. 能够按规范步骤完成期末业务处理。
7. 能够根据系统提示信息或报告信息判断系统运行所遇到的问题。
8. 能够按正确的方法修正错误。

二、准备工作

1. 更改计算机系统时间为 2022 年 3 月 31 日。
2. 引入 "3－4 出纳业务管理" 文件夹下的备份账套。

三、任务引例

1. 自定义转账。当业务对应分录固定不变，发生额需要通过计算得到，且计算结果可通过数学表达式描述时，可通过自定义转账功能自动生成此业务。此类业务在月末转账时经常出现，用户可以自行定义自动转账凭证，以完成每个会计期末的固定转账业务。数学表达式中可包含总账模块专用函数，常用函数如下：
（1）期初余额（QC）：取某科目期初值；
（2）期末余额（QM）：取某科目期末值；
（3）发生额（FS）：取某科目借方或贷方发生额；
（4）净发生额（JE）：取某科目净发生额；
（5）结果（JG）：取对方科目之和。
前 4 类函数还有专门的数量、外币取数函数，这些函数都是从科目的总分类账中取数，因此，在开始转账之前，相关凭证务必记账，以保证总账数据的完整性。结果公式根据有借必有贷、借贷必相等的原理，当结果公式在借方时，取贷方之和，反之亦然。函数使用的具体细节见操作步骤。
计提应由本月负担的短期借款利息，月利率为 0.5%。
借：财务费用
　　贷：应付利息
2. 对应结转。结转进项税额与销项税额到未交增值税账户。
3. 销售成本结转。结转已销商品的成本。

4. 计算汇兑损益。月末调整汇率为 6.5900。

5. 期间损益结转。

6. 计提应交所得税费用、结转所得税费用和本年利润。

应交所得税额 = 应纳税所得额 × 所得税税率

本企业没有纳税调整项目，按利润总额的 25% 计提本月应交所得税，并予以结转。

应交所得税 = 本年利润 × 25%

借：所得税费用

　　贷：应交税费——应交所得税

借：本年利润

　　贷：所得税费用

借：本年利润

　　贷：未分配利润

【重要提示】在本实训中，要关注自动转账原理，深刻体会"转账数据的来源是总账，转账生成的凭证是一张未审核同时也未记账的凭证"。

转账凭证的生成有严格的顺序，例如，结转制造费用必须在结转生产成本之前，结转汇兑损益、摊销无形资产等必须在结转期末损益之前完成。对后续有影响的期末业务凭证生成之后，一定要立即审核入账，记账完成后才能处理后续转账业务。建议每生成一张结转业务凭证，都立即执行审核、记账操作。

四、操作指导

期末结转特别注意如图 3-94 所示。

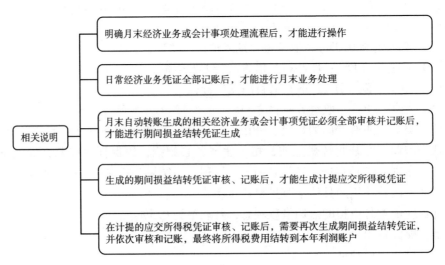

图 3-94　期末结转特别注意

操作流程如图 3 - 95 所示。

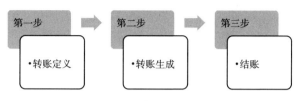

图 3 - 95 操作流程

（一）自定义转账

用户可以自行定义自动转账凭证，以完成每个会计期末的固定转账业务。

1. 设置自定义结转。

（1）启动企业应用平台。以 02 操作员的身份注册进入企业应用平台。

（2）启动期末"自定义转账"功能。单击〖业务导航〗—〖业务工作〗—〖财务会计〗—〖总账〗—〖期末〗—〖转账定义〗—〖自定义转账〗菜单，打开"自定义转账设置"窗口。

视频：3 - 23
自定义转账

（3）进入增加凭证定义状态。单击工具栏上的"增加"按钮，打开"转账目录"设置对话框。

（4）录入转账目录。录入转账序号"1"，转账说明"计提短期借款利息"，选择凭证类别"转账凭证"，如图 3 - 96 所示。单击"确定"按钮，继续定义转账凭证分录信息。

图 3 - 96 转账目录

（5）增加一个空行。单击工具栏上的"增行"按钮，系统自动增加一个空行。

（6）录入科目并选择方向。在科目编码中选择"6603"，方向"借"。

（7）打开金额公式定义向导。双击金额公式栏，选择参照按钮，打开"公式向导"对话框，如图 3 - 97 所示。

（8）选择函数。在窗口中选择"期末余额"函数，单击"下一步"按钮，继续公式定义。

（9）输入函数的参数。选择科目"2001"，其他采取系统默认，单击"继续输入公式"按钮。

图 3 – 97　公式向导

（10）完成金额公式录入。在金额公式中选择常数，输入"＊0.005"，回车确认。

（11）增加一个空行。单击工具栏上的"增行"按钮，系统再次自动增加一个空行。

（12）录入分录的贷方信息。选择科目编码"2231"，方向"贷"，输入金额公式"JG（）"，回车确认，如图 3 – 98 所示。

摘要	科目编码	部门	个人	客户	供应商	项目	方向	金额公式
计提短期借款利息	6603						借	QM(2001,月)*0.005
计提短期借款利息	2231						贷	JG()

图 3 – 98　自定义结转设置

（13）保存定义。单击工具栏上的"保存"按钮，保存录入的数据。

（14）单击工具栏上的"退出"按钮，退出自定义转账设置界面。

自定义转账说明如图 3 – 99 所示。

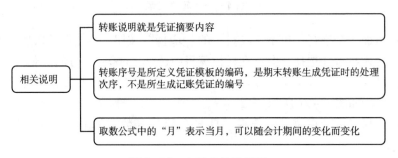

相关说明
- 转账说明就是凭证摘要内容
- 转账序号是所定义凭证模板的编码，是期末转账生成凭证时的处理次序，不是所生成记账凭证的编号
- 取数公式中的"月"表示当月，可以随会计期间的变化而变化

图 3 – 99　自定义转账说明

2. 生成自定义结转凭证。

（1）启动"转账生成"功能。单击〖业务导航〗—〖业务工作〗—〖财务会计〗—〖总账〗—〖期末〗—〖转账生成〗菜单，打开"转账生成"窗口。

（2）选择类型。单击"自定义转账"按钮。

（3）选择编号。单击"全选"按钮，出现"Y"，如图 3 – 100 所示。

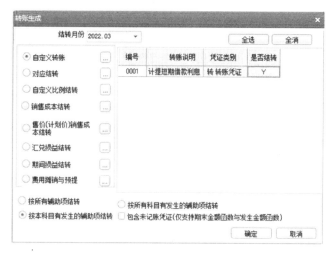

图 3 – 100　转账生成

（4）生成凭证。单击"确定"按钮，生成计提短期借款利息凭证。

（5）保存凭证。单击凭证中工具栏上的"保存"按钮，凭证上出现"已生成"的标志，如图 3 – 101 所示。

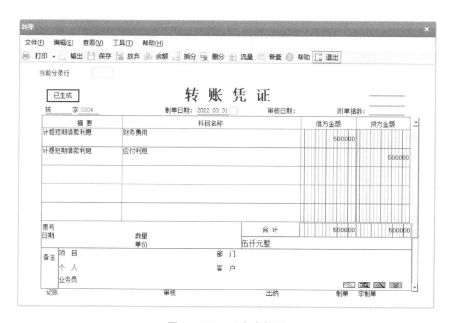

图 3 – 101　已生成凭证

（6）退出凭证。单击凭证中工具栏上的"退出"按钮，退出凭证界面。

（7）退出转账生成功能。单击"取消"按钮，退出该功能。

凭证生成特别注意如图3-102所示。

图3-102　凭证生成特别注意

（二）对应结转

对应结转是指将一个科目的全部期末余额按比例结转到其他多个科目中。由于取数方法固定，因而无须定义公式，只需定义转出方和转入方以及结转比例。

1. 设置进项税额对应结转凭证。

（1）启动"对应结转设置"功能。单击〖业务导航〗—〖业务工作〗—〖财务会计〗—〖总账〗—〖期末〗—〖转账定义〗—〖对应结转〗菜单，打开"对应结转设置"窗口，自动进入增加状态。

视频：3-24
对应结转

（2）录入转出科目信息。录入编号"0001"，选择凭证类别"转账凭证"，录入摘要"结转进项税额"，录入转出科目编码"22210101"。

（3）增加一个空行。单击工具栏上的"增行"按钮，系统自动在表体增加一个空行。

（4）录入转入科目信息。录入转入科目编码"222102"，结转系数"1"，如图3-103所示。

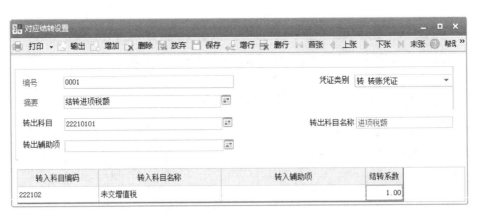

图3-103　对应结转设置

（5）保存定义。单击工具栏上的"保存"按钮。继续进行下一步操作。

2. 设置销项税额对应结转凭证。

（1）单击工具栏上的"增加"按钮。

（2）录入转出科目信息。录入编号"0002"，选择凭证类别"转账凭证"，录入摘要"结转销项税额",录入转出科目编码"22210102"。

（3）增加一个空行。单击工具栏上的"增行"按钮,系统自动在表体增加一个空行。

（4）录入转入科目信息。录入转入科目编码"222102",结转系数"1",回车。

（5）关闭界面。单击工具栏上的"退出"按钮,退出对应结转设置界面。

对应结转相关说明如图 3 – 104 所示。

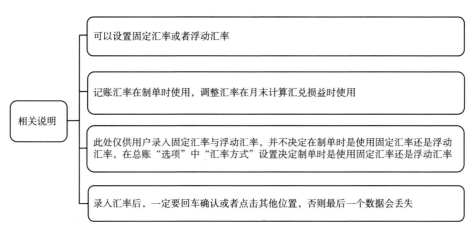

图 3 – 104 对应结转相关说明

3. 生成对应结转凭证。

（1）启动"转账生成"功能。单击〖业务导航〗—〖业务工作〗—〖财务会计〗—〖总账〗—〖期末〗—〖转账生成〗菜单,打开"转账生成"窗口。

（2）选择类型。在转账生成窗口中单击"对应结转"单选按钮,如图 3 – 105 所示。

图 3 – 105 对应结转

（3）选择编号。单击窗口上的"全选"按钮，系统自动选择要结转的凭证所在行。

（4）生成凭证。单击"确定"按钮，生成"结转进项税额"凭证和"结转销项税额"凭证，"结转进项税额"凭证如图3-106所示。本例为红字结转，此处请将红色数值更换为正常登记方向，若不更换将影响报表取值。

图3-106 结转进项税额凭证

"结转销项税额"凭证如图3-107所示。

图3-107 结转销项税额凭证

（5）保存凭证。单击工具栏上的"保存"按钮，凭证上出现"已生成"的标志，保存进项税额结转凭证；单击工具栏上的"下张凭证"按钮，出现销项税额结转凭证，单击工具栏上的"保存"按钮，凭证上出现"已生成"的标志，保存销项税额结转凭证。

（6）退出凭证。单击凭证中工具栏上的"退出"按钮，退出凭证界面。

（7）单击"取消"按钮，退出该功能。

对应结转生成凭证说明如图3-108所示。

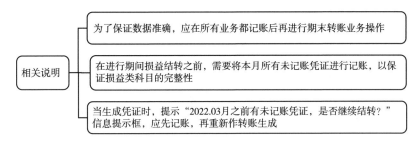

图 3-108 对应结转生成凭证说明

（三）销售成本结转

销售成本结转设置功能主要是用来辅助没有启用供应链系统的企业完成销售成本的计算和结转。销售成本结转特别注意如图 3-109 所示。

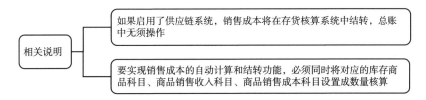

图 3-109 销售成本结转特别注意

1. 设置销售成本结转。

（1）启动"销售成本结转设置"功能。单击〖业务导航〗—〖业务工作〗—〖财务会计〗—〖总账〗—〖期末〗—〖转账定义〗—〖销售成本结转〗菜单，打开"销售成本结转设置"窗口。

（2）录入凭证内容。选择凭证类别"转账凭证"，录入库存商品科目编码"1405"，商品销售收入科目编码"6001"，商品销售成本科目编码"6401"，如图 3-110 所示。

视频 3-25
销售成本结转

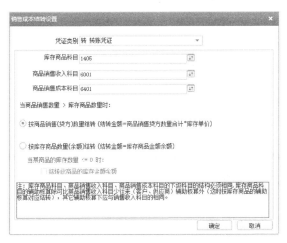

图 3-110 销售成本结转

（3）单击"确定"按钮，退出界面。

2. 生成销售成本结转凭证。

（1）启动"转账生成"功能。单击〖业务导航〗—〖业务工作〗—〖财务会计〗—〖总账〗—〖期末〗—〖转账生成〗菜单，打开"转账生成"窗口。

（2）选择类型。单击"销售成本结转"单选按钮。

（3）生成销售成本结转一览表。单击"确定"按钮，打开"销售成本一览表"窗口，如图3-111所示。

图3-111 销售成本一览表

（4）生成凭证。单击"确定"按钮，生成凭证，如图3-112所示。

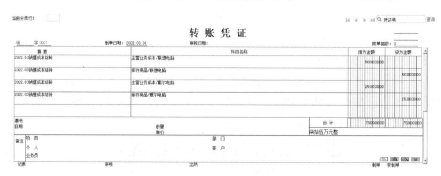

图3-112 凭证生成

（5）保存凭证。单击凭证中工具栏上的"保存"按钮，凭证中出现"已生成"的标志。

（6）退出凭证。单击凭证中工具栏上的"退出"按钮，退出凭证界面。

（7）单击"取消"按钮，退出该功能。

生成销售成本结转凭证说明如图3-113所示。

相关说明　销售成本结转凭证生成后，需要先记账，再进行期间损益结转操作

图3-113 生成销售成本结转凭证说明

（四）汇兑损益结转

1. 录入调整汇率。进入企业应用平台，单击〖业务导航〗—〖基础设置〗—〖基础档案〗—〖财务〗—〖外币设置〗，录入月末的调整汇率6.5900，回车确认后关闭外币设置窗口，如图3-114所示。

视频：3-26
汇兑损益结转

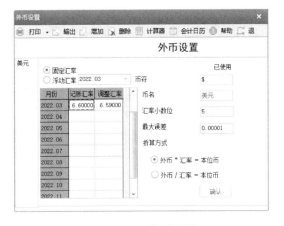

图3-114　外币设置

2. 设置汇兑损益结转。

（1）启动"汇兑损益结转设置"功能。单击〖业务导航〗—〖业务工作〗—〖财务会计〗—〖总账〗—〖期末〗—〖转账定义〗—〖汇兑损益〗菜单，打开"汇兑损益结转设置"窗口。

（2）定义凭证。选择凭证类别"付款凭证"，录入汇兑损益入账科目编码"6061"，单击"是否计算汇兑损益"下方空白处，显示"Y"。

（3）完成定义，退出该功能。单击"确定"按钮，退出"汇兑损益结转"功能。

3. 生成汇兑损益结转凭证。

（1）启动"转账生成"功能。单击〖业务导航〗—〖业务工作〗—〖财务会计〗—〖总账〗—〖期末〗—〖转账生成〗菜单，打开"转账生成"窗口。

（2）选择类型。单击"汇兑损益结转"单选按钮。

（3）选择要生成凭证的所在行。选择外币币种"美元 USD"，单击"全选"按钮，系统自动选择要结转的凭证所在行，如图3-115所示。

图3-115　汇兑损益结转

（4）生成汇兑损益试算表。单击"确定"按钮，生成汇兑损益试算表，如

图 3 – 116 所示。

图 3 – 116　汇兑损益试算表

（5）生成凭证。单击"确定"按钮，生成"汇兑损益结转"凭证。本例为红字结转，此处请将红色数值更换为正常登记方向，若不更换将影响报表取值。

（6）保存凭证。单击凭证中的"保存"按钮，凭证中出现"已生成"的标志。

（7）退出凭证。单击凭证中工具栏上的"退出"按钮，退出凭证界面。

（8）单击"取消"按钮，退出该功能。

生成汇兑损益凭证注意点如图 3 – 117 所示。

图 3 – 117　生成汇兑损益凭证注意点

（五）对生成的结转凭证进行审核、记账

首先对前面生成的 5 张凭证进行审核、主管签字的操作，付款凭证还需要进行出纳签字操作，然后由 01 操作员进行记账。结转凭证记账说明如图 3 – 118 所示。

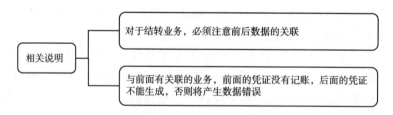

图 3 – 118　结转凭证记账说明

（六）期间损益结转

1. 期间损益结转设置。

（1）启动"期间损益"功能。单击〖业务导航〗—〖业务工作〗—〖财务会计〗—〖总账〗—〖期末〗—〖转账定义〗—〖期间损益〗菜单，打开"期间损益结转设置"窗口。

（2）定义设置。选择凭证类别"转账凭证"，录入本年利润科目编码"4103"，如图 3 – 119 所示。

图 3 - 119　期间损益结转设置

（3）单击"确定"按钮，退出该功能。

2. 生成期间损益结转凭证。

（1）启动"转账生成"功能。单击〖业务导航〗—〖业务工作〗—〖财务会计〗—〖总账〗—〖期末〗—〖转账生成〗菜单，打开"转账生成"窗口。

（2）单击"转账生成"窗口左侧的"期间损益结转"按钮。

（3）选择结转类型为"收入"，单击"全选"按钮，如图 3 - 120 所示。

图 3 - 120　期间损益结转生成确定工作

（4）生成凭证。单击"确定"按钮，生成期间收入类的结转凭证，如图 3 - 121 所示。

注意：做期间损益之前，汇兑损益凭证需要先记账。如果出现损益科目结转红色，则需要调整为反向，否则影响利润表取数。

图 3-121　期间收入类结转凭证

（5）保存凭证。单击转账界面工具栏上的"保存"按钮，凭证中出现"已生成"标志。

（6）单击转账工具栏上的"退出"按钮，退出凭证界面。

（7）按照（3）~（6）步的方法，完成"支出"类型的损益结转。在转账生成界面，选中"期间损益结转"单选按钮，选择结转类型为"支出"，单击"全选"按钮，单击"确定"按钮，生成期间支出类结转凭证，单击转账界面工具栏上的"保存"按钮，凭证上出现"已生成"的标志，单击转账工具栏上的"退出"按钮，退出凭证界面。

（8）退出"转账生成"功能。单击"取消"按钮，退出该功能。

（9）对生成的期间损益结转凭证进行审核和记账。

期间损益结转相关说明如图 3-122 所示。

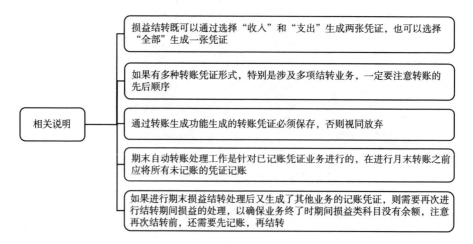

图 3-122　期间损益结转相关说明

（七）计提应交所得税和结转所得税费用

1. 设置自定义结转。设置方式与之前自定义转账一样，设置完成后如图 3 - 123 所示。

视频：3 - 28 ~
视频：3 - 30
期末综合应用

图 3 - 123　自定义转账设置

2. 生成计提应交所得税结转凭证。

（1）启动"转账生成"功能。单击〖业务导航〗—〖业务工作〗—〖财务会计〗—〖总账〗—〖期末〗—〖转账生成〗菜单，打开"转账生成"窗口。

（2）选择转账类型。单击"自定义转账"按钮。

（3）选择转账编号。双击编号"0002"后面的"是否结转"空白处，出现"Y"，如图 3 - 124 所示。

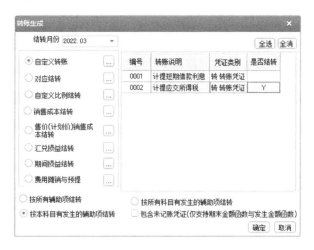

图 3 - 124　选择要结转的凭证

（4）生成凭证。单击"确定"按钮，生成计提应交所得税凭证，如图 3 - 125 所示。

（5）保存凭证。单击工具栏上的"保存"按钮，凭证中出现"已生成"的标志。

（6）单击凭证中工具栏上的"退出"按钮，退出凭证界面。

（7）退出"转账生成"功能。单击"取消"按钮，退出该功能。

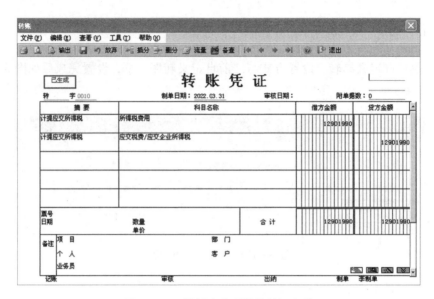

图 3-125　计提应交所得税凭证生成

（8）对刚才生成的凭证进行审核、记账。

3. 生成期间损益结转凭证。

（1）启动"转账生成"功能。单击〖业务导航〗—〖业务工作〗—〖财务会计〗—〖总账〗—〖期末〗—〖转账生成〗菜单，打开"转账生成"窗口。

（2）选择类型。单击期间损益结转按钮。

（3）选择编码。单击窗口上的"全选"按钮。

（4）生成凭证。单击"确定"按钮，生成凭证，如图 3-126 所示。

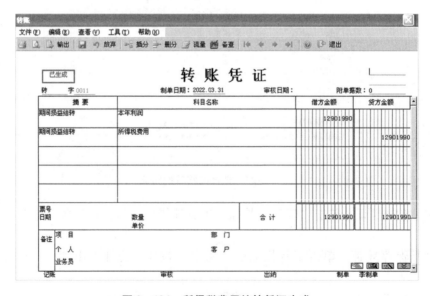

图 3-126　所得税费用结转凭证生成

（5）保存凭证。单击工具栏上的"保存"按钮，凭证中出现"已生成"的标志。

（6）退出凭证。单击凭证中工具栏上的"退出"按钮，退出凭证界面。

（7）单击"取消"按钮，退出该功能。

（8）对刚才生成的凭证进行审核和记账，至此，本月经济业务已全部记账。

（八）结转本年利润至未分配利润

1. 设置对应结转。

（1）启动"对应结转设置"功能。单击〖总账〗—〖期末〗—〖转账定义〗—〖对应结转〗菜单，打开"对应结转设置"窗口，自动进入增加状态。

（2）录入转出科目信息。录入编号"3"，选择凭证类别"转账凭证"，录入摘要"结转本年利润"，录入转出科目编码"4103"。

（3）增加一个空行。单击工具栏上的"增行"按钮，系统自动在表体增加一个空行。

（4）录入转入科目信息。录入转入科目编码"410403"，结转系数"1"，如图 3 - 127 所示。

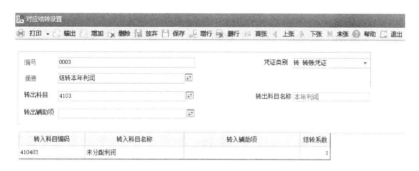

图 3 - 127 对应结转设置

（5）保存定义。单击工具栏上的"保存"按钮。继续进行下一步操作。

2. 生成结转到未分配利润凭证。

（1）启动"转账生成"功能。单击〖总账〗—〖期末〗—〖转账生成〗菜单，打开"转账生成"窗口。

（2）选择类型。在转账生成窗口中单击"对应结转"单选按钮。

（3）选择编号。单击窗口上的"全选"按钮，系统自动选择要结转的凭证所在行。

（4）生成凭证。单击"确定"按钮，生成"利润结转"凭证，如图 3 - 128 所示。

（5）保存凭证。单击工具栏上的"保存"按钮，凭证中出现"已生成"的标志。

（6）单击凭证中工具栏上的"退出"按钮，退出凭证界面。

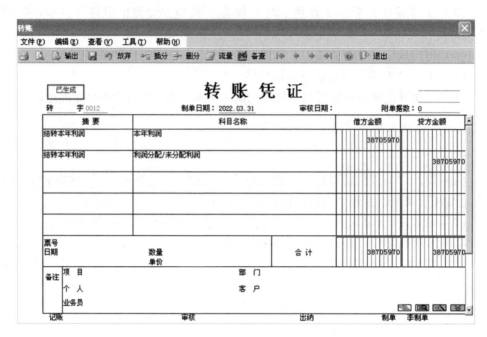

图 3－128　凭证生成

（7）单击"取消"按钮，退出该功能。

（8）对刚才生成的凭证进行审核、记账。

（九）对账

对账是对账簿数据进行核对，以检查记账是否正确，以及账簿是否平衡，它主要是通过核对总账和明细账、总账与辅助账、辅助账与明细账数据来完成账账核对。为了保证账证相符、账账相符，应经常使用"对账"功能进行对账，一般可在月末结账前进行。

视频：3－31
对账

1. 启动期末"对账"功能。单击〖业务导航〗—〖业务工作〗—〖财务会计〗—〖总账〗—〖期末〗—〖对账〗菜单，打开"对账"对话框。

2. 进行平衡试算。单击工具栏上的"试算"按钮。

3. 选择月份。单击"选择"按钮，系统自动选择要进行对账的月份，在2022.03"是否对账"栏出现"Y"标志。

4. 开始进行对账。单击工具栏上的"对账"按钮，系统开始自动对账，并显示对账结果。

5. 单击工具栏上的"退出"按钮，退出对账界面。

（十）结账

结账是指每月末计算和结转各账簿的本期发生额和期末余额，并终止本期的账务处理工作的过程。结账每月只进行一次。

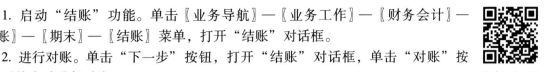

1. 启动"结账"功能。单击〖业务导航〗—〖业务工作〗—〖财务会计〗—〖总账〗—〖期末〗—〖结账〗菜单，打开"结账"对话框。

2. 进行对账。单击"下一步"按钮，打开"结账"对话框，单击"对账"按钮，系统自动进行对账。

视频：3 - 32 结账

3. 生成工作报告。单击"下一步"按钮，打开"2022 年 03 月工作报告"对话框。

4. 完成结账。单击"下一步"按钮，窗体中出现"2022 年 03 月未通过工作检查，不可以结账！"提示信息，如图 3 - 129 所示。

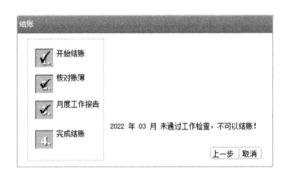

图 3 - 129　不可结账提示

5. 检查原因。单击"上一步"按钮，下拉"2022 年 03 月工作报告"的垂直滚动条，发现未结账原因，在每一项完成后即可结账。

注意：此处也可以不做总账结账操作，以方便后续模块学习。

（十一）账套备份

将账套输出至"3 - 5 总账月末账务处理"文件夹，压缩后保存到 U 盘。

五、疑难解答

学习任务 3 - 5 疑难解答见表 3 - 16。

表 3 - 16　　　　　　　　　　学习任务 3 - 5 疑难解答

问题出处	问题描述	问题解答
转账生成	执行自动转账生成，为什么生成的转账凭证有多张相同？	在账务处理的过程中，由系统根据预先设置好的自动转账凭证生成记账凭证，并完成相应结转工作，但这种机制凭证每月只进行一次结转，多次结转就会产生多张相同凭证，造成账簿记录错误
转账生成	为什么生成转账凭证有误？	可能是自动转账凭证的设置有误，主要是科目设置或计算公式设置存在问题；可能因为存在相关联的未记账凭证，导致账中取数不完整。查看自动转账定义，确认或修改自动转账设置，确保正确无误；先将相关联的未记账凭证全部记账，再执行转账生成的操作

续表

问题出处	问题描述	问题解答
期间损益结转	为什么生成的期间损益结转凭证是错误的？	没有充分考虑到账务取数时的前后联系，账中取数不完整。先作废错误的凭证，再进行后面的操作，对于前后有联系的转账业务，每生成完一张凭证，都要先及时进行审核并记账，然后才能进行后面的转账凭证生成工作
结账	为什么月末结账时，系统提示尚有未结转为零的损益类账户？	期末结账时，损益类账户余额应为零，如果还有未结转为零的账户，说明期末的损益结转工作还没有做完。先将未结转的损益类账户的余额进行相应结转（生成凭证），再更换操作员，进行审核签字，然后进行记账，最后可进行结账工作
结账	生成转账凭证时，提示"有未记账凭证，是否继续？"，应该如何处理？	此提示表示有凭证没有记账，如果继续生成凭证，从总账中取出的数据可能不正确，需要根据该转账凭证的取数函数是否含有未记账的凭证中的科目来操作，如果有，则必须记账后再生成凭证；如果没有，则可忽略此提示，直接生成凭证
对应结转	对应结转只能将一个科目的余额转到多个科目，如果想实现将多个科目的余额转到一个科目时，应该如何操作？	既可分解为多个一对一对应结转，也可通过自定义转账功能，使用期末公式实现

【实训报告】

通过扫描二维码查看实训报告格式，可以据此参照制作纸质实训报告。

实训报告：学习任务3-5

【问题思考】

1. 期末自动转账为什么要遵循严格的顺序？如果不按顺序生成期末转账凭证，可能会出现什么问题？

2. 设置对应结转凭证时，如果转入科目有多个，则转入比率之和必须为100%，为什么？

3. 在已经结账的情况下，有什么方法可以纠正账务处理中的错误？应该如何操作？

学习任务3-6　账证查询

[任务概述] 账证查询属于数据输出工作，本项学习任务主要训练学生掌握凭证、总账、明细账、日记账、余额表、辅助账的查询方法，以及账证联查的方法。

一、任务目标

1. 掌握总账和明细账查询的方法。

2. 掌握编制多栏账的方法。

3. 掌握总账、明细账和凭证三者联查的方法。

二、准备工作

1. 更改计算机系统时间为 2022 年 3 月 31 日。
2. 引入 "3 - 5 总账月末账务处理" 文件夹下的备份账套。

三、任务引例

1. 查询本月全部凭证。
2. 查询主营业务收入科目总账并联查明细账。
3. 查询主营业务收入明细账并联查总账、凭证。
4. 查询管理费用普通多栏账。
5. 查询应收账款客户科目余额表。

【重要提示】查询是容易忽略的内容，日常业务处理的最终目的就是得到这些查询结果，我们需要对每个查询条件以及查询结果所展现的内容和格式进行认真分析和认识。

四、操作指导

操作流程如图 3 - 130 所示。

图 3 - 130 操作流程

(一) 查询本月全部凭证

1. 以 02 李制单的身份登录企业应用平台。
2. 打开 "查询凭证" 界面。单击〖业务导航〗—〖业务工作〗—〖财务会计〗—〖总账〗—〖凭证〗—〖查询凭证〗菜单，启动 "查询凭证" 功能，显示凭证查询条件窗口。
3. 设置查询凭证条件。先选择记账范围中的 "全部凭证"，再选择凭证标志中的 "全部"，单击 "确定" 按钮，显示查询结果，如图 3 - 131 所示，单击 "确定" 按钮可查看凭证内容。
4. 关闭界面。单击 "取消" 按钮，关闭查询功能。

图 3 –131　凭证查询结果列表

（二）查询主营业务收入科目总账并联查明细账

1. 打开"总账查询条件"界面。单击〖业务导航〗—〖业务工作〗—〖财务会计〗—〖总账〗—〖账表〗—〖科目账〗—〖总账〗菜单，进入总账查询条件界面。

2. 设置总账查询条件。直接录入或选择科目编码"6001"，如图 3 –132 所示，单击"确定"按钮，显示主营业务收入总账查询结果。

图 3 –132　总账查询条件

3. 联查明细账。单击选中"本月合计"栏，单击页面上方工具栏中的"明细"按钮，在右上角的账簿格式列表框中选择"数量金额式"，查询结果如图 3 –133 所示。

4. 关闭明细账查询界面。单击"科目明细账"界面右上角的"关闭"按钮，关闭明细账界面。

主营业务收入明细账

金额式

月份：2022.03 - 2022.03

科目 6001 主营业务收入 币种：全部

年	月	日	凭证号数	摘要	借方 金额	贷方 金额	方向	余额 金额
2022	03			期初余额			平	
2022	03	05	收-0002	向SAP出售电脑		462,000.00	贷	462,000.00
2022	03	05	转-0003	出售电脑		820,000.00	贷	1,282,000.00
2022	03	31	转-0008	期间损益结转	820,000.00		贷	462,000.00
2022	03	31	转-0008	期间损益结转	462,000.00		平	
2022	03			当前合计	1,282,000.00	1,282,000.00	平	
2022	03			当前累计	2,402,000.00	2,402,000.00	平	

图 3－133 主营业务收入明细账

5. 关闭总账查询界面。单击"主营业务收入"科目总账界面右上角的"关闭"按钮，关闭总账查询界面。

查询总账明细账说明如图 3－134 所示。

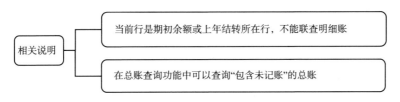

相关说明 —— 当前行是期初余额或上年结转所在行，不能联查明细账

在总账查询功能中可以查询"包含未记账"的总账

图 3－134 查询总账明细账说明

（三）查询"主营业务收入"明细账并联查总账、凭证

1. 打开"明细账"界面。单击〖业务导航〗—〖业务工作〗—〖财务会计〗—〖总账〗—〖账表〗—〖科目账〗—〖明细账〗菜单。

2. 设置明细账查询条件。选择"按科目范围查询"，在"科目"中直接录入或选择科目编码"6001"，在"月份"中选择时间跨度"2022.03"至"2022.03"，单击"确定"按钮，进入"主营业务收入"明细账界面。

3. 联查总账。单击工具栏上的"总账"按钮，系统打开"主营业务收入总账"界面，查看总账数据，单击总账界面右上角的"退出"按钮，关闭总账查询界面。

4. 联查凭证。在"主营业务收入明细账"查询界面中，选中"收－0002"凭证所在行，单击工具栏中的"凭证"按钮，系统进入"联查凭证"界面，查看凭证信息。

5. 关闭界面。单击"主营业务收入"明细账右上角的"关闭"按钮，关闭查询功能。

明细账查询说明如图 3－135 所示。

```
                  ┌─────────────────────────────────────────┐
                  │ 在主营业务收入明细账界面上方的工具栏中，单击"摘要"按钮， │
    ┌──────┐      │ 可自定义摘要内容                           │
    │相关说明├──────┤                                         │
    └──────┘      └─────────────────────────────────────────┘
                  ┌─────────────────────────────────────────┐
                  │ 在明细账界面上方工具栏中，单击"过滤"按钮，可以设置"明细 │
                  │ 账过滤条件"                               │
                  └─────────────────────────────────────────┘
```

图 3 – 135　明细账查询说明

（四）查询"管理费用"普通多栏账

1. 打开"多栏账"界面。在总账系统中，单击〖业务导航〗—〖业务工作〗—〖财务会计〗—〖总账〗—〖账表〗—〖科目账〗—〖多栏账〗菜单。

2. 增加多栏账。先单击工具栏上的"增加"按钮，系统自动打开多栏账定义窗口，选择核算科目"管理费用"，然后单击"自动编制"按钮，系统自动填写栏目，如图 3 – 136 所示，单击"确定"按钮，保存并退出增加状态，返回上一界面。

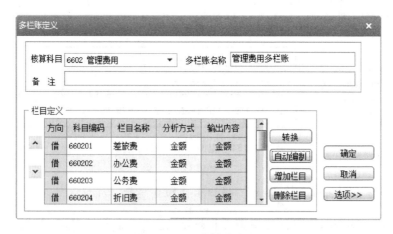

图 3 – 136　多栏账定义

3. 查询"管理费用多栏账"。选中"管理费用多栏账"，单击工具栏上的"查询"按钮，显示多栏账查询条件对话框，单击"确定"按钮，显示"管理费用多栏账"查询结果，如图 3 – 137 所示。

多栏账

多栏　管理费用多栏账　　　　　　　　　　　　　　　月份：2022.03-2022.03

2022年		凭证号数	摘要	借方	贷方	方向	余额	差旅费	办公费
月	日								
03	05	转-0002	摊销报刊费_总经理办公室	800.00		借	800.00		800.00
03	08	收-0004	报销差旅费_总经理办公室	5,700.00		借	6,500.00	5,700.00	
03	31	转-0009	期间损益结转_总经理办公室		6,500.00	平			
03			当前合计	6,500.00	6,500.00	平		5,700.00	800.00

图 3 – 137　多栏账查询

4. 关闭界面。单击"多栏账"界面右上角"关闭"按钮，关闭查询功能。

（五）查询"应收账款"客户科目余额表

1. 打开"客户科目余额表"。单击〖业务导航〗—〖业务工作〗—〖财务会计〗—〖总账〗—〖账表〗—〖客户往来辅助账〗—〖客户科目余额表〗菜单，如图 3－138 所示。

图 3－138　客户科目余额表

2. 设置"应收账款"客户科目余额表查询条件。在客户科目余额表中"查询条件"的"科目"下拉菜单中选择"1122 应收账款"，在"月份"中选择时间跨度"2022.03"至"2022.03"，其他查询条件保持默认状态。单击"确定"按钮，打开"应收账款"客户科目余额表界面，显示查询结果，如图 3－139 所示。

客户科目余额表
月份: 2022.03 - 2022.03

科目　全部　　　　币种：全部　　金额式

科目		客户		方向	期初 金额	借方 金额	贷方 金额	方向
编码	名称	编码	名称					
112201	人民币账户	02	用友	平		926,600.00	926,600.00	平
112201	人民币账户	03	金蝶	借	926,600.00		926,600.00	平
合计				借	926,600.00	926,600.00	1,853,200.00	平

图 3－139　科目余额表

3. 关闭界面。单击"应收账款"客户科目余额表右上角的"关闭"按钮，关闭查询功能。

五、疑难解答

学习任务 3－6 疑难解答见表 3－17。

表3-17   学习任务3-6疑难解答

问题出处	问题描述	问题解答
查询日记账	02 操作员在查询账簿时，无法查询银行存款日记账和现金日记账	指定会计科目后，只有具有出纳权限的操作员才能查询银行存款日记账和现金日记账
查询日记账	04 操作员具有出纳业务权限，但是从〖总账〗—〖账表〗—〖科目账〗—〖日记账〗中查询不到银行存款日记账和现金日记账业务	指定会计科目后，银行存款科目只能从出纳业务菜单中进入，通过"银行日记账"功能才能实现查询，现金日记账的查询与其相同；〖账表〗—〖科目账〗—〖日记账〗中查到的是科目，不是现金银行科目，但是科目设置中勾选了"日记账"属性
查询明细账	在查询明细账时，如何查询未记账凭证数据？	在查询条件中选择"包含未记账凭证"复选框即可，此选项默认没有选中

【实训报告】

通过扫描二维码查看实训报告格式，可以据此参照制作纸质实训报告。

实训报告：学习任务3-6

【问题思考】

1. 在查询明细账时，如何联查总账，如何联查凭证？

2. 在查询总账时，如何联查明细账？

3. 在查询明细账时，如何查询未记账凭证数据？

4. 在填制凭证时，联查的明细账是否包含未记账凭证？

5. 如何查询本月含有现金科目的凭证？

【思政小课堂——"诚信为本，操守为重，坚持准则，不做假账"】

从"瑞幸咖啡事件"看会计人员职业操守

2020年4月2日，因虚假交易额22亿元，瑞幸咖啡股价盘前暴跌85%。4月3日，中国证监会高度关注瑞幸咖啡财务造假事件，对该公司财务造假行为表示强烈的谴责，不管在何地上市，上市公司都应当严格遵守相关市场的法律和规则，真实准确完整地履行信息披露义务。4月5日，瑞幸咖啡发布道歉声明。4月27日，证监会调查组已入驻瑞幸咖啡。5月19日，瑞幸咖啡被要求从纳斯达克退市，申请举行听证会。6月29日，瑞幸咖啡正式停牌，并进行退市备案。在瑞幸咖啡重大危机的背后，存在着伪造交易、会计准则使用不当等问题，其会计行为严重违背了法律法规和会计制度的要求。

"诚信为本、操守为重、坚持准则、不做假账"，这是朱镕基总理给国家会计学院的题词，16个字明确了会计人员应当坚守的底线。一名合格的会计不仅要具备相关的专业技能和法律法规知识，更要有良好的职业道德和严谨的工作作风。

资料来源：编者根据相关资料编写。

【项目小结】

本模块是整个ERP系统的核心模块，我们按照从财务基础档案的定义到总账选项的设置、期初余额录入的顺序来掌握总账模块的基本设置。

其他模块生成的凭证最终都会传递到总账模块，通过凭证的签证、审核、记账等操作，才能生成财务报表。

在总账模块中还提供多种转账设置，可以根据需要生成生产成本结转、销售成本结转、汇兑损益结转、期间损益结转及自定义结转的凭证。

【即测即评】

扫描二维码，进行即测即评。

即测即评：项目三

项目四　报表系统应用

【学习目标】

知识目标:

◎ 掌握如何设计报表表样。

◎ 了解相关报表勾稽关系。

能力目标:

◎ 能够正确进行报表公式设计。

◎ 掌握调用报表模板来编制报表。

素养目标:

◎ 培养规范性进行软件操作和敏感发现问题的能力。

◎ 培养学生合作的精神。

【学习指引】

在总账账务处理完毕后,我们就开始编制财务报表。

我们先来了解一下资产负债表和利润表:

资产负债表是反映某一特定日期企业的财务状况,包含资产、负债、所有者权益三个会计要素,采用账户式结构;利润表是反映某一段时期企业的经营成果,包含收入、费用、利润三个会计要素,采用单步式结构。

学习任务 4-1　报表系统的功能和操作流程

[**任务概述**] 用友 UFO 报表系统是一个独立的模块,既可以在报表系统中进行取数,也可以从账务系统中取数,还可以从其他系统中取数。用户既可以根据本单位需要,设计出相应的报表格式,也可以调用标准的报表模板编制报表。本任务介绍了报表系统的功能与操作流程及有关概念,作为后续操作训练的理论准备。

一、报表系统的功能与操作流程

利用 UFO 报表系统,既能编制对外报表,又可编制各种内部报表。

UFO 报表系统的主要功能有提供各行业报表模板、文件管理功能、格式管理功能、数据处理功能、图表功能、打印功能、二次开发功能。

　　用户既可以自行设计报表格式，也可以调用报表系统提供的模板自动生成报表格式，还可以将报表结果另存为 Excel，使用 Excel 功能对数据进行加工处理。报表系统操作流程如图 4-1 所示。

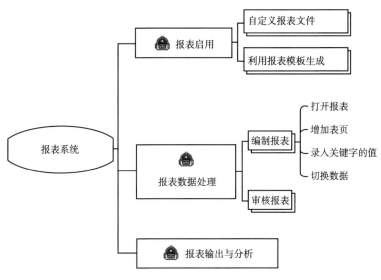

图 4-1　报表系统操作流程

二、报表系统相关概念

（一）报表结构

　　报表按其结构的复杂性，分为简单表和复合表。简单表就是由若干行和列组成的二维表。简单表的格式一般由标题、表头、表体和表尾组成，资产负债表、利润表、现金流量表都是简单表。复合表是由若干张简单表组合而成的。

　　标题即报表的名称，表头包括编制单位、日期、计量单位、报表栏目等，报表栏目是表头中最重要的内容。表体是报表的主体，由行和列组成。表尾，即表体以下的辅助说明部分。

（二）单元、单元属性、单元风格

　　单元是报表中由行和列确定的方格，是组成报表的最小单位。例如，C2 单元是 C 列第 2 行对应的方格。

　　单元属性是指单元类型、数字格式、边框的样式。单元类型有数值型、字符型、表样型。

　　单元风格是指单元内容的字体、字号、字形、对齐方式、颜色、图案等。

（三）表页

表页是由若干行和列组成的一个二维表。描述某表页某单元格的方法为列行@页，如第 2 页中 C2 单元的表示方法为 C2@2。

（四）报表文件

报表文件是存储数据的基本单位，是以 rep 为后缀的一个文件，如 zcfzb. rep。表示某文件某表页某单元格的方法为"路径 + 文件名"-> 列行@ 页。例如，d：\zcfzb. rep 文件第 2 页 C2 单元格，表示方法为"d：\zcfzb. rep"->C2@2。

一个报表文件最多可以容纳 99 999 张表页，其中，每一张表页最多可以有 9 999 行 255 列。

（五）固定区和可变区

固定区是指组成一个区域的行数和列数是固定的。可变区是指一个区域的行数或列数是不固定的。可变区的最大值在格式设计中设定。许多情况下，报表内的记录数是不固定的，不能确定表的大小。

含有可变区的表叫可变表，不含有可变区的表叫固定表，一个报表只能设置一个可变区，行可变，或列可变，可变区在格式状态下只显示一行或一列，在数据状态下，可变区随需要增减。

（六）区域

区域是由一组相邻单元组成的矩形块。在描述一个区域时，开始区域（左上角单元）与结束单元（右下角单元）用冒号连接，如 A3：F7 表示 A3 到 F7 的一个矩形范围。

（七）关键字

关键字是游离于单元之外的特殊数据单元，可用于在大量表页中快速选择表页。每个表页中可定义多个关键字，关键字一般包括单位名称、单位编号、年、季、月、日，也可以自定义关键字。

（八）格式状态和数据状态

格式状态是设计报表格式的状态，可以定义公式，在该状态下的操作对该报表文件的所有表页都有效，在该状态下只能看到报表格式而不能看到报表的数据。

数据状态是处理报表数据的状态，用来显示报表运算的结果，在该状态下不能修改报表格式，但能看到格式和数据，即报表的所有内容。

三、报表公式

（一）报表公式分类

UFO 有三类公式：计算公式（单元公式）、审核公式、舍位平衡公式。公式的定义在格式状态下进行。

（二）函数

利用函数可以提高系统的数据处理能力，这里介绍统计函数、表操作函数、账务取数函数等常用函数，具体见知识链接，其他可参阅联机帮助。

知识链接：4.1
报表三类公式
适用情况

学习任务 4-2　报表格式设计

知识链接：4.2
常用函数介绍

[**任务概述**] 报表格式设计是报表编制的前提，本项学习任务主要训练学生掌握报表的表样设计、关键字设置和单元公式定义的方法，重点是对账务取数函数的理解和应用。

一、任务目标

1. 学习报表处理系统基本知识。
2. 掌握报表表样设计和公式定义的操作方法。
3. 能够熟练地设计资产负债表和利润表。

二、准备工作

1. 更改计算机系统时间为 2022 年 3 月 31 日。
2. 引入"3-5 总账月末账务处理"文件夹下的备份账套。

三、任务引例

1. 报表表样内容（见图 4-2）。
2. 报表取数公式（见表 4-1）。

	A	B	C	D
1	**利润表**			
2				会企02表
3	编制单位： 年 月			
4	项目	行数	本期金额	累计金额
5	一、营业收入	1		
6	减：营业成本	2		
7	税金及附加	3		
8	销售费用	4		
9	管理费用	5		
10	研发费用	6		
11	财务费用	7		
12	加：其他收益	8		
13	投资收益（损失以"-"号填列）	9		
14	净敞口套期收益（损失以"-"号填列）	10		
15	公允价值变动收益（损失以"-"号填列）	11		
16	信用减值损失（损失以"-"号填列）	12		
17	资产减值损失（损失以"-"号填列）	13		
18	资产处置收益（损失以"-"号填列）	14		
19	二、营业利润（亏损以"-"号填列）	15		
20	加：营业外收入	16		
21	减：营业外支出	17		
22	三、利润总额（亏损总额以"-"号填列）	18		
23	减：所得税费用	19		
24	四、净利润（净亏损以"-"号填列）	20		

图4-2 利润表表样

表4-1   利润表计算公式

单元	公式
C5	FS（6001，月，贷）+FS（6051，月，贷）
C6	FS（6401，月，借）+FS（6402，月，借）
C7	FS（6403，月，借）
C8	FS（6601，月，借）
C9	FS（6602，月，借）
C10	FS（6605，月，借）
C11	FS（6603，月，借）+FS（6061，月，借）
C12	FS（6112，月，贷）
C13	FS（6111，月，贷）
C14	FS（6114，月，贷）
C15	FS（6101，月，贷）
C16	FS（6702，月，借）
C17	FS（6701，月，借）
C18	FS（6115，月，贷）
C19	C5－C6－C7－C8－C9－C10－C11+C12+C13+C14+C15－C16－C17+C18

续表

单元	公式
C20	FS (6301, 月, 贷)
C21	FS (6711, 月, 借)
C22	C19 + C20 − C21
C23	FS (6801, 月, 借)
C24	C22 − C23
D5	LFS (6001, 月, 贷) + LFS (6051, 月, 贷)
D6	LFS (6401, 月, 借) + LFS (6402, 月, 借)
D7	LFS (6403, 月, 借)
D8	LFS (6601, 月, 借)
D9	LFS (6602, 月, 借)
D10	LFS (6605, 月, 借)
D11	LFS (6603, 月, 借) + LFS (6061, 月, 借)
D12	LFS (6112, 月, 贷)
D13	LFS (6111, 月, 贷)
D14	LFS (6114, 月, 贷)
D15	LFS (6101, 月, 贷)
D16	LFS (6702, 月, 借)
D17	LFS (6701, 月, 借)
D18	LFS (6115, 月, 贷)
D19	D5 − D6 − D7 − D8 − D9 − D10 − D11 + D12 + D13 + D14 + D15 − D16 − D17 + D18
D20	LFS (6301, 月, 贷)
D21	LFS (6711, 月, 借)
D22	D19 + D20 − D21
D23	LFS (6801, 月, 借)
D24	D22 − D23

【重要提示】学习重点和难点是单元取数公式的设计。

四、操作指导

操作流程如图 4 – 3 所示。

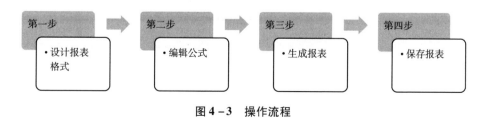

图 4 – 3 操作流程

（一）设计报表格式

1. 登录 UFO 报表系统。双击〖U8⁺企业应用平台〗—〖业务导航〗—〖业务工作〗—〖财务会计〗—〖UFO 报表〗，进入 UFO 报表系统。

2. 设置表尺寸。

（1）单击菜单栏中的〖文件〗—〖新建〗命令，创建一张报表。

（2）单击菜单栏中的〖格式〗—〖表尺寸〗命令，打开"表尺寸"对话框。

（3）定义报表尺寸。录入行数"24"，列数"4"，单击"确认"按钮。表尺寸如图 4-4 所示。

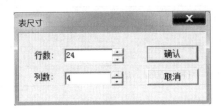

图 4-4　表尺寸

表格相关说明如图 4-5 所示。

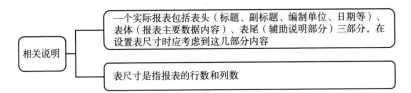

图 4-5　表格相关说明

3. 定义行高和列宽。在 UFO 报表中，应根据单元的内容，设置合适的行高和列宽，有菜单方式和鼠标操作（分割线拖动）两种方法。操作步骤如下：

（1）设置 A1 单元行高。选中 A1 单元，执行菜单栏中的〖格式〗—〖行高〗命令，打开"行高"对话框。录入 A1 单元所在行的行高"12"，单击"确认"按钮。

（2）设置 A4 单元至 D24 单元行高。选中 A4 单元后，拖动鼠标到 D24 单元，执行菜单栏中的〖格式〗—〖行高〗命令，打开"行高"对话框。录入 A4：D24 区域的行高为"6"，单击"确认"按钮，如图 4-6 所示。

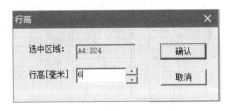

图 4-6　设置行高数据

（3）设置 A1 单元的列宽。单击选中 A1 单元，执行菜单栏中的〖格式〗—〖列宽〗命令，打开"列宽"对话框。录入 A1 单元所在列的列宽为"130"，单击"确认"按钮。

（4）依据相同的步骤，设置 B1 单元的列宽和 C 列、D 列的列宽。B1 单元列宽为"10"，C 列、D 列的列宽为"50"。

4. 画表格线。UFO 可以方便地在报表上画线和涂线，包括网格线、斜线、横线、竖线等。

（1）打开"区域画线"对话框。选中 A4 单元后拖动鼠标到 D24 单元，执行菜单栏中的〖格式〗—〖区域画线〗命令，如图 4-7 所示。

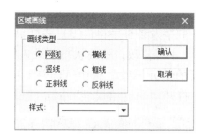

图 4-7 区域画线

（2）选择适合的线条类型。此例选择"网线"，单击"确认"按钮完成操作。

5. 定义组合单元。组合单元将相邻的两个或两个以上的单元组合在一起。既可以将同一行或同一列中相邻的几个单元组合在一起，也可以把一个多行多列的矩形区域单元设定为一个组合单元。组合单元具有相同的单元格属性，数据操作中将其作为一个单元处理。组合单元主要用于结构复杂的报表，如具有多层表头的报表，也可以用作报表的文字说明内容或标题等。

（1）打开"组合单元"对话框。选中 A1 单元后拖动鼠标到 D1 单元，执行菜单栏中的〖格式〗—〖组合单元〗命令，如图 4-8 所示。

图 4-8 组合单元

（2）选择适合的组合方式。此例选择"按行组合"，即将第一行组合成为一个单元。

【相关说明】组合单元实际上是把几个单元当成一个单元来使用。

6. 输入项目内容。在格式状态下，录入任务引例中图 4-2 中除编制单位和年月以外的所有文字。

表格设置相关说明如图 4-9 所示。

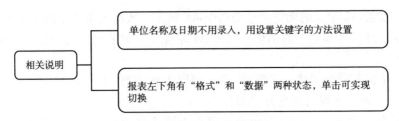

图4-9　表格设置相关说明

7. 设置单元格属性。单元格属性指单元类型、字体图案、对齐形式、边框格式。单元类型是指单元存放的数据类型，有以下三种类型：（1）数据单元用于存放数值型数据，新表所有单元的类型默认为数值单元；（2）字符单元用于存放字符型数据，可以是汉字、字母、数字及各种字符；（3）表样单元只能在格式设计状态下编辑，在数据状态下只能显示，不能修改，格式状态下录入的文字都是表样。

（1）设置A1：D1单元的单元属性。选中A1：D1单元，执行菜单栏中的〖格式〗—〖单元属性〗命令，打开"单元格属性"对话框，如图4-10所示。

图4-10　"单元格属性"对话框

（2）选择所要修改的属性。先单击"字体图案"选项卡，然后单击"字体"的下三角按钮，选择"黑体"，单击"字号"的下三角按钮，选择"28"。

（3）设置"对齐"形式。单击"对齐"选项卡，选择水平方向"居中"及垂直方向"居中"，单击"确定"按钮。

（4）设置A4单元至D4单元属性。同理，将该区域设置字体为"黑体"、字号为"14"。选择水平方向"居中"及垂直方向"居中"。

（5）以此方法设置A5：D24区域的字体为"楷体"，字号为"14"，单击"确定"按钮。

8. 定义关键字。在格式状态定义关键字是指选择关键字和定义关键字显示的位置。取数公式中使用的关键字变量在格式设计时必须定义，数据状态还要对关键字赋值。

（1）打开"设置关键字"对话框。单击A3单元，执行菜单栏中的〖数据〗—〖关键字〗—〖设置〗命令。

（2）插入单位名称关键字。在"设置关键字"对话框中选择"单位名称"，如图4-11所示，并单击"确定"按钮。

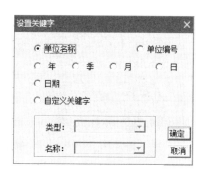

图4-11　设置关键字

（3）设置其他关键字。在B3单元中设置关键字"年"，在C3单元设置关键字"月"。

（二）编辑公式

这里主要涉及录入单元公式，单元公式是报表的灵魂。许多单元的数据不是直接录入，而是通过从账套中取数或从其他单元格取数运算得到的。

1. 打开"定义公式"对话框。单击C5单元，执行菜单栏中的〖数据〗—〖编辑公式〗—〖单元公式〗命令。

2. 选取函数名。单击"函数向导"，打开其对话框，在"函数分类"列表中选择"用友账务函数"分类，在右侧"函数名"列表中选择"发生（FS）"函数名，如图4-12所示。

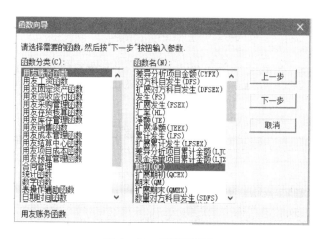

图4-12　选取函数名

3. 打开"账务函数"对话框。单击"下一步"按钮，打开"用友账务函数"对话框，单击"参照"按钮，打开"账务函数"对话框，如图4-13所示。

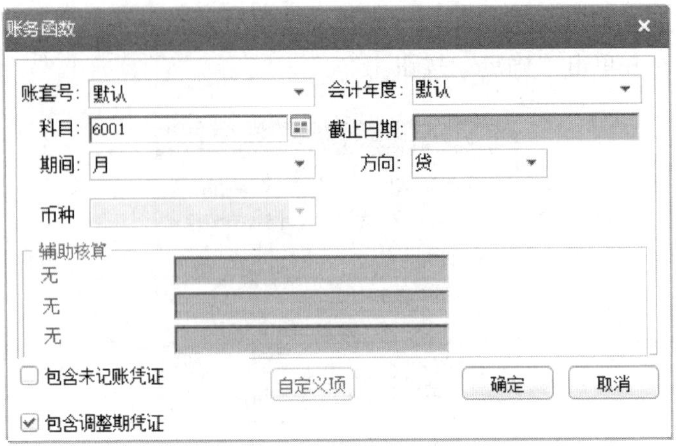

图 4 – 13　选择函数

4. 选择函数的参数。科目选择"6001"，方向为"贷"，单击"确定"按钮，返回"定义公式"对话框，如图 4 – 14 所示，单击"确认"按钮即可。

图 4 – 14　定义公式

定义公式

D5　＝　FS（"6001"，月，"贷"，，，，，）

5. 根据任务引例资料所给出的公式，设置所有单元公式，如图 4 – 15 所示。

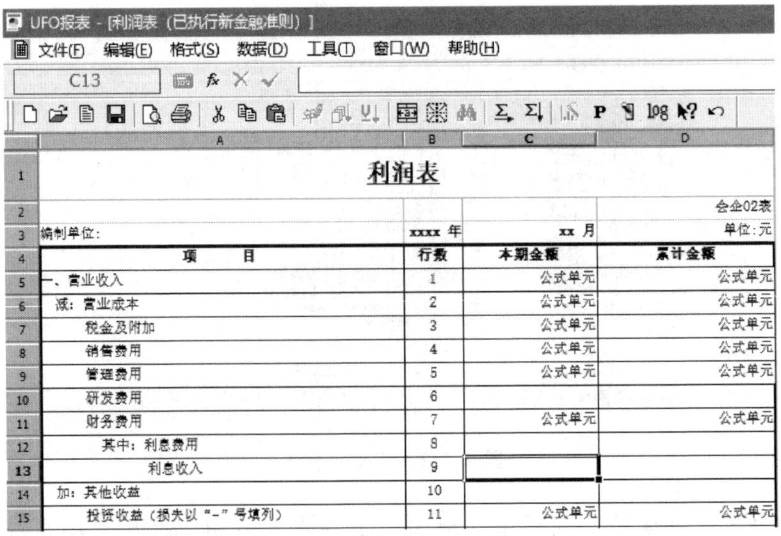

图 4 – 15　录入单元计算公式

公式设置相关说明如图 4 - 16 所示。

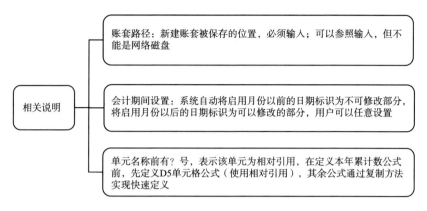

账套路径：新建账套被保存的位置，必须输入；可以参照输入，但不能是网络磁盘

会计期间设置：系统自动将启用月份以前的日期标识为不可修改部分，将启用月份以后的日期标识为可以修改的部分，用户可以任意设置

相关说明

单元名称前有？号，表示该单元为相对引用，在定义本年累计数公式前，先定义 D5 单元格公式（使用相对引用），其余公式通过复制方法实现快速定义

图 4 - 16　公式设置说明

（三）生成报表

1. 切换到数据状态。在报表"格式"状态下，单击窗口左下角的"格式"按钮，系统提示"是否确定全表重算?"，单击"否"按钮，进入报表"数据"状态。

2. 录入关键字的值。单击菜单栏中的〖数据〗—〖关键字〗—〖录入〗命令，打开"录入关键字"对话框，录入各项关键字，单击"确认"按钮，系统提示"是否重算第 1 页?"，单击"是"按钮即可生成利润表。

（四）保存报表

1. 保存利润表。执行菜单栏中的〖文件〗—〖保存〗命令，选择保存路径，修改文件名为"利润表"。

2. 单击"另存为"按钮即可完成保存操作。报表文件是独立的文件，需要单独保存，与账套备份文件无关，账套输出文件中不包含报表文件。

五、疑难解答

学习任务 4 - 2 疑难解答见表 4 - 2。

表 4 - 2　　　　　　　　　　　学习任务 4 - 2 疑难解答

问题出处	问题描述	问题解答
编辑公式	进入函数向导界面录入"表页内部取数公式"，为什么系统提示"公式录入错误"	编辑"表页内部取数公式"不需要进入函数向导界面，直接在"定义公式界面"编辑
设计报表格式（定义关键字）	为什么关键字不能在格式定义时直接输入	关键字不是报表一般项目，"关键字"是表页的标识，"单位名称""年、月、日"必须在"格式"状态下设置"关键字"，关键字"偏移"功能在格式和数据状态下都可以使用

【实训报告】

通过扫描二维码查看实训报告格式，可以据此参照制作纸质实训报告。

【问题思考】

1. 报表格式设计的步骤有哪些？

2. 如何定义应收账款期初值的取数公式？

3. 关键字的作用是什么？

4. 如何取消组合单元？如何取消画线？如何取消关键字位置定义？

5. 在利润表中，如果将"上期金额"改成"本年累计金额"，对应的取数公式应该如何设置？

实训报告：学习任务4-2

学习任务 4 - 3　报表数据处理

[任务概述] 报表数据处理就是生成报表数据，本项学习任务主要训练学生掌握报表模板调用和修改方法、报表数据生成方法。

一、任务目标

1. 熟悉报表模板使用的方法。

2. 掌握报表模板修改的方法。

3. 掌握报表生成的操作方法。

4. 能利用系统提供的模板生成报表。

二、准备工作

1. 更改计算机系统时间为 2022 年 3 月 31 日。

2. 引入"4 - 5 总账月末账务处理"文件夹下的备份账套。

三、任务引例

1. 编制 3 月份的资产负债表。

2. 编制 3 月份的利润表。

3. 表页管理。

【重要提示】用友 UFO 报表系统提供了标准报表格式，可以先使用系统提供的报表模板，根据情况加以修改，再保存至模板，免去从头到尾设计报表的烦琐过程。

四、操作指导

操作流程如图4-17所示。

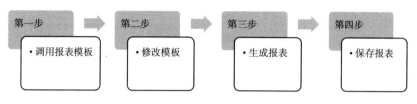

第一步	第二步	第三步	第四步
·调用报表模板	·修改模板	·生成报表	·保存报表

图4-17 操作流程

（一）编制3月份资产负债表

1. 调用资产负债表模板。利用系统内置的报表模板建立一张标准格式的报表。

（1）新建一张报表。执行菜单栏中的〖文件〗—〖新建〗命令，进入报表"格式"状态。

（2）调出报表模板。执行菜单栏中的〖格式〗—〖报表模板〗命令，打开"报表模板"对话框。

（3）选择所在企业的行业。先在报表模板对话框中的"您所在的行业"栏选择"2007年新会计制度科目"，再在"财务报表"栏选择"资产负债表（已执行新金融准则）"，如图4-18所示。

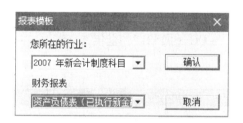

图4-18 选择报表模板

（4）应用所选报表模板。单击"确认"按钮后，系统会弹出"模板格式将覆盖本表格式！是否继续？"，单击"确定"按钮即可，如图4-19所示。

2. 修改资产负债表模板。

（1）删除单元格内容。在"格式"状态下，单击A3单元，删除"编制单位"。

（2）设置关键字。在"格式"状态下，单击A3单元，执行菜单栏中的〖数据〗—〖关键字〗—〖设置〗项，设置关键字为"单位名称"，单击"确定"按钮即可。

（3）修改"存货"栏目的计算公式，如图4-20所示。

	A	B	C	D	E	F	G	H
1				资产负债表				
2								会企01表
3	编制单位：			xxxx 年	xx 月			单位:元 xx 日
4	资　产	行次	期末余额	年初余额	负债和所有者权益	行次	期末余额	年初余额
5					（或股东权益）			
6	流动资产：				流动负债：			
7	货币资金	1	公式单元	公式单元	短期借款	35	公式单元	公式单元
8	交易性金融资产	2	公式单元	公式单元	交易性金融负债	36	公式单元	公式单元
9	衍生金融资产	3			衍生金融负债	37		
10	应收票据	4	公式单元	公式单元	应付票据	38	公式单元	公式单元
11	应收账款	5	公式单元	公式单元	应付账款	39	公式单元	公式单元
12	应收款项融资	6			预收款项	40	公式单元	公式单元
13	预付款项	7	公式单元	公式单元	合同负债	41		
14	其他应收款	8	公式单元	公式单元	应付职工薪酬	42	公式单元	公式单元
15	存货	9	公式单元	公式单元	应交税费	43	公式单元	公式单元
16	合同资产	10			其他应付款	44	公式单元	公式单元
17	持有待售资产	11	公式单元	公式单元	持有待售负债	45	公式单元	公式单元
18	一年内到期的非流动资产	12			一年内到期的非流动负债	46		
19	其他流动资产	13			其他流动负债	47		
20	流动资产合计	14	公式单元	公式单元	流动负债合计	48	公式单元	公式单元
21	非流动资产：				非流动负债：			
22	债权投资	15			长期借款	49	公式单元	公式单元
23	其他债权投资	16			应付债券	50	公式单元	公式单元
24	长期应收款	17	公式单元	公式单元	其中：优先股	51		

图 4-19　资产负债表

在 C15 单元中添加：+ QM（"1321"，月,,,年,,）- QM（"2314"，月,,,年,,）。

在 D15 单元中添加：+ QC（"1321"，全年,,,年,,）- QC（"2314"，全年,,,年,,）。

图 4-20　定义公式

按照相同原理，修改"未分配利润"栏目的计算公式：

在 G44 单元（未分配利润）中的公式改为：QM（4104，月）。

在 H44 单元（未分配利润）中的公式改为：QC（"4104"，月,,,,,,,,,,）。

3. 生成及保存资产负债表。

（1）切换到数据状态。在报表"格式"状态下，单击窗口左下角的"格式"按钮，系统提示"是否确定全表重算?"，单击"否"按钮，进入报表"数据"状态。

（2）输入关键字的值，计算出指定月份的数据。单击菜单栏中的〖数据〗—〖关键字〗—〖录入〗命令，打开"录入关键字"对话框，录入各项关键字，单击"确认"按钮，系统提示"是否重算第一页?"，单击"是"按钮即可生成资产负债表，如图 4 – 21 所示。

（3）保存资产负债表。

资产负债表

会企01表

单位:元

资　　产	行次	期末余额	年初余额	负债和所有者权益（或股东权益）	行次	期末余额	年初余额
流动资产:				流动负债:			
货币资金	1	2,913,227.60	2,867,959.12	短期借款	35	1,000,000.00	1,000,000.00
交易性金融资产	2			交易性金融负债	36		
衍生金融资产	3			衍生金融负债	37		
应收票据	4			应付票据	38		
应收账款	5	-10,000.00	919,600.00	应付账款	39	500,000.00	1,065,000.00
应收款项融资	6			预收款项	40		
预付款项	7	8,800.00		合同负债	41		
其他应收款	8			应付职工薪酬	42		
存货	9	1,500,000.00	1,425,000.00	应交税费	43	360,679.90	
合同资产	10			其他应付款	44	5,000.00	
持有待售资产	11			持有待售负债	45		
一年内到期的非流动资产	12			一年内到期的非流动负债	46		
其他流动资产	13			其他流动负债	47		
流动资产合计	14	4,412,027.60	5,212,559.12	流动负债合计	48	1,865,679.90	2,065,000.00
非流动资产:				非流动负债:			
债权投资	15		预示数据	长期借款	49	2,000,000.00	2,000,000.00
其他债权投资	16			应付债券	50		
长期应收款	17			其中:优先股	51		

编制单位:　　　2022 年　　3 月　　31 日

图 4 – 21　资产负债表

（二）编制 3 月份利润表

1. 打开已经设计好的利润表，或者从报表模板中调出利润表后对公式进行重新设计。先在报表模板对话框中的"您所在的行业"栏选择"2007 年新会计制度科目"，再在"财务报表"栏选择"利润表（已执行新金融准则）"。

2. 调整利润表上期金额为累计金额，修改对应公式。

3. 切换到数据状态。在报表"格式"状态下，单击窗口左下角的"格式"按钮，系统提示"是否确定全表重算?"，单击"否"按钮，进入报表"数据"状态。

4. 录入关键字的值。单击菜单栏中的〖数据〗—〖关键字〗—〖录入〗命令，打开"录入关键字"对话框，录入各项关键字，单击"确认"按钮，系统提示"是否重算第一页?"，单击"是"按钮即可生成利润表。

5. 保存利润表。执行菜单栏中的〖文件〗—〖保存〗命令，选择保存路径，修改文件名为"利润表"，单击"另存为"按钮即可完成保存操作。

6. 利润表中"净利润"本期金额等于资产负债表中"未分配利润"期末数－期初数（注意期初数不是年初数）。

（三）表页管理

一个 UFO 报表最多可容纳 99 999 张表页，一个报表中的所有表页具有相同的格式，但其数据不同，关键字不同，可将同种类型不同会计期间的报表存放在同一个报表的不同表页中。表页在报表中的序号在表页的下方以标签的形式出现，称为"页标"。页标用"第 1 页"～"第 99 999 页"表示，演示版本只支持 4 页。表页只存在于数据处理状态，可对表页进行交换、删除、插入、追加、透视、排序、汇总、重算等操作。

1. 打开前面保存的资产负债表。
2. 进入数据处理状态。点击左下角"格式"，显示 3 月份报表数据。
3. 增加表页。点击菜单〖编辑〗—〖追加〗—〖表页〗，在追加表页数量中输入 1，单击"确定"按钮，在下方的页标处显示"第 2 页"。
4. 录入关键字的值。点击页标"第 2 页"，点击菜单〖数据〗—〖关键字〗—〖录入〗，调出录入关键字窗口，将月份改为 4，日期改为 30，单击"确认"按钮，提示"是否重算第 2 页"。
5. 计算第 2 页。单击"是"按钮，稍等片刻，显示计算结果。
6. 关闭并保存文件。

五、疑难解答

学习任务 4－3 疑难解答见表 4－3。

表 4－3 　　　　　　　　　　学习任务 4－3 疑难解答

问题出处	问题描述	问题解答
报表公式	为什么利润表编制的结果不正确？	在编制利润表时，既应注意损益发生情况，还要注意取数公式设计与取数时机对应关系。利润表各项目所填列数据必须是不包括期末损益结转的净发生额。如果在期间损益结转前编制利润表，可以使用 FS、JE、QM 等函数来设计公式；如果在期间损益结转后编制利润表，应该使用 TFS 或 DFS 函数来设计公式，FS 函数的应用局限于期末损益结转前科目单一方向发生业务的情况
报表公式	为什么资产负债表不平衡，如何调整至平衡？	资产负债表编制完成后，如果发现不平衡，那么应该将资产负债表中的数据与科目余额表中（"业务工作"—"财务会计"—"总账"—"账表"—"科目账"—"科目余额表"）的数据进行逐项比对，找到不平衡的原因。要特别注意受托代销商品（1321）、代销商品款（2314）、本年利润（4103）这三个科目是否出现在对应项目计算公式中，要注意商品进销差价（1407）科目是否作为抵减项出现在存货计算公式中

【实训报告】

　　通过扫描二维码查看实训报告格式，可以据此参照制作纸质实训报告。

【问题思考】

　　1. 如何将修改好的报表格式保存为自定义模板？

　　2. 如何进行表页汇总？

　　3. 如何在报表中根据报表数据显示图表？

　　4. 是否可以独立完成现金流量表设置？

实训报告：学
习任务4-3

【思政小课堂——"狼来了"】

　　《伊索寓言》有这样一则故事，有个放羊的小孩儿每天都到村外去放羊，但是他有一个毛病，就是爱撒谎。

　　有一天，他觉得很无聊，就向着山下种田的人们大声喊："狼来了！狼来了！"人们听到喊声急忙往山上跑，农夫们气喘吁吁地赶到山上一看，连狼的影子也没有！放羊的小孩儿哈哈大笑："真有意思，我是逗你们玩的！"农夫们生气地走了。

　　第二天，放羊小孩儿故伎重演，农夫们又冲上来帮他打狼，可还是没有见到狼的影子。放羊小孩儿笑得直不起腰："哈哈！你们又上当了！"第三天，放羊小孩儿又欺骗了人们，人们对放羊小孩儿一而再再而三地说谎十分生气，从此再也不相信他的话了。

　　后来，有一天，狼真的来了，放羊小孩儿对着山下拼命呼喊："狼来了，狼真的来了"，但是人们认为他又在说谎，都没有理睬他。结果，他的羊全被狼吃掉了。

　　你如何评价放羊小孩儿的行为？

　　放羊小孩儿因为多次撒谎而失去了人们对他的信任，从而造成了严重的后果，这个故事告诉我们说谎是一种错误行为，它既不尊重别人，也会让别人失去对自己的信任。撒谎百害而无一利，诚实守信才是正道。一个不具备诚实素质的人，最终只会落得个害人害己的下场。

【项目小结】

　　通过项目四的学习，同学们应该能了解 UFO 报表的操作步骤掌握 UFO 报表基本操作方法，能独立完成资产负债表、利润表、现金流量表的设置及取数。掌握自定义报表及公式设置。

【即测即评】

　　扫描二维码，进行即测即评。

即测即评：项
目四

项目五　薪资管理系统应用

【学习目标】

知识目标：

◎ 了解薪资管理系统功能模块。

◎ 了解薪资管理系统与其他系统的业务联系。

◎ 理解薪资管理系统日常业务处理原理。

能力目标：

◎ 根据企业员工岗位设置，完成相应工资类别设置。

◎ 依照企业内部工资项目构成，利用函数参照，完成工资项目公式设定。

◎ 利用企业原始数据信息，完成期初薪资数据以及当月薪资情况录入，计算汇总并形成个人所得税扣缴信息表。

◎ 学会工资分摊设置并应用生成对应凭证。

◎ 掌握薪资系统月末处理及工资账表查询原理。

素养目标：

◎ 培养学生会计软件操作的规范性。

◎ 培养学生发现问题的敏感性。

◎ 培养学生探索钻研的精神。

【学习指引】

在用友 ERP – U8⁺V15.0 系统中，薪资管理系统虽然是人力资源系统中的一个子系统，但可以独立运行。通过薪资管理系统，可以对多种不同类别人员的工资进行不同工资项目的核算，轻松处理各种繁杂的工资报表。在使用薪资管理系统前，应当根据企业实际情况规划设置企业内部所有部门的名称和简称，规范人员类别的划分形式，准备好人员的档案数据、工资数据，整理好需要设置的工资项目及核算方法，这样才能使操作得心应手。

学习任务 5 –1　薪资管理系统的功能和操作流程

[**任务概述**] 薪资管理系统的功能是对员工工资类别、工资发放及分摊等进行核算与管理。学习内容主要有三个部分：薪资系统的初始设置、业务处理（工资项

目、工资计算公式，工资计算与汇总，扣缴个税、工资分摊、期末业务处理）以及工资账表管理。重点和难点集中在员工工资项目与计算公式处理，关键要理清初始设置和日常业务处理的流程。本任务主要介绍薪资管理系统的基础知识，包括薪资管理系统的功能、薪资管理系统与其他系统之间的关系、薪资管理系统的应用方案和操作流程，是后续操作训练的理论准备。

一、薪资管理系统功能结构

薪资管理系统功能模块如图 5-1 所示。

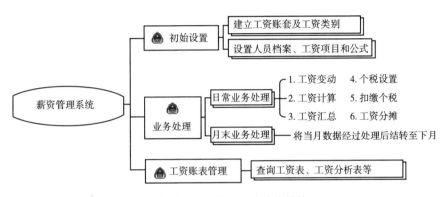

图 5-1　薪资管理系统功能模块

二、薪资管理系统与其他系统的关系

工资核算是财务核算的一部分，其日常业务要通过总账记账凭证反映，薪资管理系统和总账系统主要是凭证传递的关系。工资计提、分摊的费用要通过制单的方式传递给总账系统进行处理。

（一）薪资管理系统与总账系统

薪资管理系统将工资计提、分摊结果自动生成转账凭证，传递到总账系统，如图 5-2 所示。

图 5-2　薪资管理系统与总账系统的关系

（二）薪资管理系统与成本核算系统

薪资管理系统向成本核算系统传送人员的人工费用，如图5-3所示。

图5-3　薪资管理系统与成本核算系统的关系

（三）薪资管理系统与 UFO 系统

薪资管理系统向 UFO 传递数据，如图5-4所示。

图5-4　薪资管理系统与 UFO 的关系

三、薪资管理系统应用方案及操作流程

（一）薪资管理系统应用方案

薪资管理系统适用于单个工资类别和多个工资类别的核算与管理。如果企业中所有员工的工资发放项目相同，工资计算方法也相同，那么可以对全部员工进行统一的工资核算，应选用单类别工资核算，可提高系统的运行效率。如果企业存在不同类别人员，如在职人员、临时工作人员、退休人员，或者每月进行多次工资发放，如企业采用周薪制，或者不同地区设有分支机构，工资核算由总部统一管理，则需要选用系统提供的多类别工资核算。

（二）薪资管理系统操作流程

薪资管理系统操作流程如图5-5所示。

如果是单类别工资核算的企业，那么在初始设置之后，不做"新增工资类别""新增发放次数"，其他的操作可按上述流程进行。若为多类别工资核算的企业，从"工资变动"到"月末处理"可按工资类别重复处理。

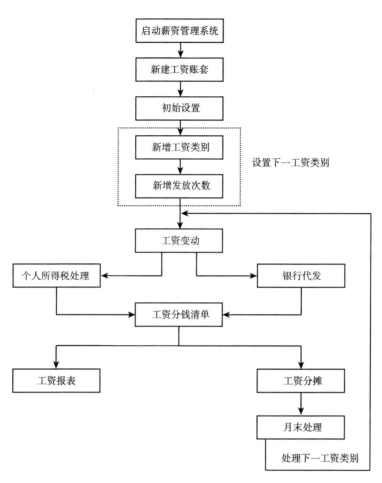

图 5 - 5　薪资管理系统操作流程

学习任务5-2　薪资管理系统初始设置

[**任务概述**]本项学习任务主要训练学生掌握工资账套建立的方法、薪资系统初始化的方法、工资项目及其公式设置的方法。

一、任务目标

1. 完成工资账套的建立及系统初始化设置。
2. 设置工资项目及项目公式编辑。

二、准备工作

1. 首次运行薪资管理系统，必须确保总账系统已进行初始化设置。

2. 初步了解薪资管理系统的基本功能。

3. 整理好工资核算所需信息及数据。

4. 更改计算机时间为 2022 年 3 月 1 日。

5. 引入"3-2 总账系统初始设置"文件夹下的备份账套。

三、任务引例

1. "666"账套薪资管理系统的参数。工资类别有两个，工资核算本位币为人民币，不核算计件工资，自动代扣所得税，进行扣零设置且扣零到元。工资类别分为"在岗人员"和"兼职人员"，并且"在岗人员"分布在各个部门，而"兼职人员"只属于人力资源部门。

2. 人员附加信息。增加人员附加信息"性别"和"学历"。

3. 工资项目（见表 5-1）。

表 5-1 工资项目

工资项目名称	类型	长度	小数	增减项
基本工资	数字	8	2	增项
职务补贴	数字	8	2	增项
福利补贴	数字	8	2	增项
交通补贴	数字	8	2	增项
奖　金	数字	8	2	增项
缺勤天数	数字	8	2	其他
缺勤扣款	数字	8	2	减项
养老保险	数字	8	2	减项
医疗保险	数字	8	2	减项
失业保险	数字	8	2	减项
住房公积金	数字	8	2	减项
个人所得税扣除基数	数字	8	2	其他

4. 银行名称。银行名称为"中国工商银行"。账号长度为 11 位，录入时自动带出的账号长度为 8 位。

5. 工资类别及工资项目。"在岗人员"工资类别：所有工资项目。

"兼职人员"工资类别：添加基本工资、奖金和个人所得税扣除基数三个项目。

6. 在岗人员档案（见表 5-2）。

表5-2　　　　　　　　　　　　　　　　　在岗人员档案

职员编号	姓名	性别	学历	人员类别	所属部门	银行代发账号
0001	陈锦	男	本科	管理人员	总经理办公室	10011100101
0002	王致	男	本科	管理人员	人力资源部	10011100102
0003	李锦	女	本科	管理人员	会计核算中心	10011100103
0004	周道	男	本科	管理人员	资产管理中心	10011100104
0005	王新	男	大专	采购人员	商品采购部	10011100105
0006	柯甜	女	大专	采购人员	商品采购部	10011100106
0007	何鑫	男	大专	采购人员	商品采购部	10011100107
0008	刘力	男	大专	采购人员	办公品采购部	10011100108
0009	赵德	男	高中	销售人员	总部销售中心	10011100109
0010	秦斯	男	高中	销售人员	华南销售中心	10011100110
0011	李星	男	高中	销售人员	华北办事处	10011100111
0012	陈然	男	高中	销售人员	海外办事处	10011100112
0013	刘海	男	大专	管理人员	仓管部	10011100113
0014	薛珍	女	大专	管理人员	仓管部	10011100114
0015	赵玲	女	本科	兼职人员	人力资源部	10011100115
0016	钱嘉	女	本科	兼职人员	人力资源部	10011100116

7. 计算公式。

（1）在岗人员工资。

缺勤扣款 = iff（缺勤天数 < = 5，基本工资/22 × 缺勤天数，基本工资/22 × 缺勤天数 + 交通补贴）

养老保险 =（基本工资 + 职务补贴 + 福利补贴 + 交通补贴 + 奖金）× 0.08

医疗保险 =（基本工资 + 职务补贴 + 福利补贴 + 交通补贴 + 奖金）× 0.02

失业保险 =（基本工资 + 职务补贴 + 福利补贴 + 交通补贴 + 奖金）× 0.005

住房公积金 =（基本工资 + 职务补贴 + 福利补贴 + 交通补贴 + 奖金）× 0.08

（2）兼职人员工资。

个人所得税扣除基数 =（基本工资 + 奖金）× 0.8

【重要提示】在薪资管理系统中，有两个概念容易混淆，即"工资类别""人员类别"，学生往往会认为企业有多少类人员就应该设置多少个工资类别，教师在讲解该系统应用方案时应举例说明。此外，较容易出现错误的地方还有工资项目中的公式设置以及公式的存放顺序，教师应尽可能提供不同项目的例子，让学生理解公式为何要这样设，让学生多做练习，而且要特别注意工资类别的状态，有的功能需要在关闭工资类别状态下操作，有的功能需要在打开工资类别状态下操作，如工资项目的定义与工资项目调用。

四、操作指导

操作流程见图 5-6。

图 5-6　操作流程

（一）建立工资账套

建立工资账套是整个工资管理正确运行的基础。建立一个完整的账套，是系统正常运行的根本保证。当使用薪资管理系统时，若为初次使用，系统将自动进入建账向导。建账向导分为四个步骤：参数设置、扣税设置、扣零设置、人员编码。具体操作如下：

1. 以 01 操作员的身份登录企业应用平台。

2. 启动"建立工资套"向导。单击〖业务导航〗—〖业务工作〗—〖人力资源〗—〖薪资管理〗菜单，弹出"建立工资账套"的界面。

3. 参数设置。选择本账套所需处理的工资类别个数为"多个"，"币别"为"人民币"，如图 5-7 所示。单击〖下一步〗按钮，打开下一界面。

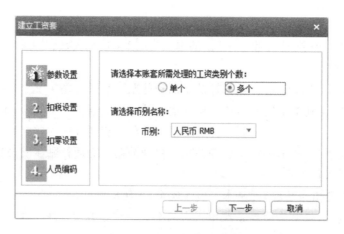

图 5-7　工资账套参数设置

4. 扣税设置。选中"是否从工资中代扣个人所得税"复选框，如图 5-8 所示。单击"下一步"按钮，打开下一界面。

5. 扣零设置。先选中"扣零"复选框，再选中"扣零至元"单选按钮，如图 5-9 所示。单击"下一步"按钮，打开下一界面。

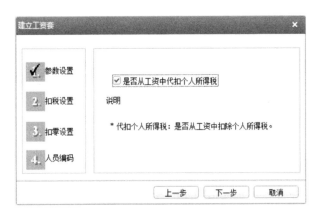

图 5 - 8　工资账套扣税设置

图 5 - 9　工资账套扣零设置

6. 人员编码信息提示。系统给出人员编码一致性的信息提示，如图 5 - 10 所示，单击"完成"按钮，打开下一界面。

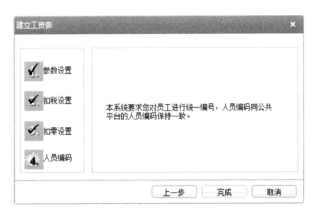

图 5 - 10　工资账套人员编码设置

建立工资账套相关说明见图 5 - 11。

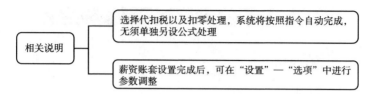

图5-11　建立工资账套相关说明

（二）人员附加信息设置

人员附加信息设置可增加人员信息、丰富人员档案的内容，便于对人员进行更加有效的管理。例如，增加设置人员的性别、学历、婚否等。

视频：5-2
人员附加信息设置

1. 启动"人员附加信息设置"功能。单击〖业务导航〗—〖业务工作〗—〖人力资源〗—〖薪资管理〗—〖设置〗—〖人员附加信息设置〗菜单，打开"人员附加信息设置"窗口。

2. 人员附加信息设置。单击"增加"按钮，在"栏目参照"栏的下三角按钮中选择"性别"，再一次单击"增加"按钮。

3. 按照步骤2的方法，增加"学历"，如图5-12所示。

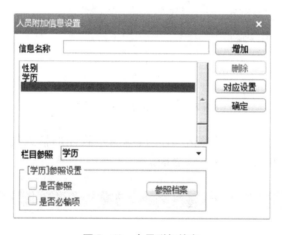

图5-12　人员附加信息

知识链接：5.1
工资项目说明

（三）工资项目设置

设置工资项目即定义工资项目的名称、类型、宽度，可根据需要自由设置工资项目，如基本工资、岗位工资、交通补贴等。

视频：5-3
定义工资项目

1. 启动"工资项目设置"功能。单击〖业务导航〗—〖业务工作〗—〖人力资源〗—〖设置〗—〖工资项目设置〗菜单，打开"工资项目设置"的界面。

2. 工资项目设置。单击"增加"按钮，录入或在名称参照下拉列表中选择"基本工资"，类型为"数字"，小数位为"2"，增减项为"增项"。

3. 按照步骤2描述的方法，依次增加其他的工资项目，如图5-13所示。

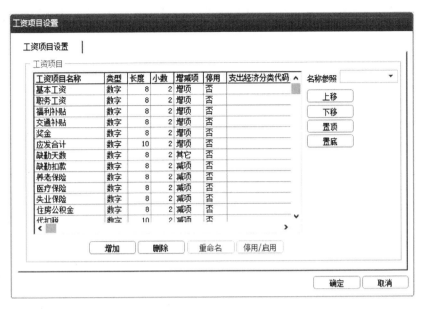

图 5 – 13　工资项目设置

4. 保存工资项目设置。单击"确定"按钮，弹出"薪资管理"提示信息界面，单击"确定"按钮退出。

工资项目设置相关说明见图 5 – 14。

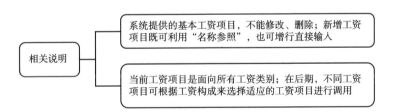

图 5 – 14　工资项目设置相关说明

（四）设置银行名称

当企业发放工资采用银行代发方式时，需要确定银行的名称及账号的长度。发放工资的银行可按需要设置多个。

1. 启动"银行档案"定义功能。单击〖业务导航〗—〖基础设置〗—〖基础档案〗—〖收付结算〗—〖银行档案〗菜单，打开"银行档案"界面。

2. 设置银行档案。选择"中国工商银行"，设置银行档案的定长信息，如图 5 – 15 所示。

3. 单击"保存"按钮，退出。

设置银行名称相关说明见图 5 – 16。

视频：5 – 4
设置银行名称

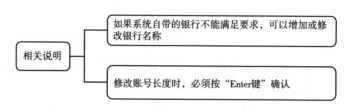

图 5-15 银行档案的修改与设置

图 5-16 设置银行名称相关说明

相关说明
- 如果系统自带的银行不能满足要求，可以增加或修改银行名称
- 修改账号长度时，必须按"Enter键"确认

（五）新建工资类别

工资类别是指一套工资账中，根据不同情况而设置的工资数据管理类别，如本企业设置为"在岗人员"和"退休人员"两种类别。

1. 启动"新建工资类别"定义功能。单击〖业务导航〗—〖业务工作〗—〖人力资源〗—〖薪资管理〗—〖工资类别〗—〖新建工资类别〗菜单，打开"新建工资类别"界面。

视频：5-5
新建工资类别

2. 录入在岗人员工资类别名称。在输入工资类别名称中输入"在岗人员"，如图 5-17 所示，单击"下一步"按钮。

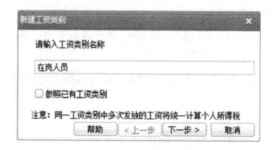

图 5-17 工资类别名称录入

3. 选择部门。打开"新建工资类别—请选择部门"界面，单击"选定全部部门"按钮，如图 5 – 18 所示，单击"完成"按钮。

图 5 – 18　"新建工资类别—请选择部门"界面

4. 保存"新建工资类别"设置。弹出"薪资管理"信息提示对话框如图 5 – 19 所示，单击"是"按钮，退出。

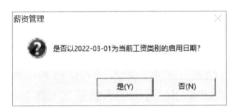

图 5 – 19　"薪资管理"信息框

5. 关闭工资类别。单击〖工资类别〗—〖关闭工资类别〗菜单，执行关闭工资类别命令，关闭在岗人员工资类别。

6. 按照第 2 ~ 5 步的操作方法，建立"兼职人员"工资类别，单击"人力资源部"按钮。

工资类别相关说明见图 5 – 20。

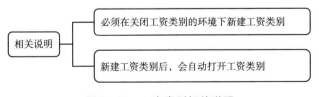

图 5 – 20　工资类别相关说明

（六）打开"在岗人员"工资类别

在基础设置中，工资项目设置是指本单位各种工资类别所需要的全部工资项目。由于不同的工资类别，工资发放项目不尽相同，计算公式也不相同，在此应对某个指定工资类别所需的工资项目进行设置，并为此工资类别的工资项目设置计算公式。所以先打开某个工资类别，再进行工资项目设置。

1. 启动"打开工资类别"定义功能。单击〖业务导航〗—〖人力资源〗—〖薪资管理〗—〖工资类别〗—〖打开工资类别〗菜单，进入"打开工资类别"界面。

2. 选择在岗人员工资类别。选中"在岗人员"工资类别，如图5-21所示。

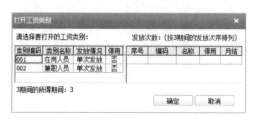

图5-21 选中"在岗人员"工资类别

3. 退出界面。单击"确定"按钮，系统自动打开"在岗人员"工资类别。

（七）设置"在岗人员"工资档案

人员档案的设置用于登记工资发放人员的姓名、编号、所在部门、人员类别等信息，此外，员工的增减变动都必须先在本功能中处理。

1. 启动"人员档案"定义功能。单击〖业务导航〗—〖人力资源〗—〖薪资管理〗—〖设置〗—〖人员档案〗菜单，进入"人员档案"界面。

2. 单击"增加"选项卡按钮，进入"人员档案明细"界面。

3. 人员基本信息设置。先单击"基本信息"选项卡，再单击"人员姓名"栏参照按钮，选择"陈锦"，在"银行名称"栏中选择"中国工商银行"，在银行账号栏录入"10011100101"，计算机会自动带出其他相关信息，如图5-22所示。

视频：5-6
设置在岗人
员工资档案

图5-22 人员基本信息录入

4. 继续人员附加信息设置。单击"附加信息"选项卡，在性别栏录入"男"，学历栏录入"本科"。

5. 保存人员档案信息设置，退出系统。单击"确定"按钮，返回。

6. 按照第4~6步的操作方法，依次录入其他人员档案（人员编号0002—0014）。录入完成后如图5-23所示，单击"退出"按钮，退出"人员档案"界面。

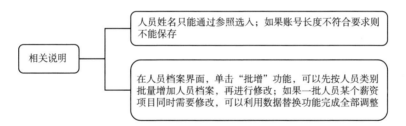

人员档案

薪资部门名称	工号	人员编号	人员姓名	人员类别	账号	居民	是否计税	工资停发
总经理办公室		0001	陈锦	管理人员	10011100101	是	是	否
人力资源部		0002	王致	管理人员	10011100102	是	是	否
会计核算中心		0003	李锦	管理人员	10011100103	是	是	否
资产管理中心		0004	周道	管理人员	10011100104	是	是	否
商品采购部		0005	王新	采购人员	10011100105	是	是	否
商品采购部		0006	柯甜	采购人员	10011100106	是	是	否
商品采购部		0007	何鑫	采购人员	10011100107	是	是	否
办公品采购部		0008	刘力	采购人员	10011100108	是	是	否
总部销售中心		0009	赵德	销售人员	10011100109	是	是	否
华南销售中心		0010	秦斯	销售人员	10011100110	是	是	否
华北办事处		0011	李星	销售人员	10011100111	是	是	否
海外办事处		0012	陈然	销售人员	10011100112	是	是	否
仓管部		0013	刘海	管理人员	10011100113	是	是	否
仓管部		0014	薛珍	管理人员	10011100114	是	是	否

图5-23 人员档案信息

设置人员工资档案相关说明见图5-24。

```
                    ┌─────────────────────────────────────────┐
                    │ 人员姓名只能通过参照选入；如果账号长度不符合要求则 │
                    │ 不能保存                                 │
        ┌───────────┤                                         │
┌──────┐│           └─────────────────────────────────────────┘
│相关说明├┤
└──────┘│           ┌─────────────────────────────────────────┐
        └───────────┤ 在人员档案界面，单击"批增"功能，可以先按人员类别 │
                    │ 批量增加人员档案，再进行修改；如果一批人员某个薪资 │
                    │ 项目同时需要修改，可以利用数据替换功能完成全部调整 │
                    └─────────────────────────────────────────┘
```

图5-24 设置人员工资档案相关说明

（八）设置"在岗人员"工资项目

这里只能选择工资账套设置中已设定好的工资项目，不能录入。

1. 启动"工资项目设置"定义功能。单击〖业务导航〗—〖人力资源〗—〖设置〗—〖工资项目设置〗菜单，打开"工资项目设置"的界面。

2. 增加工资项目。先单击"增加"按钮，再单击"名称参照"栏的下三角按钮，选择"基本工资"。

3. 按照第2步的操作方法，依次增加"基本工资、职务工资、福利补贴、交通补贴、奖金、缺勤天数、缺勤扣款、养老保险、医疗保险、失业保险、住房公积金、子女教育、继续教育、老人赡养费、住房租金、住房贷款利息"工资项目，如图5-25所示。

4. 保存"工资项目设置"，单击"确定"按钮，退出。

视频：5-7
设置在岗人员工资项目

图 5 – 25　工资项目增加

工资项目设置相关说明见图 5 – 26。

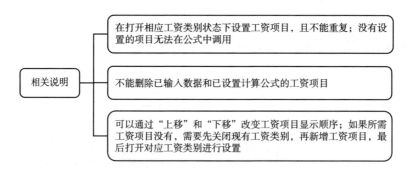

图 5 – 26　工资项目设置相关说明

（九）设置"在岗人员"工资计算公式

定义某些工资项目的计算公式及工资项目之间的运算关系。运用公式可直观表达工资项目的实际运算过程，灵活地进行工资计算处理。定义公式可通过选择工资项目、运算符、关系符、函数等组合完成。

例如，职位工资计算公式的设置：IFF（人员类别 = "管理人员"，2 000，IFF（人员类别 = "采购人员"，1 500，IFF（人员类别 = "销售人员"，1 000，500）））。该公式表示如果人员类别是经理的人员，则他的职位工资是 2 000 元；如果人员类别是部门主管的人员，则他的职位工资是 1 500 元；如果人员类别是组长的人员，则他的职位工资是 1 000 元；其他各类人员的职位工资均为 500 元。

1. 启动"公式项目设置"定义功能。单击〖业务导航〗—〖人力资源〗—〖设置〗—〖工资项目设置〗菜单，打开"工资项目设置"窗口，单击"公式设置"页签。

2. 增加缺勤扣款项目。单击"增加"按钮，在下拉框中选择"缺勤扣款"工资项目。

3. 定义缺勤扣款公式。单击"缺勤扣款"公式定义区域，公式为"iff（缺勤天数 < =5，基本工资/22×缺勤天数，基本工资/22×缺勤天数 + 交通补贴）"，公式中的函数可通过"函数公式向导输入"功能引导完成。结果如图 5 - 27 所示，公式也可以直接录入。

图 5 - 27 "缺勤扣款"公式设置

4. 检查公式合法性。单击"公式确认"按钮，如果有错误，会弹出错误提示窗口，正确则不会有任何提示。

5. 按照第 2 ~ 4 步的操作方法，设置"养老保险"的计算公式，公式为"（基本工资 + 职务工资 + 福利补贴 + 交通补贴 + 奖金） ×0.08"，如图 5 - 28 所示。

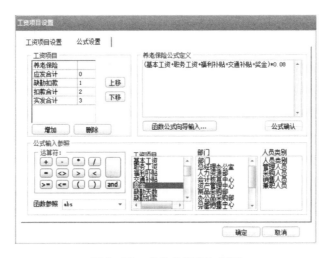

图 5 - 28 "养老保险"设置

6. 按照第 2~4 步的操作方法，设置"医疗保险"的计算公式，公式为"（基本工资＋职务工资＋福利补贴＋交通补贴＋奖金）×0.02"，如图 5－29 所示。

图 5－29　"医疗保险"设置

7. 按照第 2~4 步的操作方法，设置"失业保险"的计算公式，公式为"（基本工资＋职务工资＋福利补贴＋交通补贴＋奖金）×0.005"，如图 5－30 所示。

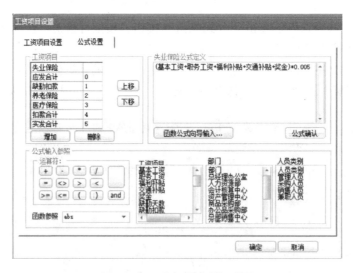

图 5－30　"失业保险"设置

8. 按照第 2～4 步的操作方法，设置"住房公积金"的计算公式，公式为"（基本工资＋职务工资＋福利补贴＋交通补贴＋奖金）×0.08"，如图 5－31 所示。

9. 单击"确定"按钮，保存并关闭窗口。

定义公式相关说明见图 5－32。

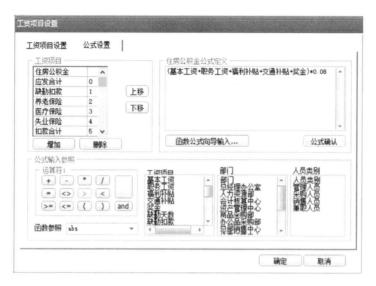

图 5 – 31 "住房公积金"设置

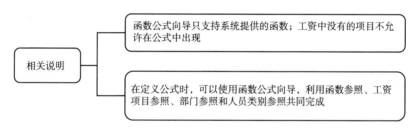

图 5 – 32 定义公式相关说明

（十）打开"兼职人员"工资类别

同在岗人员类别操作。

（十一）设置"兼职人员"工资档案

同在岗人员类别操作。

（十二）设置"兼职人员"工资项目

同在岗人员类别操作。

（十三）设置"兼职人员"工资计算公式

同在岗人员类别操作。

（十四）账套备份

将账套输出至"5 – 2 薪资管理系统初始设置"文件夹，压缩后保存到 U 盘。

五、疑难解答

学习任务5-2疑难解答见表5-3。

表5-3   学习任务5-2疑难解答

问题出处	问题描述	问题解答
工资类别	公司现在有三种人员：管理人员、开发人员、采购销售人员，那么是不是应该设置三个工资类别呢	不一定。应该区分"人员类别"和"工资类别"两个概念。设置"人员类别"是便于按不同人员进行工资的汇总计算，而"工资类别"则是针对企业按不同工资项目来核算而设定的。也就是说，如果这三种人员所发的工资项目是一样的，那就只用选择"单个"工资类别；如果这三种人员的工资项目不一样，就应该选择"多个"工资类别
工资类别	现在已有打开的工资类别，想新建一个工资类别，为什么操作不了	若想新建工资类别，必须关闭当前打开的工资类别，才能进行新建工作
工资账套参数	已新建好工资账套，但现在发现有些参数在新建时被误选，应该如何修改呢	可单击"设置"—"选项"菜单，单击"编辑"按钮即可对各种参数进行修改。注意：只有主管人员才可修改工资参数
公式设置	在公式设置中，已按课本给出相关公式输入完毕，单击"公式确认"，为什么总是出现"公式输入错误"	用友系统输入公式时，除了汉字以外的其他字符默认在英文状态下输入，所以请注意字符的录入应切换至英文状态，或者采用公式向导输入，则不会出现上述问题

【实训报告】

通过扫描二维码查看实训报告格式，可以据此参照制作纸质实训报告。

【问题思考】

实训报告：学习任务5-2

1. 病假扣款公式：iff（工龄＞=8，病假天数×日工资×0.25，iff（工龄＜8 and 工龄＞=5，病假天数×日工资×0.4，病假天数×日工资×0.5）），公式有什么含义？

2. 薪资管理系统的操作流程如何？

3. 在关闭工资类别和打开工资类别时，定义工资项目有何不同？

学习任务5-3　薪资管理业务处理

[任务概述]本项学习任务主要训练学生掌握工资变动设置、扣缴个人所得税、工资分摊、工资月末处理以及工资报表查询和分析的方法。

一、任务目标

1. 完成工资日常业务处理、掌握月末处理方法。

2. 完成系统生成的工资报表管理分析。

3. 理解薪资管理系统与其他系统的数据传递内容与方式。

二、准备工作

1. 修改或确认计算机时间为 2022 年 3 月 31 日。

2. 引入"5 - 2 薪资管理系统初始设置"文件夹下的备份账套。

三、任务引例

1. 个人所得税计算标准（见表 5 - 4）。

表 5 - 4　　　　　　　　　　个人所得税税率

全年应纳税额	税率（%）	速算扣除数（元）
不超过 36 000 元	3	0
超过 36 000 元至 144 000 元	10	2 520
超过 144 000 元至 300 000 元	20	16 920
超过 300 000 元至 420 000 元	25	31 920
超过 420 000 元至 660 000 元	30	52 920
超过 660 000 元至 960 000 元	35	85 920
超过 960 000 元	45	181 920

2. 2022 年 1~2 月有关的工资数据（见表 5 - 5）。

表 5 - 5　　　　　　　　2022 年 1~2 月工资累计数据

职员编号	人员姓名	基本工资	职务工资	福利补贴	交通补贴	奖金	子女教育	继续教育	老人赡养	住房贷款利息	住房租金	工资代扣税
0001	陈锦	7 000	10 000	4 600	400	2 400	2 000	800	2 000		3 000	62.58
0002	王致	6 800	9 600	4 600	400	2 400	2 000	800	2 000	2 000		77.91
0003	李锦	6 600	9 600	4 600	400	2 400	2 000		4 000		3 000	7.02
0004	周道	6 600	9 600	4 400	400	2 000	2 000		2 000		3 000	52.35
0005	王新	6 600	8 400	4 400	120	2 000	2 000		2 000	2 000		46.16
0006	柯甜	6 400	8 600	4 400	120	2 000	2 000		4 000		3 000	0
0007	何鑫	6 400	9 000	4 400	120	2 000	2 000	800	2 000		3 000	1.94
0008	刘力	6 400	9 000	4 200	120	2 000	2 000		2 000		3 000	21.05
0009	赵德	6 200	8 600	4 200	400	2 000	2 000		4 000		3 000	0
0010	秦斯	6 200	8 600	4 000	400	1 600	2 000		2 000	2 000		28.56
0011	李星	6 200	7 800	4 000	400	1 600	2 000	800	2 000		3 000	0

续表

职员编号	人员姓名	基本工资	职务工资	福利补贴	交通补贴	奖金	子女教育	继续教育	老人赡养	住房贷款利息	住房租金	工资代扣税
0012	陈然	6 200	7 400	4 000	400	1 600	2 000		4 000	2 000		0
0013	刘海	6 200	7 200	4 000	400	1 600	2 000		2 000	2 000		0
0014	薛珍	6 000	7 600	4 000	400	1 600	2 000	800	2 000		3 000	0
0015	赵玲	4 000				10 000						36
0016	钱嘉	4 000				12 000						84

3. 2022年3月有关的工资数据（见表5-6）。

表5-6　　　　　　　　　　2022年3月工资累计数据

职员编号	人员姓名	基本工资	职务工资	福利补贴	交通补贴	奖金	缺勤天数	子女教育	继续教育	老人赡养	住房贷款利息	住房租金
0001	陈锦	3 500	5 000	2 300	200	1 200		1 000	400	1 000		1 500
0002	王致	3 400	4 800	2 300	200	1 200		1 000	400	1 000	1 000	
0003	李锦	3 300	4 800	2 300	200	1 200		1 000		2 000		1 500
0004	周道	3 300	4 800	2 200	200	1 000		1 000		1 000		1 500
0005	王新	3 300	4 200	2 200	60	1 000		1 000		1 000	1 000	
0006	柯甜	3 200	4 300	2 200	60	1 000	6	1 000		2 000		1 500
0007	何鑫	3 200	4 500	2 200	60	1 000		1 000	400	1 000		1 500
0008	刘力	3 200	4 500	2 100	60	1 000	3	1 000		1 000		1 500
0009	赵德	3 100	4 300	2 100	200	1 000		1 000		2 000		1 500
0010	秦斯	3 100	4 300	2 000	200	800		1 000		1 000	1 000	
0011	李星	3 100	3 900	2 000	200	800		1 000	400	1 000		1 500
0012	陈然	3 100	3 700	2 000	200	800		1 000		2 000	1 000	
0013	刘海	3 100	3 600	2 000	200	800		1 000		1 000	1 000	
0014	薛珍	3 000	3 800	2 000	200	800		1 000	400	1 000		1 500
0015	赵玲	2 000				5 000						
0016	钱嘉	2 000				6 000						

4. 在岗人员工资分摊的类型及计提标准。工资分摊的类型为"应付工资""工会经费""职工教育经费"，按工资总额的2%、8%分别计提工会经费和职工教育经费，分摊设置见表5-7、表5-8、表5-9，完成分摊定义并生成凭证。

表 5 - 7　　　　　　　　　　　应付工资分摊构成设置

部门名称	人员类别	项目	借方科目	贷方科目
总经理办公室、人力资源部、会计核算中心、资产管理中心、采购部、仓管部	管理人员采购人员	应发合计	管理费用——工资（660207）	应付工资（221101）
销售部	销售人员	应发合计	销售费用——工资（660107）	

表 5 - 8　　　　　　　　　　　工会经费分摊构成设置

部门名称	人员类别	项目	借方科目	贷方科目
总经理办公室、人力资源部、会计核算中心、资产管理中心、采购部、仓管部	管理人员采购人员	应发合计	管理费用——工会经费（660208）	工会经费（221102）
销售部	销售人员	应发合计	销售费用——工会经费（660108）	

表 5 - 9　　　　　　　　　　　职工教育经费分摊构成设置

部门名称	人员类别	项目	借方科目	贷方科目
总经理办公室、人力资源部、会计核算中心、资产管理中心、采购部、仓管部	管理人员采购人员	应发合计	管理费用——职工教育经费（660209）	职工教育经费（221103）
销售部	销售人员	应发合计	销售费用——职工教育经费（660109）	

【重要提示】实训数据和课本上的不一致，检查数遍都找不到原因。可能是检查局限在数据上面，认为数据没错就应该没有问题呢？其实不然，薪资管理系统中人员档案信息也至关重要。例如，张三本是销售人员，在录入时误录为管理人员，那么在进行工资分摊时，就会造成管理费用及销售费用的差异错误。因此，实训的过程中一定要理解信息之间的逻辑关系。

四、操作指导

操作流程见图 5 - 33。

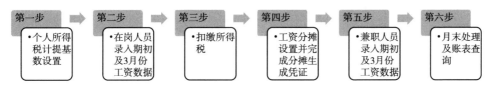

图 5 - 33　操作流程

打开在岗人员工资类别。

（一）修改个人所得税的计提基数

许多企业、事业单位计算职工工资薪金所得税工作量较大，本系统提供个人所得税自动计算功能，用户只需自定义扣税基数及所得税税率，系统将自动计算个人所得税。

1. 启动"选项"定义功能。单击〖业务导航〗—〖人力资源〗—〖薪资管理〗—〖设置〗—〖选项〗菜单，进入"选项"编辑界面。

2. 进入扣税设置界面。先单击"编辑"按钮，再单击"扣税设置"选项卡按钮，进入"扣税设置"界面，税款所属期选择"当月"，如图5－34所示。

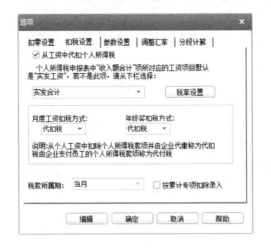

图5－34　选项扣税设置

3. 打开"个人所得税申请表—税率表"界面。单击"税率设置"按钮，进入"个人所得税申请表—税率表"界面。

4. 修改所得税的计提基数。在"基数"栏录入"5 000"，附加费用修改为"0"，按任务引例数据核对计算公式，结果如图5－35所示。

图5－35　核对个人所得税税率表

5. 单击"确定"按钮，保存计提基数设置。

6. 退出修改参数，单击"确定"按钮退出。出现"税款所属期"对话框，如图5-36所示，单击"是"按钮，保存成功。

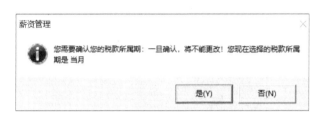

图5-36 税款所属期提示框

（二）录入1~2月份期初工资数据

"工资变动"功能用于日常工资数据的调整变动以及工资项目增减等。例如，平常病事假扣发、奖金录入等，可直接在列表中录入或修改数据。

1. 启动"工资变动"功能。单击〖业务导航〗—〖人力资源〗—〖薪资管理〗—〖业务处理〗—〖工资变动〗菜单，打开"工资变动"界面，勾选"录入期初"，如图5-37所示。

知识链接：5.3 个人所得税专项扣除和专项附加扣除

知识链接：5.4 工资薪金与劳务报酬的区别

图5-37 期初工资录入界面

2. 录入工资项目内容。根据引例任务资料录入工资项目内容，如图5-38所示。

3. 计算工资项目内容。先单击工具栏上的"计算"按钮，再单击"汇总"按钮。

工资变动

过滤器 所有项目 ▼			□定位器		☑录入期初		☑公式计算	
选择	人员编号	姓名	部门	人员类别	基本工资	职务工资	福利补贴	交通补贴	奖金
	0001	陈锦	总经理办公室	管理人员	7,000.00	10,000.00	4,600.00	400.00	2,400.00
	0002	王致	人力资源部	管理人员	6,800.00	9,600.00	4,600.00	400.00	2,400.00
	0003	李锦	会计核算中心	管理人员	6,600.00	9,600.00	4,600.00	400.00	2,400.00
	0004	周道	资产管理中心	管理人员	6,600.00	9,600.00	4,400.00	400.00	2,000.00
	0005	王新	商品采购部	采购人员	6,600.00	8,400.00	4,400.00	120.00	2,000.00
	0006	柯甜	商品采购部	采购人员	6,400.00	8,600.00	4,400.00	120.00	2,000.00
	0007	何鑫	商品采购部	采购人员	6,400.00	9,000.00	4,400.00	120.00	2,000.00
	0008	刘力	办公品采购部	采购人员	6,400.00	9,000.00	4,200.00	120.00	2,000.00
	0009	赵德	总部销售中心	销售人员	6,200.00	8,600.00	4,200.00	400.00	2,000.00
	0010	秦斯	华南销售中心	销售人员	6,200.00	8,600.00	4,000.00	400.00	1,600.00
	0011	李星	华北办事处	销售人员	6,200.00	7,800.00	4,000.00	400.00	1,600.00
	0012	陈然	海外办事处	销售人员	6,200.00	7,400.00	4,000.00	400.00	1,600.00
	0013	刘海	仓管部	管理人员	6,200.00	7,200.00	4,000.00	400.00	1,600.00
	0014	薛珍	仓管部	管理人员	6,000.00	7,600.00	4,000.00	400.00	1,600.00
合计					89,800.00	121,000.00	59,800.00	4,480.00	27,200.00

图 5 - 38 期初工资变动表

4. 单击窗口上的"关闭"按钮，退出当前界面。

（三）录入并计算 3 月份的工资数据

1. 启动"工资变动"功能。单击〖业务导航〗—〖人力资源〗—〖薪资管理〗—〖业务处理〗—〖工资变动〗菜单，打开"工资变动"界面。

2. 录入工资项目内容。根据资料录入工资项目内容，如图 5 - 39 所示。

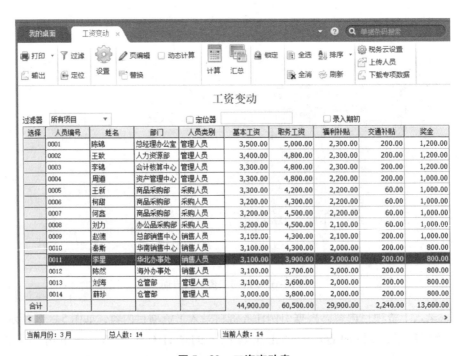

图 5 - 39 工资变动表

3. 计算工资项目内容。先单击工具栏上的"计算"按钮，再单击"汇总"按钮。

4. 单击窗口上的"关闭"按钮，退出当前界面。

工资变动相关说明见图 5 – 40。

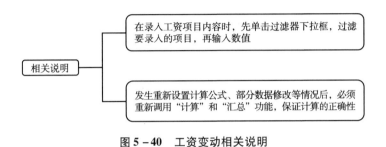

图 5 – 40 工资变动相关说明

（四）扣缴所得税

系统预置了多个地区的申报表模板可供选择。

1. 启动"个人所得税申报模板"查询功能。单击〖业务导航〗—〖人力资源〗—〖薪资管理〗—〖业务处理〗—〖扣缴所得税〗菜单，打开"个人所得税申报模板"界面，如图 5 – 41 所示。

图 5 – 41 个人所得申报模板界面

2. 查看个人扣缴所得税。选中"扣缴个人所得税报表（2019）"项目，单击"打开"按钮，在弹出的"所得税申报"窗口，单击"确定"按钮，如图 5 – 42 所示，单击"退出"按钮退出。

（五）查询在岗人员银行代发一览表

目前，许多单位发放工资时都采用工资银行卡方式。这种做法既减轻了财务部门发放工资工作的繁重，又提高了对员工个人工资的保密程度。

1. 启动"银行代发一览表"查询功能。单击〖业务导航〗—〖人力资源〗—

系统个人所得税扣缴申报表(2019版)

2022年3月

总人数：14

序号	姓名	所得期间	本月收入	本月减除费用	累计收入额	累计减除费用	累计子女教育	累计赡养老人	累计住房贷…	累计住房租金	累计继续教育	应纳税所得额	税率/预…	应纳税额	已扣缴税额	应补(退)…
1	陈璐	3	12200.00	5000.00	36600.00	15000.00	3000.00	3000.00	0.00	4500.00	1200.00	3129.00	3	93.87	62.58	31.29
2	王敏	3	11900.00	5000.00	35700.00	15000.00	3000.00	3000.00	3000.00		1200.00	3895.50	3	116.87	77.91	38.96
3	李锦	3	11800.00	5000.00	35400.00	15000.00	3000.00	6000.00		4500.00	0.00	351.00	3	10.53	7.02	3.51
4	周潇	3	11500.00	5000.00	34500.00	15000.00	3000.00	3000.00		4500.00	0.00	2617.50	3	78.53	52.35	26.18
5	王新	3	10760.00	5000.00	32280.00	15000.00	3000.00	3000.00	3000.00		0.00	2308.20	3	69.25	46.16	23.09
6	柯湿	3	10760.00	5000.00	32280.00	15000.00	3000.00	6000.00		4500.00	0.00	-3124.53	0	0.00	0.00	0.00
7	何鑫	3	10960.00	5000.00	32880.00	15000.00				4500.00	1200.00	97.20	3	2.92	1.94	0.98
8	刘力	3	10860.00	5000.00	32580.00	15000.00				4500.00	0.00	616.34	3	18.49	21.06	-2.57
9	赵珊	3	10700.00	5000.00	32100.00	15000.00				4500.00	0.00	-2338.50	0	0.00	0.00	0.00
10	泰斯	3	10400.00	5000.00	31200.00	15000.00	3000.00		3000.00		0.00	1428.00	3	42.84	28.56	14.28
11	李璧	3	10000.00	5000.00	30000.00	15000.00					1200.00	-2250.00	0	0.00	0.00	0.00
12	陈然	3	9800.00	5000.00	29400.00	15000.00		6000.00		4500.00	0.00	-3039.00	0	0.00	0.00	0.00
13	刘雨	3	9700.00	5000.00	29100.00	15000.00	3000.00		3000.00		0.00	-283.50	0	0.00	0.00	0.00
14	薛珍	3	9800.00	5000.00	29400.00	15000.00	3000.00			4500.00	1200.00	-2739.00	0	0.00	0.00	0.00
合计			151140.00	70000.00	453420.00	210000.00	42000.00	54000.00	15000.00	40500.00	6000.00	668.21		433.30	297.58	135.72

图 5-42 所得税申报界面

〖薪资管理〗—〖业务处理〗—〖银行代发〗菜单，在部门选择范围窗口单击“确定”按钮，打开“银行代发一览表”界面，并自动弹出银行文件格式设置窗口。

2. 设置银行的文件格式。选择“中国工商银行”格式，单击“确定”按钮，提示“确认设置的银行文件格式？”，单击“是”按钮。

3. 单击“退出”按钮退出，结束查询。

（六）在岗人员工资分摊设置

视频：5-10 在岗人员工资分摊

发放完工资，还需要对工资费用进行工资总额的计算、分配及各种经费的计提，并编制转账凭证，供登账处理之用。首次使用工资分摊功能，应先进行工资总额和计提基数的设置。

1. 启动“工资分摊”定义功能。单击〖业务导航〗—〖人力资源〗—〖薪资管理〗—〖设置〗—〖分摊类型设置〗菜单，打开“工资分摊”界面。

2. 对工资进行计提比例设置。单击“增加”按钮，打开“分摊计提比例设置”界面，在“分摊类型名称”栏录入“应付工资”。

3. 工资分摊构成设置。单击“增行”按钮，分别选择分摊构成的各个项目内容，如图 5-43 所示。

图 5-43 工资分摊构成设置

4. 保存设置。单击"完成"按钮，返回"分摊类型设置"对话框。

5. 同样操作完成工会经费、职工教育经费的分摊设置。

（七）工资分摊并生成转账凭证

"工资分摊"设置好后，即可生成机制转账凭证，具体操作如下：

1. 启动"工资分摊"功能。单击〖业务导航〗—〖人力资源〗—〖薪资管理〗—〖业务处理〗—〖工资分摊〗菜单，打开"工资分摊"界面。

视频：5－11
工资分摊凭证生成

2. 选中分摊的相关信息。选中"应付工资"复选框，选中各个部门，并选中"明细到工资项目"前的复选框，如图 5－44 所示。

图 5－44　工资分摊界面

3. 打开工资一览表。单击"确定"按钮，进入"应付工资—览表"界面，选中"合并科目相同、辅助项目相同的分录"前的复选框，类型为"应付工资"，如图 5－45 所示。

应付工资一览表

☑合并科目相同、辅助项相同的分录
类型 应付工资　　　　　　　　　　　　　　　　　计提会计月份　3月

部门名称	人员类别	应发合计		
		分配金额	借方科目	贷方科目
总经理办公室	管理人员	12200.00	660207	221101
人力资源部		11900.00	660207	221101
会计核算中心		11800.00	660207	221101
资产管理中心		11500.00	660207	221101
商品采购部	采购人员	32480.00	660207	221101
办公品采购部		10860.00	660207	221101
总部销售中心	销售人员	10700.00	660107	221101
华南销售中心		10400.00	660107	221101
华北办事处		10000.00	660107	221101
海外办事处		9800.00	660107	221101
仓管部	管理人员	19500.00	660207	221101

图 5－45　应付工资一览表界面

4. 生成转账凭证。单击工具栏中的“制单”选项卡，进入“填制凭证”界面，选择凭证类别“转账凭证”，并单击“保存”按钮，如图 5－46 所示。

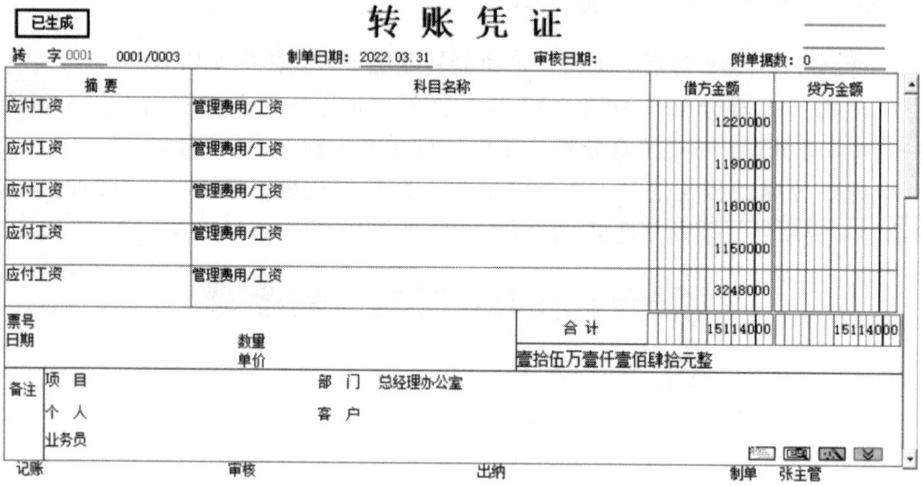

已生成

转 账 凭 证

转 字 0001 0001/0003 制单日期：2022.03.31 审核日期： 附单据数：0

摘要	科目名称	借方金额	贷方金额
应付工资	管理费用/工资	1220000	
应付工资	管理费用/工资	1190000	
应付工资	管理费用/工资	1180000	
应付工资	管理费用/工资	1150000	
应付工资	管理费用/工资	3248000	
票号 日期	数量 单价 合计	15114000	15114000
	壹拾伍万壹仟壹佰肆拾元整		

备注 项目 部门 总经理办公室

个人 客户

业务员

记账 审核 出纳 制单 张主管

图 5－46 应付工资转账凭证

5. 按照步骤 3～4 的方法，选择“工会经费”类型，生成“工会经费”的转账凭证，如图 5－47 所示。

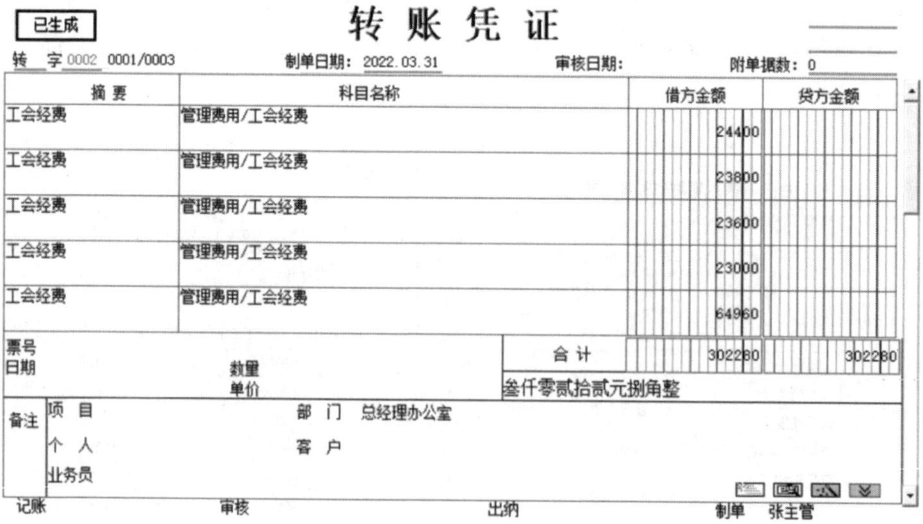

已生成

转 账 凭 证

转 字 0002 0001/0003 制单日期：2022.03.31 审核日期： 附单据数：0

摘要	科目名称	借方金额	贷方金额
工会经费	管理费用/工会经费	24400	
工会经费	管理费用/工会经费	23800	
工会经费	管理费用/工会经费	23600	
工会经费	管理费用/工会经费	23000	
工会经费	管理费用/工会经费	64960	
票号 日期	数量 单价 合计	302280	302280
	叁仟零贰拾贰元捌角整		

备注 项目 部门 总经理办公室

个人 客户

业务员

记账 审核 出纳 制单 张主管

图 5－47 工会经费转账凭证

6. 按照步骤 3～4 的方法，选择“职工教育经费”类型，生成“职工教育教经费”的转账凭证，如图 5－48 所示。

工资分摊及生成转账凭证相关说明见图 5－49。

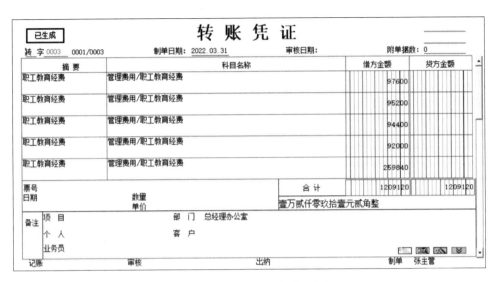

图 5 - 48 职工教育经费转账凭证

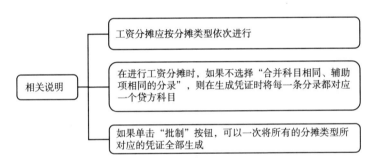

图 5 - 49 工资分摊及生成转账凭证相关说明

打开兼职人员工资类别。

（八）修改兼职人员收入所得税的计提基数

1. 启动"选项"定义功能。单击〖业务导航〗—〖人力资源〗—〖薪资管理〗—〖设置〗—〖选项〗菜单，进入"选项"编辑界面。

2. 进入扣税设置界面。先单击"编辑"按钮，再单击"扣税设置"选项卡按钮，进入"扣税设置"界面，请从下栏选择"个人所得税扣除基数"，税款所属期选择"当月"，如图 5 - 50 所示。

3. 打开"个人所得税申请表—税率表"界面。单击"税率设置"按钮，进入"个人所得税申请表—税率表"界面。

4. 修改所得税的计提基数，在"基数"栏录入"5 000"，附加费用修改为"0"，按任务引例数据核对计算公式。

5. 单击"确定"按钮，保存计提基数设置。

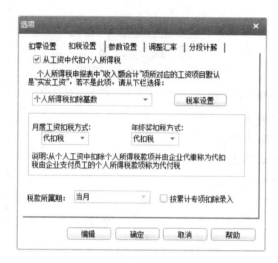

图 5-50　选项扣税设置

（九）录入并计算兼职人员期初工资数据

1. 启动"工资变动"功能。单击〖业务导航〗—〖人力资源〗—〖薪资管理〗—〖业务处理〗—〖工资变动〗菜单，打开"工资变动"界面，勾选"录入期初"。

2. 录入工资项目内容。根据资料录入工资项目内容，如图 5-51 所示。

工资变动

选择	工号	人员编号	姓名	部门	人员类别	基本工资	奖金	应发合计
		0015	赵玲	人力资源部	兼职人员	4,000.00	10,000.00	14,000.00
		0016	钱嘉	人力资源部	兼职人员	4,000.00	12,000.00	16,000.00
合计						8,000.00	22,000.00	30,000.00

过滤器：所有项目　　□定位器　　☑录入期初

图 5-51　期初工资变动表界面

3. 计算工资项目内容。先单击工具栏上的"计算"按钮，再单击"汇总"按钮。

4. 单击窗口上的"关闭"按钮，退出当前界面。

（十）录入并计算兼职人员 3 月份的工资数据

1. 启动"工资变动"功能。单击〖业务导航〗—〖人力资源〗—〖薪资管理〗—〖业务处理〗—〖工资变动〗菜单，打开"工资变动"界面。

2. 录入工资项目内容。根据资料录入工资项目内容。

3. 计算工资项目内容。先单击工具栏上的"计算"按钮，再单击"汇总"按钮，如图 5-52 所示。

4. 单击窗口上的"关闭"按钮，退出当前界面。

工资变动

过滤器	所有项目 ▼			□定位器			□录入期初				
选择	工号	人员编号	姓名	部门	人员类别	基本工资	奖金	应发合计	扣款合计	实发合计	本月扣零
		0015	赵玲	人力资源部	兼职人员	2,000.00	5,000.00	7,000.00	18.00	6,980.00	2.00
		0016	钱嘉	人力资源部	兼职人员	2,000.00	6,000.00	8,000.00	42.00	7,950.00	8.00
合计						4,000.00	11,000.00	15,000.00	60.00	14,930.00	10.00

图 5－52　工资变动表

（十一）月末工资处理

月末工资处理是将当月数据经过处理后结转至下月。每月工资数据处理完毕后均可进行月末结转。

1. 启动"月末处理"向导功能。单击〖业务导航〗—〖人力资源〗—〖薪资管理〗—〖业务处理〗—〖月末处理〗菜单，打开"月末处理"界面，单击"确定"按钮，如图 5－53 所示。

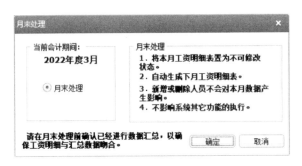

图 5－53　月末工资处理

2. 进行月末处理。单击"是"按钮，弹出"是否选中清零项？"信息提示框，单击"是"按钮，可以选择清零项目，系统将对这些项目数据进行清零处理；如果选择"否"，系统直接进行月末处理。

（十二）查看工资发放条

工资报表管理是按不同工资类别分别管理，其中包括工资表和工资分析表两个账夹，对每个工资类别中的工资数据的查询统计通过它们来实现。

工资表包括工资发放条、工资卡、工资发放签名表等由系统提供的原始表，主要用于本月工资发放和统计，工资表可以进行修改和重建。以下为查询工资发放条的具体操作：

1. 启动"工资表"查询功能。单击〖业务导航〗—〖人力资源〗—〖薪资管理〗—〖账表〗—〖工资表〗菜单，打开"工资表"界面，选中"工资发放条"，如图 5－54 所示。

2. 打开"工资发放条"界面。单击"查看"按钮，选择"选定下级部门"复选框，依次单击选中各部门。

图 5-54　工资表界面

3. 进入"工资发放条"界面，单击"确定"按钮，如图 5-55 所示。

							工资发放条 2022年03月								
部门 全部 ▼				会计月份 三月 ▼											人数：14
人员编号	姓名	基本工资	职务工资	福利补贴	交通补贴	奖金	应发合计	缺勤天数	缺勤扣款	养老保险	医疗保险	失业保险	住房公积金	扣款合计	实发合计
0001	陈强	3,500.00	5,000.00	2,300.00	200.00	1,200.00	12,200.00			976.00	244.00	61.00	976.00	2,288.29	9,910.00
0002	王欣	3,400.00	4,800.00	2,300.00	200.00	1,200.00	11,900.00			952.00	238.00	59.50	952.00	2,240.46	9,650.00
0003	李琦	3,300.00	4,800.00	2,300.00	200.00	1,200.00	11,800.00			944.00	236.00	59.00	944.00	2,186.51	9,610.00
0004	周通	3,300.00	4,800.00	2,200.00	200.00	1,000.00	11,500.00			920.00	230.00	57.50	920.00	2,153.68	9,340.00
0005	王新	3,300.00	4,200.00	2,200.00	60.00	1,000.00	10,760.00			860.80	215.20	53.80	860.80	2,013.69	8,740.00
0006	柯翘	3,200.00	4,300.00	2,200.00	60.00	1,000.00	10,760.00	6.00	932.73	860.80	215.20	53.80	860.80	2,923.33	7,830.00
0007	何磊	3,200.00	4,500.00	2,200.00	60.00	1,000.00	10,960.00			876.80	219.20	54.80	876.80	2,028.58	8,930.00
0008	刘力	3,200.00	4,500.00	2,100.00	60.00	1,000.00	10,860.00	3.00	436.36	868.80	217.20	54.30	868.80	2,445.46	8,410.00
0009	赵建	3,100.00	4,300.00	2,100.00	200.00	1,000.00	10,750.00			856.00	214.00	53.50	856.00	1,979.50	8,720.00
0010	秦斯	3,100.00	4,300.00	2,000.00	200.00	800.00	10,400.00			832.00	208.00	52.00	832.00	1,938.28	8,460.00
0011	李星	3,100.00	3,900.00	2,000.00	200.00	800.00	10,000.00			800.00	200.00	50.00	800.00	1,850.00	8,150.00
0012	陈燕	3,100.00	3,700.00	2,000.00	200.00	800.00	9,800.00			784.00	196.00	49.00	784.00	1,813.00	7,980.00
0013	刘涛	3,100.00	3,600.00	2,000.00	200.00	800.00	9,700.00			776.00	194.00	48.50	776.00	1,794.50	7,900.00
0014	群钞	3,000.00	3,600.00	2,000.00	200.00	800.00	9,800.00			784.00	196.00	49.00	784.00	1,813.00	7,980.00
合计		44,900.00	60,500.00	29,900.00	2,240.00	13,600.00	151,140.00	9.00	1,369.09	12,091.20	3,022.80	755.70	12,091.20	29,468.28	121,610.00

图 5-55　工资发放条界面

4. 结束查询，单击"退出"按钮退出。

（十三）查询部门工资汇总表

可根据条件选择需要查询的工资表。

1. 启动"工资表"查询功能。单击〖业务导航〗—〖人力资源〗—〖薪资管理〗—〖账表〗—〖工资表〗菜单，打开"工资表"界面，选中"部门工资汇总表"。

2. 选择部门范围。单击"查看"按钮，打开"部门工资汇总表—选择部门范围"对话框，选择"选定下级部门"复选框，依次选中各部门，单击"确定"按钮。

3. 打开部门工资汇总表并退出。单击"确定"按钮，进入"部门工资汇总表"窗口，如图 5-56 所示，单击"退出"按钮，关闭当前界面。

（十四）对各部门的工资项目构成分析

工资分析表是以工资数据为基础，对部门、人员类别的工资数据进行分析和比较，产生各种分析表，供决策人员使用。

部门	人数	基本工资	职务工资	福利补贴	交通补贴	奖金	应发合计	缺勤天数	缺勤扣款	养老保险	医疗保险	失业保险	住房公积金	扣款合计	实发合计
总经理办公室	1	3,500.00	5,000.00	2,300.00	200.00	1,200.00	12,200.00			976.00	244.00	61.00	976.00	2,288.29	9,910.00
人力资源部	1	3,400.00	4,800.00	2,300.00	200.00	1,200.00	11,900.00			952.00	238.00	59.50	952.00	2,240.46	9,650.00
会计核算中心	1	3,300.00	4,800.00	2,300.00	200.00	1,200.00	11,800.00			944.00	236.00	59.00	944.00	2,186.51	9,610.00
资产管理中心	1	3,300.00	4,800.00	2,200.00	200.00	1,000.00	11,500.00			920.00	230.00	57.50	920.00	2,153.68	9,340.00
采购部	4	12,900.00	17,500.00	8,700.00	240.00	4,000.00	43,340.00	9.00	1,369.09	3,467.20	866.80	216.70	3,467.20	9,411.06	33,910.00
商品采购部	3	9,700.00	13,000.00	6,600.00	180.00	3,000.00	32,480.00	6.00	932.73	2,598.40	649.60	162.40	2,598.40	6,965.60	25,500.00
办公品采购部	1	3,200.00	4,500.00	2,100.00	60.00	1,000.00	10,860.00	3.00	436.36	868.80	217.20	54.30	868.80	2,445.46	8,410.00
销售部	4	12,400.00	16,200.00	8,100.00	800.00	3,400.00	40,900.00			3,272.00	818.00	204.50	3,272.00	7,580.78	33,310.00
总部销售中心	1	3,100.00	4,300.00	2,100.00	200.00	1,000.00	10,700.00			856.00	214.00	53.50	856.00	1,979.50	8,720.00
华南销售中心	1	3,100.00	4,300.00	2,000.00	200.00	800.00	10,400.00			832.00	208.00	52.00	832.00	1,938.28	8,460.00
华北办事处	1	3,100.00	3,900.00	2,000.00	200.00	800.00	10,000.00			800.00	200.00	50.00	800.00	1,850.00	8,150.00
海外办事处	1	3,100.00	3,700.00	2,000.00	200.00	800.00	9,800.00			784.00	196.00	49.00	784.00	1,813.00	7,980.00
仓管部	2	6,100.00	7,400.00	4,000.00	400.00	1,600.00	19,500.00			1,560.00	390.00	97.50	1,560.00	3,607.50	15,880.00
合计	14	44,900.00	50,500.00	29,900.00	2,240.00	13,600.00	151,140.00	9.00	1,369.09	12,091.20	3,022.80	755.70	12,091.20	29,468.28	121,610.00

图 5-56　部门工资汇总表

1. 启动"工资分析表"查询功能。单击〖业务导航〗—〖人力资源〗—〖薪资管理〗—〖账表〗—〖工资分析表〗菜单，打开"工资分析表"界面，选择"工资项目分析表（按部门）"。

2. 设置查询参数。单击"确定"按钮，出现部门选择窗口，选中各部门，单击"确定"按钮，切换至分析表选项窗口，单击">>"按钮，选择全部项目，如图 5-57 所示。

图 5-57　分析项目列表

3. 查询工资项目分析表。单击"确定"按钮，进入"工资项目分析表（按部门）"界面，单击"部门"栏的下拉框，选中部门，查看相应部门工资项目构成。

4. 单击"退出"按钮，关闭窗口。

（十五）查询 3 月份已生成记账凭证

在"凭证查询"功能中，可以查询薪资管理系统传输给总账系统的凭证，并可修改、删除和冲销凭证。

1. 启动"凭证查询"功能。单击〖业务导航〗—〖人力资源〗—〖薪资管理〗—〖凭证查询〗菜单，打开"凭证查询"界面，如图5-58所示。

图 5-58 凭证查询窗口

2. 查看凭证。单击选中"应付工资""工会经费""职工教育经费"所在行，单击工具栏中的"凭证"按钮，打开计提应付工资、工会经费、职工教育经费的转账凭证。

3. 单击"退出"按钮，关闭窗口。

（十六）账套备份

将账套输出至"5-3 薪资管理业务处理"文件夹，压缩后保存到 U 盘。

五、疑难解答

学习任务 5-3 疑难解答见表 5-10。

表 5-10 学习任务 5-3 疑难解答

问题出处	问题描述	问题解答
工资变动	"工资变动"中的各工资项目数据，本月已录入，以后每个月是否都需要录入呢	不需要。在工资变动单中，本月的工资内容是下月的参考，所以下月的工资数据只要在本月的基础上进行变动即可，即是少部分的工资变动，而无须全部清空数据再次录入
工资分摊审核凭证	"工资分摊"生成的记账凭证，应该在哪里审核	可由有相应凭证审核权限的操作员在总账系统中进行审核
工资变动	修改了计算公式，为什么打开"工资变动"单后，里面的数据没有变呢	进行公式修改或某些数据的修改后，必须调用工资变动中的"计算"和"汇总"功能，以保证工资数据的正确

【实训报告】

通过扫描二维码查看实训报告格式，可以据此参照制作纸质实训报告。

【问题思考】

1. 如何完成给"商品采购部"的每位员工增加 300 元"奖金"的操作？

2. 如何完成按应发工资的 2% 计提工会经费的工资分摊操作？

3. 如何修改薪资系统中已生成并审核的记账凭证？

实训报告：学习任务 5-3

【思政小课堂——"一分耕耘一分收获"】

商人运载货物经过一片松软的土地，车轮陷到土里，怎么拉也拉不出来。于是，商人找来几个农夫，答应付给他们一些钱，请他们帮忙把货车拉上大路。农夫们给货车前端套上绳子，每人各拽一根绳头，站成一排，向前拉车。但农夫们拼命拉了半天，货车却始终没有驶离原地。

商人观察了一番，决定换一种方法，他对农夫们说道："依我看，应该按你们出力的大小，支付酬劳。"农夫们觉得这是个好办法，就请商人在一旁监督。他们中有几个爱耍滑头的，用余光瞧着商人，故意把面部表情做得很夸张，把嗓门提到最高，以示自己使出了最大的力气。而那些真正卖力的农夫，一个个把头埋在胸前，两腿蹬直，憋着劲儿向前拉车。

终于，货车被拉出了这片松软的土地，停在大道上。农夫们前来讨要工钱，商人依照自己观察的结果，支付酬金给他们。你猜猜结果如何呢？

结果出人意料，耍滑头的钱少，卖力气的钱多。

那些耍滑头的见自己的酬金不如别人，便质问商人："难道我的号子喊得不够响亮吗？难道是我的表情不够扭曲吗？"商人气定神闲地回答说："我没有听你们的号子，也没有注意你们的表情。我只注意你们留在地上的脚印。"那几个耍滑头的农夫顺着商人手指的方向望去，凡是耍滑头的脚印都非常浅，就像正常走路的行人一样；而那些真正卖力气的农夫，脚印都深深地印在了地上。

收获来自耕耘，天下没有不劳而获的美事！努力，不应该只是摆个姿态，而是脚踏实地地行动，妄想投机取巧或者不劳而获，你将永远不可能拿到开启财富大门的金钥匙！

【项目小结】

本项目以多套工资类别为例，系统地展现出薪资管理运行原理。通过薪资管理的基本功能和操作流程介绍，让学习者对本系统内主要业务类型以及处理流程有初步印象，接下来细致讲解并演示期初设置、日常业务处理与账表查询等业务过程，在此基础上，突出不同环节必须注意的关键点，让学习者不仅能迅速上手操作，而且能快速理解对应步骤的核心问题，有利于真正掌握薪资系统的实践应用。

【即测即评】

扫描二维码，进行即测即评。

即测即评：项
目五

项目六 固定资产管理系统应用

【学习目标】

知识目标:

◎ 了解固定资产管理系统功能模块。

◎ 了解固定资产管理系统与其他系统的业务联系。

◎ 理解固定资产管理系统日常业务处理原理。

能力目标:

◎ 根据企业固定资产管理要求,完成折旧、类别、增加方式等相关设置。

◎ 利用企业原始数据信息,完成期初固定资产数据录入。

◎ 学会处理固定资产不同情况下的变动项目。

◎ 依照企业现有固定资产情况,完成每月折旧计提与归集。

◎ 掌握固定资产系统月末处理及相关账表查询原理。

素养目标:

◎ 培养学生应用会计软件操作的熟练性。

◎ 培养学生解决问题的实践性。

◎ 培养学生潜精研思的精神。

【学习指引】

固定资产管理系统的主要功能是进行固定资产日常业务的核算和管理,按月反映固定资产的增减变动,并输出相应的增减变动明细账,按月自动计提折旧,生成折旧分配凭证,同时生成同设备管理相关的报表和账簿。

第一次进入固定资产系统,需要先完成固定资产的初始设置工作,才能进一步进行日常业务处理和期末业务处理。

学习任务6-1 固定资产管理系统的功能和操作流程

[**任务概述**] 固定资产管理系统的功能是对企业固定资产价值、折旧等进行核算与管理。学习内容主要有三个部分:固定资产系统的初始设置、日常业务处理(固定资产卡片录入、修改与删除,固定资产变动处理,折旧计算)、月末业务处理。重点和难点集中在固定资产变动处理和折旧计算,关键要理清初始设置和日常业务处理的流程。本任务主要介绍固定资产管理系统的基础知识,包括固定资产管

理系统的功能、固定资产管理系统与其他系统之间的关系、固定资产管理系统的操作流程，是后续操作训练的理论准备。

一、固定资产管理系统的功能结构

固定资产管理系统适用于各类企业、行政事业单位进行固定资产核算，帮助企业财务部门进行固定资产总值、累计折旧数据的动态管理，为总账系统提供相关凭证，具体功能见图6-1。

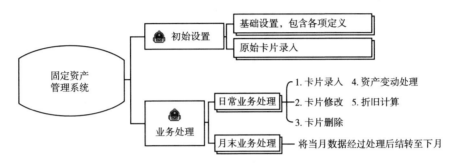

图6-1　固定资产管理系统的功能结构

二、固定资产管理系统与其他系统的关系

固定资产管理系统与其他产品的接口主要涉及的是总账系统。资产增加（录入新卡片）、资产减少、卡片修改（涉及原值或累计折旧时）、资产评估（涉及原值或累计折旧变化时）、原值变动、累计折旧调整、计提减值准备调整、转回减值准备调整、折旧分配都要将有关数据通过记账凭证的形式传输到总账系统，同时通过对账保持固定资产账目的平衡。

固定资产管理系统为成本管理系统和UFO提供数据支持，向项目管理系统传递项目的折旧数据，向设备管理系统提供卡片信息，同时还可以从设备管理导入卡片信息。

固定资产管理系统与其他系统的关系如图6-2所示。

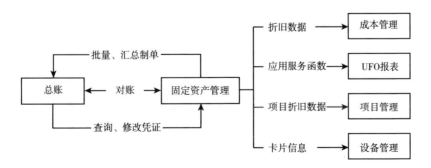

图6-2　固定资产管理系统与其他系统的关系

三、固定资产管理系统的操作流程

固定资产管理系统的操作流程如图 6-3 所示。

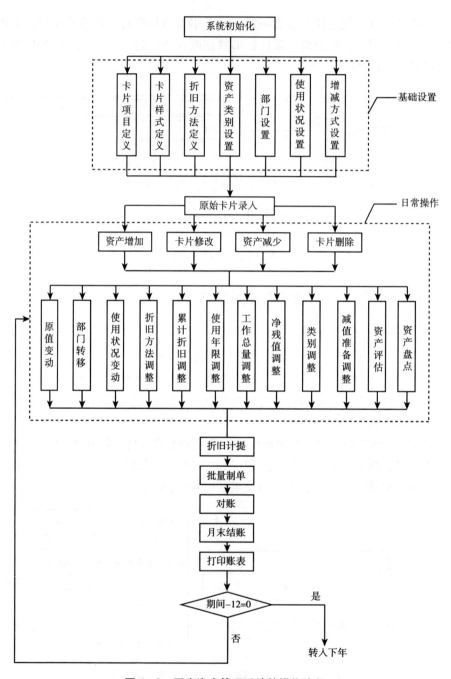

图 6-3　固定资产管理系统的操作流程

学习任务 6 - 2　固定资产系统初始设置

[**任务概述**] 本项学习任务主要训练学生掌握建立固定资产账套的方法、设置固定资产系统基础数据的方法、录入期初固定资产卡片的方法。

一、任务目标

1. 建立固定资产账套。
2. 设置基础数据。
3. 期初固定资产卡片输入。

二、准备工作

1. 确保总账系统已进行初始化设置。
2. 初步了解固定资产系统的基本功能。
3. 整理好固定资产系统所需信息及数据。
4. 更改计算机时间为 2022 年 3 月 1 日。
5. 引入 "3 - 2 总账系统初始设置" 文件夹下的备份账套。

三、任务引例

1. 固定资产系统的参数。
固定资产账套的启用月份为 "2022 年 3 月"。
固定资产采用 "平均年限法（二）" 计提折旧。
折旧汇总分配周期为一个月。
当（月初已计提月份 = 可使用月份 - 1）时将剩余折旧全部提足。
固定资产编码方式为 "2 - 1 - 1 - 2"。
固定资产编码方式采用自动编码方式。
编码方式为 "类别编码 + 序号"，序号长度为 "5"。
要求固定资产系统与总账进行对账。
固定资产对账科目为 "1601 固定资产"。
累计折旧对账科目为 "1602 累计折旧"。
对账不平衡情况下不允许固定资产月末结账。
2. 固定资产选项设置。
设置与财务系统的接口：固定资产默认入账科目为 1601，累计折旧默认入账科目为 1602，减值准备缺省入账科目为 1603，增值税进项税额缺省入账科目为

22210101，固定资产清理缺省入账科目为1606，业务发生后立即制单，月末结账前一定要完成制单登账业务。

3. 部门对应折旧科目（见表6-1）。

表6-1 部门对应折旧科目

部门编码	部门名称	对应折旧科目
01	总经理办公室	管理费用——折旧费（660206）
02	人力资源部	管理费用——折旧费（660206）
03	会计核算中心	管理费用——折旧费（660206）
04	资产管理中心	管理费用——折旧费（660206）
05	采购部	管理费用——折旧费（660206）
06	销售部	销售费用——折旧费（660106）
07	仓管部	管理费用——折旧费（660206）

4. 固定资产类别（见表6-2）。

表6-2 固定资产类别

类别编码	类别名称	使用年限（年）	净残值率（%）	计提属性	折旧方法	卡片样式
01	房屋及建筑物	30	2	正常计提	平均年限法（二）	含税卡片样式
011	办公楼	30	2	正常计提	平均年限法（二）	含税卡片样式
012	库房	30	2	正常计提	平均年限法（二）	含税卡片样式
02	机器设备	无年限	3	正常计提	平均年限法（二）	含税卡片样式
021	小轿车	10	3	正常计提	平均年限法（二）	含税卡片样式
022	办公设备	5	3	正常计提	平均年限法（二）	含税卡片样式

5. 固定资产增减方式（见表6-3）。

表6-3 固定资产增减方式

类型	名称	对应入账科目
增加	直接购入	银行存款——工商银行（100201）
	投资者投入	实收资本（4001）
	捐赠	营业外收入（6301）
	盘盈	待处理财产损溢（1901）
	在建工程转入	在建工程（1604）

续表

类型	名称	对应入账科目
减少	出售	固定资产清理（1606）
	盘亏	待处理财产损溢（1901）
	投资转出	长期股权投资（1511）
	捐赠转出	固定资产清理（1606）
	报废	固定资产清理（1606）

6. 固定资产原始卡片（见表 6 - 4）。

表 6 - 4　　　　　　　　　　固定资产原始卡片

卡片编号	00001	00002	00003	00004	00005
固定资产编号	01100001	01200001	02100001	02200001	02200002
固定资产名称	A 写字楼	总部仓库	奥迪 A6	传真机	计算机
类别编号	011	012	021	022	022
类别名称	办公楼	库房	小轿车	办公设备	办公设备
部门名称	资产管理中心	仓管部	总经理办公室	销售部华南销售中心	销售部华南销售中心
增加方式	在建工程转入	在建工程转入	直接购入	直接购入	直接购入
使用状况	在用	在用	在用	在用	在用
使用年限	30 年	30 年	10 年	5 年	5 年
折旧方法	平均年限法（二）	平均年限法（二）	平均年限法（二）	平均年限法（二）	平均年限法（二）
开始使用日期	2017 - 02 - 08	2017 - 02 - 20	2019 - 08 - 02	2018 - 07 - 08	2021 - 02 - 01
币种	人民币	人民币	人民币	人民币	人民币
原值	1 420 000	523 000	650 000	5 600	10 000
净残值率	2%	2%	3%	3%	3%
净残值	28 400	10 460	19 500	168	300
累计折旧	225 420	82 980	156 990	3 878	1 932
月折旧率	0. 0027	0. 0027	0. 0081	0. 0162	0. 0162
月折旧额	3 887. 27	1 431. 87	5 261. 22	91. 41	161. 83
净值	1 194 580	440 020	493 010	1 722	8 068
对应折旧科目	管理费用——折旧费	管理费用——折旧费	管理费用——折旧费	销售费用——折旧费	销售费用——折旧费

【重要提示】初始化设置完成后，有些参数不能修改，所以在进行学习操作时，一定要慎重。如果发现有的参数错误了，而且必须修改，只能通过固定资产系统"维护"中的重新初始化账套的命令实现，该操作将清空用户对该子账套所做的一切工作。

四、操作指导

操作流程见图6-4。

第一步	第二步	第三步	第四步	第五步	第六步	第七步
·建立固定资产账套	·完成选项信息设置	·完成折旧科目设置	·完成资产类别设置	·完成增加方式设置	·录入原始卡片	·与总账对账

图6-4　操作流程

（一）建立固定资产账套

这一步的操作主要是为了启动固定资产管理模块。

1. 以01操作员的身份登录企业应用平台。

2. 打开"建立固定资产账套"功能。单击〖业务导航〗—〖财务会计〗—〖固定资产〗菜单，系统弹出"这是第一次打开此账套，还未进行过初始化，是否进行初始化？"信息提示框，单击"是"按钮，打开固定资产初始化向导，选中"我同意"单选按钮，如图6-5所示。

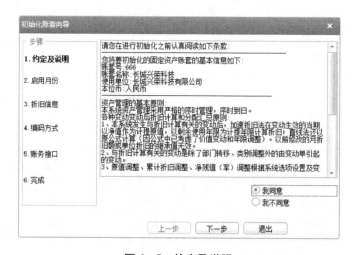

图6-5　约定及说明

3. 确认启用月份。单击"下一步"按钮，查看"账套启用月份"，如图6-6所示。

4. 折旧参数设置。单击"下一步"按钮，打开"折旧信息"对话框，固定资产采用"平均年限法（二）"计提折旧，折旧汇总分配周期为一个月；当（月初已计提月份＝可使用月份－1）时将剩余折旧全部提足，如图6-7所示。折旧参数设置说明见图6-8。

图 6-6　启用月份

图 6-7　折旧信息

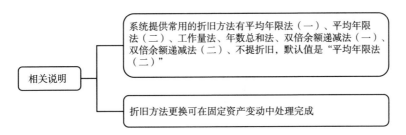

图 6-8　折旧参数设置说明

5. 设置编码方式。单击"下一步"按钮，打开"编码方式"对话框，固定资产编码方式采用自动编码方式，编码方式为"类别编码 + 序号"，序号长度为"5"，如图 6-9 所示。

设置编码说明见图 6-10。

图6-9 编码方案

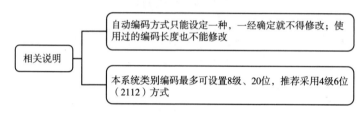

图6-10 设置编码说明

6. 设置账务接口。单击"下一步"按钮，打开"财务接口"对话框，固定资产系统与总账进行对账；固定资产对账科目为"1601 固定资产"；累计折旧对账科目为"1602 累计折旧"；对账不平衡情况下不允许固定资产月末结账，如图6-11所示。

图6-11 财务接口

7. 完成设置。单击"下一步"按钮，显示所有设置参数，如图6-12所示。单击"完成"按钮，系统弹出"已经完成了新账套的所有设置工作，是否确定所设置的信息并保存对新账套的所有设置？"对话框，单击"是"按钮，系统提示"已经完成初始化本固定资产账套！"，单击"确定"按钮，固定资产账套设置完成。

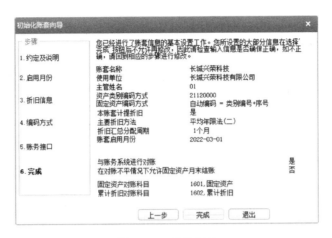

图 6 - 12　参数汇总

（二）设置选项

用于设置固定资产运行基本参数，参数在初始化完成后将不可修改，因而需特别考虑。

1. 打开"设置选项"功能。单击〖业务导航〗—〖财务会计〗—〖固定资产〗—〖设置〗—〖选项〗菜单，打开"选项"对话框。

2. 设置参数。单击"编辑"按钮，选择"与账务系统接口"页签，选择"业务发生后立即制单"，设置固定资产默认入账科目"1601"，累计折旧默认入账科目"1602"，减值准备缺省入账科目"1603"，增值税进项税额缺省入账科目"22210101"，固定资产清理缺省入账科目"1606"，如图 6 - 13 所示。

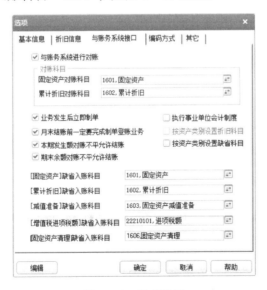

图 6 - 13　选项设置

3. 单击"确定"按钮，保存并返回。

设置选项说明见图6－14。

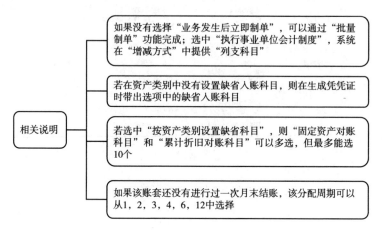

相关说明
- 如果没有选择"业务发生后立即制单"，可以通过"批量制单"功能完成；选中"执行事业单位会计制度"，系统在"增减方式"中提供"列支科目"
- 若在资产类别中没有设置缺省入账科目，则在生成凭证时带出选项中的缺省入账科目
- 若选中"按资产类别设置缺省科目"，则"固定资产对账科目"和"累计折旧对账科目"可以多选，但最多能选10个
- 如果该账套还没有进行过一次月末结账，该分配周期可以从1，2，3，4，6，12中选择

图6－14 设置选项说明

（三）设置部门对应折旧科目

用于定义按使用部门计提折旧所对应的科目。

1. 打开"部门对应折旧科目"功能。单击〖业务导航〗—〖财务会计〗—〖固定资产〗—〖设置〗—〖部门对应折旧科目〗菜单，打开"部门对应折旧科目"窗口。

2. 设置折旧科目。选择"总经理办公室"所在行，单击工具栏上的"修改"按钮（或单击右键，选择"编辑"），系统切换至单张视图窗口，在折旧科目栏录入或选择"660206"科目，如图6－15所示。

图6－15 部门对应折旧科目定义

3. 单击工具栏上的"保存"按钮，保存折旧科目。

4. 按照2～4步的方法，依次录入其他折旧科目。

5. 单击右上角的"关闭"按钮，关闭窗口。

设置部门对应折旧说明见图6－16。

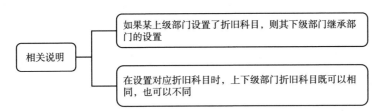

图 6-16　设置部门对应折旧说明

（四）设置固定资产类别

此功能定义固定资产的分类，在分类中定义的属性会带到固定资产卡片中作为默认值。

视频：6-1
固定资产类
别设置

1. 打开"固定资产类别"功能。单击〖业务导航〗—〖财务会计〗—〖固定资产〗—〖设置〗—〖资产类别〗菜单，打开"固定资产类别"窗口。

2. 增加一级固定资产类别。选中"固定资产分类编码表"，单击工具栏上的"增加"（或 F5）按钮，打开"类别编码—单张视图"窗口，录入类别编码"01"，类别名称"房屋及建筑物"，使用年限"30"，净残值率"2"，卡片样式选择"含税卡片样式"，单击工具栏上的"保存"按钮，保存设置。

3. 增加二级固定资产类别。选中"01 房屋及建筑物"分类，单击工具栏上的"增加"按钮，输入二级编码"1"，录入类别名称"办公楼"，单击"保存"按钮。

4. 依次录入其他一级与二级固定资产类别，如图 6-17 所示。

图 6-17　固定资产编码

5. 单击"资产类别"旁的"×"项，关闭窗口。

设置固定资产类别说明见图 6-18。

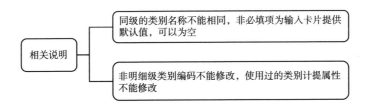

图 6-18　设置固定资产类别说明

（五）设置固定资产增减方式

固定资产增减方式除了定义固定资产增加或减少的方式外，关键的内容是增减方式所对应的入账科目。入账科目是指生成凭证时固定资产所对应的反方向的科目。

视频：6－2
设置固定资
产增减方式

1. 打开"固定资产增减方式"功能。单击〖业务导航〗—〖财务会计〗—〖固定资产〗—〖设置〗—〖增减方式〗菜单，打开"固定资产增减方式"窗口，系统自带常用增减方式。

2. 修改增减方式。先单击选中"直接购入"所在行，再单击"修改"按钮，在"对应入账科目"中录入"100201"，如图6－19所示，单击工具栏上的"保存"按钮，保存增减方式设置。

图6－19　增减方式目录表

3. 依次录入其他增减方式。

4. 单击增减方式旁"×"项，关闭窗口。

增加方式设置说明见图6－20。

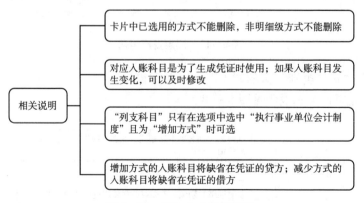

图6－20　增加方式设置说明

（六）录入固定资产原始卡片

录入固定资产原始卡片可以理解为录入期初明细，所有原始卡片中的原值之和与累计折旧之和应与总账中的固定资产与累计折旧的期初值相等。

1. 打开"固定资产原始卡片"功能。单击〖业务导航〗—〖财务会计〗—〖固定资产〗—〖卡片〗—〖录入原始卡片〗菜单，打开"固定资产类别档案"对话框，如图6-21所示。

视频：6-3
录入固定资
产原始卡片

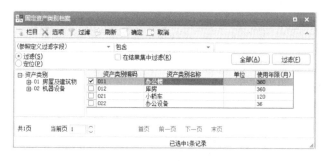

图6-21　固定资产类别档案表

2. 选择固定资产类别。选中"011 办公楼"，单击工具栏上的"确定"按钮（或双击固定资产类别编码表中的"011 办公楼"），进入"固定资产卡片（00001 号卡片）"窗口。

3. 录入固定资产卡片。录入固定资产名称"A 写字楼"，核对类别编号，先单击部门名称栏，再单击"使用部门"按钮，在"单部门使用"与"多部门使用"中选中"单部门使用"，如图6-22所示，单击"确定"按钮，打开"固定资产—部门基本参照"对话框，选中"资产管理中心"，单击"确定"按钮（或双击"资产管理中心"）。

图6-22　设置固定资产的部门使用方式

4. 录入增加方式"105 在建工程转入"，使用状况"在用"，开始使用日期"2017-02-08"，原值"1420000"，累计折旧"225420"，如图6-23所示。

5. 单击工具栏上的"保存"按钮，系统提示"数据成功保存！"，单击"确定"按钮。

6. 依次录入其他资产卡片数据。

7. 单击固定资产卡片旁"×"项，关闭窗口。

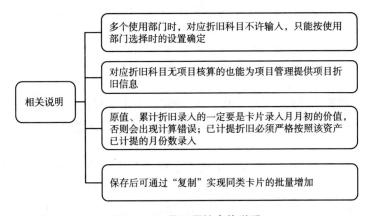

固定资产卡片 | 附属设备 | 大修理记录 | 资产转移记录 | 停启用记录 | 原值变动 | 拆分/减少信息

固定资产卡片

卡片编号	00001		日期	2022-03-01
固定资产编号	01100001	固定资产名称		A写字楼
类别编号	011	类别名称 办公楼	资产组名称	
规格型号		使用部门		资产管理中心
增加方式	在建工程转入	存放地点		
使用状况	在用	使用年限(月) 360	折旧方法	平均年限法(二)
开始使用日期	2017-02-08	已计提月份 60	币种	人民币
原值	1420000.00	净残值率 2%	净残值	28400.00
累计折旧	225450.00	月折旧率 0.0027	本月计提折旧额	3887.27
净值	1194580.00	对应折旧科目 660206,折旧费	项目	
增值税	0.00	价税合计 1420000.00		

录入人 张主管   录入日期 2022-03-01

图 6 – 23 固定资产卡片录入

录入原始卡片说明见图 6 – 24。

相关说明
- 多个使用部门时，对应折旧科目不许输入，只能按使用部门选择时的设置确定
- 对应折旧科目无项目核算的也能为项目管理提供项目折旧信息
- 原值、累计折旧录入的一定要是卡片录入月月初的价值，否则会出现计算错误；已计提折旧必须严格按照该资产已计提的月份数录入
- 保存后可通过"复制"实现同类卡片的批量增加

图 6 – 24 录入原始卡片说明

（七）与总账对账

将固定资产卡片的值与总账中的总分类账进行对账。

1. 打开"固定资产对账"功能。单击〖业务导航〗—〖财务会计〗—〖固定资产〗—〖资产对账〗—〖对账〗菜单，打开"对账条件"对话框。

2. 进行对账。勾选"1601 固定资产""1602 累计折旧"对话框，单击"确定"按钮，出现"与总账对账结果"，如图 6 – 25 所示。

我的桌面 | 对账 ×

🖨打印 ▾ | 📄输出 | 🔍查询 | 🔄刷新 | 🗒明细

与总账对账结果

科目		固定资产				总账			
编码	名称	期初余额	借方金额	贷方金额	期末余额	期初余额	借方金额	贷方金额	期末余额
1601	固定资产	2608600.00	0.00	0.00	2608600.00	2608600.00	0.00	0.00	2608600.00
1602	累计折旧	471200.00	0.00	0.00	471200.00	471200.00	0.00	0.00	471200.00

图 6 – 25 与总账对账结果

3. 单击"对账"旁的"×"按钮，关闭对账结果。

对账说明见图6－26。

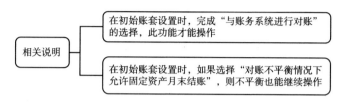

图6－26 对账说明

（八）账套备份

将账套输出至"6－2固定资产系统初始设置"文件夹，压缩后保存到U盘。

五、疑难解答

学习任务6－2疑难解答见表6－5。

表6－5　　　　　　　　　　　　　学习任务6－2疑难解答

问题出处	问题描述	问题解答
卡片样式	如何修改固定资产卡片格式	固定资产卡片既可以通过"卡片样式"功能对卡片的格式进行修改，也可以通过卡片项目定义新的自定项目
卡片管理	在期初卡片录入完成后，如何检查数据是否正确	执行"与总账对账"
部门对应折旧	设置部门对应折旧科目和固定资产增减方式对应科目有何作用	部门对应折旧科目用于计提折旧时，在生成的折旧凭证中自动填写科目；固定资产增减方式中定义的科目用于新增或减少固定资产时，在生成的凭证中自动填写科目
录入原始卡片	为什么月折旧率和月折旧额错误，而且不能修改	月折旧率和月折旧额是由其他项录入后自动计算得来，不能直接修改，如果数据错误，需要修改其他项，比较多的错误是"使用年限"录入中没有将年份换算成月份

【实训报告】

通过扫描二维码查看实训报告格式，可以据此参照制作纸质实训报告。

【问题思考】

1. 固定资产管理系统的功能和业务流程包括哪些？

2. 固定资产管理系统的控制参数主要包括哪些？

3. 固定资产原始卡片录入中主要录入的项目有哪些？

4. 如果某部门有相同的电脑100台，此固定资产是作为一张卡片录入还是作为100张卡片录入？为什么？

实训报告：学习任务6－2

学习任务 6-3　固定资产业务处理

[**任务概述**] 本项学习任务主要训练学生掌握固定资产的增减变动处理方法和折旧处理方法。

一、任务目标

1. 完成固定资产日常业务处理。
2. 掌握固定资产系统月末处理方法。
3. 理解固定资产管理系统与其他系统的数据传递内容与方式。

二、准备工作

1. 修改或确认计算机时间为 2022 年 3 月 31 日。
2. 引入"6-2 固定资产系统初始设置"文件夹下的备份账套。

三、任务引例

1. 修改固定资产卡片。2022 年 3 月 8 日，将卡片编号"00002"的固定资产（总部仓库）的使用状况由"在用"修改为"大修理停用"。

2. 新增固定资产。2022 年 3 月 10 日，直接购入并交付华南销售中心使用一台计算机，预计使用年限为 5 年，原值为 8 000 元，增值税为 1 040 元，净残值为 3%，采用"年数总和法"计提折旧。

3. 固定资产变动。2022 年 3 月 31 日，根据企业工作需要，将卡片号码为"00003"号的固定资产（奥迪 A6）的折旧方法由"平均年限法（二）"更改为"工作量法"，工作总量为 1 000 000 公里，月初累计工作量为 250 000 公里，本月工作量为 5 000 公里。

4. 计提减值准备。2022 年 3 月 31 日，因技术进步影响，经核查对"00005"号计算机计提 2 500 元减值准备。

5. 计提本月折旧。

6. 减少固定资产。2022 年 3 月 31 日，将华南办事处使用的计算机"00005"号固定资产捐赠给希望工程。

【重要提示】固定资产在日常使用过程中，经常会发生资产增减、各项因素的变动等情况。学生在学习本节内容时，常常忘记在固定资产原值处输入卡片录入月初的价值，会出现计算错误的提示。因此，在本部分教学过程中，一定要重点突出，要求学生对固定资产变动发生时应及时处理，每月正确计算固定资产折旧，为企业的成本费用核算提供依据。

四、操作指导

操作流程见图6-27。

图6-27　操作流程

（一）固定资产卡片的修改

对当月录入的卡片进行修改。

1. 以01操作员的身份登录企业应用平台。

2. 打开"固定资产卡片"功能。单击〖业务导航〗—〖财务会计〗—〖固定资产〗—〖卡片〗—〖卡片管理〗菜单，弹出查询条件窗口，选择卡片编号"00002"，去掉开始使用日期前的复选框，如图6-28所示，单击"确定"按钮，打开卡片管理窗口。

视频：6-4
固定资产卡
片修改

图6-28　卡片管理

3. 进入修改状态。先单击"00002"所在行，再单击"修改"按钮，进入"固定资产卡片"编辑窗口，界面样式与新增卡片相同。

4. 修改卡片。单击"使用状况"按钮，打开"使用状况参照"窗口，选中

"1004 大修理停用"，单击"确定"按钮。

5. 保存设置。单击工具栏上的"保存"按钮，系统提示"数据成功保存！"，单击"确定"按钮，返回卡片管理窗口。

6. 单击固定资产卡片旁"×"项，关闭窗口。

固定资产修改说明见图6-29。

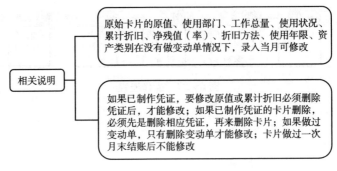

图6-29　固定资产修改说明

（二）固定资产增加的处理

当有固定资产流入企业时，需要通过增加固定资产的方法进行登记。

视频：6-5
固定资产增加

1. 打开"固定资产卡片"功能。单击〖业务导航〗—〖财务会计〗—〖固定资产〗—〖卡片〗—〖资产增加〗菜单，打开"固定资产类别档案"对话框。

2. 选择固定资产类别。选中"022 办公设备"，单击工具栏上的"确定"按钮，进入固定资产卡片录入窗口。

3. 录入新增资产。录入固定资产名称"计算机"，使用部门"华南销售中心"，增加方式"直接购入"，使用状况"在用"，折旧方法"年数总和法"，开始使用日期"2022-03-10"，原值"8 000"，增值税"1 040"，如图6-30所示。

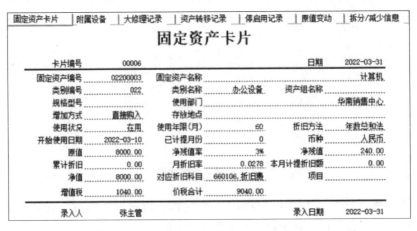

图6-30　固定资产卡片

4. 凭证生成。单击"保存"按钮，系统自动弹出"填制凭证"窗口，选择凭证类型为"付款凭证"，日期修改为"2022-03-10"，单击"保存"按钮，如图6-31所示。

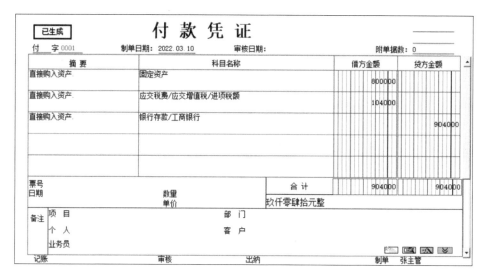

图6-31 填制凭证

5. 单击右上角的"关闭"按钮，关闭窗口。

新增固定资产说明见图6-32。

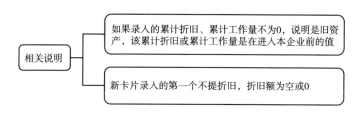

图6-32 新增固定资产说明

（三）固定资产折旧变动处理

固定资产折旧变动是指通过变动单的形式对固定资产折旧方法进行调整。

1. 打开"固定资产变动"功能。单击〖业务导航〗—〖财务会计〗—〖固定资产〗—〖变动单〗—〖折旧方法调整〗菜单，进入"固定资产变动单"对话框。

2. 选择卡片。录入或单击"卡片编号"栏参照"00003"，录入变动原因"工作需要"，如图6-33所示。

3. 修改折旧方法。先单击"变动后折旧方法"栏，再单击"变动后折旧方法"按钮，选中"工作量法"，单击"确定"按钮。弹出工作量输入窗口。

4. 录入工作量期初值。录入工作总量"1 000 000"，累计工作量"250 000"，工作量单位"公里"，如图6-34所示，单击"确定"按钮。

视频：6-6 固定资产折旧变动

— 223 —

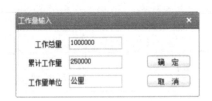

图 6-33　固定资产变动单

图 6-34　工作量期初值录入窗口

5. 单击工具栏上的"保存"按钮，系统提示"数据保存成功！"，单击"确定"按钮。

6. 输入当月工作量。单击〖业务导航〗—〖财务会计〗—〖固定资产〗—〖折旧计提〗—〖工作量输入〗菜单，打开工作量输入界面，录入本月工作量"5 000"并回车，如图 6-35 所示，单击"保存"按钮。

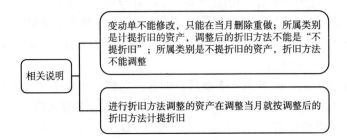

图 6-35　本月工作量录入窗口

7. 关闭所有打开的界面。

固定资产变动说明见图 6-36。

相关说明
- 变动单不能修改，只能在当月删除重做；所属类别是计提折旧的资产，调整后的折旧方法不能是"不提折旧"；所属类别是不提折旧的资产，折旧方法不能调整
- 进行折旧方法调整的资产在调整当月就按调整后的折旧方法计提折旧

图 6-36　固定资产变动说明

（四）计提固定资产减值准备

计提固定资产减值准备是指当固定资产的可收回金额低于其账面价值时，按可收回金额低于其账面价值的差额计提的减值准备。

视频：6－7 固定资产减值准备

1. 打开“固定资产变动”功能。单击〖业务导航〗—〖财务会计〗—〖固定资产〗—〖减值准备〗—〖计提减值准备〗菜单，进入“固定资产变动单”对话框。

2. 选择卡片。录入或单击“卡片编号”栏参照“00005”，减值准备金额2 500录入变动原因“技术更新加速减值”，如图6－37所示。

固定资产变动单

—计提减值准备—

变动单编号	00002			变动日期	2022-03-31
卡片编号	00005	资产编号	02200002	开始使用日期	2021-02-01
资产名称			计算机	规格型号	
减值准备金额	2500.00	币种	人民币	汇率	1
原值	10000.00	累计折旧			1932.00
累计减值准备金额	2500.00	累计转回准备金额			0.00
可回收市值	5568.00				
变动原因	技术更新加速减值				
				经手人	张主管

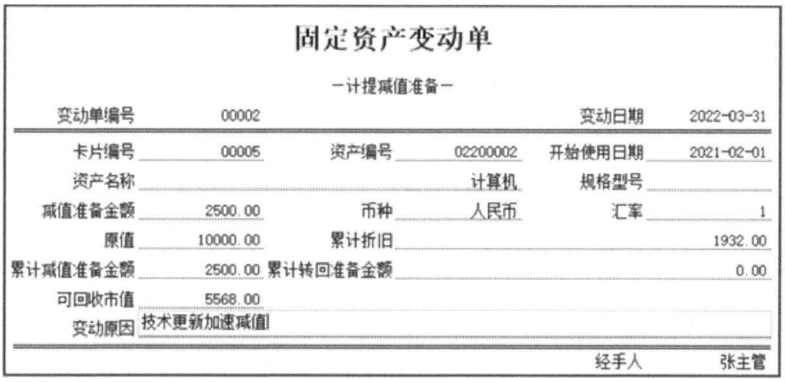

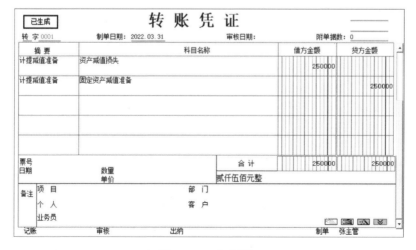

图6－37　计提固定资产减值准备

3. 单击工具栏上的“保存”按钮，系统提示“数据保存成功!”，单击“确定”按钮。

4. 凭证生成。单击“保存”按钮，系统自动弹出“填制凭证”窗口，选择凭证类型为“转账凭证”，借方补充“6701 资产减值损失”，单击保存，如图6－38所示。

已生成

转 账 凭 证

转 字 0001　　制单日期：2022.03.31　　审核日期：　　附单据数：0

摘要	科目名称	借方金额	贷方金额
计提减值准备	资产减值损失	250000	
计提减值准备	固定资产减值准备		250000
票号 日期	数量 单价 合计	250000	250000
	贰仟伍佰元整		

备注　项目　　部门

个人　　客户

业务员

记账　　审核　　出纳　　制单　张主管

图6－38　生成凭证

（五）计提固定资产折旧

对于企业来说，固定资产一般每个月都需要进行折旧，新增的固定资产当月不提折旧，减少的固定资产当月要计提折旧。

折旧业务将传递折旧凭证到总账中，凭证借方取卡片中的对应折旧科目，贷方取累计折旧缺省入账科目。

视频：6-8
计提固定资
产折旧

1. 打开"固定资产折旧"功能。单击〖业务导航〗—〖财务会计〗—〖固定资产〗—〖折旧计提〗—〖计提本月折旧〗菜单，系统提示"是否要查看折旧清单？"对话框，单击"是"按钮，系统提示"本操作将计提本月折旧，并花费一定时间，是否继续？"对话框，单击"是"按钮，系统开始计算，打开"折旧清单"窗口，如图6-39所示。

								2022.03(登录)(最新) ▼

折旧清单

卡片编号	资产编号	资产名称	原值	计提原值	本月计...	累计折旧	本年计提折旧	减值准备
00001	01100001	A写字楼	1,420,000.00	1,420,000.00	3,887.27	229,307.27	3,887.27	0.00
00002	01200001	总部仓库	523,000.00	523,000.00	1,431.87	84,411.87	1,431.87	0.00
00003	02100001	奥迪A6	650,000.00	650,000.00	3,156.50	160,146.50	3,156.50	0.00
00004	02200001	传真机	5,600.00	5,600.00	91.41	3,969.41	91.41	0.00
00005	02200002	计算机	10,000.00	10,000.00	161.83	2,093.83	161.83	2,500.00
合计			2,608,600.00	2,608,600.00	8,728.88	479,928.88	8,728.88	2,500.00

图6-39　折旧清单

2. 查看折旧分配表。单击"退出"按钮，进入"折旧分配表"窗口，如图6-40所示。

我的桌面	折旧分配表 ✕						

🖶 打印 ▼ 　📄 输出 　📋 凭证

01(2022.03→2022.03) ▼ 　⦿ 按部门分配 　部门分配条件...

部门编号	部门名称	项目编号	项目名称	科目编号	科目名称	折旧额
01	总经理办公			660206	折旧费	3,156.50
04	资产管理中			660206	折旧费	3,887.27
0602	华南销售中			660106	折旧费	253.24
07	仓管部			660206	折旧费	1,431.87
合计						8,728.88

图6-40　折旧分配表

3. 生成凭证。单击工具栏"凭证"按钮，生成一张记账凭证，修改凭证类别为"转账凭证"，单击"保存"按钮，凭证左上角出现"已生成"字样，表示凭证已传递至总账，单击"退出"按钮退出，如图6-41所示。

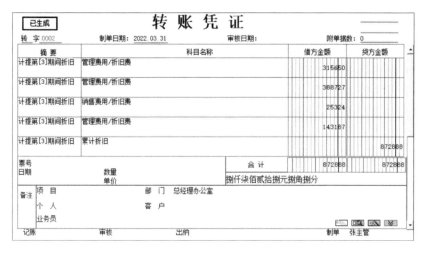

图6-41 转账凭证

4. 单击右上角的"关闭"按钮,关闭窗口。

计提固定资产折旧说明见图6-42。

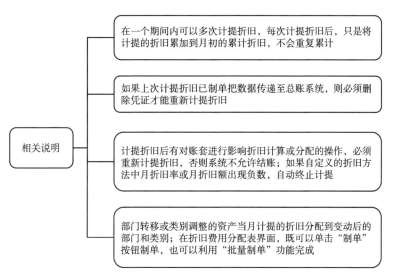

图6-42 计提固定资产折旧说明

(六)固定资产减少的处理

固定资产的减少一定要在计提完折旧后进行操作。

1. 打开"固定资产减少"功能。单击〖业务导航〗—〖财务会计〗—〖固定资产〗—〖资产处置〗—〖资产减少〗菜单,进入"资产减少"对话框。

2. 进入资产减少状态。录入或参照选择卡片编号"00005",单击"增加"按钮,参照选择减少方式"204 捐赠转出",录入清理原因"捐赠希望工程",如图6-43所示。

视频:6-9
固定资产减少

— 227 —

图6-43　资产减少

3. 生成凭证。单击"确定"按钮，系统自动弹出一张记账凭证，选择"转账凭证"，单击"保存"按钮，如图6-44所示，退出凭证填制，系统显示"所选卡片已减少成功！"对话框，单击"确定"按钮，并关闭窗口。

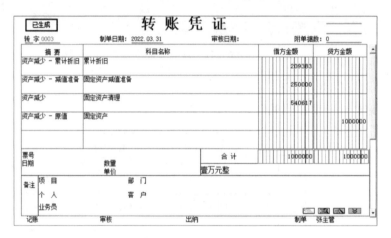

图6-44　生成凭证

（七）对账

将固定资产卡片的值与总账中的总分类账进行对账。对账前需要对所有凭证进行记账，否则对账结果错误。

1. 凭证审核记账。由03操作员审核全部凭证，04操作员出纳签字，01操作员记账。

2. 打开"固定资产对账"功能。单击〖业务导航〗—〖财务会计〗—〖固定资产〗—〖资产对账〗—〖对账〗菜单，打开"与账务系统对账结果"对话框。

3. 进行对账。勾选"1601固定资产""1602累计折旧"对话框，单击"确定"按钮。出现"与总账对账结果"，如图6-45所示。

图6-45　与总账对账结果

4. 单击"对账"旁的"×"按钮,关闭对账结果。

（八）结账

对固定资产当月的数据进行封存。

1. 打开"固定资产结账"功能。单击〖业务导航〗—〖财务会计〗—〖固定资产〗—〖处理〗—〖月末结账〗菜单,打开"月末结账"对话框,如图6-46所示。

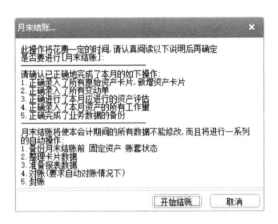

图 6-46 月末结账

2. 结账。单击"开始对账"按钮,系统开始结账,出现"与账务对账结果"对话框,单击"确定"按钮,系统提示需重新登录,单击"确定"按钮,完成结账。

（九）账套备份

将账套输出至"6-3固定资产业务处理"文件夹,压缩后保存到U盘。

五、疑难解答

学习任务6-3疑难解答见表6-6。

表 6-6   学习任务 6-3 疑难解答

问题出处	问题描述	问题解答
计提折旧	为什么已经计提折旧的凭证传递到总账后不能重新计提折旧	如果计提折旧以后已经制作凭证并传递到总账系统,则必须删除这张凭证才能重新计提折旧
卡片管理	如何查看已经减少或拆分的资产	如果要查看已经减少/已拆分的资产,可以在卡片管理界面上,从右窗格卡片列表上方的下拉框里选择"已经减少资产/已拆分",屏幕上列示的就是已经减少/已拆分的资产清单

续表

问题出处	问题描述	问题解答
资产类别	为什么进行资产类别调整后无法保存	调整后类别的折旧计提属性必须和调整前类别的折旧计提属性相同。如果两者的折旧计提属性不同，单击"保存"按钮后，系统会提示"变动前类别与变动后类别的折旧计提属性不一致"，同时拒绝保存

【实训报告】

通过扫描二维码查看实训报告格式，可以据此参照制作纸质实训报告。

【问题思考】

1. 固定资产日常业务处理主要包括哪些内容？
2. 固定资产期末处理有哪些工作？

实训报告：学习任务6-3

【思政小课堂——"心正则行正，行正则果正"】

有三个人在路过一处墙角的时候，看到了同样的情景：雨后，一只蜘蛛艰难地向墙上已经支离破碎的网爬着，由于墙壁湿润，它爬到一定的高度就会掉下来，它一次次地向上爬，一次次地又掉下来……

第一个人看到了，他叹了一口气，自言自语："我的一生不正如这只蜘蛛吗？生活忙忙碌碌而无所得。"于是，他日渐消沉。

第二个人看到了，他说："这只蜘蛛真愚蠢，为什么不从旁边干燥的地方绕一下往上爬？我以后可不能像它那样愚蠢。"于是，他变得聪明起来，有的时候人生需要绕路走。

第三个人看到了，他立即被蜘蛛屡败屡战的精神感动了。一个蜘蛛还能够这样不屈不挠，那人这一辈子应该有多少能量激发？有多少奇迹可以出现？于是，他变得坚强起来。

如果是你，你会有什么样的感悟？

世间万事万物你可用两种观念对待它：一种是正向积极的；一种是负面消极的。这就像钱币一正一反，该怎么看取决于你的心态，好的心态可使人欢快进取有朝气，消极的心态则使人沮丧难过没有主动性。只要有一颗坚持不懈、持之以恒的心，做什么事情都会变得容易成功，在实现人生目标的过程中遇到的考验需要坚持住，唯有坚强、进取才能抵达成功的彼岸！

【项目小结】

本项目以多项固定资产类别为例，系统地展现出固定资产管理运行原理。通过固定资产管理的基本功能和操作流程介绍，让学习者对本系统内主要业务类型以及处理流程有初步印象，接下来细致讲解并演示期初设置、日常业务处理与期末对账结账等业务过程，在此基础上，突出不同环节必须注意的关键点，让学习者不仅能迅速上手操作，而且能快速理解对应步骤的核心问题，有利于真正掌握固定资产系统的实践应用。

即测即评：项目六

【即测即评】

扫描二维码，进行即测即评。

项目七　应收款系统应用

【学习目标】

知识目标：

◎ 了解应收款系统的功能和操作流程。

◎ 掌握应收款单据处理的方法。

能力目标：

◎ 掌握应收款选项的作业，能熟练应用各项控制。

◎ 掌握核销操作和坏账处理操作，可以熟练应用。

◎ 掌握应收模块中票据的使用。

素养目标：

◎ 培养会计软件操作的规范性和发现问题的敏感性。

◎ 培养勤奋学习精神和合作精神。

【学习指引】

同学们，接下来我们就要开始学习应收款管理模块，该模块是企业用于管理企业应收款和销售发票，从而让企业管理者了解自己企业的应收款情况。那么在这个模块中，我们将会学习选项的设置、应收单和发票的录入和审核、收款和预收款的操作、已达账的核销、坏账的处理、账龄的设置与查询、票据的处理、汇兑损益的操作等业务。

学习任务7－1　应收款系统的功能和操作流程

[**任务概述**] 应收款管理系统的主要功能是对企业与客户之间发生的往来款项进行核算与管理，具体工作内容按照操作流程来讲，就是应收款系统的初始设置、日常业务处理（单据处理）和期末业务处理。学习的重难点集中在单据处理，最关键的是要厘清日常业务处理的流程。本任务介绍了应收款系统的功能、应收款系统与其他系统之间的关系、应收款系统的操作流程，是后续操作训练的理论（原理）准备。

一、应收款系统的功能结构

应收款系统以发票、其他应收单等原始单据为依据，记录销售业务及其他业务所形成的往来款项，处理应收款的收回、坏账、转账等情况，同时提供票据处理功能。

根据对客户往来款项核算和管理的程度不同，系统提供了两种应用方案：

第一种方案，在总账管理系统中核算客户往来款项。如果企业应收款业务比较简单，或者现销业务很多，可以选择在总账管理系统通过辅助核算完成客户往来核算，无须使用应收款管理系统。

第二种方案，在应收款管理系统中核算客户往来款项。如果企业的应收款核算管理内容比较复杂，可以启用应收款管理系统。所有客户往来凭证全部由应收款管理系统根据原始业务生成，其他系统不再生成这类凭证。

应收款管理系统的主要功能包括：根据输入的单据或由销售系统传递过来的单据记录应收款项的形成，处理应收项目的收款及转账业务，对应收票据进行记录和管理，在应收项目的处理过程中生成凭证，并向总账管理系统进行传递，提供各种查询及分析。具体功能如图 7-1 所示。

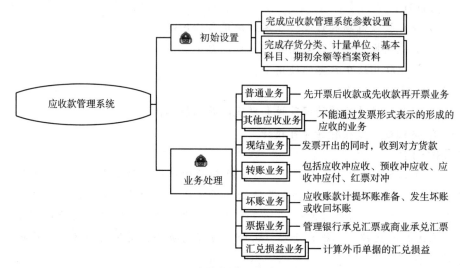

图 7-1　应收款管理系统主要功能

二、应收款系统与其他系统的主要关系

应收款系统与其他系统的主要关系如图 7-2 所示。

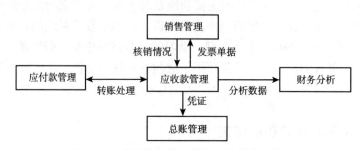

图 7-2　应收款系统与其他系统的主要关系

销售系统向应收款系统提供已复核的销售发票、销售调拨单以及代垫费用单，在应收款系统中对发票单据进行审核并进行收款结算处理，生成凭证；应收款系统和应付款系统之间可以进行转账处理；应收款系统向总账系统传递凭证；应收款系统向财务分析系统提供各种分析数据。

三、应收款系统的操作流程

应收款的操作流程分为三大步：一是初始化，主要定义基础档案和录入期初数据；二是日常业务，包括形成应收业务、收款结算业务、坏账处理业务和应收转账业务，其中，形成应收和收款结算是主要业务，操作流程如图7-3所示；三是月末处理，主要完成月末结账。

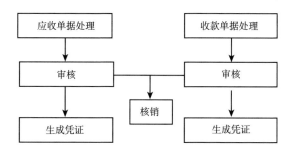

图7-3 形成应收和收款结算流程

应收单据处理就是形成应收，可以简单理解为开票；收款单据处理就是收款结算，可以简单理解为收款。应收单据处理和收款单据处理反映了应收款的两个方面。

学习任务7-2 应收款系统初始设置

[**任务概述**] 本项学习任务主要训练学生掌握应收款系统参数设置的方法、应收款系统基础资料设置的方法、应收款系统期初余额录入方法以及与总账对账方法。

一、任务目标

1. 理解应收款系统的功能与业务处理流程。
2. 掌握应收款系统参数设置方法。
3. 掌握应收款系统基础资料的设置方法。
4. 掌握应收款系统期初余额录入方法以及与总账对账方法。

二、准备工作

1. 初步了解应收款系统的基本功能。
2. 整理好应收款管理所需信息及数据。
3. 更改计算机系统时间为 2022 年 3 月 1 日。
4. 引入"3 - 2 总账系统初始设置"文件夹下的备份账套。

三、任务引例

1. 应收款系统的参数。单据审核日期依据"单据日期"，坏账处理方式为"应收余额百分比法"，按信用方式根据单据提前 7 天自动报警。
2. 存货分类（见表 7 - 1）。

表 7 - 1　　　　　　　　　　　　存货分类

存货分类编码	存货分类名称
01	库存商品
02	应税劳务
03	固定资产

3. 计量单位（见表 7 - 2）。

表 7 - 2　　　　　　　　　　　　计量单位

计量单位组	计量单位代码	计量单位名称
基本计量单位 （无换算率）	1	台
	2	公里

4. 存货档案（见表 7 - 3）。

表 7 - 3　　　　　　　　　　　　存货档案

编码	名称	分类码	单位	税率（%）	存货属性	参考成本	参考售价	计划价/售价
001	联想电脑	01	台	13	采购、内销、外销	5 000	8 500	
002	戴尔电脑	01	台	13	采购、内销、外销	5 000	8 500	
003	惠普打印机	01	台	13	采购、内销、外销	600	1 000	900
004	运输费	02	公里	9	采购、内销、外销、应税劳务			
005	固定资产	03	台	13	采购、资产			

5. 基本科目。

应收基本科目设置见表7－4。

表7－4　　　　　　　　　　　应收基本科目

基础科目种类	科目	币种
应收科目	112201 应收账款——人民币账户	人民币
应收科目	112202 应收账款——美元账户	美元
预收科目	2203 预收账款	人民币
商业承兑科目	1121 应收票据	人民币
银行承兑科目	1121 应收票据	人民币
票据利息科目	6603 财务费用	人民币
票据费用科目	6603 财务费用	人民币
收支费用科目	660199 销售费用——其他	人民币
现金折扣科目	6603 财务费用	人民币
税金科目	22210102 应交税费——应交增值税——销项税额	人民币
汇兑损益科目	6603 财务费用	人民币

应收对方科目设置见表7－5。

表7－5　　　　　　　　　　　应收对方科目设置

存货编码	存货名称	存货规格	销售收入科目	应交增值税科目	销售退回科目
001	联想电脑		600101	22210102	600101
002	戴尔电脑		600102	22210102	600102
003	惠普打印机		6051	22210102	6051
004	运输费		6051	22210102	6051
005	固定资产		1601	22210102	

6. 结算方式科目（见表7－6）。

表7－6　　　　　　　　　　　结算方式科目

结算方式编码	结算方式名称	科目
1	现金	1001
2	现金支票	100201
3	转账支票	100201
4	电汇	100201
5	网上银行	100201
6	银行承兑汇票	100201

7. 坏账准备。提取比例为 0.5%，坏账准备期初余额为 0，坏账准备科目为"1231 坏账准备"，坏账准备对方科目为"6702 信用减值损失"。

8. 账龄区间。账期内账龄区间设置总天数为 10 天、30 天、60 天、90 天。逾期账龄区间设置总天数分别为 30 天、60 天、90 天和 120 天。

9. 报警级别。A 级时的总比率为 10%，B 级时的总比率为 20%，C 级时的总比率为 30%，D 级时的总比率为 40%，E 级时的总比率为 50%，总比率在 50% 以上的为 F 级。

10. 单据设置。

修改销售专用发票单据编号：发票号采用完全手工编号。

修改应收款系统"其他应收单""收款单"单据编号：手工改动，重号时自动重取。

修改销售专用发票的格式：表头中的销售类型项目取消"必输"。

11. 本单位开户银行（见表 7-7）。

表 7-7 本单位开户银行

编码	银行账号	币种	开户银行	所属银行编码
01	420101123460	人民币	中国工商银行武汉分行	01

12. 期初余额（见表 7-8）。

表 7-8 期初发票

方向	开票日期	发票号	客户名称	销售部门	科目编码	货物名称	数量	无税单价	价税合计
正	2022. 2.10	2202001	金蝶集团	华南销售中心	1122	联想电脑	100	8 200	926 600

单据名称：销售专用发票。税率：13%。

【重要提示】应收款系统初始化比较简单，只有三个小问题：系统参数的设置、相关基础资料的录入和期初余额的录入，第二个问题已在总账基础档案中详细讲解。本学习任务重点是系统参数设置中的"基本科目"的设置，如果定义不当，会影响记账凭证的自动生成。有些内容并不难，但会影响整个系统的使用，一定要养成严谨细致的习惯。

四、操作指导

操作流程如图 7-4 所示。

第一步	第二步	第三步	第四步	第五步
• 参数设置	• 核算规则设置	• 期初余额录入	• 检验与校正	• 账套备份

图 7-4 操作流程

(一) 参数设置

1. 以 01 操作员的身份登录企业应用平台。

2. 打开应收款管理"选项"设置。单击〖业务导航〗—〖业务工作〗—〖财务会计〗—〖应收款管理〗—〖设置〗—〖选项〗菜单，打开账套参数设置对话框。

3. 设置参数。单击"编辑"按钮，进入修改状态，单击"坏账处理方式"栏下的三角按钮，选择"应收余额百分比法"，打开"权限与预警"选项卡，单据报警选择"信用方式"，在提前天数栏选择提前天数"7"，如图 7-5 所示。

视频：7-1
应收参数设置

图 7-5 参数设置

4. 单击"确定"按钮，自动保存设置，并关闭选项界面。

参数设置相关说明如图 7-6 所示。

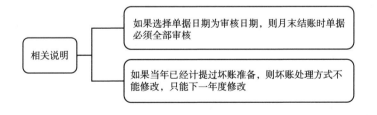

相关说明

如果选择单据日期为审核日期，则月末结账时单据必须全部审核

如果当年已经计提过坏账准备，则坏账处理方式不能修改，只能下一年度修改

图 7-6 参数设置相关说明

(二) 核算规则设置

核算规则设置如图 7-7 所示。

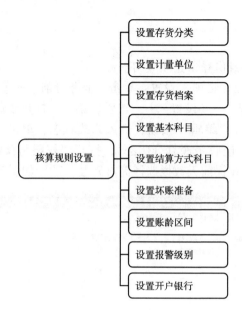

图7-7　核算规则设置

1. 设置存货分类。

视频：7-2
设置存货分类

（1）打开"存货分类"界面。单击〖业务导航〗—〖基础设置〗—〖基础档案〗—〖存货〗—〖存货分类〗菜单，打开存货分类窗口。

（2）录入存货分类信息。单击"增加"按钮，按任务引例资料录入存货分类信息，如图7-8所示。

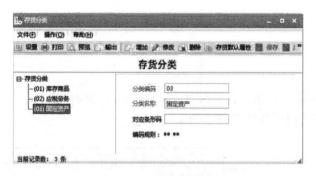

图7-8　录入存货分类

（3）单击工具栏上的"关闭"按钮，关闭当前界面。

2. 设置计量单位。

视频：7-3
设置计量单位

操作步骤分为两大步，先定义计量单位组，再定义计量单位。

（1）打开"计量单位"设置功能。单击〖业务导航〗—〖基础设置〗—〖基础档案〗—〖存货〗—〖计量单位〗菜单，打开计量单位设置窗口。

（2）打开"计量单位组"界面。单击工具栏上的"分组"按钮，打开计量单位组窗口。

（3）定义单位计量组。单击"增加"按钮，录入计量单位组编码"01"，录入计量单位组名称"基本计量单位"，单击计量单位组类别栏下的三角按钮，选择"无换算率"，如图7－9所示。

图7－9　设置计量单位组

（4）单击"保存"按钮，保存数据。

（5）单击工具栏上的"退出"按钮，关闭计量单位组界面。

（6）打开"计量单位"界面。选择"基本计量单位"，单击工具栏上的"单位"按钮，打开计量单位窗口。

（7）进入增加状态。在计量单位界面，单击工具栏上"增加"按钮。

（8）录入计量单位。录入计量单位编码"1"，计量单位名称"台"，如图7－10所示。

图7－10　设置计量单位

（9）单击工具栏上的"保存"按钮，保存数据。

（10）依次录入其他数据，录入完成后如图7－11所示。

图7－11　全部计量单位

（11）单击工具栏上的"退出"按钮，关闭当前界面。

计量单位相关说明如图7-12所示。

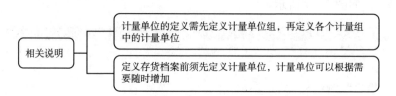

图7-12 计量单位相关说明

3. 设置存货档案。

视频：7-4
设置存货档案

【相关说明】设置（录入）存货档案时，注意不要遗漏存货属性设置。

企业的原材料、半成品、产成品以及销售的商品等统称为存货，不同用途的存货应该设置不同属性，如果只使用总账系统，则无须定义存货。

（1）打开"存货档案"界面。单击〖业务导航〗—〖基础设置〗—〖基础档案〗—〖存货〗—〖存货档案〗菜单，打开"存货档案"窗口。

（2）录入存货档案。先单击存货分类中的"库存商品"，再单击"增加"按钮，录入存货编码"001"，存货名称"联想电脑"，选择存货分类为"01 库存商品"，计量单位组为"1 基本计量单位"，选择主计量单位"台"，单击选中"内销""外销""外购"前的复选框，在成本页签中录入参考成本5 000，参考售价8 500，如图7-13所示。

图7-13 增加存货档案

（3）单击工具栏上的"保存"按钮，保存数据。

（4）依次录入其他数据，录入完成后如图7-14所示。

序号	选择	存货编码	存货名称	规格型号	存货代码	ABC分类	启用日期	计量单位组名称	主计量单位名称	特征选配
1	☐	001	联想电脑				2022-03-01	基本计量单位	台	☐
2	☐	002	戴尔电脑				2022-03-01	基本计量单位	台	☐
3	☐	003	惠普打印机				2022-03-01	基本计量单位	台	☐
4	☐	004	运输费				2022-03-01	基本计量单位	公里	☐
5	☐	005	固定资产				2022-03-01	基本计量单位	台	☐

存货档案

存货分类
— (01) 库存商品
— (02) 应税劳务
— (03) 固定资产

图7-14　存货档案列表

（5）单击工具栏上的"关闭"按钮，关闭当前界面。

4. 设置基本科目。

当有的产品或客户使用特殊科目时，需要在控制科目和产品科目中进行单独定义。

在设置基本科目的属性时，应在总账系统中设置其辅助核算内容为"客户往来"，并且受控系统为"应收系统"，否则在这里不能被选中。控制科目设置、产品科目设置中定义的科目，不再使用基本科目，如果没有定义，生成凭证时取基本科目。只有设置了科目，生成凭证时才能直接生成凭证中的会计科目，否则凭证中会计科目为空，需要手工录入。

视频：7-5
设置基本科目

（1）打开初始设置界面。单击〖业务导航〗—〖业务工作〗—〖财务会计〗—〖应收款管理〗—〖设置〗—〖科目设置〗菜单，打开科目设置对话框。

（2）录入基本科目。选择〖科目设置〗—〖基本科目〗菜单，录入或选择应收科目"112201"及其他基本科目。

（3）录入对方科目。选择〖科目设置〗—〖对方科目〗菜单，录入或选择销售收入、应交增值税与销售退回科目，如图7-15所示。

应收对方科目

序号	存货编码	存货名称	税率%	销售收入科目编码	销售收入科目名称	应交增值税科目编码	应交增值税科目名称	销售退回科目编码	销售退回科目名称	合同收入科目编码
1	001	联想电脑		600101	联想电脑	22210102	销项税额	600101	联想电脑	
2	002	戴尔电脑		600102	戴尔电脑	22210102	销项税额	600101	联想电脑	
3	003	惠普打印机		6051	其他业务收入	22210102	销项税额	6051	其他业务收入	
4	004	运输费		6051	其他业务收入	22210102	销项税额	6051	其他业务收入	
5	005	固定资产		1601	固定资产	22210102	销项税额			

图7-15　科目设置—应收对方科目设置

5. 结算方式科目设置。

不同收款方式对应不同的会计科目，定义此内容后，收款时会自动填写凭证的借方科目。

视频：7-6
设置结算方式科目

（1）打开"结算方式科目设置"界面。单击〖业务导航〗—〖业务工作〗—

〖财务会计〗—〖应收款管理〗—〖设置〗—〖科目设置〗—〖结算科目〗菜单，打开"结算方式科目设置"窗口。

（2）录入结算方式科目。单击结算方式栏下的三角按钮，选择"现金"，单击"币种"栏，选择"人民币"，在科目栏录入或选择"1001"，回车。

（3）依次录入其他数据，结果如图7-16所示。

图7-16 初始设置—结算方式科目设置

6. 设置坏账准备。

视频：7-7
设置坏账准备

在参数设置中，坏账处理方式如果选择了"应收余额百分比法"，每月需要计提坏账准备金，需要在此定义计提的算法，以后每月只需要按此参数运行即可生成计提坏账的凭证。

（1）打开"坏账准备设置"界面。单击〖业务导航〗—〖业务工作〗—〖财务会计〗—〖应收款管理〗—〖设置〗—〖初始设置〗—〖坏账准备设置〗菜单，打开"坏账准备设置"窗口。

（2）设置坏账准备科目。录入提取比率"0.5"，坏账准备期初余额"0"，坏账准备科目"1231"，坏账准备对方科目"6702"，完成后如图7-17所示。

图7-17 初始设置—坏账准备设置

（3）单击"确定"按钮，保存数据。

坏账准备相关说明如图7-18所示。

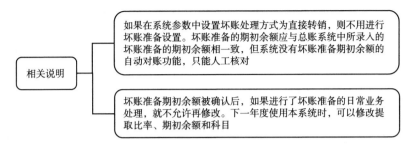

图 7－18　坏账准备相关说明

7. 设置账龄区间。

用于定义各账龄的区间，分为账期内和逾期两种。

（1）打开"账期内账龄区间设置"界面。单击〖业务导航〗—〖业务工作〗—〖财务会计〗—〖应收款管理〗—〖设置〗—〖初始设置〗—〖账期内账龄区间设置〗菜单，打开"账期内账龄区间设置"窗口。

（2）录入账龄区间天数。在总天数栏录入"10"，回车。

（3）依次录入其他数据，结果如图 7－19 所示。

视频：7－8
设置账龄区间

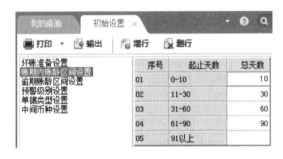

图 7－19　初始设置—账期内账龄区间设置

（4）用同样的方法录入"逾期账龄区间设置"。

账龄区间相关说明如图 7－20 所示。

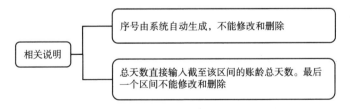

图 7－20　账龄区间相关说明

8. 设置报警级别。

用于定义应收账款的报警级别。

（1）打开"报警级别设置"界面。单击〖业务导航〗—〖业务工作〗—〖财务

视频：7－9
设置报警级别

会计〗—〖应收款管理〗—〖设置〗—〖初始设置〗—〖报警级别设置〗菜单，打开"报警级别设置"窗口。

（2）录入总比例和级别。在总比例栏录入"10"，在级别名称栏录入"A"，回车。

（3）依次录入其他数据，如图7-21所示。

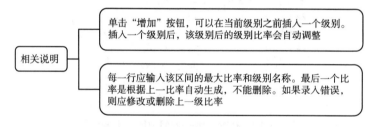

图7-21 初始设置——报警级别设置

（4）单击右上角的"关闭"按钮，关闭当前界面。

报警级别相关说明如图7-22所示。

图7-22 报警级别相关说明

9. 单据设置。

（1）单据编号设置。单据编码设置是指设置单据的编号是由手工录入编号还是由计算机自动编码，有些单据的编码具有特别的用处，如发票的编号，特别是销售发票的编号。

视频：7-10
单据设置

①打开"单据编号设置"界面。单击〖业务导航〗—〖基础设置〗—〖单据设置〗—〖单据编号设置〗菜单，打开"单据编号设置"窗口，如图7-23所示。

②选择设置对象。在左边的单据类型中选择"销售管理"—"销售专用发票"。

③进入修改状态。单击工具栏上的"修改"按钮，详细信息的内容变成有效状态。

④选择"完全手工编号"复选框。

⑤单击"保存"按钮，自动保存修改。

⑥依次修改应收款管理中的"其他应收单""收款单"编号方式为：手工改动，

重号时自动重取。

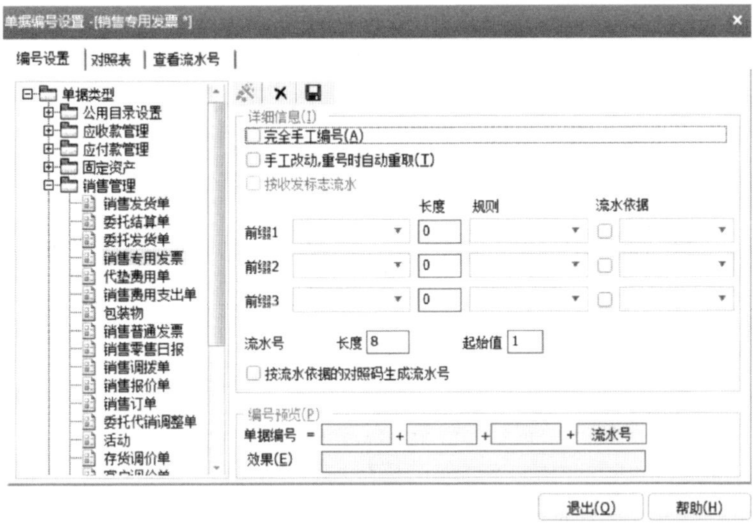

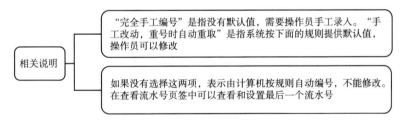

图7-23 单据编号设置

单据编号设置相关说明如图7-24所示。

相关说明

"完全手工编号"是指没有默认值,需要操作员手工录入。"手工改动,重号时自动重取"是指系统按下面的规则提供默认值,操作员可以修改

如果没有选择这两项,表示由计算机按规则自动编号,不能修改。在查看流水号页签中可以查看和设置最后一个流水号

图7-24 单据编号设置相关说明

(2)修改单据格式。既可以用于设置各类单据显示和打印的格式,也可以设置必输项、默认值。

①打开"单据格式设置"界面。单击〖业务导航〗—〖基础设置〗—〖单据设置〗—〖单据格式设置〗菜单,打开"单据格式设置"窗口。

②选择设置对象。在左边的单据类型中选择"销售管理"—"销售专用发票"—"显示"—"销售专用发票显示模版"。

③选择修改对象。在表头单击选择"销售类型"。

④打开表头项目。单击工具栏上的"表头项目"按钮![icon],打开表头设置属性,如图7-25所示。

⑤修改属性。"销售类型"已自动选择,单击去掉"必输"复选框,单击"确定"按钮,返回到上一界面,销售类型变为黑色。

⑥单击工具栏上的"保存"按钮,保存修改的设置。

⑦单击窗口上的"关闭"按钮,关闭当前界面。

图 7-25 表体设置

10. 设置开户银行。

在开具专用发票时，需要提供本单位开户行信息。

（1）打开"本单位开户银行"界面。单击〖业务导航〗—〖基础设置〗—〖基础档案〗—〖收付结算〗—〖本单位开户银行〗菜单，打开"本单位开户银行"窗口。

（2）录入本单位开户银行信息。单击"增加"按钮，在增加本单位开户银行对话框的编码栏录入"01"，在银行账号栏录入"420101123460"，选择币种"人民币"，在开户银行栏录入"中国工商银行武汉分行"，选择所属银行编码"01—中国工商银行"，如图 7-26 所示。

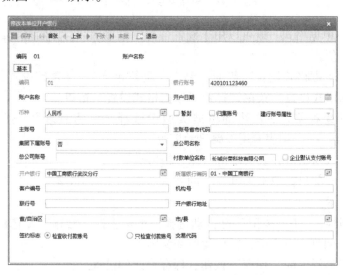

图 7-26 增加本单位开户银行

（3）单击工具栏上的"保存"按钮，保存数据。

（4）关闭当前界面。

（三）期初余额设置

期初余额设置相关说明如图 7 – 27 所示。

视频：7 – 12
设置期初余额

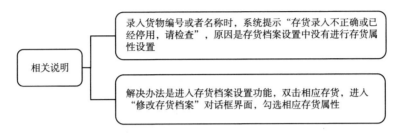

图 7 – 27　期初余额设置相关说明

由于应收系统数据的输入有形成应收和收款结算两个方面，因此，其期初值也会有这两个方面，如未核销的销售发票和预收款。

1. 打开"期初余额"管理界面。单击〖业务导航〗—〖业务工作〗—〖应收款管理〗—〖设置〗—〖期初余额〗菜单，打开"期初余额—查询"窗口，如图 7 – 28 所示。

图 7 – 28　期初余额—查询

2. 设置查询条件。在"期初余额—查询"窗口，单击"确定"按钮，进入"期初余额明细表"窗口。

3. 进入增加状态。单击工具栏上的"增加"按钮，打开"单据类别"对话框，如图 7 – 29 所示。

图7-29 单据类别

4. 选择新增单据类别。单据名称选择"销售发票"，单据类型选择"销售专用发票"，方向选择"正向"，单击"确定"按钮，进入"销售专用发票"窗口。

5. 增加一张空发票。单击工具栏上的"增加"按钮，自动增加一张空表。

6. 录入销售发票。修改开票日期为"2022-02-10"，录入发票号为"2202001"，选择客户名"金蝶集团"，在税率栏录入"13"，选择科目"112201"，选择货物名称"联想电脑"，在数量栏录入"100"，在无税单价栏录入"8 200"，如图7-30所示。

图7-30 录入期初销售发票

7. 单击工具栏上的"保存"按钮，保存数据。

8. 关闭当前界面。

期初销售发票录入相关说明如图7-31所示。

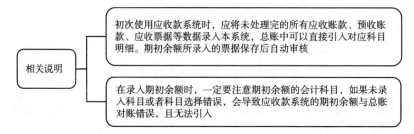

相关说明

初次使用应收款系统时，应将未处理完的所有应收账款、预收账款、应收票据等数据录入本系统，总账中可以直接引入对应科目明细。期初余额所录入的票据保存后自动审核

在录入期初余额时，一定要注意期初余额的会计科目，如果未录入科目或者科目选择错误，会导致应收款系统的期初余额与总账对账错误，且无法引入

图7-31 期初销售发票录入相关说明

视频：7 - 13
检查与校验

（四）检查与校验

在应收款期初余额录入完成后，应通过对账功能将应收款系统的期初余额与总账系统的期初余额进行核对。

1. 打开"期初对账"界面。单击〖业务导航〗—〖业务工作〗—〖应收款管理〗—〖设置〗—〖期初余额〗菜单，重新打开期初余额明细表窗口，单击工具栏上的"对账"按钮，打开期初对账窗口，如图 7 - 32 所示，查看对账结果。

科目		币种	应收期初		总账期初		差额	
编号	名称		原币	本币	原币	本币	原币	本币
112201	人民币账户	人民币	926,600.00	926,600.00	926,600.00	926,600.00	0.00	0.00
	合计			926,600.00		926,600.00		0.00

图 7 - 32　期初对账

2. 单击右上角的"关闭"按钮，关闭期初对账和期初余额窗口。

（五）账套备份

将账套输出至"7 - 2 应收款系统初始设置"文件夹，压缩后保存到 U 盘。

五、疑难解答

学习任务 7 - 2 疑难解答见表 7 - 9。

表 7 - 9　　　　　　　　　　　　学习任务 7 - 2 疑难解答

问题出处	问题描述	问题解答
设置基本科目	为什么有时应收、预收科目在应收款系统中不能被使用	在设置基本科目的应收、预收科目时，应在总账系统中把"应收、预收"科目设置为"客户往来"辅助核算，并且其受控系统为"应收系统"，否则在这里不能被选中
参数设置	为什么在应收款系统"初始设置"窗口找不到"坏账准备设置"选项卡，不能进行坏账准备的设置	坏账准备设置之前，应把账套参数"坏账处理方式"设置为"应收账款百分比法"，这样在应收款系统"初始设置"窗口才会出现"坏账准备设置"选项卡

【实训报告】
通过扫描二维码查看实训报告格式，可以据此参照制作纸质实训报告。

【问题思考】

1. 如果在应收系统参数中不设置"基本科目"，会造成什么影响？

2. 如果已经设置了相应的基础资料，在应收款系统还需要设置吗？

实训报告：学习任务 7 - 2

3. 如果应收款系统"账套参数设置"中的"坏账处理方式"不是"应收余额百分比法"，可以进行坏账准备的设置吗？

4. 如果应收款系统与总账对账时提示"金额不平"，应该怎样解决？

学习任务7-3　应收款单据处理

[任务概述] 本项学习任务主要训练学生掌握各类应收款业务单据处理的方法。

一、任务目标

1. 熟练掌握普通销售的业务处理方法。
2. 掌握其他应收款的业务处理方法。
3. 掌握现结销售业务处理方法。
4. 掌握退货与退款业务处理方法。
5. 掌握转账业务处理方法。
6. 掌握坏账业务处理方法。

二、准备工作

1. 了解应收款系统日常业务操作流程。
2. 更改计算机系统时间为2022年3月31日。
3. 引入"7-2应收款系统初始设置"文件夹下的备份账套。

三、任务引例

（一）普通业务

1. 2022年3月10日，向金算盘公司销售联想电脑100台，无税单价为8 000元，增值税税率为13%，共计904 000元，款未收，销售专用发票号码是2203001。

2. 2022年3月10日，财务部门审核发票，生成应收款凭证。

3. 2022年3月11日，财务部门收到金算盘公司转账支票一张，支票号为ZZ4001，金额为904 000元，系支付上一次的货款。

4. 2022年3月11日，审核收款单，生成收款单凭证。

5. 2022年3月11日，核销金算盘公司的往来账。

（二）其他应收业务

1. 2022年3月12日，公司仓库向金算盘发货时以现金代垫运费120元。

2. 2022 年 3 月 13 日，财务部门收到转账支票一张，支票号为 ZZ4002，金额为 2 000 元，支付运费后，多余资金作为预收账款处理。

3. 2022 年 3 月 13 日，审核其他应收单和收款单，生成凭证，核销往来账。

（三）现结业务

2022 年 3 月 15 日，向任我行有限公司销售联想电脑 100 台，无税单价为 8 000 元，增值税率为 13%，共计 904 000 元，销售专用发票号码为 2203002。当日收到转账支票一张，金额为 904 000 元，支票号为 ZZ5001。财务部门审核发票，生成凭证。

（四）退货与退款业务

2022 年 3 月 14 日，因质量原因，金算盘公司按原价退回联想电脑一台，公司开出红字专用发票，票号为 2203003，同时开出现金支票一张，支票号为 XJ0012，退还货款。审核相关单据，生成凭证，核销往来账。

（五）转账业务

1. 2022 年 3 月 15 日，向任我行公司销售联想电脑 1 台，无税单价为 8 000 元，增值税率为 13%，共计 9 040 元，销售专用发票号码为 2203004，款未收，财务部门审核发票，生成凭证。

2. 2022 年 3 月 16 日，经三方同意，将应向任我行公司收取的货款 9 040 元转成用友公司的应收账款，生成凭证。

（六）坏账业务

1. 计提本月坏账准备金。

2. 2022 年 3 月 15 日，向速达公司销售联想电脑 1 台，无税单价为 8 000 元，增值税率为 13%，共计 9 040 元，款未收。销售专用发票号码为 2203005。

3. 2022 年 3 月 16 日，将 1 月 15 日形成的应向速达公司收取的应收账款 9 040 元转为坏账。

4. 2022 年 3 月 17 日，收到银行通知（网上银行支付），收回已作为坏账处理的应向速达公司收取的账款 9 040 元，网银转账票据号为 WY0001（作为坏账收回的收款单不需要审核）。

（七）票据业务

2022 年 3 月 20 日，收到用友公司无息银行承兑汇票一张，出票人账号为 543377676，票据编号为 48328530，出票日期 2022 年 3 月 18 日，到期日 2022 年 4 月 18 日，金额为 187 200 元，用于支付前欠货款，当日，财务部门将该汇票贴现，贴现率为 8%，存入工商银行。

（八）汇兑损益业务

1. 2022年3月22日，向SAP公司销售联想电脑10台，合同约定以美元结算，无税单价为1 100美元，公司开具销售专用发票一张，发票号码为2203006，款未收。

2. 2022年3月31日，财务部门对该业务进行汇兑损益处理，调整汇率为6.59。

（九）折扣业务

1. 2022年3月25日，向用友公司销售联想电脑50台，无税单价为8 000元，增值税率为13%，共计452 000元，经协商后，总价优惠2 000元，但必须本月31日结清货款，发票号码为2203007，财务部门审核发票，生成凭证。

2. 2022年3月26日，经协商，用友公司提前支付货款，可再优惠1 000元，当日收到用友公司转账支票一张，支票号为ZZ7001，金额为449 000元，财务部门审核收款单，生成凭证，核销应收款。

【重要提示】要关注应收款系统中日常业务的流程。尽管应收款业务分为几类，如普通销售业务、其他应收款业务、现结业务、退货和退款业务等，其实业务流程大体相似，一般需要填制单据（销售发票或其他应收单等）→审核单据→生成凭证→填制收款单→审核收款单→生成凭证→核销往来。在掌握共性的基础再把握特点，要容易很多，也会加深理解。

四、操作指导

（一）普通业务

视频：7-14~
视频：7-19
标准应收业务
（普通业务）

普通业务是指先开票后收款或先收款后开票的业务，无论是先开票还是先收款，原则上是先发生什么业务就先做什么业务，操作方法相同。操作流程如图7-33所示。

第一步	第二步	第三步	第四步	第五步	第六步	第七步
•填制销售专用发票	•审核销售专用发票	•生成确认收入凭证	•填制收款单	•审核收款单	•生成收款凭证	•核销往来账

图7-33 操作流程

1. 填制销售专用发票。

（1）以01操作员的身份登录企业应用平台。

（2）打开"应收单据录入"功能。单击【业务导航】—【业务工作】—【财务会计】—【应收款管理】—【应收处理】—【销售发票】—【销售专用发票录入】菜单。

（3）选择单据类别。单据名称选择"销售发票"，单据类型选择"销售专用发票"，方向选择"正向"，单击"确定"按钮，进入"销售专用发票"窗口。

（4）进入增加状态。单击工具栏上的"增加"按钮，自动增加一张空表。

（5）录入发票。录入发票号"2203001"，修改开票日期为"2022-03-10"，选择客户"金算盘"，在表体中选择存货编码"001"，在数量栏录入"100"，在无税单价栏录入"8 000"，如图7-34所示。

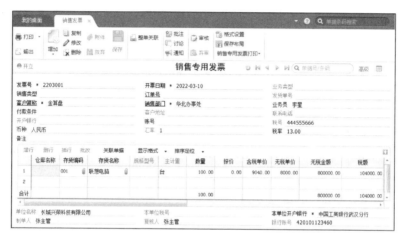

图7-34　销售专用发票

（6）单击工具栏上的"保存"按钮，保存数据。

（7）单击窗口上的"关闭"按钮，退出当前界面。

2. 审核销售专用发票。

（1）打开"应收单据审核"功能。单击〖业务导航〗—〖业务工作〗—〖财务会计〗—〖应收款管理〗—〖应收处理〗—〖销售发票〗—〖销售发票审核〗菜单，打开"应收单过滤条件"界面，如图7-35所示。

图7-35　应收单过滤条件

（2）单击"确定"按钮，进入"应收单据列表"窗口。单击工具栏上的"全选"按钮，如图7-36所示。

图7-36　应收单据列表

（3）审核单据。单击窗体工具栏上的"审核"按钮，弹出提示"本次成功审核单据1张"对话框，单击"确定"按钮。

（4）单击窗口上的"关闭"按钮，关闭当前界面。

审核销售专用发票录入相关说明如图7-37所示。

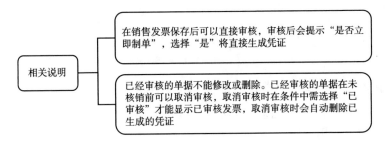

相关说明

在销售发票保存后可以直接审核，审核后会提示"是否立即制单"，选择"是"将直接生成凭证

已经审核的单据不能修改或删除。已经审核的单据在未核销前可以取消审核，取消审核时在条件中需选择"已审核"才能显示已审核发票，取消审核时会自动删除已生成的凭证

图7-37　审核销售专用发票相关说明

3. 生成确认收入凭证。

（1）打开"凭证处理"功能。单击"生成凭证"菜单，打开制单处理界面，如图7-38所示。

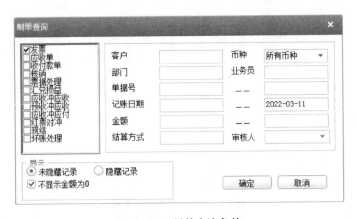

图7-38　制单查询条件

（2）设置查询条件。选中"发票"前的复选框，单击"确定"按钮，进入"销售发票制单"窗口。

（3）生成转账凭证。先单击工具栏上的"全选"按钮，修改凭证类别为"转账凭证"，再单击工具栏上的"制单"按钮，生成转账凭证。

（4）单击工具栏上的"保存"按钮，保存凭证，如图 7 – 39 所示。

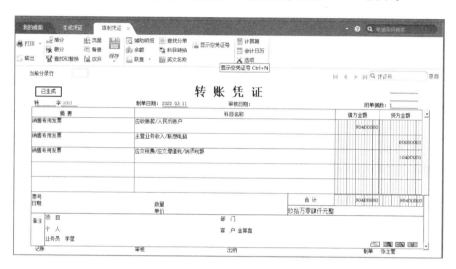

图 7 – 39　转账凭证

（5）单击工具栏上的"关闭"按钮，关闭当前界面。

生成转账凭证相关说明如图 7 – 40 所示。

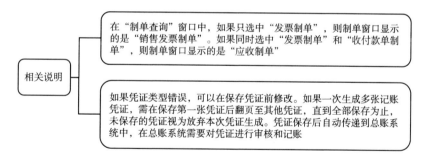

图 7 – 40　生成凭证相关说明

4. 填制收款单。

（1）打开"收款单据录入"功能。单击〖收款处理〗—〖收款单据录入〗菜单，打开"收款单"界面。

（2）进入增加状态。单击工具栏上的"增加"按钮，自动增加一张空表。

（3）录入收款单的数据。修改开票日期为"2022 – 03 – 11"，选择客户"金算盘"，选择结算方式"转账支票"，在金额栏录入"904 000"，录入票据号"ZZ4001"，录入摘要"收到金算盘公司支付的货款"，如图 7 – 41 所示。

图 7 - 41 收款单

（4）单击工具栏上的"保存"按钮，保存数据。

（5）单击窗口上的"关闭"按钮，退出当前界面。

填制收款单相关说明如图 7 - 42 所示。

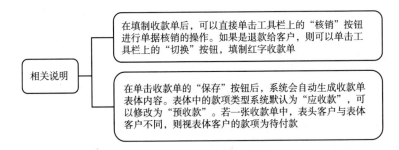

相关说明

在填制收款单后，可以直接单击工具栏上的"核销"按钮进行单据核销的操作。如果是退款给客户，则可以单击工具栏上的"切换"按钮，填制红字收款单

在单击收款单的"保存"按钮后，系统会自动生成收款单表体内容。表体中的款项类型系统默认为"应收款"，可以修改为"预收款"。若一张收款单中，表头客户与表体客户不同，则视表体客户的款项为待付款

图 7 - 42 填制收款单相关说明

5. 审核收款单。

（1）打开"收款单据审核"功能。单击〖业务导航〗—〖业务工作〗—〖财务会计〗—〖应收款管理〗—〖收款处理〗—〖收款单据审核〗菜单，进入"收款单过滤条件"界面。

（2）过滤单据。单击"确定"按钮，进入"收付款单列表"窗口，如图 7 - 43 所示。

收付款单列表

序号	□	审核人	单据日期	单据类型	单据编号	客户名称	部门	业务员	结算方式	票据号	币种
1	□		2022-03-11	收款单	0000000001	金算盘有限公司	华北办事处	李星	转账支票	ZZ4001	人民币
2	小计										
3	合计										

图 7 - 43 收付款单列表

（3）审核收款单。先单击工具栏上的"全选"按钮，再单击"审核"按钮，系统提示"本次成功审核1张单据"，单击"确定"按钮。

（4）单击窗口上的"关闭"按钮，关闭当前界面。

6. 生成收款凭证。

（1）打开"凭证处理"功能。单击〖生成凭证〗菜单，打开制单查询界面。

（2）设置查询条件。选中"收付款单"复选框，单击"确定"按钮，进入"收付款单凭证"窗口。

（3）先单击工具栏上的"全选"按钮，再单击"制单"按钮，生成收款凭证。

（4）单击工具栏上的"保存"按钮，保存数据，如图7-44所示。

图7-44 收款凭证

（5）单击工具栏上的"关闭"按钮，关闭当前界面。

7. 核销往来账。核销分为手工核销和自动核销。当收款单上的金额与发票金额一致时，可以自动核销，但在学习过程中，自动核销无法看清核销的原理，因此，建议采用手工核销的方式。

（1）打开"核销"功能。单击〖业务导航〗—〖业务工作〗—〖财务会计〗—〖应收款管理〗—〖核销处理〗—〖手工核销〗菜单，进入"核销条件"界面，如图7-45所示。

图7-45 核销条件

（2）录入核销条件。选择客户"金算盘"，单击"确定"按钮，进入"单据核销"窗口。

（3）录入核销数据。在上半部分的"本次结算金额"栏的第1行录入"904 000"。在下半部分的"本次结算"栏的第1行录入"904 000"，如图7-46所示。

图 7-46 手工核销

（4）单击工具栏上的"确认"按钮，核销并保存数据。

（5）单击窗口上的"关闭"按钮，退出当前界面。

核销往来账相关说明如图 7-47 所示。

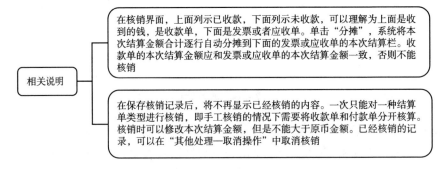

图 7-47 核销往来账相关说明

（二）其他应收业务

其他应收业务指不能通过发票的形式表示的形成应收的业务。用应收单代替发票，其他操作与普通业务相同。运费业务比较特殊，当运费开具了运费发票，就需要通过发票的形式录入单据，当没有开具发票时，需要通过其他应收单的形式录入。此题以其他应收单的形式录入。操作流程如图 7-48 所示。

图 7-48 操作流程

1. 填制应收单。

（1）打开"应收单据录入"功能。单击〖业务导航〗—〖业务工作〗—〖财务会计〗—〖应收款管理〗—〖应收处理〗—〖应收单〗—〖应收单录入〗菜单。

（2）进入增加状态。单击工具栏上的"增加"按钮，自动增加一张空表。

（3）录入应收单的数据。修改开票日期为"2022－03－12"，选择客户"金算盘"，在金额栏录入"120"，录入摘要"代垫运费"，在表体中录入科目"1001"，如图7－49所示。

图7－49 应收单

（4）单击工具栏上的"保存"按钮，保存数据。

（5）单击窗口上的"关闭"按钮，退出当前界面。

2. 审核应收单。

（1）打开"应收单据审核"功能。单击〖业务导航〗—〖业务工作〗—〖财务会计〗—〖应收款管理〗—〖应收处理〗—〖应收单审核〗菜单，打开"应收单过滤条件"界面。

（2）过滤单据。单击"确定"按钮，进入"应收单据列表"窗口。单击工具栏上的"全选"按钮。

（3）审核单据。单击窗体工具栏上的"审核"按钮，弹出提示"本次成功审核单据1张"对话框，单击"确定"按钮。

（4）单击窗口上的"关闭"按钮，关闭当前界面。

3. 填制收款单。

（1）打开"收款单据录入"功能。单击〖收款处理〗—〖收款单据录入〗菜单，打开"收款单"界面。

（2）进入增加状态。单击工具栏上的"增加"按钮，自动增加一张空表。

（3）录入收款单的数据。修改开票日期为"2022－03－13"，选择客户"金算盘"，选择结算方式"转账支票"，在金额栏录入"2 000"，录入票据号"ZZ4002"，录入摘要"收到金算盘公司支付的运费及预收款"，将第一行的金额改为"120"，将第二行的款项类型改为"预收款"，如图7－50所示。

（4）单击工具栏上的"保存"按钮，保存数据。

（5）单击窗口上的"关闭"按钮，退出当前界面。

图7-50 收款单

4. 审核收款单。

（1）打开"收款单据审核"功能。单击〖业务导航〗—〖业务工作〗—〖财务会计〗—〖应收款管理〗—〖收款处理〗—〖收款单据审核〗菜单，进入"收款单过滤条件"界面。

（2）过滤单据。单击"确定"按钮，进入"收付款单列表"窗口。

（3）审核收款单。先单击工具栏上的"全选"按钮，再单击"审核"按钮，系统提示"本次成功审核1张单据"，单击"确定"按钮。

（4）单击窗口上的"关闭"按钮，关闭当前界面。

5. 生成凭证。

（1）打开"凭证处理"功能。单击"生成凭证"菜单，打开制单查询界面。

（2）设置查询条件。选中"收付款单"前的复选框，单击"确定"按钮，进入"收付款单制单"窗口。

（3）生成收款凭证。先单击工具栏上的"全选"按钮，再单击"制单"按钮，生成记账凭证。

（4）单击工具栏上的"保存"按钮，保存数据。

（5）单击工具栏上的"关闭"按钮，关闭当前界面。

（6）重复（1）~（5）步，选择"应收单制单"，生成另一张凭证。

6. 核销往来账。

（1）打开"核销"功能。单击〖业务导航〗—〖业务工作〗—〖财务会计〗—〖应收款管理〗—〖核销处理〗—〖手工核销〗菜单，进入"核销条件"界面。

（2）录入核销条件。选择客户"金算盘公司"，单击"确定"按钮，进入"单据核销"窗口。

（3）录入核销数据。在上半部分的"本次结算"栏的第1行录入"120"。在下半部分的"本次结算"栏的第1行录入"120"，如图7-51所示。

（4）单击工具栏上的"确认"按钮，核销并保存数据。

（5）单击窗口上的"关闭"按钮，退出当前界面。

图 7-51　手工核销

（三）现结业务

现结业务是指在发票开出的同时，收到对方货款。由于在应收模块中，在销售发票中无法录入收款信息，开票和收款还是需要分开操作，因此，操作方法与普通业务完全相同。

1. 填制并审核销售专用发票，生成凭证。操作方法与普通业务相同。

2. 填制并审核收款单，生成凭证。操作方法与普通业务相同。

3. 核销往来账。操作方法与普通业务相同。

现结业务相关说明如图 7-52 所示。

视频：7-21
现结业务

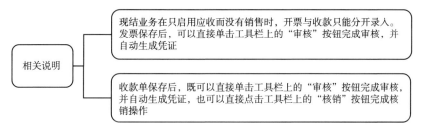

图 7-52　现结业务相关说明

（四）退货与退款业务

退货与退款业务操作流程与普通业务相同，只是数量方向相反，退款时注意"切换"。操作流程如图 7-53 所示。

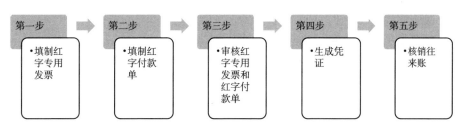

视频：7-22～
视频：7-23
应收退货与退款业务

图 7-53　操作流程

1. 填制红字专用发票。

（1）打开"红字销售专用发票"功能。单击〖应收处理〗—〖销售发票〗—〖红字销售专用发票录入〗菜单，进入"红字销售专用发票"窗口。

（2）进入增加状态。单击工具栏上的"增加"按钮，自动增加一张空表。

（3）录入发票。录入发票号"2203003"，修改开票日期为"2022－03－14"，选择客户"金算盘"，选择存货编码名称"联想电脑"，在数量栏录入"－1"，在无税单价栏录入"8 000"，如图7－54所示。

销售专用发票

发票号 2203003			开票日期 ＊ 2022-03-14		业务类型
销售类型			订单号		发货单号
客户简称 ＊ 金算盘			销售部门 ＊ 华北办事处		业务员 李星
付款条件			客户地址		联系电话
开户银行			账号		税号 444555666
币种 人民币			汇率 1		税率 13.00
备注					

	仓库名称	存货编码	存货名称	规格型号	主计量	数量	报价	含税单价	无税单价	无税金额	税额	价税合计
1		001	联想电脑		台	-1.00	0.00	9040.00	8000.00	-8000.00	-1040.00	-9040.00
2												
合计						-1.00				-8000.00	-1040.00	-9040.00

图7－54 红字销售专用发票

（4）单击工具栏上的"保存"按钮，保存数据。

（5）单击窗口上的"关闭"按钮，退出当前界面。

2. 填制红字付款单。

（1）打开"收款单"功能。单击〖收款处理〗—〖收款单据录入〗菜单，进入"收款单"窗口。

（2）打开"红字单据"功能。在收款单窗口，单击窗体工具栏上的"付款单"按钮，进入"红字付款单"界面。

（3）进入增加状态。单击工具栏上的"增加"按钮，自动增加一张空表。

（4）录入数据。修改开票日期为"2022－03－14"，选择客户"金算盘"，选择结算方式"现金支票"，在金额栏录入"9 040"，录入票据号"XJ0012"，在摘要栏输入"退还货款"，如图7－55所示。

（5）单击工具栏上的"保存"按钮，保存数据。

（6）关闭窗口。

【相关说明】退款给客户，单击工具栏上的"切换"按钮，填制红字付款单。退款金额大于0。

3. 审核红字专用发票和红字付款单。操作方法同普通业务的单据审核。

4. 生成凭证。操作方法同普通业务的凭证生成。

图 7 - 55 红字付款单

5. 核销往来账。操作方法同普通业务的往来账核销（核销时条件需改为付款）。

（五）转账业务

转账业务包括应收冲应收、预收冲应收、应收冲应付、红票对冲。应收冲应收是指将 A 单位的应收账款转向 B 单位，形成 B 单位的应收账款；预收冲应收是指用预收账款冲减应收账款，此功能还可以通过核销实现；应收冲应付是指用 A 单位的应收账款冲减 A 单位的应付账款；红票对冲是指红字单据与蓝字单据对冲，此功能还可以通过核销实现。下面以应收冲应收为例。操作流程如图 7 - 56 所示。

视频：7 - 24
应收转账业务

图 7 - 56 操作流程

1. 填制销售专用发票，操作方法同普通业务的发票填制。

2. 审核销售专用发票，操作方法同普通业务的单据审核。

3. 生成转账凭证，操作方法同普通业务的凭证生成。

4. 应收账款冲抵应收账款。

（1）打开"应收冲应收"功能。单击〖转账〗—〖应收冲应收〗菜单，打开"应收冲应收"对话框。

（2）录入条件。选择转出户"任我行有限公司"，选择转入户"用友集团"。单击"查询"按钮，在第一行并账金额录入"9 040"，如图 7 - 57 所示。

（3）单击"确认"按钮，弹出"是否立即制单"信息提示框，单击"否"按钮。

（4）关闭界面。

图 7-57 应收冲应收

5. 生成转账凭证。

（1）打开"凭证处理"功能。单击〖业务导航〗—〖业务工作〗—〖财务会计〗—〖应收款管理〗—〖生成凭证〗菜单，打开"制单查询"对话框。

（2）设置查询条件。选中"应收冲应收"复选框，单击"确定"按钮，打开"并账制单"窗口。

（3）制单。单击工具栏上的"全选"按钮，选择凭证类别为"转账凭证"，单击"制单"按钮，生成一张记账凭证。

（4）保存凭证。单击工具栏上的"保存"按钮，保存数据。

（5）关闭界面。

（六）坏账业务

坏账业务包括以下三个环节。操作流程如图 7-58 所示。

视频：7-25
坏账业务

图 7-58 操作流程

1. 计提本月坏账准备金。

（1）打开"计提坏账准备"功能。单击〖业务导航〗—〖业务工作〗—〖财务会计〗—〖应收款管理〗—〖坏账处理〗—〖计提坏账准备〗菜单，打开应收账款百分比法的窗口，如图 7–59 所示。

图 7–59　计提坏账准备

（2）制单。单击工具栏上的"确认"按钮，弹出提示"是否立即制单"的对话框，单击"是"按钮，生成一张记账凭证。

（3）关闭窗口。

2. 填制销售专用发票。操作方法同普通业务的发票填制。

3. 审核销售专用发票。操作方法同普通业务的单据审核。

4. 生成转账凭证。操作方法同普通业务的凭证生成。

5. 发生坏账。

（1）打开"坏账发生"功能。单击〖坏账处理〗—〖坏账发生〗菜单，打开"坏账发生"窗口。

（2）录入坏账发生条件。将日期修改为"2022–03–31"，在客户栏录入"06"，或者单击客户栏的参照按钮，选择"速达公司"，如图 7–60 所示。

图 7–60　坏账发生条件窗口

（3）打开"坏账发生单据明细"功能。在坏账发生窗口，单击"确定"按钮，打开"坏账发生单据明细"窗口。

（4）计提坏账。在"本次发生金额栏"的第一行录入"9 040"，如图 7–61 所示，单击"确定"按钮，提示"是否立即制单"，选择"是"，生成凭证。

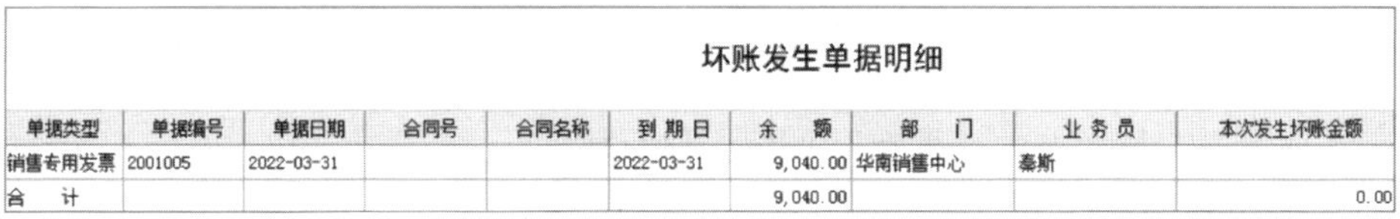

									坏账发生单据明细
单据类型	单据编号	单据日期	合同号	合同名称	到期日	余 额	部 门	业 务 员	本次发生坏账金额
销售专用发票	2001005	2022-03-31			2022-03-31	9,040.00	华南销售中心	秦斯	
合 计						9,040.00			0.00

图 7–61　坏账发生单据明细

【相关说明】坏账发生金额只能小于或等于单据金额。

6. 填制收款单。操作方法同普通业务的单据填制（填写完成后不需要审核该单据）。

7. 收回坏账。

（1）打开"坏账收回"界面。单击〖坏账处理〗—〖坏账收回〗菜单，打开"坏账收回"窗口。

（2）录入坏账收回条件。选择客户"速达公司"，选择"0000000004"号结账单，如图7-62所示。

图7-62　坏账收回条件窗口

（3）生成收款凭证。在坏账收回窗口，单击"确定"按钮，系统提示"是否立即制单"，单击"是"按钮，生成一张收款凭证，如图7-63所示。

图7-63　坏账收回凭证

（4）单击工具栏上的"保存"按钮，保存数据。

（5）关闭窗口。

坏账业务相关说明如图7-64所示。

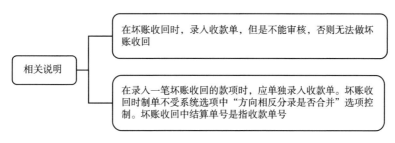

图 7 - 64　坏账业务相关说明

（七）票据业务

票据管理对象为银行承兑汇票、商业承兑汇票，可增加、修改、删除票据，可对票据进行贴现、转出、计息与结算、背书与退票等业务处理。此业务主要完成票据增加与票据贴息。系统默认选项"应收票据直接生成收款单"已选中，在保存新增的票据时，会生成一张未审核的收款单，该收款单除结算方式不可修改外，其他均可修改。如果该选项未选中，则需要点"收款"按钮手动生成收款单。操作步骤如下：

视频：7 - 26
票据业务

1. 收到票据。

（1）单击〖应收款管理〗—〖票据管理〗—〖票据录入〗菜单，显示票据管理主窗口。

（2）单击增加，打开应收票据增加窗口。依据业务资料录入票据数据，见图 7 - 65。

图 7 - 65　应收票据

（3）单击工具栏上的"保存"按钮，保存数据，在后台自动生成一张收款单。

（4）审核收款单，生成收到票据凭证（凭证借方为银行承兑科目，贷方为应收科目）。

2. 贴现。

（1）单击〖应收款管理〗—〖票据管理〗—〖票据录入〗菜单，进入票据录入界面，调整工具栏箭头，选择贴现票据。

（2）双击选择票据，单击工具栏上的"贴现"按钮，打开贴现窗口。

（3）修改贴现日期为"2022-03-20"，录入贴现率为8%，结算科目"100201"，贴现窗口如图7-66所示，单击"确定"按钮，提示是否立即制单，单击"否"。

图7-66 应收票据贴现

（4）通过制单处理功能，选择"票据处理制单"生成贴现凭证。

（八）汇兑损益业务

视频：7-27
汇兑损益业务

可以在此计算外币单据的汇兑损益并对其进行相应的处理，系统参数提供了外币余额结清时计算和月末处理两种汇兑损益处理方式。外币余额结清时计算是指仅当某种外币余额结清时才计算汇兑损益；月末处理是指在每个月末计算汇兑损益。

系统默认按月末处理方式对外币进行处理。与总账期末汇兑损益的不同在于，应收应付汇兑损益只针对应收应付受控科目，处理前不需要对凭证进行记账，而总账中不能对受控科目进行期末汇兑损益处理。操作步骤如下：

1. 增加销售专用发票、审核、生成凭证。在录入发票信息时，需将币种改为美元，填写表体时发票号会丢失，在保存前需补录发票号。

2. 录入调整汇率。单击〖业务导航〗—〖基础设置〗—〖基础档案〗—〖财务〗—〖外币设置〗菜单，录入月末的调整汇率为6.59，回车确认后关闭外币设置窗口。

3. 汇兑损益处理。

（1）单击〖业务导航〗—〖业务工作〗—〖财务会计〗—〖应收款管理〗—〖汇兑损益〗菜单，打开"汇兑损益"窗口，先单击"全选"按钮，再单击"下一步"按钮，查看汇兑损益差额，如图7-67所示。

（2）单击"完成"按钮，系统弹出"是否立即制单"对话框，单击"是"

图 7-67　汇兑损益

按钮，修改凭证字为"转"，调整贷方财务费用的方向为借方蓝字，保存凭证，如图 7-68 所示。

图 7-68　汇兑损益凭证

（九）折扣业务

在采购与销售过程中，买卖双方经常会对价格进行谈判，导致在开票或结算时需要对价格进行修改。主要体现在三个方面：一是开票前对单价的变动；二是开票时对总价的变动；三是结算时对总价的变动。当单价变动时，修改单价即可；开票时对总价的变动，通过修改总价或折扣额实现；结算时对总价的变动，通过核销中录入本次折扣解决。可通过付款条件功能设置现金折扣，设置企业在经营过程中与往来单位协调规定的收、付款折扣优惠方法，扩展折扣功能。

视频：7-28
折扣业务

此业务经历了两次折扣，第一次是在录入发票时对总价进行优惠，第二次是在核销时进行折扣，需要分别录入折扣金额，操作流程如图 7-69 所示。

图 7-69　操作流程

1. 销售专用发票。录入折扣金额"2 000"，等价于修改总价，自动调整增值税，保存后审核、生成凭证。

2. 收款单。按实际收款数录入收款单，保存后审核、生成凭证。

3. 核销。核销时，先在对应发票栏的本次折扣中录入"1 000"，本次结算中录入"449 000"，再核销。

（十）账套备份

将账套输出至"7-3 应收款单据处理"文件夹，压缩后保存到 U 盘。

五、疑难解答

学习任务 7-3 疑难解答见表 7-10。

表 7-10   学习任务 7-3 疑难解答

问题出处	问题描述	问题解答
设置基本科目	在应收款系统中，自动生成凭证时，为什么生成的凭证缺少会计科目	在应收款系统"系统参数"设置时应定义相应的"基本科目"，只有这样，系统自动生成凭证时才会出现相应的会计科目，否则需要手工输入会计科目
参数设置	如果当年已计提坏账准备，但坏账处理方式发生了变化，应该怎么办	如果当年已计提坏账准备，则坏账处理方式不允许修改，只能在下一年度修改
填制销售专用发票	应收款系统使用分两种情况：一是应收款管理系统与销售管理系统集成使用；二是单独使用应收款管理系统。两种情况下如何处理销售发票	如果应收款管理系统与销售管理系统集成使用，在销售管理系统中录入并审核专用发票，在应收款管理系统自动生成应收单，审核应收款，可以进行制单、核销等操作。应收款管理系统单独使用时，要在应收款管理中录入并审核销售发票，形成应收款，并对这些发票进行制单、核销等
凭证删除审核应收单	为什么有些应收单不能修改和删除	已审核和生成凭证的应收单不能修改和删除，如果要修改和删除，必须先取消相应的操作，如果已经生成凭证，应先删除凭证，再取消审核，然后才能修改和删除
设置基本科目	为什么有时不能执行预收冲应收	在初始设置时，如果将应收科目和预收科目设置为同一科目，将无法使用"预收冲应收"功能；此笔预收款也可不先冲应收款，待收到此笔货款的剩余款项并进行核销时，再同时使用此笔预收款进行核销
销售业务处理	为什么应收款管理系统不能结账	如果应收款管理系统与销售管理系统集成使用，应在销售管理系统结账后，才能对应收款管理系统进行结账处理

【实训报告】

通过扫描二维码查看实训报告格式，可以据此参照制作纸质实训报告。

【问题思考】

1. 应收款系统业务基本流程如何？

2. 如果在应收款系统参数中不设置基本科目，会出现什么情况？

3. 普通销售业务处理大致分哪几步？

实训报告：学习任务7-3

4. 现结业务相对于其他销售业务来说，特点有哪些？

5. 如何删除应收模块生成的凭证？

6. 如何取消核销？

【思政小课堂——"铁杵磨针"】

唐朝著名大诗人李白小时候不喜欢念书，常常逃学，到街上去闲逛。

一天，李白又没有去上学，在街上东遛遛、西看看，不知不觉到了城外。暖和的阳光、欢快的小鸟、随风摇摆的花草使李白感叹不已，"这么好的天气，如果整天在屋里读书多没意思？"

走着走着，在一个破茅屋门口，坐着一个满头白发的老婆婆，正在磨一根棍子般粗的铁杵。李白走过去问："老婆婆，您在做什么？"

"我要把这根铁杵磨成一个绣花针。"老婆婆抬起头，对李白笑了笑，接着又低下头继续磨着。

"绣花针？"李白又问，"是缝衣服用的绣花针吗？"

"当然！"

"可是，铁杵这么粗，什么时候能磨成细细的绣花针呢？"

老婆婆反问李白："滴水可以穿石，愚公可以移山，铁杵为什么不能磨成绣花针呢？"

"可是，您的年纪这么大了？"

"只要我下的功夫比别人深，没有做不到的事情。"

老婆婆的一番话，令李白很惭愧，于是回去之后，再没有逃过学。每天的学习也特别用功，终于成了名垂千古的诗仙。只要有决心，肯下功夫，多么难的事也能做成功！

你认为铁杵磨针能成功吗？

【项目小结】

本项目主要阐述了应收款管理中的相关业务逻辑与操作方法。

在开始学习时可能对发票和应收单、收款单，核销、票据管理，业务转账等操作不是很熟练，对很多业务流程感到困惑。

建议多思考前后业务逻辑关系，理解业务流程，最终掌握应收款管理模块的相关业务。

【即测即评】

扫描二维码，进行即测即评。

即测即评：项目七

项目八 应付款系统应用

【学习目标】

知识目标：

◎ 熟悉应付款系统的功能和操作流程。

◎ 了解数据维护基本方法。

◎ 理解期初建账基本原理。

能力目标：

◎ 能够正确进行应付款系统的初始设置。

◎ 掌握应付款单据处理的方法。

◎ 掌握应付款管理各种转账操作。

素养目标：

◎ 培养会计软件操作的规范性。

◎ 培养学生发现问题的敏感性。

◎ 培养吃苦耐劳精神和团队合作精神。

【学习指引】

应付款管理模块是企业用于管理企业应付款和采购发票，在该模块中将要学会选项的设置、应付单和发票的录入和审核、付款和预付款的操作、已达账的核销、票据的处理、汇兑损益的操作。

学习任务 8 –1 应付款系统的功能和操作流程

[**任务概述**] 应付款系统的功能是对企业与供应商之间发生的往来款项进行核算与管理。学习内容主要有三个部分：应付款系统的初始设置、日常业务处理（单据的处理）、期末结账。重点和难点集中在单据的处理，关键要厘清日常业务处理的流程。本任务介绍了应付系统的功能、应付款系统与其他系统之间的关系、应付款系统的操作流程，是后续操作训练的理论（原理）准备。

一、应付款系统的功能结构

应付款系统主要以采购发票、其他应付单等原始单据为依据，记录采购业务及其他业务所形成的往来款项，处理应付款的支付、转账等情况，提供票据处理功能，实现对应付款的管理。

系统根据对供应商往来款项核算和管理的程度不同，提供了两种应用方案。

（一）在总账系统核算供应商往来款项

如果企业应付款业务比较简单，或者现购业务多，则选择在总账系统通过辅助核算完成供应商往来核算。

（二）在应付款系统核算供应商往来款项

如果企业的应付款核算管理内容比较复杂，需要追踪每一笔业务的应付款、付款等情况，可以选择该方案。该方案下，录入形成应付和付款结算原始单据，所有供应商往来凭证全部由应付款系统根据原始单据生成，其他系统不再生成这类凭证。

应付款系统的主要功能包括：根据输入的单据或由采购系统传递过来的单据，记录应付款项的形成；处理应付项目的付款及转账业务；对应付票据进行记录和管理；在应付项目的处理过程中生成凭证，并向总账系统进行传递；提供各种查询及分析。具体功能如图8－1所示。

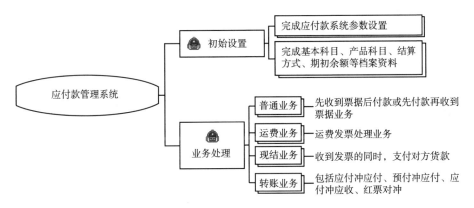

图8－1　应付款系统主要功能

二、应付款系统与其他系统的关系

应付款系统与其他系统的主要关系如图8－2所示。

三、应付款系统的操作流程

应付款的操作流程总体上分为三大块：一是初始化，主要定义基础档案和录入期初数据；二是日常业务，主要处理形成应付和付款结算管理、应付转账，其中，

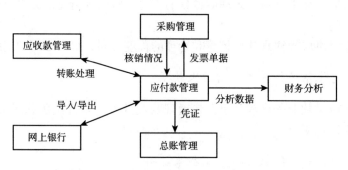

图 8 - 2　应付款系统与其他系统的主要关系

形成应付和付款结算是日常业务的主要业务，操作流程如图 8 - 3 所示；三是月末处理，主要完成月末结账。

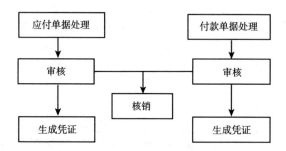

图 8 - 3　形成应付与付款结算流程

其中，应付单据处理就是形成应付，可以简单理解为收到发票，付款单据处理就是付款结算，可以简单理解为付款。应付单据处理和付款单据处理反映了应付款的两个方面。

学习任务 8 - 2　应付款系统初始设置

[**任务概述**] 本项学习任务主要训练学生掌握应付款系统参数和基础资料设置方法、应付款系统期初余额录入以及与总账对账方法。

一、任务目标

1. 理解应付款系统的功能以及业务处理流程。
2. 掌握应付款系统参数设置方法。
3. 掌握应付款系统的相关基础资料的设置方法。
4. 掌握应付款系统期初余额的录入及与总账对账的方法。

二、准备工作

1. 更改计算机系统时间为 2022 年 3 月 1 日。
2. 引入"7-2 应收款系统初始设置"文件夹下的备份账套。

三、任务引例

1. 666 账套应付款系统的参数。单据审核日期依据单据日期，按信用方式根据单据提前 7 天自动报警。
2. 基本科目。

应付基本科目设置，见表 8-1。

表 8-1　　　　　　　　　　　　　　　　应付基本科目

基础科目种类	科目	币种
应付科目	220201 应付账款——应付货款	人民币
预付科目	1123 预付账款	人民币
采购科目	1402 在途物资	人民币
税金科目	22210101 应交税费——应交增值税——进项税额	人民币
商业承兑科目	2201 应付票据	人民币
银行承兑科目	2201 应付票据	人民币
票据利息科目	6603 财务费用	人民币
票据费用科目	6603 财务费用	人民币
收支费用科目	660199 销售费用——其他	人民币
现金折扣科目	6603 财务费用	人民币
固定资产采购科目	1601 固定资产	人民币

对方科目设置，见表 8-2。

表 8-2　　　　　　　　　　　　　　　　对方科目设置

存货编码	存货名称	存货规格	采购科目	产品采购税金科目
003	惠普打印机		231401	22210101

3. 结算方式科目（见表8-3）。

表8-3　　　　　　　　　　　　结算方式科目

结算方式编码	结算方式名称	科目
1	现金	1001
2	现金支票	100201
3	转账支票	100201
4	电汇	100201
5	网上银行	100201
6	银行承兑汇票	100201

4. 账龄区间。账期内账龄区间设置总天数分别为10天、30天、60天和90天。逾期账龄区间设置总天数分别为30天、60天、90天和120天。

5. 报警级别。A级时的总比率为10%，B级时的总比率为20%，C级时的总比率为30%，D级时的总比率为40%，E级时的总比率为50%，总比率在50%以上的为F级。

6. 单据编号设置。修改采购专用发票的单据编号方式为"完全手工编号"；付款单的单据编号方式为"手工改动，重号时自动重取"。

7. 期初余额。单据类型为采购专用发票，方向为正向，存货税率均为13%，见表8-4。

表8-4　　　　　　　　　　　　期初余额情况

开票日期	票号	供应商名称	采购部门	科目	货物名称	数量	无税单价	价税合计
2022.2.20	2202001	戴尔集团	商品采购部	220201	戴尔电脑	100	5 000	565 000

【重要提示】系统参数设置中的"基本科目"的设置如果定义不当，会影响记账凭证的自动生成。有些内容并不难，但会影响整个系统的使用，一定要养成严谨细致的习惯。

四、操作指导

操作流程如图8-4所示。

图8-4　操作流程

（一）参数设置

1. 以 01 操作员的身份登录企业应用平台。

2. 打开应付款"选项"设置。单击〖业务导航〗—〖业务工作〗—〖财务会计〗—〖应付款管理〗—〖设置〗—〖选项〗菜单，打开账套参数设置界面，如图 8 – 5 所示。

视频：8 – 1
应付参数设置

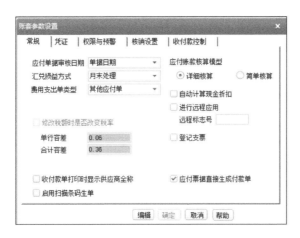

图 8 – 5　账套参数设置

3. 单击"编辑"按钮，根据任务引例资料修改参数。
4. 单击"确定"按钮，自动保存设置，并关闭选项界面。

（二）核算规则设置

应付款系统核算规则设置如图 8 – 6 所示。

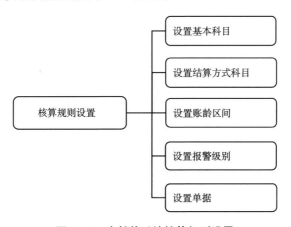

图 8 – 6　应付款系统核算规则设置

1. 设置基本科目。用于设置生成凭证时所需要的基本科目，当有的产品或客户使用特殊科目时，需要在控制科目和产品科目中进行单独定义。

（1）打开"初始设置"功能。双击〖业务导航〗—〖业务工作〗—〖财务会计〗—〖应付款管理〗—〖设置〗—〖科目设置〗菜单，打开"科目设置"界面。

（2）录入基本科目数据。选中"科目设置"下的"基本科目"，根据任务引例资料录入参数，如图8-7所示。

注意：此处录入2201科目会提示"受控科目"，点击"编辑"打开会计科目，找到2201，修改为供应商往来。

基本科目

基本科目种类	科目	币种
应付科目	220201	人民币
预付科目	1123	人民币
采购科目	1402	人民币
税金科目	22210101	人民币
商业承兑科目	2201	人民币
银行承兑科目	2201	人民币
票据利息科目	6603	人民币
票据费用科目	6603	人民币
收支费用科目	660199	人民币
现金折扣科目	6603	人民币
固定资产采购科目	1601	人民币

图8-7　科目设置

（3）录入对方科目数据。选中"科目设置"下的"对方科目"，根据任务引例资料录入参数，如图8-8所示。

应付对方科目

序号	存货编码	存货名称	存货分类编码	存货分类名称	采购科目编码	采购科目名称	采购税金科目…	采购税金科目名称	进项税额转出科目…
1	003	惠普打印机			231401	受托代销商品款	22210101	进项税额	

图8-8　科目设置——应付对方科目设置

设置基本科目相关说明如图8-9所示。

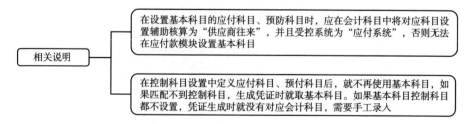

相关说明

在设置基本科目的应付科目、预防科目时，应在会计科目中将对应科目设置辅助核算为"供应商往来"，并且受控系统为"应付系统"，否则无法在应付款模块设置基本科目

在控制科目设置中定义应付科目、预付科目后，就不再使用基本科目，如果匹配不到控制科目，生成凭证时就取基本科目。如果基本科目控制科目都不设置，凭证生成时就没有对应会计科目，需要手工录入

图8-9　设置基本科目相关说明

2. 设置结算方式科目。不同付款方式对应不同会计科目，定义此内容后，付款时会自动填写凭证的贷方科目。

（1）打开"初始设置"功能。单击〖业务导航〗—〖业务工作〗—〖财务会计〗—〖应付款管理〗—〖设置〗—〖科目设置〗菜单，打开"初始设置"界面。

（2）录入结算方式科目数据。单击〖科目设置〗—〖结算科目〗菜单，打开结算方式科目设置。录入结算方式"现金"，币种"人民币"，科目"1001"，依次录入其他数据，如图 8 - 10 所示。

图 8 - 10　初始设置——结算方式科目设置

3. 设置账龄区间。

（1）打开"初始设置"功能。单击〖业务导航〗—〖业务工作〗—〖财务会计〗—〖应付款管理〗—〖设置〗—〖初始设置〗菜单，打开"初始设置"界面。

（2）录入账期内账龄区间数据。单击〖账期内账龄区间设置〗菜单，进入"账期内账龄区间设置"窗口，根据任务引例资料录入参数。

（3）用账期内账龄区间数据录入的方法，录入逾期账龄区间数据。

（4）单击工具栏上的"关闭"按钮，关闭当前界面。

4. 设置报警级别。

（1）打开"初始设置"功能。单击〖业务导航〗—〖业务工作〗—〖财务会计〗—〖应付款管理〗—〖设置〗—〖初始设置〗菜单，打开"初始设置"界面。

（2）录入报警级别数据。单击初始设置中的〖报警级别设置〗菜单，进入"报警级别设置"窗口。录入总比率"10"，录入级别名称"A"，依次录入其他数据。

（3）单击右上角的"关闭"按钮，关闭当前界面。

5. 设置单据编号。设置单据编号指设置单据的编号是由手工录入编号还是由计算机自动编码，有些单据的编码具有特别的用处，如发票的编号，特别是采购发票的编号。

（1）打开"单据编号设置"界面。单击〖业务导航〗—〖基础设置〗—〖单据设置〗—〖单据编号设置〗菜单，打开设置窗口。

（2）选择设置对象。在左边的单据类型中选择"采购管理"—"采购专用发票"。

（3）进入修改状态。单击工具栏上的"修改"按钮🎯，详细信息的内容变成有效状态。

（4）选择"完全手工编号复选框"。

（5）单击"保存"按钮，自动保存修改。

（6）依次修改"付款单"，将付款单的编号改成手工改动，重号时自动重取。

（7）单击"退出"按钮，关闭当前界面。

（三）期初余额录入

视频：8 - 2
期初余额录入

由于应付系统数据的输入有形成应付和付款结算两个方面，因此，其期初值也会有这两个方面，如未核销的采购发票和预付款。

1. 打开"期初余额"功能。单击〖应付单据处理〗—〖应付单据录入〗菜单，系统打开"期初余额—查询"对话框。

2. 设置过滤查询条件。单击"确定"按钮，进入"期初余额明细表"窗口。

3. 进入增加状态。单击工具栏上的"增加"按钮，打开"单据类别"对话框。

4. 选择单据类别。单据名称选择"采购发票"，单据类型选择"采购专用发票"，方向选择"正向"，单击"确定"按钮，进入"采购专用发票"窗口。

5. 新增一张空发票。单击工具栏上的"增加"按钮，自动增加一张空表。

6. 录入发票。将开票日期修改为"2022 - 02 - 20"，录入发票号"2202001"，选择供应商"戴尔集团"，选择存货编码"002"，录入数量"100"，录入原币单价"5 000"，如图 8 - 11 所示。

图 8 - 11 期初采购专用发票

7. 单击工具栏上的"保存"按钮，自动保存数据。

8. 单击右上角的"关闭"按钮，关闭当前界面。

（四）检查与校验

在应付款期初余额录入完成后，应通过对账功能将应付款系统的期初余额与总账系统的期初余额进行核对。

视频：8-3 检查与校验

1. 打开"期初余额"功能。单击〖业务导航〗—〖业务工作〗—〖财务会计〗—〖应付款管理〗—〖设置〗—〖期初余额〗菜单，打开"期初余额明细表"界面。

2. 进行对账。单击工具栏的"对账"按钮，打开"期初对账"界面，如图8-12所示。

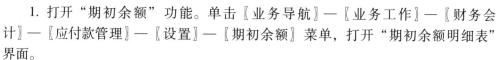

图8-12　期初对账

3. 单击右上角的"关闭"按钮，关闭期初对账和期初余额窗口。

（五）账套备份

将账套输出至"8-2应付款系统初始设置"文件夹，压缩后保存到U盘。

五、疑难解答

问题：为什么在应付款"初始设置"时"应付、预付"科目不能被选中？

解答：在设置基本科目的"应付、预付"科目时，应在总账系统中把"应付、预付"科目设置为"供应商往来"辅助核算，并设置受控系统为"应付系统"，否则在这里不能被选中。

【实训报告】

通过扫描二维码查看实训报告格式，可以据此参照制作纸质实训报告。

【问题思考】

1. 如果在应付款系统参数中不设置基本科目，会造成什么样的影响？

2. 如果已经在总账中设置了相应的基础资料，在应付款管理系统中还需要设置吗？

3. 如果总账系统与应付款系统对账时系统提示"余额不平"，应该怎样解决？

实训报告：学习任务8-2

学习任务8-3　应付款单据处理

[任务概述] 本项学习任务主要训练学生掌握各类应付款业务单据处理的基本方法。

一、任务目标

1. 熟练掌握普通业务的流程及处理方法。
2. 掌握其他应付款的业务流程及处理方法。
3. 掌握现结采购业务流程及处理方法。
4. 掌握退货与退款业务流程及处理方法。
5. 掌握转账业务流程及处理方法。

二、准备工作

1. 了解应付款系统日常业务操作流程。
2. 更改计算机系统时间为2022年3月31日。
3. 引入"8-2应付款系统初始设置"文件夹下的备份账套。

三、任务引例

（一）普通业务

1. 2022年3月8日，向联想集团采购联想电脑10台，无税单价为5 000元，增值税率为13%，采购专用发票号码：2203001，共计56 500元，款未付。

2. 2022年3月8日，财务部门审核发票，生成应付款凭证。

3. 2022年3月9日，财务部门向联想集团支付货款，开出转账支票一张，支票号为ZZ6001，金额为56 500元，系支付上一次的货款。

4. 2022年3月9日，审核付款单，生成付款单凭证。

5. 2022年3月9日，核销联想集团的往来账。

（二）运费业务

1. 2022年3月10日，收到联想集团开具的200元运费专用发票，发票号2203002，款未付。

2. 2022年3月10日，财务部门支付转账支票一张，支票号为ZZ6002，金额为7 000元，支付运费后，多余资金作为预付账款处理。

3. 2022年3月11日，审核发票和付款单，生成凭证，核销往来账。

（三）现结业务

2022年3月11日，向联想集团采购联想电脑10台，无税单价为5 000元，增值税率为13%，采购专用发票号码为2203003，共计56 500元，当日支付转账支票一张，支票号为ZZ6003。财务部门审核发票，生成凭证。

（四）退货与退款业务

2022年3月14日，因质量原因，向联想集团按原价退回联想电脑一台，联想集团开出红字专用发票，发票号为2203004，同时收到现金支票一张（XJ0091），退还货款。审核相关单据，生成凭证。

（五）转账业务

1. 2022年3月15日，向联想集团采购联想电脑1台，无税单价为5 000元，增值税率为13%，采购专用发票号码为2203005，共计5 650元，款未付，财务部门审核发票，生成凭证。

2. 2022年3月16日，经双方同意，将联想集团的上一笔货税款5 650元与预付款冲抵，生成凭证。

【重要提示】关注应付款系统中日常业务处理的流程。尽管应付款业务分为几类，如普通采购业务、其他应付款业务、现结业务、退货和退款业务等，其实业务流程大体相似，一般需要填制单据（采购发票或其他应付单等）→审核单据→生成凭证→填制付款单→审核付款单→生成凭证→核销往来。在掌握共性的基础上再把握特点，要容易很多，也会加深理解。

四、操作指导

（一）普通业务

普通业务是指先收到票后付款或先付款后收到票的业务，无论是先收到票还是先付款，原则上是先发生什么业务就先做什么业务。操作流程如图8-13所示。

视频：8-4
标准应付业务
（普通业务）

图8-13　操作流程

1. 填制采购专用发票。

（1）以01操作员的身份登录企业应用平台。

（2）打开"采购专用发票录入"功能。单击〖应付处理〗—〖采购发票〗—〖采购专用发票录入〗菜单。

（3）进入增加状态。单击工具栏上的"增加"按钮，自动增加一张空表。

（4）录入发票。将开票日期修改为"2022-03-08"，录入发票号"2203001"，选择供应商"联想集团"，选择存货编码"001"，录入数量"10"，录入原币单价"5 000"，如图8-14所示。

图 8 - 14　采购专用发票

（5）单击工具栏上的"保存"按钮，保存数据。

（6）单击窗口上的"关闭"按钮，退出当前界面。

填制采购专用发票相关说明如图 8 - 15 所示。

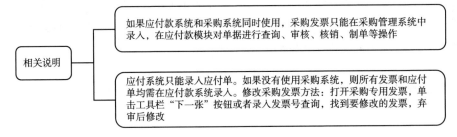

图 8 - 15　填制采购专用发票相关说明

2. 审核采购专用发票。

（1）打开"应付单据审核"功能。单击〖业务导航〗—〖业务工作〗—〖财务会计〗—〖应付款管理〗—〖应付处理〗—〖采购发票〗—〖采购发票审核〗菜单，单击"查询"按钮，如图 8 - 16 所示。

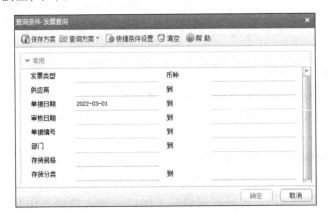

图 8 - 16　发票查询过滤条件

注意：过滤条件中，制单状态、审核状态、结算状态根据需要选择。

（2）进行审核。单击"确定"按钮，进入"应付单据列表"窗口。单击工具栏上的"全选"按钮，如图8-17所示。

图8-17 应付单据列表

（3）审核单据。单击窗体工具栏上的"审核"按钮，弹出提示"本次成功审核单据1张"对话框，单击"确定"按钮。

（4）单击窗口上的"关闭"按钮，关闭当前界面。

3. 生成采购凭证。

（1）打开"凭证处理"功能。单击〖生成凭证〗菜单，打开"制单查询"界面，如图8-18所示。

图8-18 制单查询

（2）设置查询条件。选中"发票"前的复选框，单击"确定"按钮，进入"采购发票制单"窗口，如图8-19所示。

图8-19 采购发票制单

（3）生成转账凭证。先单击工具栏上的"全选"按钮，修改凭证类别为"转账凭证"，再单击工具栏上的"制单"按钮，生成转账凭证，如图8-20所示。

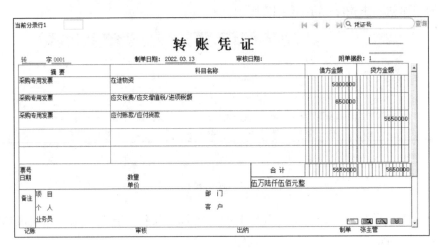

图8-20　采购转账凭证

（4）单击工具栏上的"保存"按钮，保存数据。

（5）单击工具栏上的"关闭"按钮，关闭当前界面。

4. 填制付款单。

（1）打开"付款单据录入"功能。单击〖付款处理〗—〖付款单据录入〗菜单，打开付款单界面。

（2）进入增加状态。单击工具栏上的"增加"按钮，自动增加一张空表。

（3）录入付款单。将日期修改为"2022-03-09"，选择供应商"联想集团"，选择结算方式"转账支票"，录入金额"56 500"，录入票据号"ZZ6001"，录入摘要"向联想集团支付货款"，如图8-21所示。

图8-21　填制付款单

（4）单击工具栏上的"保存"按钮，保存数据。

（5）单击窗口上的"关闭"按钮，退出当前界面。

5. 审核付款单。

（1）打开"付款单据审核"功能。单击〖业务导航〗—〖业务工作〗—〖财务会计〗—〖应付款管理〗—〖付款处理〗—〖付款单据审核〗菜单，进入"付款单过滤条件"界面。

（2）设置过滤条件。单击"确定"按钮，进入"收付款单列表"窗口，如图 8-22 所示。

图 8-22 收付款单列表

（3）审核付款单。先单击工具栏上的"全选"按钮，再单击"审核"按钮，系统提示"本次成功审核 1 张单据"，单击"确定"按钮。

（4）单击窗口上的"关闭"按钮，关闭当前界面。

6. 生成付款凭证。

（1）打开"凭证处理"功能。单击〖生成凭证〗菜单，打开制单查询界面。

（2）设置查询条件。选中"收付款单"前的复选框，单击"确定"按钮，进入"收付款单制单"窗口。

（3）生成付款凭证。先单击工具栏上的"全选"按钮，再单击"制单"按钮，生成记账凭证，如图 8-23 所示。

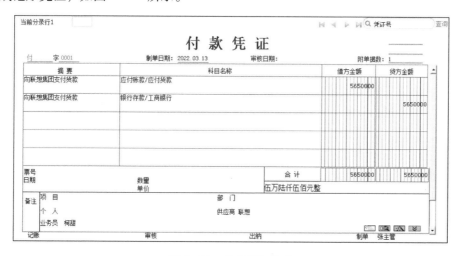

图 8-23 付款凭证生成

（4）单击工具栏上的"保存"按钮，保存数据。

（5）单击工具栏上的"关闭"按钮，关闭当前界面。

7. 核销往来账。核销分为手工核销和自动核销。当付款单上的金额与发票金额一致时，可以自动核销，但在学习过程中，自动核销无法看清核销的原理，因此，建议采用手工核销的方式。

（1）打开"核销"功能。单击〖业务导航〗—〖业务工作〗—〖财务会计〗—〖应付款管理〗—〖核销处理〗—〖手工核销〗菜单，进入"核销条件"界面，如图8-24所示。

图8-24 核销条件

（2）录入核销条件。选择供应商"联想集团"，单击"确定"按钮，进入"单据核销"窗口。

（3）录入核销数据。在上半部分的"本次结算"栏的第1行录入"56 500"，在下半部分的"本次结算"栏的第1行录入"56 500"，如图8-25所示。

图8-25 应付款管理——单据核销

（4）单击工具栏上的"保存"按钮，核销并保存数据。

（5）单击窗口上的"关闭"按钮，退出当前界面。

（二）运费业务

视频：8-5
运费业务

运费业务比较特殊，当运费开具了运费发票，就需要通过发票的形式录入单据，当没有开具发票时，就需要通过其他应付单的形式录入。此题以发票的形式录入，操作流程如图8-26所示。

图8-26 操作流程

1. 填制运费专用发票。

（1）打开"采购专用发票录入"功能。单击〖业务导航〗—〖业务工作〗—〖财务会计〗—〖应付款管理〗—〖应付处理〗—〖采购发票〗—〖采购专用发票录入〗菜单。

（2）进入增加状态。单击工具栏上的"增加"按钮，自动增加一张空表。

（3）录入发票。将开票日期修改为"2022－03－10"，选择供应商"联想集团"，选择存货编码"004"，录入原币金额"200"，如图8－27所示。

专用发票								

专用发票　　　　　发票类型 * 采购专用发票　　　发票号 * 2203002

业务类型		发票类型 * 采购专用发票		发票号 * 2203002			
开票日期 * 2022-03-10		供应商 联想		代垫单位 * 联想			
采购类型		税率 9.00		部门名称 商品采购部			
业务员 柯甜		币种 * 人民币		汇率 * 1			
发票日期		付款条件		备注			

增行　删行　插行　批改　　关联单据　　显示格式　▾　排序定位　▾

	存货编码	存货名称	规格型号	主计量	数量	原币单价	原币金额	原币税额	原币价税合计	税率
1	004	运输费		公里			200.00	18.00	218.00	9.00
2										

图 8－27　填制运费专用发票

（4）单击工具栏上的"保存"按钮，保存数据。

（5）关闭窗口。

运费发票相关说明如图8－28所示。

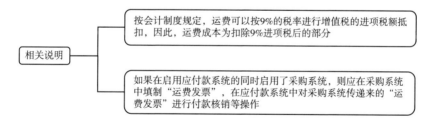

相关说明
- 按会计制度规定，运费可以按9%的税率进行增值税的进项税额抵扣，因此，运费成本为扣除9%进项税后的部分
- 如果在启用应付款系统的同时启用了采购系统，则应在采购系统中填制"运费发票"，在应付款系统中对采购系统传递来的"运费发票"进行付款核销等操作

图 8－28　运费发票相关说明

2. 填制付款单。

（1）打开"付款单据录入"功能。单击〖业务导航〗—〖业务工作〗—〖财务会计〗—〖应付款管理〗—〖付款处理〗—〖付款单据录入〗菜单，进入"付款单"界面。

（2）进入增加状态。单击工具栏上的"增加"按钮，自动增加一张空表。

（3）录入付款单。将日期修改为"2022－03－10"，选择供应商"联想"，选择结算方式"转账支票"，录入金额"7 000"，录入票据号"ZZ6002"，录入摘要"支付运费"，如图8－29所示。

（4）录入预付金额。在第一行单击"款项类型"栏的下拉按钮，选择"应付款"，在"金额"栏录入"218"；在第二行单击"付款类型"栏的下拉按钮，选择"预付款"，在"金额"栏录入"6782"。

付款单 ↺ |◄ ◄ ► ►| 🔍 单据号/条码 高级

单据编号	0000000002	日期	* 2022-03-10	供应商	* 联想
结算方式	* 转账支票	结算科目	100201	币种	* 人民币
汇率	1	金额	* 7000.00	本币金额	7000.00
供应商银行		供应商账号		票据号	ZZ6002
部门	商品采购部	业务员	柯甜	项目	
摘要					

插行　删行　批改　显示格式 ▾　排序定位 ▾　关联单据

	款项类型	供应商	科目	金额	本币金额	部门	业务员	项目
1	应付款	联想	220201	218.00	218.00	商品采购部	柯甜	
2	预付款	联想	1123	6782.00	6782.00	商品采购部	柯甜	

图 8-29　填制付款单

（5）单击工具栏上的"保存"按钮，保存数据。

（6）单击窗口上的"关闭"按钮，退出当前界面。

3. 审核发票和付款单。操作方法与普通业务相同。

4. 生成凭证。操作方法与普通业务相同。

5. 核销往来账。

（1）打开"核销"功能。单击〖业务导航〗—〖业务工作〗—〖财务会计〗—〖应付款管理〗—〖核销处理〗—〖手工核销〗菜单，进入"核销条件"界面。

（2）录入核销条件。选择供应商"联想集团"，单击"确定"按钮，进入"单据核销"窗口。

（3）录入核销数据。在上半部分的"本次结算"栏的第 1 行录入"218"，在下半部分的"本次结算"栏的第 1 行录入"218"，如图 8-30 所示。

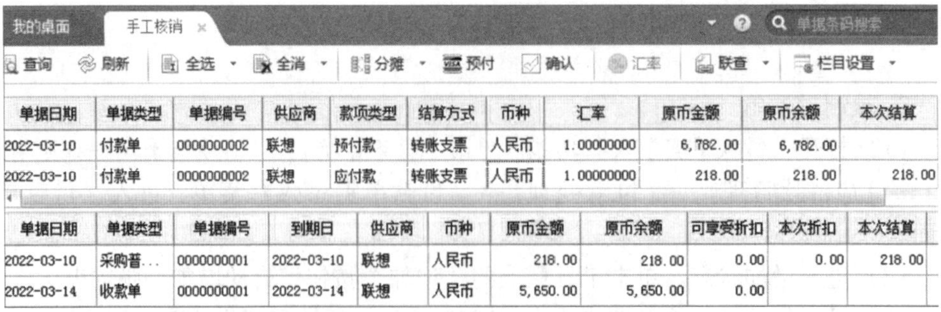

我的桌面　　手工核销 ✕　　　　　　　　　　▾ ❓ 🔍 单据条码搜索

查询　刷新　全选　全消　分摊 ▾　预付　确认　汇率　联查 ▾　栏目设置 ▾

单据日期	单据类型	单据编号	供应商	款项类型	结算方式	币种	汇率	原币金额	原币余额	本次结算
2022-03-10	付款单	0000000002	联想	预付款	转账支票	人民币	1.00000000	6,782.00	6,782.00	
2022-03-10	付款单	0000000002	联想	应付款	转账支票	人民币	1.00000000	218.00	218.00	218.00

单据日期	单据类型	单据编号	到期日	供应商	币种	原币金额	原币余额	可享受折扣	本次折扣	本次结算
2022-03-10	采购普...	0000000001	2022-03-10	联想	人民币	218.00	218.00	0.00	0.00	218.00
2022-03-14	收款单	0000000001	2022-03-14	联想	人民币	5,650.00	5,650.00	0.00		

图 8-30　应付款管理——单据核销

（4）单击工具栏上的"保存"按钮，核销并保存数据。

（5）关闭窗口。

（三）现结业务

现结业务是指在收到发票的同时，支付对方的货款。由于在应付模块中，在采购发票中无法录入付款信息，填写发票和付款信息还是需要分开操作，因此，操作方法与普通业务完全相同。

1. 填制并审核采购专用发票，生成凭证。操作方法与普通业务相同。

2. 填制并审核付款单，生成凭证。操作方法与普通业务的相同。

3. 核销往来账。操作方法与普通业务相同。

视频：8－6 现结业务

【相关说明】现结业务在只启用应付而没有采购时，开票与付款只能分开录入。

（四）退货与退款业务

退货与退款业务操作流程与普通业务相同，只是数量方向相反，退款时注意"切换"。操作流程如图8－31所示。

视频：8－7 应付退货与退款业务

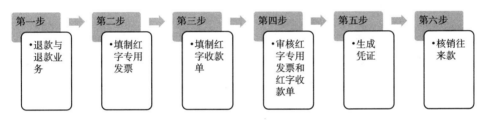

图8－31　操作流程

1. 填制红字专用发票。

（1）打开"红字采购专用发票"功能。单击〖业务导航〗—〖业务工作〗—〖财务会计〗—〖应付款管理〗—〖应付处理〗—〖采购发票〗—〖红字采购专用发票录入〗菜单，打开"单据类别"对话框。

（2）选择单据类别。单据名称选择"采购发票"，单据类型选择"采购专用发票"，方向选择"负向"，单击"确定"按钮，进入红字"专用发票"窗口。

（3）进入增加状态。单击工具栏上的"增加"按钮，自动增加一张空表。

（4）录入发票。将开票日期修改为"2022－03－14"，录入发票号"2203004"，选择供应商"联想集团"，选择存货编码"001"，录入数量"－1"，录入原币单价"5 000"，如图8－32所示。

（5）单击工具栏上的"保存"按钮，保存数据。

（6）关闭窗口。

2. 填制红字收款单。

（1）打开"付款单据录入"功能。单击〖业务导航〗—〖业务工作〗—〖财务会计〗—〖应付款管理〗—〖付款处理〗—〖付款单据录入〗菜单，进入"付款单"

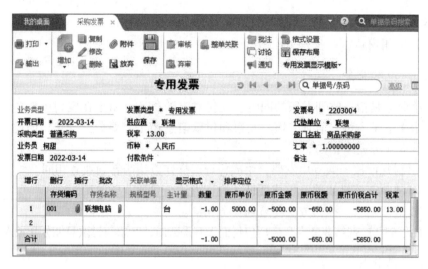

图 8–32　填制红字采购专用发票

窗口。

（2）切换单据状态。单击工具栏上的"切换"按钮，进入红字"收款单"界面。

（3）进入增加状态。单击工具栏上的"增加"按钮，自动增加一张空表。

（4）录入红字收款单。将日期修改为"2022–03–14"，选择供应商"联想集团"，选择结算方式"现金支票"，录入金额"5 650"，录入票据号"XJ0091"，录入摘要"退还货款"，如图 8–33 所示。

图 8–33　填制红字收款单

（5）单击工具栏上的"保存"按钮，保存数据。

（6）关闭窗口。

【相关说明】供应商退货，单击工具栏上的"切换"按钮，填制红字收款单。

3. 审核红字专用发票和红字付款单。操作方法同普通业务的单据审核。

4. 生成凭证。操作方法同普通业务的凭证生成。

5. 核销往来账。操作方法同普通业务的往来账核销。

（五）转账业务

转账业务包括应付冲应付、预付冲应付、应付冲应收、红票对冲。意义与应收款里的转账功能相同。下面以预付冲应付为例，操作流程如图 8-34 所示。

视频：8-8
转账业务

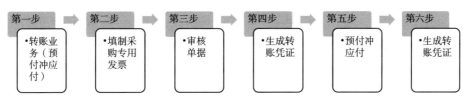

图 8-34　操作流程

1. 填制采购专用发票。操作方法同普通业务的发票填制。

2. 审核单据。操作方法同普通业务的单据审核。

3. 生成转账凭证。操作方法同普通业务的凭证生成。

4. 将预付账款冲抵应付账款。

（1）打开"预付冲应付"功能。单击〖业务导航〗—〖业务工作〗—〖财务会计〗—〖应付款管理〗—〖转账〗—〖预付冲应付〗菜单，打开"预付冲应付"窗口。

（2）录入供应商。选择供应商"联想集团"。

（3）录入预付款金额。打开"预付款"选项卡，单击"过滤"按钮，在窗体第一行的"转账金额"栏录入"5 650"，如图 8-35 所示。

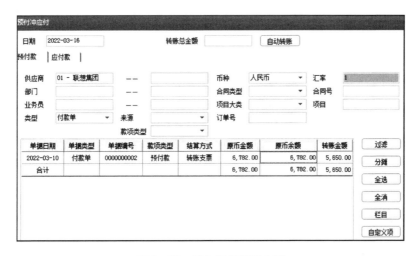

图 8-35　录入预付转账金额

（4）录入应付款金额。打开"应付款"选项卡，单击"过滤"按钮，在窗体第一行的"转账金额"栏录入"5 650"，如图8-36所示。

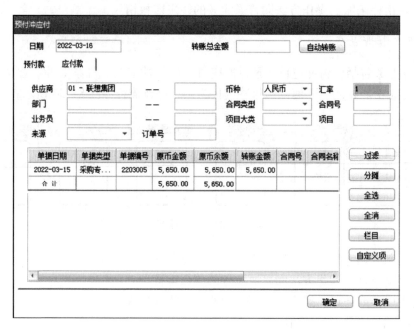

图8-36 录入应付转账金额

（5）单击"确定"按钮，弹出"是否立即制单"信息提示框，单击"否"按钮。

（6）单击"取消"按钮，关闭当前界面。

5. 生成转账凭证。

（1）打开"制单处理"功能。单击〖业务导航〗—〖业务工作〗—〖财务会计〗—〖应付款管理〗—〖凭证处理〗菜单，打开"生成凭证"对话框。

（2）设置查询条件。选中"预付冲应付"复选框，单击"确定"按钮，打开"转账制单"窗口。

（3）制单。单击工具栏上的"全选"按钮，选择凭证类别为"转账凭证"，单击"制单"按钮，生成一张记账凭证。

（4）单击工具栏上的"保存"按钮，保存数据。

（5）关闭界面。

（六）账套备份

将账套输出至"8-3应付款单据处理"文件夹，压缩后保存到U盘。

五、疑难解答

学习任务8-3疑难解答见表8-5。

表8-5   学习任务8-3疑难解答

问题出处	问题描述	问题解答
与其他系统的关系	应付款系统生成的凭证怎样审核、记账	应付款系统生成的凭证会自动传递到总账系统，在总账系统进行审核、记账
操作流程	应付系统中生成的凭证在总账中可以直接修改、删除吗	不可以，应收应付模块生成的凭证在总账中只能查看，属于账务外转账凭证，如果在总账中可以修改删除，会导致总账数据与应收应付原始单据数据不相符。如果凭证有错误，只能先到应收应付模块里面查询凭证，再删除凭证，然后修改发票或收付款单，最后重新生成凭证，以保证凭证与原始单据数据相符
单据查询整理凭证	如何删除应收或应付模块生成的凭证	双击应收或应付模块的"单据查询"—"凭证查询"，显示已生成的凭证列表，选择相关凭证，通过工具栏上的"删除"按钮删除，然后到总账的填写凭证功能中整理凭证即可
对账	如果与总账对账时提示"金额不平"，是什么原因	以应收模块为例，对账时是将应收模块原始单据与总账模块相应科目的余额进行核对，发生对账不平的原因有：期初对账不平；应收模块的发票、收款单等原始单据没有生成凭证；总账中的凭证没有记账
其他处理	如何取消核销	双击应收或应付模块的"其他处理"—"取消操作"，在操作类型中选择"核销"，显示已核销记录列表，选择相关记录，单击工具栏上的"确认"按钮即可
基本科目设置	在应付款系统中，自动生成凭证时，为什么缺少会计科目	在应付款管理系统"系统参数"设置时应定义相应的"基本科目"，只有这样，系统自动生成凭证时才会出现相应的会计科目，否则需要手工输入会计科目

【实训报告】

通过扫描二维码查看实训报告，可以据此参照制作纸质实训报告。

【问题思考】

1. 应付款管理系统的基本操作流程如何？
2. 普通采购业务分哪几个步骤？
3. 现付业务相对于其他采购业务来说，其特点在哪里？
4. 退货与退款的大致流程及特点怎样？

【思政小课堂——"合规的内控"】

乐视网的内控案例

2010年乐视网初登创业板，依靠版权内容和会员付费的创新模式，当年的年营业收入就高达2.3亿元。在2014年，乐视提出生态模式后，公司构建了"互联网及云、内容、大屏"三大子生态，销售收入开始暴涨，净利润率却逐年降低，及至2016年实现年营收超200亿元，市值超过600亿元。

实训报告：学习任务8-3

到 2016 年 11 月，乐视手机的供应链厂商收不到钱，断货止血，乐视实际控制人贾跃亭发布名为《乐视的海水与火焰：是被巨浪吞没还是把海洋煮沸》的公开信，承认乐视资金状况出现问题。

此后，2016 年第四季度起，机构开始大批撤离乐视网，乐视债务危机爆发。

2020 年 5 月 14 日下午，深交所发布关于乐视网信息技术（北京）股份有限公司（以下简称乐视网）终止上市的公告。乐视网曾经最高市值达 1 700 亿元，成为创业板"一哥"不到五年，被宣布终止上市。对于中国创业板市场来说，乐视网退市是一个标志性事件。对于超过 28 万深受打击的乐视网股民来说，是一次深刻的投资风险教育。对创业板其他公司来说，乐视网退市，敲响了内部控制体系建设的警钟。

企业的内控建设是一项长期工程，需要与企业风险管理一起进行。而加强企业内控体系建设首先要保障企业发展战略科学制定和有效实施。该事件中某人的"一言堂"是乐视网最大的战略风险防控隐患。某人的发展战略过于激进，严重脱离企业的实际发展能力，导致过度扩张，走向失败是必然的结果。

资料来源：康大林等. 乐视企业财务困境案例分析［J］. 吉林金融研究，2018（12）.

【项目小结】

本项目主要阐述了应付款管理模块的业务逻辑和操作流程。

在此章节同学们需要掌握应付款管理系统的初始设置，应付单和采购发票、付款单的录入及后续处理，转账操作的含义。

要求可以熟练操作应付款管理模块并了解该模块和采购管理模块的关联。

即测即评：项目八

【即测即评】

扫描二维码，进行即测即评。

项目九　供应链管理系统应用

【学习目标】

知识目标：
◎ 熟悉供应链管理系统的功能与操作流程。

◎ 掌握供应链管理系统初始设置的方法。

◎ 掌握各模块基本功能。

◎ 理解销售管理与其他系统的数据传递关系。

◎ 熟知各模块业务操作流程。

能力目标：
◎ 掌握普通采购、销售业务操作技能及技巧。

◎ 掌握特殊采购、销售业务操作技能及技巧。

◎ 掌握调拨、盘点其他业务操作技能及技巧。

◎ 掌握出入库成本核算、调整操作技能及技巧。

素养目标：
◎ 培养工作严谨性，学会辨认业务各方原始单据。

◎ 培养团队合作意识，树立爱岗敬业精神。

【学习指引】

供应链管理系统从采购、销售、库存、存货、往来账管理等多个方面解决了物流、信息流、资金流三者协同的财务业务一体化管理问题。当企业发生采购货物或者销售商品等业务时，各业务部门录入业务原始单据，系统根据原始单据自动生成一系列会计凭证并传递到总账模块。业务开展前，需要准备好企业的存货数据、仓库数据、采购与销售业务类别以及应收款与应付款账期管理方案。

学习任务9-1　供应链管理系统功能和操作流程

[**任务概述**] 供应链管理是用友管理软件的重要组成部分，它突破了会计核算软件单一财务管理的局限，实现了从财务管理到企业财务业务一体化全面的管理，实现了物流、资金流、信息流三流合一的管理。供应链管理系统包括采购管理、销售管理、库存管理、存货管理四大模块，同时与应收、应付模块配合，最

终将凭证传递至总账，同时，UFO报表也可以通过从供应链系统中取数来编制个性化报表。本任务介绍供应链管理系统的功能、供应链管理系统与其他系统的关系、供应链业务处理流程，是后续操作训练的理论（原理）准备。

一、供应链管理系统的功能结构

供应链管理系统的各模块既可单独使用，也可集成使用，在本项目中，各模块集成使用，具体功能见图9-1。

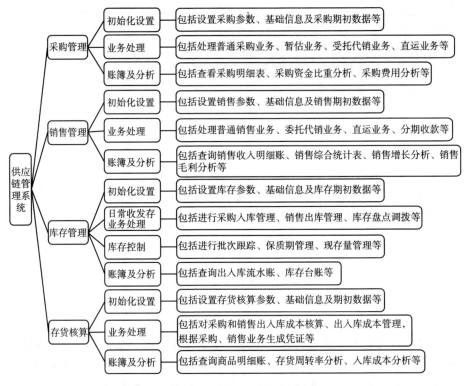

图9-1 供应链管理系统的主要功能

二、供应链管理系统与其他系统的关系

供应链各模块与系统的其他模块有着复杂的关系，在一笔普通的采购业务或销售业务中，需要多个模块配合使用。

1. 采购管理与其他系统的关系（见图9-2）。
2. 销售管理与其他系统的关系（见图9-3）。
3. 库存管理与其他系统的关系（见图9-4）。
4. 存货核算与其他系统的关系（见图9-5）。

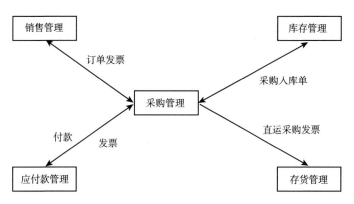

图 9 - 2　采购管理与其他系统的关系

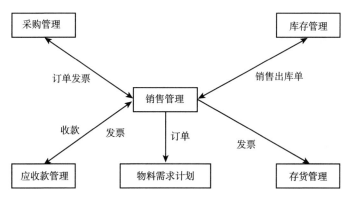

图 9 - 3　销售管理与其他系统的关系

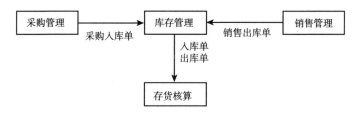

图 9 - 4　库存管理与其他系统的关系

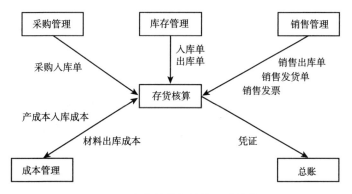

图 9 - 5　存货核算与其他系统的关系

三、供应链业务处理流程

供应链业务流程的种类特别多，不同的行业或不同的企业，由于面对的产品不同，内控的要求也不同，企业设计的操作流程也不会相同，为了学习方便，现列举出普通业务流程图，主要业务模型的使用在后面的学习任务中进行。

1. 普通采购业务流程图（见图9-6）。

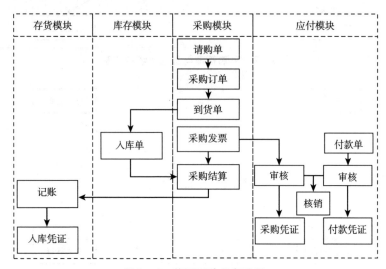

图9-6 普通采购业务流程

2. 销售业务操作流程。一笔完整的销售业务需要销售模块、库存模块、存货模块、应收模块分工协同工作才完成。不同类型的销售业务，其业务流程具有一定的差异性，以先发货后开票普通销售业务为例，按模块展示销售业务流程如图9-7所示。

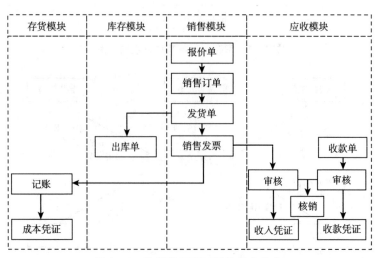

图9-7 先发货后开票销售业务流程

学习任务 9 – 2 供应链管理系统初始设置

[**任务概述**] 供应链管理突破了单一财务管理的局限，实现了财务业务一体化管理。本任务要求掌握供应链管理系统基础档案设置、系统参数设置和期初数据录入的方法。

一、任务目标

1. 掌握各个模块的系统信息的设置以及各个功能的作用。
2. 掌握期初数据录入和单据填写的方法。

二、准备工作

1. 确保总账系统、应收款系统、应付款系统已进行初始化设置。
2. 初步了解供应链管理系统的基本功能。
3. 整理好供应链管理所需信息及数据。
4. 更改计算机时间为 2022 年 3 月 1 日。
5. 引入"8 – 2 应付款系统初始设置"文件夹下的备份账套。

三、任务引例

1. 系统启用。在原有已启用"GL 总账""AR 应收款管理""AP 应付款管理""FA 固定资产""WA 薪资管理"的基础上，增加启用"CM 合同管理""SA 销售管理""PU 采购管理""ST 库存管理""IA 存货核算"五个模块，启用日期为 2022 年 3 月 1 日。
2. 合同分组设置：购销合同、劳务合同。
3. 合同类型设置（见表 9 – 1）。

表 9 – 1　　　　　　　　　　　　　　　合同类型

类型编码	类型名称	合同性质
01	销售合同	销售类合同
02	委托代销合同	销售类合同
03	采购合同	采购类合同
04	受托代销合同	采购类合同
05	广告合同	应付类合同
06	物流合同	应付类合同

4. 合同阶段设置：第一阶段、第二阶段。合同阶段组：商务阶段、发货阶段。

5. 付款条件（见表9-2）。

表9-2   付款条件

付款条件编码	付款条件名称	信用天数	优惠天数1	优惠率1	优惠天数2	优惠率2	优惠天数3	优惠率3	优惠天数4	优惠率4
01	3/10, 1/20, n/30	30	10	3	20	1	30	0		
02	3/20, 1/40, n/60	60	20	3	40	1	60	0		
03	4/30, 2/60, n/90	90	30	4	60	2	90	0		

6. 仓库档案（见表9-3），其他属性内容取默认值，不要修改。

表9-3   仓库档案

仓库编码	仓库名称	计价方式	是否参与需求计划运算	计入成本	资产仓
01	联想电脑仓	先进先出法	是	是	否
02	戴尔电脑仓	全月平均法	是	是	否
03	惠普设备仓	计划价/售价法	是	是	否
04	不良品仓	全月平均法	否	是	否
05	固定资产仓	全月平均法	否	否	是

注意：此处惠普设备仓，如果账套是工业，就是计划价；如果账套是商业，就选售价法。

7. 收发类别（见表9-4）。

表9-4   收发类别

收发类别编码	收发类别名称	收发标志
1	入库	收
101	采购入库	收
102	受托代销入库	收
103	盘盈入库	收
104	调拨入库	收
199	其他入库	收
2	出库	发
201	销售出库	发
202	盘亏出库	发
203	调拨出库	发
299	其他出库	发

8. 采购类型（见表9-5）。

表9-5　　　　　　　　　　　　采购类型

采购类型编码	采购类型名称	入库类别	是否默认值
01	普通采购	采购入库	是
02	采购退货	采购入库	否
03	代理商进货	受托代销入库	否

9. 销售类型（见表9-6）。

表9-6　　　　　　　　　　　　销售类型

销售类型编码	销售类型名称	出库类别	是否默认值
01	普通销售	销售出库	是
02	销售退货	销售出库	否

10. 费用项目分类及项目名称（见表9-7）。

表9-7　　　　　　　　　　费用项目分类及项目名称

分类编码	分类名称	费用项目编码	费用项目名称
1	业务费用	01	运费
		02	招待费

11. 发运方式（见表9-8），编码最长为两位，无级次定义。

表9-8　　　　　　　　　　　　发运方式

发运方式编码	发运方式名称
01	公路运输
02	铁路运输
03	空运
04	水运

12. 非合理损耗类型（见表9-9）。

表9-9　　　　　　　　　　　　非合理损耗类型

编码	名称	是否默认值
01	运输责任	是
02	装卸责任	否

13. 客户档案补充信息（见表 9 – 10）。

表 9 – 10　　　　　　　　　客户档案补充信息

编码	客户名称	所属银行	开户银行	银行账号	默认值
01	SAP 集团	中国银行	中国银行	231123221	是
02	用友集团	中国建设银行	中国建设银行	543377676	是
03	金蝶集团	中国建设银行	中国建设银行	982355888	是
04	金算盘有限公司	中国工商银行	中国工商银行	805533670	是
05	任我行有限公司	中国工商银行	中国工商银行	604521592	是
06	速达有限公司	中国工商银行	中国工商银行	541343215	是
07	零散销售客户				

14. 采购管理系统参数。取消"普通业务必有订单"，设置"启用受托代销"。

15. 销售管理系统参数。设置"有零售日报业务"，设置"有销售调拨业务"，设置"有委托代销业务"，设置"有分期收款业务"，设置"有直运销售业务"，取消"普通销售必有订单"，设置"直运销售必有订单"，设置"销售生成出库单"。

16. 库存管理系统参数。设置"有委托代销业务"，设置"有受托代销业务"，采购入库审核时修改现存量，销售出库审核时修改现存量，其他出入库审核时修改现存量，自动带出单价的单据有销售出库单、其他出库单、调拨单，出入库检查可用量。

17. 存货核算系统参数。暂估方式：单到回冲。零成本出库选择：参考成本。入库单成本选择：参考成本。红字出库单成本选择：参考成本、结算单价与暂估单价不一致需要调整出库成本。

注：其他设置按默认值，不要修改。

18. 合同管理系统参数。业务参数中勾选启用合同执行单。

19. 存货档案。修改 003 惠普打印机存货属性，增加受托代销属性。

20. 单据设置。修改采购入库单单据格式：入库类别必输。修改销售出库单单据格式：出库类别必输。

21. 设置存货科目（见表 9 – 11）。

表 9 – 11　　　　　　　　　存货科目

存货编码	存货名称	存货科目	差异科目	分期收款发出商品科目	委托代销商品科目	直运科目
001	联想电脑	140501 联想电脑	1407 商品进销差价	140601 分期收款发出商品		140501 联想电脑
002	戴尔电脑	140502 戴尔电脑	1407 商品进销差价	140601 分期收款发出商品		140502 戴尔电脑
003	惠普打印机	132101 受托代销商品	1407 商品进销差价			

22. 设置对方科目（见表9-12）。

表9-12　　　　　　　　　　　　对方科目

收发类别编码	收发类别名称	存货编码	存货名称	对方科目编码	对方科目名称	暂估科目
101	采购入库			1402	在途物资	220202 暂估应付款
102	受托代销入库			231401	受托代销商品款	231401 受托代销商品款
103	盘盈入库			1901	待处理财产损溢	
104	调拨入库	001	联想电脑	140501	联想电脑	
104	调拨入库	002	戴尔电脑	140502	戴尔电脑	
201	销售出库	001	联想电脑	640101	联想电脑	
201	销售出库	002	戴尔电脑	640102	戴尔电脑	
201	销售出库	003	惠普打印机	6402	其他业务成本	
202	盘亏出库			1901	待处理财产损溢	
203	调拨出库	001	联想电脑	140501	联想电脑	
203	调拨出库	002	戴尔电脑	140502	戴尔电脑	
299	其他出库			1901	待处理财产损溢	

23. 期初数据。

（1）期初暂估单（期初入库单）。2022年2月28日，向联想集团购入联想电脑100台，票未到，每台估计无税价5 000元，共计500 000元，入联想电脑仓。

（2）受托代销期初。2022年2月25日，收到惠普集团受托代销商品打印机50台，无税单价500元，入惠普设备仓。

（3）期初发货单。2022年2月26日，金算盘有限公司购联想电脑100台，无税单价8 000元，入联想电脑仓，销售类型为普通销售，业务类型为普通销售。

（4）库存系统和存货系统期初数（见表9-13）。

表9-13　　　　　　　　　库存系统和存货系统期初数

仓库	存货编码	存货名称	库存数量(台)	存货数量(台)	单价(元)	金额(元)	差价(元)	差价科目
联想电脑仓	001	联想电脑	0	100	5 000	500 000		
戴尔电脑仓	002	戴尔电脑	250	250	5 000	1 250 000		
惠普设备仓	003	惠普打印机	50	50	500	25 000	20 000	1407

【重要提示】初始化只能由账套主管完成，因此，本操作由01操作员完成。

四、操作指导

操作流程见图9-8。

图 9 - 8　操作流程

（一）系统启用

为了实现财务业务一体化，除之前启用的总账、应收和应付外，还需要至少启用合同管理、采购、销售、库存和存货五个模块。操作步骤如下：

1. 以 01 操作员的身份登录企业应用平台。

2. 打开"系统启用"功能。单击〖基础设置〗—〖基本信息〗—〖系统启用〗菜单，打开"系统启用"界面。

3. 启用合同管理。选择 CM 合同管理，在方框内打钩，弹出日历，选择 2022 年 3 月 1 日，单击"确定"按钮完成合同管理的启用。

4. 依次启用其他模块。其他模块有"SA 销售管理""PU 采购管理""ST 库存管理""IA 存货核算"，启用日期都为 2022 年 3 月 1 日。

系统启用相关说明见图 9 - 9。

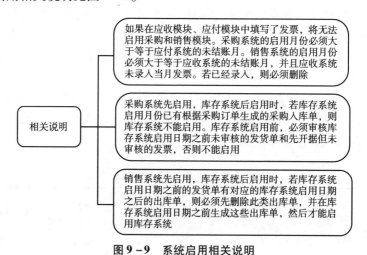

图 9 - 9　系统启用相关说明

（二）合同分组设置：购销合同、劳务合同

用户可以对合同进行分组，在制作合同时可指定合同分组，在统计、查询时按合同分组进行分析。

1. 打开合同分组设置页面。单击〖业务导航〗—〖供应链〗—〖合同管理〗—〖设置〗—〖合同分组〗菜单，进入合同分组设置页面，单击"增加"按钮。

2. 录入合同分组。分组编号录入"01"，分组名称录入"购销合同"，单击"保存"按钮，单击"增加"按钮，录入 02 劳务合同，单击"保存"按钮，如图 9-10 所示。

图 9-10　合同分组

3. 退出。

（三）合同类型设置

用户可以设置具体的合同类型，如采购合同、劳务合同、工程合同、租赁合同等。

1. 打开合同类型设置页面。单击〖业务导航〗—〖业务工作〗—〖供应链〗—〖合同管理〗—〖合同类型〗—〖合同类型设置〗菜单，进入合同类型设置页面，单击"增加"按钮。

2. 录入合同类型。分别录入类型编码"01"，类型名称"销售合同"，合同性质"销售类合同"，单击"保存"按钮，依次录入其他合同类型，单击"退出"按钮，如图 9-11 所示。

3. 退出。

视频：9-3
合同类型设置

图 9-11　合同类型设置

（四）合同阶段设置和合同组阶段设置

用户可以设置合同阶段，后续的合同执行及结算按阶段进行。按照合同不同阶段统计查询合同的执行、开票与收付款情况；按照各个阶段业务对相应人员进行预警、催款、考核。

用户可在此对阶段进行分组管理：同一阶段可在不同的阶段组中被引用；已被合同引用的阶段组不允许删除，阶段组中的阶段不允许修改、删除，但允许新增阶

视频：9-4
合同阶段设置

段；如果选项中未启用合同执行单，则合同上阶段组不可录入。

1. 打开合同阶段设置页面。单击〖业务导航〗—〖业务工作〗—〖供应链〗—〖合同管理〗—〖合同阶段〗—〖阶段设置〗菜单，进入合同阶段设置页面，单击"增加"按钮。

2. 录入合同阶段。先录入阶段编码"01"，阶段名称"第一阶段"，单击"保存"按钮，再单击"增加"按钮，录入阶段编码"02"，阶段名称"第二阶段"，单击"保存"按钮，如图9-12所示。

3. 录入合同阶段组。阶段组编码"01"，阶段组名称"商务阶段"，单击"增行"，阶段编码选择"01 第一阶段"，单击"保存"按钮，再单击"增加"按钮，录入阶段编码"02"，阶段名称"发货阶段"，单击"增行"，阶段编码选择"02 第二阶段"，单击"保存"。

4. 退出。

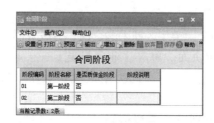

图9-12　合同阶段

（五）付款条件

视频：9-5
付款条件

付款条件即为现金折扣，用来设置企业在经营过程中与往来单位协调规定的收、付款折扣优惠方法。付款条件编码必须唯一，最大长度为3个字符。每一付款条件可以同时设置4个时间段的优惠天数与相应折扣率。付款条件一旦被引用，就不能进行修改和删除。操作步骤如下：

1. 打开"付款条件"定义功能。单击〖基础设置〗—〖基础档案〗—〖收付结算〗—〖付款条件〗菜单，打开付款条件定义界面。

2. 进入增加状态。单击工具栏上的"增加"按钮，自动增加一条空记录。

3. 录入数据。录入付款条件编码"01"，信用天数"30"，优惠天数1"10"，优惠率1"3"，优惠天数2"20"，优惠率2"1"，优惠天数3"30"，优惠率3"0"，如图9-13所示。

序号	付款条件编码	付款条件名称	信用天数	优惠天数1	优惠率1	优惠天数2	优惠率2	优惠天数3	优惠率3	优惠天数4	优惠率4
1	01	3/10,1/20,n/30	30	10	3.0000	20	1.0000	30	0.0000	0	0.0000
2	02	3/20,1/40,n/60	60	20	3.0000	40	1.0000	60	0.0000	0	0.0000
3	03	4/30,2/60,n/90	90	30	4.0000	60	2.0000	90	0.0000	0	0.0000

图9-13　付款条件

4. 保存定义。单击工具栏上的"保存"按钮，或光标移到最后一个单元格后回车，保存数据，并自动增加一个空行。

5. 依次录入其他数据。

6. 单击工具栏上的"退出"按钮，关闭当前界面。

（六）仓库档案

视频：9 - 6
仓库档案

仓库是用于存放存货的场所，对存货进行核算和管理，首先应对仓库进行管理。设置仓库档案是供应链管理系统的重要基础工作之一。此处设置的仓库既可以是企业实际拥有的仓库，也可以是虚拟的仓库。操作步骤如下：

1. 打开"仓库档案"定义功能。单击〖基础设置〗—〖基础档案〗—〖业务〗—〖仓库档案〗菜单，打开仓库档案管理界面，如图 9 - 14 所示。

图 9 - 14　仓库档案

2. 进入增加状态。单击工具栏上的"增加"按钮，打开增加仓库档案界面，如图 9 - 15 所示。

图 9 - 15　增加仓库档案

3. 录入数据。录入仓库编码"01"，仓库名称"联想电脑仓"，选择计价方式"先进先出法"，核对参与需求计划运算选项。

4. 单击工具栏上的"保存"按钮，保存数据，自动进入增加状态。

5. 依次录入其他数据。

6. 关闭窗口。

仓库档案相关说明见图9-16。

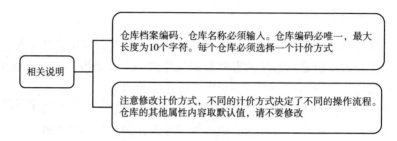

相关说明
- 仓库档案编码、仓库名称必须输入。仓库编码必须唯一，最大长度为10个字符。每个仓库必须选择一个计价方式
- 注意修改计价方式，不同的计价方式决定了不同的操作流程。仓库的其他属性内容取默认值，请不要修改

图9-16 仓库档案相关说明

（七）收发类别

视频：9-7
收发类别

收发类别是为了用户对企业的出入库情况进行分类汇总、统计而设置的，用以表示材料的出入库类型，收发类别是站在仓库管理人员角度定义的单据分类，在存货科目与对方科目定义中，常常依据收发类别定义科目。用户可以根据实际情况灵活设置。操作步骤如下：

1. 打开"收发类别"定义功能。单击〖基础设置〗—〖基础档案〗—〖业务〗—〖收发类别〗菜单，打开收发类别定义窗口。

2. 进入增加状态。单击工具栏上的"增加"按钮，窗口右边进入增加状态。

3. 录入数据。录入收发类别编码"1"，收发类别名称"入库"，选择收发标志"收"。

4. 保存定义。单击工具栏上的"保存"按钮，保存数据。

5. 依次录入其他数据，如图9-17所示。

6. 关闭窗口。

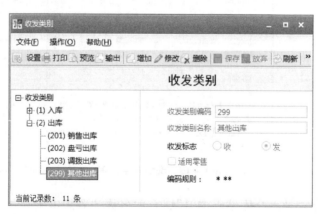

图9-17 收发类别

（八）采购类型

采购类型是用户对采购业务所做的一种分类，是采购单据上的必填项，它是从采购人员的角度对采购单据进行的分类。如果企业需要按照采购类型进行采购统计，则必须设置采购类型。操作步骤如下：

视频：9－8
采购类型

1. 打开"采购类型"定义功能。单击〖基础设置〗—〖基础档案〗—〖业务〗—〖采购类型〗菜单，打开采购类型定义窗口。

2. 进入增加状态。单击工具栏上的"增加"按钮，自动增加一条空记录。

3. 录入数据。录入采购类型编码"01"，采购类型名称"普通采购"，选择入库类别"采购入库"，是否默认值"是"。

4. 保存定义。单击工具栏上的"保存"按钮，保存数据。

5. 依次录入其他数据，如图9－18所示。

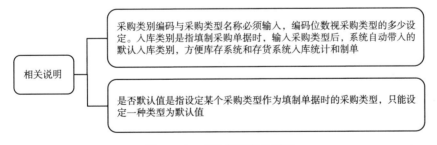

图9－18　采购类型

6. 关闭窗口。

采购类型相关说明见图9－19。

```
                ┌────────────────────────────────────────────────┐
                │ 采购类别编码与采购类型名称必须输入，编码位数视采购类型 │
                │ 的多少设定。入库类别是指填制采购单据时，输入采购类型后，│
          ┌─────┤ 系统自动带入的默认入库类别，方便库存系统和存货系统入 │
          │     │ 库统计和制单                                    │
  相关说明 ┤     └────────────────────────────────────────────────┘
          │     ┌────────────────────────────────────────────────┐
          └─────┤ 是否默认值是指设定某个采购类型作为填制单据时的采购类 │
                │ 型，只能设定一种类型为默认值                     │
                └────────────────────────────────────────────────┘
```

图9－19　采购类型相关说明

（九）销售类型

销售类型是用户对销售业务所做的一种分类，它是从销售人员的角度对销售单据进行的分类，其目的在于可以根据销售类型对销售业务数据进行统计和分析。操作步骤如下：

视频：9－9
销售类型

1. 打开"销售类型"定义功能。单击〖基础设置〗—〖基础档案〗—〖业务〗—〖销售类型〗菜单，打开销售类型定义窗口。

2. 进入增加状态。单击工具栏上的"增加"按钮，自动增加一条空记录。

3. 录入数据。录入采购类型编码"01"，采购类型名称"普通销售"，选择出库类别"销售出库"，是否默认值"是"。

4. 保存定义。单击工具栏上的"保存"按钮，保存数据。

5. 依次录入其他数据，如图9-20所示。

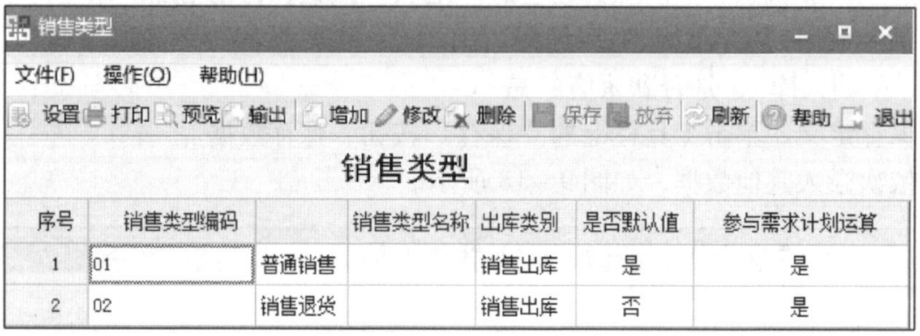

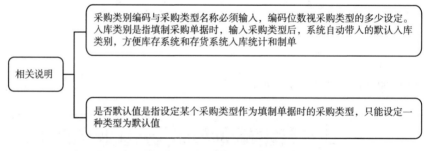

图9-20　销售类型

6. 关闭窗口。

销售类型相关说明见图9-21。

相关说明

采购类别编码与采购类型名称必须输入，编码位数视采购类型的多少设定。入库类别是指填制采购单据时，输入采购类型后，系统自动带入的默认入库类别，方便库存系统和存货系统入库统计和制单

是否默认值是指设定某个采购类型作为填制单据时的采购类型，只能设定一种类型为默认值

图9-21　销售类型相关说明

（十）费用项目分类及费用项目定义

费用项目主要用于处理在销售活动中支付的代垫费用、各种销售费用等业务。

1. 定义费用项目分类。

（1）打开"费用项目分类"定义功能。单击〖基础设置〗—〖基础档案〗—〖业务〗—〖费用项目分类〗菜单，打开费用项目分类定义窗口。

（2）进入增加状态。单击工具栏上的"增加"按钮，窗口右边进入增加状态。

（3）录入数据。录入分类编码"1"，分类名称"业务费用"。

（4）保存定义。单击工具栏上的"保存"按钮，保存数据，如图9-22所示。

（5）关闭窗口。

图 9 – 22　费用项目分类

2. 定义费用项目。

（1）打开"费用项目"定义功能。单击〖基础设置〗—〖基础档案〗—〖业务〗—〖费用项目〗菜单，打开费用项目定义窗口。

（2）进入增加状态。单击工具栏上的"增加"按钮，自动增加一条空记录。

（3）录入数据。录入费用项目编码"01"，费用项目名称"运费"，选择费用项目分类名称"业务费用"。

（4）保存定义。单击工具栏上的"保存"按钮，保存数据。

（5）依次录入其他数据，如图 9 – 23 所示。

图 9 – 23　费用项目档案

（6）关闭窗口。

（十一）发运方式

发运方式是指采购业务、销售业务中存货的运输方式。

1. 打开"发运方式"定义功能。单击〖基础设置〗—〖基础档案〗—〖业务〗—〖发运方式〗菜单，打开发运方式定义窗口。

2. 进入增加状态。单击工具栏上的"增加"按钮，自动增加一条空记录。

3. 录入数据。录入发运方式编码"01"，发运方式名称"公路运输"。

4. 保存定义。单击工具栏上的"保存"按钮，保存数据。

5. 依次录入其他数据，如图 9 – 24 所示。

6. 关闭窗口。

视频：9 – 11
发运方式

图9-24　发运方式

（十二）非合理损耗类型

视频：9-12
非合理损耗
类型

非合理损耗是指入库单的数量小于采购发票的数量，并且不属于合理损耗，供采购手工结算时使用。

1. 打开"非合理损耗类型"定义功能。单击〖基础设置〗—〖基础档案〗—〖业务〗—〖非合理损耗类型〗菜单，打开非合理损耗类型定义窗口。

2. 进入增加状态。单击工具栏上的"增加"按钮，自动增加一条空记录。

3. 录入数据。录入非合理损耗类型编码"01"，非合理损耗类型名称"运输责任"，选择默认值"是"。

4. 单击工具栏上的"保存"按钮，保存数据。

5. 重复3~4步操作方法，依次录入其他数据，如图9-25所示。

6. 关闭窗口。

图9-25　非合理损耗类型

（十三）客户档案补充信息

客户档案是指按照客户的某种属性或特征，将客户进行分类管理。如果建账是选择了客户档案分类，则必须进行分类，才能增加客户档案。若没有选择客户档案，则可以直接建立客户档案。银行账号和默认值是必填项，客户的银行账号内容在开具专用销售发票时使用。

1. 打开"客户档案"定义界面。单击〖基础设置〗—〖基础档案〗—〖客商信息〗—〖客户档案〗菜单，打开客户档案管理界面。

2. 选择修改对象。找到并选中"SAP 集团"这一行。

3. 进入修改状态。单击工具栏上的"修改"按钮，系统打开修改界面。

4. 打开银行信息录入窗口。在修改界面单击工具栏上的"银行"按钮，系统打开客户银行档案定义界面。

5. 增加银行档案信息。单击工具栏上的"增加"按钮，录入所属银行、开户银行、银行账号、默认值，如图 9 − 26 所示。

图 9 − 26　客户银行档案

6. 保存修改。先单击工具栏上的"保存"按钮，然后单击工具栏上的"退出"按钮，返回到修改窗口，再次单击工具栏上的"保存"按钮，然后单击工具栏上的"退出"按钮，返回至浏览状态。

7. 依次录入其他客户的银行档案信息。

8. 关闭窗口。

（十四）采购管理系统参数

采购管理系统参数的设置，是指在处理日常采购业务之前，确定采购业务的范围、类型以及对各种采购业务的核算要求，这是采购管理初始化的重要步骤之一。一旦采购管理进行业务处理，有些参数不能够更改。

视频：9 − 13 ~
视频：9 − 16
供应链系统
参数设置

只有账套类型为商业时，才能启用受托代销。可以通过〖基础设置〗—〖业务参数〗—〖供应链〗—〖采购管理〗启动采购选项设置功能。

1. 启动"采购选项设置"功能。单击〖业务导航〗—〖业务工作〗—〖供应链〗—〖采购管理〗—〖设置〗—〖选项〗菜单，打开参数设置界面。

2. 修改参数。根据任务引例资料修改参数，未涉及的参数按默认值设置，不要修改，如图 9 − 27 所示。

3. 单击"确定"按钮，自动保存设置，并关闭选项界面。

（十五）销售管理系统参数

销售管理系统参数的设置，是指在处理日常销售业务之前，确定销售业务的范围、类型以及对各种销售业务的核算要求，这是销售管理初始化的重要步骤之一。一旦销售管理进行业务处理，有些参数不能够更改。

在其他控制页签中修改"新增发货单默认不参照单据""新增退货单默认不参照单据""新增发票默认不参照单据"三个参数。

1. 启动"销售选项"设置功能。单击〖业务导航〗—〖供应链〗—〖销售管

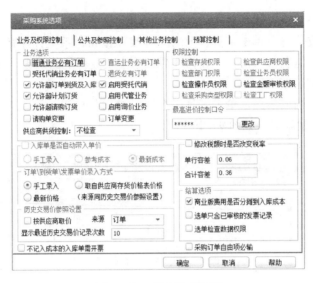

图9－27　采购选项设置

理〗—〖设置〗—〖选项〗菜单，打开参数设置界面。

2. 修改参数。根据任务引例资料修改参数，未涉及的参数按默认值设置，不要修改，如图9－28所示。

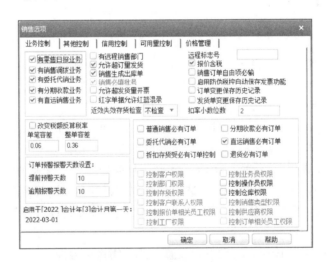

图9－28　销售选项设置

3. 单击"确定"按钮，自动保存设置，并关闭选项界面。

（十六）库存管理系统参数

库存管理系统参数的设置，是指在处理日常采购业务之前，确定库存业务的范围、类型以及随各种库存业务的核算要求，这是库存管理初始化的重要步骤之一。一旦库存管理进行业务处理，有些参数不能够更改。

1. 启动"库存选项设置"功能。单击〖业务导航〗—〖供应链〗—〖库存管理〗—〖设置〗—〖选项〗菜单，打开参数设置界面。

2. 修改参数。根据任务引例资料修改参数，未涉及的参数按默认值设置，不要修改，如图9－29所示。

图9－29　库存选项设置

3. 单击"确定"按钮，自动保存设置，并关闭选项界面。

（十七）存货核算系统参数

存货核算系统参数的设置，是指在处理日常采购业务之前，确定存货业务的范围、类型以及各种存货业务的核算要求，这是存货管理初始化的重要步骤之一。一旦采购管理进行业务处理，有些参数不能够更改。

1. 启动"存货选项"设置功能。单击〖业务导航〗—〖业务工作〗—〖供应链〗—〖存货核算〗—〖设置〗—〖选项〗—〖选项查询〗菜单，打开参数设置界面。

2. 编辑参数。根据任务引例资料修改参数，未涉及的参数按默认值设置，不要修改，如图9－30所示。

3. 单击"确定"按钮，是否保存设置"是"，并关闭选项界面。

存货核算系统参数相关说明见图9－31。

（十八）合同管理系统参数设置

合同管理选项设置—业务设置，单击"编辑"，勾选"启用合同执行单"。

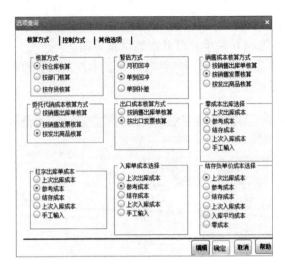

图 9 - 30　选项录入

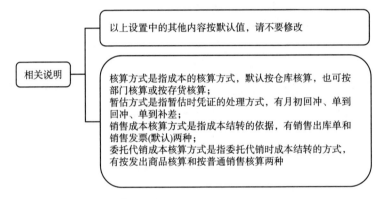

图 9 - 31　存货核算系统参数相关说明

（十九）修改存货档案

为了方便练习受托代销和委托代销，需将某个商品设置成受托代销商品。

1. 打开"存货档案"定义界面。单击【基础设置】—【基础档案】—【存货】—【存货档案】菜单，打开存货档案管理界面。

2. 选择修改对象。找到并选中"惠普打印机"这一行。

3. 进入修改状态。单击工具栏上的"修改"按钮，系统打开修改界面。

4. 修改属性。选择"受托代销"复选框，如图 9 - 32 所示。

5. 保存修改并关闭界面。单击工具栏上的"保存"按钮，保存记录，关闭界面，返回存货档案浏览窗口，关闭窗口。

（二十）单据设置

单据设置是指，在企业实际业务中根据本企业的具体实际业务需要在不违反单

图 9-32　修改存货档案

据设置法规的基础上对本单位业务单据进行设置，使之符合企业实际要求，包括单据格式设置和单据编号设置。单据编号设置已在应收模块设置完成。单据格式设置操作步骤如下：

1. 打开"单据格式设置"界面。单击〖基础设置〗—〖单据设置〗—〖单据格式设置〗菜单，打开设置窗口。

2. 打开"采购入库单"格式设置界面。在左边的单据类型中选择"库存管理"—"采购入库单"—"显示"—"采购入库单显示模版"，系统打开采购入库单格式设置界面，如图 9-33 所示。

图 9-33　单据格式设置

3. 选择修改对象。在表头单击选择"入库类别"。

4. 打开表头项目。单击工具栏上的"表头栏目"，打开表头设置属性，如图 9-34 所示。

5. 修改属性。"入库类别"已自动获得焦点，选择"必输"复选框，单击"确定"按钮，返回上一界面，入库类别变为蓝色。

图 9 – 34　表头设置

6. 单击工具栏上的"保存"按钮，保存修改的设置。

7. 依次设置销售出库单的格式。

8. 关闭窗口。

（二十一）设置存货科目

视频：9 – 17
设置存货科目

设置存货科目是指业务开始前对相关的存货按照科目编码规则进行科目设置，以方便在日常业务中生成凭证时自动填写存货科目。

1. 打开"存货科目"定义功能。单击〖业务导航〗—〖业务工作〗—〖供应链〗—〖存货核算〗—〖设置〗—〖存货科目〗菜单，打开存货科目定义窗口。

2. 进入增加状态。单击工具栏上的"增行"按钮，自动增加一条空记录。

3. 录入数据。录入存货编码"001"，存货科目"140501"，差异科目"1407"，分期收款发出商品科目"140601"，直运科目"140501"。

4. 单击工具栏上的"保存"按钮，保存数据。

5. 依次录入其他数据，如图 9 – 35 所示。

图 9 – 35　存货科目

6. 关闭窗口。

【相关说明】在设置存货科目时，既可以按仓库设置，也可以按存货分类设置，还可以按具体存货设置，或者进行组合设置。在设置存货科目时，不要出现重复或包含的情况。

（二十二）设置对方科目

设置入库或出库生成凭证时的对方科目，该科目与存货科目配套使用。操作步骤如下：

视频：9-18
设置对方科目

1. 打开"对方科目"定义功能。单击〖业务导航〗—〖业务工作〗—〖供应链〗—〖存货核算〗—〖设置〗—〖对方科目〗菜单，打开对方科目定义窗口。

2. 进入增加状态。单击工具栏上的"增行"按钮，自动增加一条空记录。

3. 录入数据。录入收发类别编码"101"，对方科目编码"1402"，暂估科目"220202"。

4. 依次录入其他数据，如图9-36所示。

收发类别编码	收发类别名称	存货编码	存货名称	对方科目编码	对方科目名称	暂估科目编码	暂估科目名称
101	采购入库			1402	在途物资	220202	暂估应付款
102	受托代销入库			231401	受托代销商品款	231401	受托代销商品款
103	盘盈入库			1901	待处理财产损溢		
104	调拨入库	001	联想电脑	140501	联想电脑		
104	调拨入库	002	戴尔电脑	140502	戴尔电脑		
201	销售出库	001	联想电脑	640101	联想电脑		
201	销售出库	002	戴尔电脑	640102	戴尔电脑		
201	销售出库	003	惠普打印机	6402	其他业务成本		
202	盘亏出库			1901	待处理财产损溢		
203	调拨出库	001	联想电脑	140501	联想电脑		
203	调拨出库	002	戴尔电脑	140502	戴尔电脑		

共11条记录

图9-36　对方科目

5. 保存并关闭窗口。

（二十三）期初数据

启用系统之前，有些采购业务或销售业务未完成，形成采购期初值和销售期初值，同时，仓库和账面一定存在库存，为了保证业务的连续性，需要录入采购、销售、库存、存货的期初值。操作步骤如下：

视频：9-19～
视频：9-23
供应链期初
数据录入

1. 期初暂估单（期初入库单）录入。货到票未到时，上月已做暂估入库处理，本月初录入期初入库单，等采购发票到了后，再重新处理，操作步骤如下：

（1）打开"期初采购入库单"定义功能。单击〖业务导航〗—〖业务工作〗—〖供应链〗—〖采购管理〗—〖采购入库〗—〖采购入库单〗菜单，打开期初采购入库单录入窗口。

（2）进入增加状态。单击工具栏上的"增加"按钮，自动增加一张空表。

(3) 录入数据。在表头中修改入库日期"2022-02-28",选择仓库"联想电脑仓",选择供货单位"联想",选择入库类别"采购入库",在表体中选择存货编码"001",录入数量"100",本币单价"5 000",如图9-37所示。

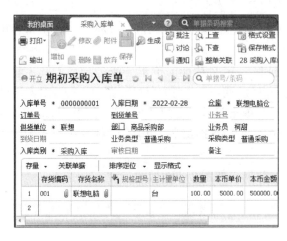

图9-37　期初暂估单

(4) 单击工具栏上的"保存"按钮,保存数据。

(5) 关闭窗口。

期初入库单录入相关说明见图9-38。

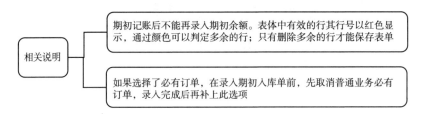

图9-38　期初入库单录入相关说明

2. 受托代销期初。未结算的受托业务,性质相当于货到票未到,与暂估业务期初处理方式相同,需要将未结算的部分作为期初值录入,操作步骤如下:

(1) 打开受托代销"期初采购入库单"定义功能。单击〖业务导航〗—〖业务工作〗—〖供应链〗—〖采购管理〗—〖采购入库〗—〖受托代销入库单〗菜单,打开期初采购入库单录入窗口。

(2) 进入增加状态。单击工具栏上的"增加"按钮,自动增加一张空表。

(3) 录入数据。在表头中修改入库日期"2022-02-25",选择仓库"惠普设备仓",选择供货单位"惠普",选择采购类型"代理商进货",自动填写选择入库类别"受托代销入库",在表体中选择存货编码"003",录入数量"50",本币单价"500",如图9-39所示。

(4) 单击工具栏上的"保存"按钮,保存数据。

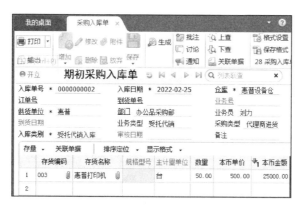

图 9-39 期初采购入库单

（5）关闭窗口。

受托代销期初相关说明见图 9-40。

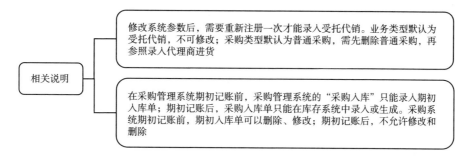

图 9-40 受托代销期初相关说明

3. 期初发货单。销售管理已发货未开票的业务，需要作为期初发货单录入，操作步骤如下：

（1）打开"期初发货单"定义功能。单击〖业务导航〗—〖业务工作〗—〖供应链〗—〖销售管理〗—〖设置〗—〖期初发货单〗菜单，打开期初发货单录入窗口。

（2）进入增加状态。单击工具栏上的"增加"按钮，自动增加一张空表。

（3）录入数据。在表头中修改发货日期"2022-02-26"，选择客户"金算盘"，在表体中选择仓库"联想电脑仓"，存货编码"001"，录入数量"100"，无税单价"8 000"，如图 9-41 所示。

（4）单击工具栏上的"保存"按钮，保存数据。

（5）单击工具栏上的"审核"按钮，审核发货单。

（6）关闭窗口。

期初发货单相关说明见图 9-42。

4. 库存期初。指仓库的实际库存，包括已入库未收到发票的存货，但不包括已发货未开票的存货。

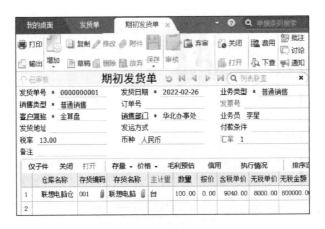

图 9-41 期初发货单

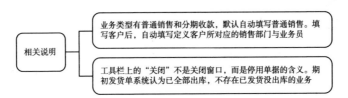

图 9-42 期初发货单相关说明

操作步骤如下：

（1）打开"库存期初"录入功能。单击〖业务导航〗—〖业务工作〗—〖供应链〗—〖库存管理〗—〖设置〗—〖期初结存〗菜单，打开库存期初录入窗口。

（2）选择仓库。选择仓库"戴尔电脑仓"。

（3）进入修改状态。单击工具栏上的"修改"按钮，进入修改状态。

（4）录入库存（无须增行，可直接录入）。根据任务引例资料录入存货编码、库存数量和单价，如图 9-43 所示。

图 9-43 库存期初

（5）单击工具栏上的"保存"按钮，保存数据。

（6）单击工具栏上的"批审"按钮，对本仓库的所有记录全部审核。

（7）按照（2）~（6）步的方法，依次录入其他仓库记录。

（8）关闭窗口。

库存期初相关说明见图9-44。

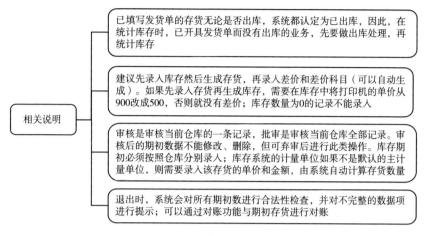

相关说明

已填写发货单的存货无论是否出库，系统都认定为已出库，因此，在统计库存时，已开具发货单而没有出库的业务，先要做出库处理，再统计库存

建议先录入库存然后生成存货，再录入差价和差价科目（可以自动生成）。如果先录入存货再生成库存，需要在库存中将打印机的单价从900改成500，否则就没有差价；库存数量为0的记录不能录入

审核是审核当前仓库的一条记录，批审是审核当前仓库全部记录。审核后的期初数据不能修改、删除，但可弃审后进行此类操作。库存期初必须按照仓库分别录入；库存系统的计量单位如果不是默认的主计量单位，则需要录入该存货的单价和金额，由系统自动计算存货数量

退出时，系统会对所有期初数进行合法性检查，并对不完整的数据项进行提示；可以通过对账功能与期初存货进行对账

图9-44 库存期初相关说明

5. 存货期初。与库存不同，存货的统计以记账为准，存货记账后，无论是否入库或出库，都认为有效，存货反映的是账面余额，操作步骤如下：

（1）打开存货核算"期初余额"录入功能。单击〖业务导航〗—〖业务工作〗—〖供应链〗—〖存货核算〗—〖设置〗—〖期初余额〗菜单，打开存货期初余额录入窗口。

（2）选择仓库"联想电脑仓"。

（3）录入数据。单击工具栏上的"增加"按钮，录入存货编码、存货数量、单价，如图9-45所示。

图9-45 存货期初余额

（4）选择仓库"戴尔电脑仓"。

（5）取数。单击工具栏上的"取数"按钮，自动将库存的数据取到此处。

（6）按照（4）~（5）步的方法，依次录入其他仓库记录。

（7）与库存对账。单击工具栏上的"对账"按钮，在条件窗口单击"确定"按钮，显示联想电脑仓的联想电脑结存差异数量为100台，如图9-46所示，查阅后关闭窗口。

图 9 – 46　库存与存货期初对账表

（8）打开库存管理"期初结存"界面。单击〖业务导航〗—〖供应链〗—〖库存管理〗—〖设置〗—〖期初结存〗菜单，打开库存管理期初录入窗口。右上角选择仓库"联想电脑仓"，点击"修改"，点击"取数"。取得联想电脑仓的库存量，保证库存管理和存货核算对账平衡。

（9）查看期初差价。单击〖业务导航〗—〖业务工作〗—〖供应链〗—〖存货核算〗—〖设置〗—〖期初差异〗菜单，打开期初差价窗口，选择仓库03，系统调出期初差价金额与差价科目，如图9 – 47所示，查阅后关闭窗口。

图 9 – 47　期初差价

存货期初相关说明见图9 – 48。

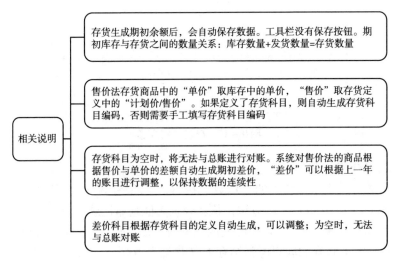

图 9 – 48　存货期初相关说明

（二十四）　期初记账

期初记账是指将有关期初数据记入相应的账表中，它标志着供应链管理系统各个子系统的期初工作全部结束，相关的参数和期初数据不能修改、删除。如果供应链管理系统各个子系统集成使用，则期初记账应该遵循一定的顺序。操作步骤如下：

视频：9 - 24
期初记账与
对账

1. 采购期初记账。

（1）打开"采购期初记账"功能。单击〖供应链〗—〖采购管理〗—〖设置〗—〖采购期初记账〗菜单，打开采购期初记账界面，如图 9 - 49 所示。

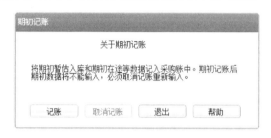

图 9 - 49　期初记账

（2）开始记账。单击"记账"按钮，系统自动开始记账，提示"期初记账完毕！"后，单击"确定"按钮，关闭当前功能。

期初记账相关说明见图 9 - 50。

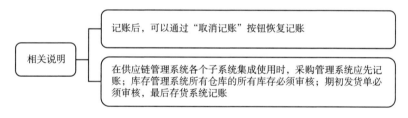

图 9 - 50　期初记账相关说明

2. 期初分期收款发出商品取数。

（1）打开存货"期初分期收款发出商品"录入功能。单击〖业务导航〗—〖供应链〗—〖存货核算〗—〖设置〗—〖期初分期收款发出商品〗菜单，打开存货期初录入窗口。

（2）取数。单击工具栏上的"取数"按钮，系统自动取数。

3. 期初委托代销发出商品取数。

（1）打开存货"期初委托代销发出商品记账"录入功能。单击〖业务导航〗—〖供应链〗—〖存货核算〗—〖设置〗—〖期初委托代销发出商品〗菜单，打开存货期初录入窗口。

（2）取数。单击工具栏上的"取数"按钮，系统自动取数。

4. 存货记账。

（1）打开存货"期初余额"录入功能。单击〖业务导航〗—〖业务工作〗—〖供应链〗—〖存货核算〗—〖设置〗—〖期初余额〗菜单，打开存货期初录入窗口。

（2）开始记账。单击工具栏上的"记账"按钮，系统自动开始记账，提示"期初记账成功！"，单击"确定"按钮。

（3）关闭窗口。

期初记账相关说明见图9−51。

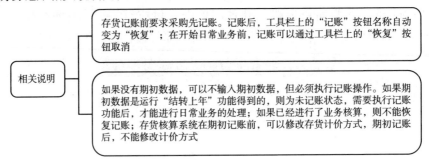

图9−51 期初记账相关说明

（二十五）与总账对账

与总账对账是指存货的数据与总账的相关科目进行对账。操作步骤如下：

1. 打开存货"与总账对账"录入功能。单击〖业务导航〗—〖业务工作〗—〖供应链〗—〖存货核算〗—〖对账〗—〖存货与总账对账〗菜单，显示对账的结果窗口，如图9−52所示。

图9−52 与总账对账

2. 修改对账条件。单击查询"核对金额"，只显示不平记录，选择"否"，点击"确定"按钮，系统自动刷新，重新显示结果。

3. 关闭窗口。

期初对账相关说明见图9−53。

相关说明

对账工作只能在期初记账完成后进行；与总账对账是指存货的数据与总账进行对账，而不是库存与总账对账；如果在存货期初余额中没有录入存货科目和差价科目，对账结果为空

由于第一次对账时，同时检查数量与金额，对账结果显示对账不平（淡蓝色）；分析后发现，由于受托代销商品科目与商品进销差价科目在总账中没有设置数量核算辅助账，因此，在总账中没有记录数量，以致对账不平；取消金额检查后，显示对账相平（白色区域）

图 9－53　期初对账相关说明

（二十六）账套备份

将账套输出至“9－2 供应链管理系统初始设置”文件夹，压缩后保存到 U 盘。

五、疑难解答

学习任务 9－2 疑难解答见表 9－14。

表 9－14　学习任务 9－2 疑难解答

问题出处	问题描述	问题解答
存货期初	在录入存货期初值时，为什么没有自动填写存货科目	因为在定义存货科目功能中，没有定义各存货所对应的存货科目或定义不完整
与总账对账	为什么与总账对账时，联想电脑和戴尔电脑可以通过数量检查，而受托代销商品与商品进销差价无法通过数量检查	因为联想电脑（140501）和戴尔电脑（140502）在科目中定义了数量核算，而受托代销商品与商品进销差价科目在科目定义时没有定义数量核算
设置存货科目和设置对方科目	为什么要定义存货科目和对方科目，有什么作用	存货科目与对方科目在存货模块生成凭证时使用，主要用于生成验收入库凭证和销售成本结转凭证，如果定义了存货科目和对方科目，那么生成凭证时会自动填写科目，否则需要在生成凭证时由操作员录入科目
供应链管理系统功能，库存管理，存货核算	库存管理与存货核算有什么区别	库存管理提供给仓库管理员使用，用于管理存货的实际库存数量，以入库单和出库单的审核为准对库存数进行计算。存货核算提供给会计使用，用于管理存货的账面数量和成本，以存货记账为准，不考虑实际入库与出库
期初数据	罗列采购业务期初货、票、款三者部分完成的组合，期初值应分别如何处理	货到票到款未付，应付中录入期初发票；货到票未到款未付，采购中录入期初到货单；货到票未到款已付，采购中录入期初到货单，应付中录入期初预付款单；货未到票到款未付，采购中录入期初发票，应付中录入期初发票；货未到票到款已付，采购中录入期初发票；货未到票未到款已付，应付中录入期初预付款单。特别要注意货未到票到款未付业务的特点

续表

问题出处	问题描述	问题解答
期初数据	罗列销售业务期初货、票、款三者部分完成的组合，期初值应分别如何处理	货出票开款未收，应收中录入期初发票；货出票未开款未收，销售中录入期初发货单；货出票未开款已收，销售中录入期初发货单，应收中录入期初预收款单；货未出票未开款已收，应收中录入期初预收款单；货未出票开款未收，上月开票会自动生成发货单，用友的期初认为发货单都已出库，开票后不存在货未出情况，相当于货出票开款未收业务。因此，只需在应收中录入期初发票；货未出票开款已收，开票后不存在货未出情况，此业务相当于已全部完成，无须处理

【实训报告】

通过扫描二维码查看实训报告格式，可以据此参照制作纸质实训报告。

【问题思考】

1. 存货核算期初与总账对账不平，应该从哪些方面检查？
2. 为什么要将采购发票与销售发票的单据编号采用手工编号？
3. 如何理解采购类型、销售类型与收发类别？
4. 如何理解合理损耗与非合理损耗？
5. 为什么库存与存货对账时不平？

实训报告：学习任务9-2

学习任务9-3　采购业务处理

[任务概述] 本项学习任务主要训练学生掌握普通采购业务、暂估业务和受托代销业务处理的方法。

一、任务目标

1. 掌握普通采购业务操作流程。
2. 理解现付业务基本原理。
3. 掌握当发生采购费用时如何计算采购成本。
4. 掌握当发生损耗时如何计算采购成本。
5. 掌握暂估业务操作流程。
6. 了解采购退货业务操作流程。
7. 了解受托代销的结算处理。
8. 体会采购业务与财务一体化的好处。

二、准备工作

1. 了解普通采购业务流程、暂估业务流程和受托代销流程。

2. 更改计算机时间为 2022 年 3 月 31 日。

3. 引入"9－2 供应链管理系统初始设置"文件夹下的备份账套。

三、任务引例

（一）普通采购业务

1. 2022 年 3 月 1 日，根据销售部门预测情况，本月预计销售情况良好，申请向联想集团采购 150 台联想电脑，报价 5 000 元，需求日期为 3 月 2 日。

2. 2022 年 3 月 1 日，联想集团同意请购要求，并接受我方提出的价格 5 000 元，签订正式合同，我方要求到货日期为 3 月 2 日。

3. 2022 年 3 月 2 日，收到联想集团采购专用发票一张，发票号 LX22030401，无税单价 5 000 元，价税合计 847 500 元。

4. 2022 年 3 月 2 日，收到联想集团发来的货物，采购部门进行签收。

5. 2022 年 3 月 2 日，商品经检验质量合格，办理入库手续，入联想电脑仓。

6. 2022 年 3 月 2 日，采购部门将发票交给财务部门，财务部门对该笔货物进行采购成本结算，并对发票进行审核确认。

7. 2022 年 3 月 5 日，财务部门开具转账支票一张，金额为 847 500 元，支票号为 ZZ1101，用于支付向联想集团采购的本次货款。

8. 2022 年 3 月 6 日，财务部门生成本次采购业务相应凭证。

（二）现付业务

1. 2022 年 3 月 4 日，根据销售部门的需求，采购部门向戴尔公司提出采购需求，需要采购 20 台戴尔电脑，报价 4 500 元。

2. 2022 年 3 月 4 日，戴尔集团同意请购要求，但认为价格较低，经双方协商同意，价格增至 4 800 元，签订正式合同，我方要求到货日期为 3 月 7 日。

3. 2022 年 3 月 7 日，收到戴尔集团发来的货物，同时收到采购专用发票一张，发票号 DE22030701，无税单价 4 800 元，价税合计 108 480 元，采购部门进行签收，同时向戴尔集团支付转账支票一张，金额为 108 480 元，支付号为 ZZ1102。

4. 2022 年 3 月 7 日，商品经检验质量合格，办理入库手续，入戴尔电脑仓。

5. 2022 年 3 月 8 日，采购部门将发票交给财务部门，财务部门对该笔货物进行采购成本结算，并对发票进行审核确认，同时生成本次采购业务相应凭证。

（三）采购费用业务

1. 2022 年 3 月 5 日，申请向联想集团追加采购 10 台联想电脑，报价 5 000 元。

2. 2022 年 3 月 5 日，联想集团同意请购要求，并接受我方提出的价格 5 000 元，联想集团提出由于数量过少，运费由我方承担，我方要求到货日期为 3 月 7 日，双方签订正式合同。

3. 2022年3月7日，收到联想集团发来的货物，同时收到两张发票，其中一张为采购专用发票，发票号LX22030701，采购发票无税单价5 000元，价税合计56 500元；另一张发票开票单位为龙发快运物流公司，发票号LF88888801，运费金额无税价100元，进项税9%，价税合计109元，联想已代垫运费，采购部门进行签收，同时办理入库手续，入联想电脑仓，同时对龙发快运物流公司进行基础数据处理，处理方式为新增供应商，分类编号为03，分类名称为物流，新增供应商编号为99，简称龙发，所属分类为03。

4. 2022年3月8日，采购部门将两张发票交给财务部门，财务部门对该笔货物进行采购成本结算，并对发票进行审核确认，尚未付款，并生成本次采购业务相应凭证。

（四）损耗业务

1. 2022年3月9日，向戴尔集团追加采购10台电脑，报价4 800元，戴尔集团同意，并于当日收到戴尔集团发来的货物，同时收到采购专用发票一张，发票号LX2203901，采购发票无税单价4 800元，价税合计54 240元，采购部门进行签收。

2. 2022年3月9日，商品入戴尔电脑仓，在办理入库手续时，发现有两台电脑损坏，经查，是我方采购部门装卸货物时造成。8台电脑正常入库，另外两台报领导同意后，一台电脑作为合理损耗处理，一台电脑由采购部门赔偿，赔偿金额按电脑采购含税价计算，共计5 424元（4 800＋624）。

3. 2022年3月9日，采购部门将发票交给财务部门，财务部门对该笔货物进行采购成本结算，并对发票进行审核确认，未付款，当日生成本次采购业务相应凭证。

（五）付款

1. 2022年3月10日，用转账支票支付联想集团上次追加电脑的货款和运费共计56 609元，支票号ZZ1103。

2. 2022年3月10日，用转账支票支付戴尔集团上月和本月未支付的货款，共计619 240元（54 240＋565 000），支票号ZZ1104。

3. 核销往来账并生成付款凭证。

（六）退货业务

1. 2022年3月10日，联想仓管理员发现3月2日入库的150台联想电脑中有1台电脑型号错误，与联想集团沟通后，同意按原价退货，仓库当日进行退货。当日收到红字专用发票一张，发票号LX22031001，数量1台，无税单价5 000元。

2. 2022年3月12日，收到联想集团转账支票一张，系退还本次货款5 650元，支票号LX2211。

3. 2022年3月12日，财务部门生成本次退货相关凭证。

（七）暂估业务

1. 2022 年 3 月 11 日，收到联想集团采购专用发票一张，发票号 LX22031101，数量 100 台，单价 5 000 元，价款合计 565 000 元，商品已于上年月底收到。财务部门审核发票，结算采购成本，目前企业资金不足，未付款，当日生成本业务相应凭证。

2. 2022 年 3 月 29 日，向联想集团采购联想电脑 50 台，无税单价 5 000 元，商品已到货并验收入库，未付款。因已到月底，已接到联想集团通知，发票下月初交付。财务部门按每台 5 000 元进行暂估处理，生成凭证。

（八）固定资产采购业务

1. 2022 年 3 月 20 日，采购部接资产管理部门通知，需给人力资源部配置一台联想服务器，经与联想集团沟通后，提出无税单价为 48 000 元，签订正式合同，我方要求到货日期为 3 月 22 日。

2. 2022 年 3 月 22 日，联想集团发来货物，采购部门进行签收，经检验质量合格，办理入库手续，入固定资产仓。同时收到联想集团采购专用发票一张，发票号 LX22032201，无税单价 48 000 元，价税合计 54 240 元。当日，采购部门将发票交给财务部门，财务部门对发票进行审核确认后，开具转账支票一张，金额为 54 240 元，支票号为 ZZ1106，支付本次采购款项，并对该笔货物进行采购成本结算，生成采购凭证。

3. 2022 年 3 月 24 日，人力资源部领走联想服务器，资产管理部门完成资产登记。

（九）受托代销业务

1. 2022 年 3 月 30 日，本月已销售惠普打印机 40 台，通知惠普后，收到该公司受托代销商品专用发票一张，发票号 HP22033001，数量 40 台，结算单价为无税单价 550 元，当日按发票金额使用转账支票支付货款 24 860 元，支票号 ZZ1105。

2. 2022 年 3 月 31 日，收到惠普集团受托代销商品打印机 30 台，单价 550 元，入惠普设备仓。

【重要提示】（1）许多操作都是以登录日期作为操作日期，在业务日期变换时，重新登录企业应用平台，修改登录日期会浪费大量学习时间，为了简化操作，重点掌握流程和方法，日常业务都以 2022 年 3 月 31 日登录，凭证日期都以 31 日生成，所有的业务操作如未说明，都以 01 操作员完成。（2）在进行账务处理时，首先应该分析一下它属于何种业务，然后针对业务类型来进行处理。在进行业务处理时，一定要先理解业务流程图，且一定要将流程图记住，如果你只是照着书上的步骤做，估计你做完了，下次做相同业务时，你还是不会做。（3）入库单的操作是最容易错的地方，入库单在库存模块中，而不是在采购模块中。当采购与库存同时启用时，采购模块中的入库单只有录入期初值和查看日常业务的作用。入库单的填写必须在库存中使用采购入库单进行管理。（4）在整个操作过程中，由于有多个单据需要管理，为了保证系统高效运行，一定要养成界面使用完成后关闭窗口的习惯。

四、操作指导

操作流程见图9-54。

第一步	第二步	第三步	第四步	第五步	第六步	第七步	第八步
•普通采购业务	•现付业务	•采购费用业务	•损耗业务	•采购退货业务	•暂估业务	•固定资产业务	•受托代销业务

图9-54　操作流程

（一）普通采购业务

视频：9-25
普通采购业务

普通采购业务是指当月采购业务已收到货物，已收到采购发票，并支付了货款，没有发生采购费用，没有货物损耗，货物、发票、资金分开处理，价格在整个处理过程中没有发生变化。普通采购业务流程如图9-55所示，整个处理过程完整地处理了物流、信息流、资金流的流动情况，并生成记账凭证传递到总账中。

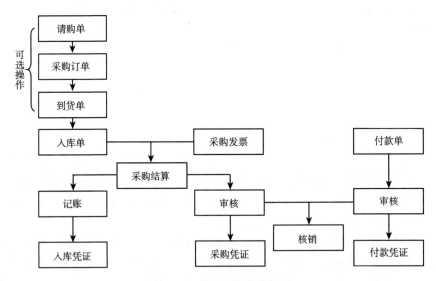

图9-55　普通采购业务流程

入库单与采购发票通过采购结算计算出采购成本后，通过存货模块的"正常单据记账"后，生成入库凭证。在以后的流程图中，如未特别说明，记账专指"正常单据记账"。采购发票与付款单业务流程已在应付模块详细介绍。启用采购模块后，采购发票改由采购模块录入，保存后自动传递到应付模块，应付模块无须录入。

采购凭证根据采购发票生成。借方取应付模块"采购科目"与"税金科目"，贷方取应付模块"应付科目"，金额取发票中的对应金额。

入库凭证根据记账之后的入库单生成。借方取存货模块"存货科目"，贷方取存货模块"对方科目"，金额取采购结算回写到入库单中的不含税总额。

付款凭证根据付款单生成。借方取应付模块"应付结算方式科目"，贷方如果是预付款取应付模块"预付科目"，如果应付款取应付模块"应付科目"，金额取付款单上的总额。

1. 填写请购单。

（1）以 01 操作员的身份登录企业应用平台。在本学习情境中，所有的日常操作都以 01 操作员操作完成，登录日期都以单据发生日期登录，在以后的操作中，如果打开企业应用平台，不再书写此操作内容。

（2）打开"请购单"录入功能。单击〖业务导航〗—〖业务工作〗—〖供应链〗—〖采购管理〗—〖请购〗—〖请购单〗菜单，打开请购单录入窗口。

（3）进入增加状态。单击工具栏上的"增加"按钮，系统自动增加一张空表单。

（4）录入单据。修改日期 2022 - 03 - 01，在表体中录入存货编码 001，数量 150，本币单价 5 000，需求日期 2022 - 03 - 02，选择供应商"联想"，如图 9 - 56 所示。

图 9 - 56 采购请购单

（5）单击工具栏上的"保存"按钮，保存当前表单。

（6）单击工具栏上的"审核"按钮，审核当前表单。

注：审核日期应切换为 2022 - 03 - 01，采购订单日期不能早于请购单日期。

（7）关闭界面。

填写请购单相关说明见图 9 - 57。

2. 生成采购订单。

（1）打开"采购订单"录入功能。单击〖业务导航〗—〖业务工作〗—〖供应链〗—〖采购管理〗—〖采购订货〗—〖采购订单〗菜单，打开采购订单录入窗口。

（2）进入增加状态。单击工具栏上的"增加"按钮，系统自动增加一张空表单。

业务类型有普通采购与受托代销，分别对应普通业务和受托代销业务。供应商在请购单中是选填内容，如果在当前表单填写，将自动带入下一流程，但无法带入部门和业务人员。请购单保存后需要审核，否则在下一流程中，将无法找到此单据

对于不需要的请购单，可以通过工具栏上的"关闭"功能进行停用，已关闭的请购单在采购订单中无法参照

相关说明

可以通过单据的签名查看当前单据的状态（是否审核）。单据可以弃审(取消审核)，但是单据一旦进入下一流程，将无法弃审

在以后的操作过程中，每做完一个单据，如果工具栏上有审核或复核按钮，都应该先审核或复核，再关闭窗口，养成一个好习惯，关闭界面只能单击窗口右上角关闭按钮，不能单击工具栏上的"关闭"按钮，以后的操作步骤中，前面出现过的操作将不再详细说明

图9-57 填写请购单相关说明

（3）参照生成单据。修改日期2022-03-01，单击工具栏上的"参照"下拉按钮，选择"请购单"，在查询条件中单击"确定"按钮，在查询结果中单击选择请购单，单击工具栏上的"确定"按钮，系统自动将请购单的内容填写到当前订单中，重新选择供应商"联想"，自动填写部门与业务员，如图9-58所示。

图9-58 采购订单

（4）单击工具栏上的"保存"按钮，保存当前表单。

（5）单击工具栏上的"审核"按钮，审核当前表单。

（6）关闭界面。

生成采购订单相关说明见图9-59。

3. 生成采购发票。

（1）打开"采购专用发票"录入功能。重新登录企业门户，登录日期为2022-3-2，单击【业务导航】—【业务工作】—【供应链】—【采购管理】—【采购发票】—【专用采购发票】菜单，打开采购发票录入窗口。

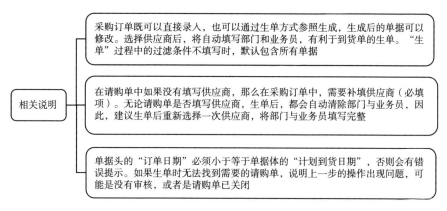

采购订单既可以直接录入，也可以通过生单方式参照生成，生成后的单据可以修改。选择供应商后，将自动填写部门和业务员，有利于到货单的生单。"生单"过程中的过滤条件不填写时，默认包含所有单据

在请购单中如果没有填写供应商，那么在采购订单中，需要补填供应商（必填项）。无论请购单是否填写供应商，生单后，都会自动清除部门与业务员，因此，建议生单后重新选择一次供应商，将部门与业务员填写完整

单据头的"订单日期"必须小于等于单据体的"计划到货日期"，否则会有错误提示。如果生单时无法找到需要的请购单，说明上一步的操作出现问题，可能是没有审核，或者是请购单已关闭

相关说明

图 9-59 生成采购订单相关说明

（2）进入增加状态。单击工具栏上的"增加"按钮，系统自动增加一张空表单。

（3）参照生成单据。单击工具栏上的"参照"下拉按钮，选择"采购订单"，在查询条件中单击"确定"按钮，在查询结果中单击选择采购订单，单击工具栏上的"确定"按钮，系统自动将采购订单的内容填写到当前发票中，修改日期2022-03-02，录入发票号"LX22030401"，修改表体税率"13%"，如图9-60所示。

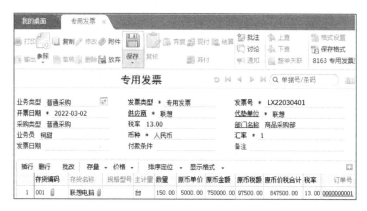

图 9-60 专用发票

（4）单击工具栏上的"保存"按钮，保存当前表单。

（5）单击工具栏上的"复核"按钮，审核当前表单。

（6）关闭界面。

生成采购发票相关说明见图9-61。

4. 生成到货单。

（1）打开"到货单"录入功能。单击〖业务导航〗—〖业务工作〗—〖供应链〗—〖采购管理〗—〖采购到货〗—〖到货单〗菜单，打开到货单录入窗口。

（2）进入增加状态。单击工具栏上的"增加"按钮，系统自动增加一张空表单。

（3）参照生成单据。单击工具栏上的"参照"下拉按钮，选择"采购订单"，在

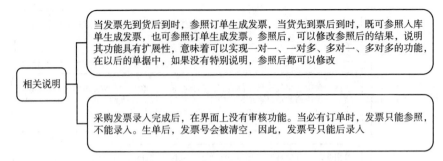

图9-61 生成采购发票相关说明

查询条件中单击"确定"按钮，在查询结果中单击选择采购订单，单击工具栏上的"确定"按钮，系统自动将采购订单的内容填写到当前到货单中，如图9-62所示。

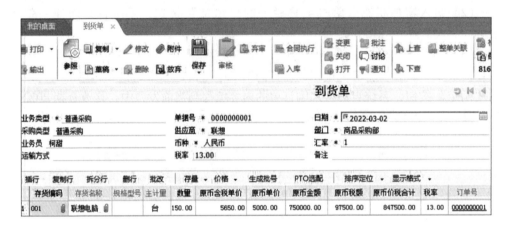

图9-62 到货单

（4）单击工具栏上的"保存"按钮，保存当前表单。

（5）单击工具栏上的"审核"按钮，审核当前表单。

（6）关闭界面。

生成到货单相关说明见图9-63。

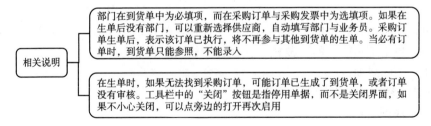

图9-63 生成到货单相关说明

5. 生成入库单。

（1）打开"采购入库单"录入功能。单击〖业务导航〗—〖业务工作〗—〖供应链〗—〖库存管理〗—〖采购入库〗—〖采购入库单〗菜单，打开入库单录入窗口。

（2）参照生成单据。单击工具栏上的"增加"下拉按钮，选择"采购"下"采购到货单"，在查询条件中单击"确定"按钮，在查询结果中单击选择到货单，单击工具栏上的"确定"按钮，系统自动将到货单的内容填写到当前入库单中，修改日期2022-03-02，选择仓库"联想电脑仓"。

（3）单击工具栏上的"保存"按钮，保存当前表单。

（4）单击工具栏上的"审核"按钮，审核当前表单，审核后结果如图9-64所示，此时现存量由0变为150。

图9-64 采购入库单

（5）关闭界面。

生成入库单相关说明见图9-65。

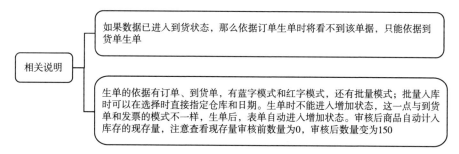

图9-65 生成入库单相关说明

6. 采购结算。采购结算分为自动结算与手工结算，主要完成信息流与物流的勾兑工作以及采购成本的分摊与计算工作，当物流与信息流的数据一致时，只需要采用自动结算即可，当有其他情况发生时，需要通过手工结算处理。此题可以通过自动结算完成。自动结算的方法自行练习，自动结算时无法体会结算原理，为了方便以后的学习，此处采用手工结算处理。

（1）打开采购"手工结算"功能。单击〖业务导航〗—〖业务工作〗—〖供应链〗—〖采购管理〗—〖采购结算〗—〖手工结算〗菜单，打开采购手工结算窗口。

（2）进入选单状态。单击工具栏上的"选单"按钮，打开"结算选单窗口"。

（3）查找发票和入库单。单击工具栏上的"查询"按钮，选择"001 联想电脑"，单击"确定"按钮，自动列出发票和入库单，如图 9-66 所示。

图 9-66　结算选单

（4）选择发票和入库单。先单击选择同一笔业务的发票和入库单，选择数量为 150 的同一笔业务，然后单击工具栏上的"确定"按钮，返回手工结算窗口，如图 9-67 所示。

图 9-67　手工结算界面

（5）结算。单击工具栏上的"结算"按钮，提示"完成结算！"，单击"确定"按钮。

（6）关闭界面。

采购结算相关说明见图 9-68。

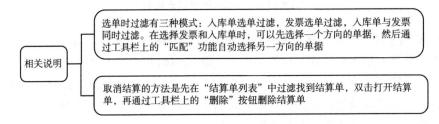

图 9-68　采购结算相关说明

7. 记账。

（1）打开存货核算"正常单据记账"功能。单击〖业务导航〗—〖业务工作〗—〖供应链〗—〖存货核算〗—〖记账〗—〖正常单据记账〗菜单，打开查询条件选择窗口。

（2）查找记账单据。在查询条件中直接单击"确定"按钮，显示未记账单据一览表，如图9-69所示。

图9-69　正常单据记账列表

（3）记账。单击选择单据，单击工具栏上的"记账"按钮，开始自动记账，记账完成后，提示记账成功，单击"确定"按钮后，被记账单据消失。

（4）关闭窗口。

记账相关说明见图9-70。

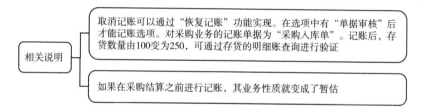

图9-70　记账相关说明

8. 审核发票。通过〖业务导航〗—〖业务工作〗—〖财务会计〗—〖应付款管理〗—〖应付处理〗—〖采购发票〗—〖采购发票审核〗功能对发票进行审核。

9. 填制付款单。重新登录企业门户，登录时间为2022-3-5，通过〖业务导航〗—〖业务工作〗—〖财务会计〗—〖应付款管理〗—〖付款处理〗—〖付款单据录入〗功能支付货款，并审核付款单，提示是否生成凭证时，选择"否"，如果选择"是"，将生成付款凭证，可跳过第12步。

10. 核销往来账。既可通过〖业务导航〗—〖业务工作〗—〖财务会计〗—〖应付款管理〗—〖核销处理〗—〖手工核销〗功能核销往来账，也可在填制付款单界面中调用核销功能。

11. 生成采购凭证。通过〖业务导航〗—〖业务工作〗—〖财务会计〗—〖应付款管理〗—〖凭证处理〗—〖生成凭证〗功能依据采购发票生成采购凭证。

12. 生成付款凭证。通过〖业务导航〗—〖业务工作〗—〖财务会计〗—〖应付款管理〗—〖凭证处理〗—〖生成凭证〗功能依据付款单生成付款凭证。

13. 生成入库凭证。

（1）打开存货核算"生成凭证"功能。单击〖业务导航〗—〖业务工作〗—〖供应链〗—〖存货核算〗—〖凭证处理〗—〖生成凭证〗菜单，打开"生成凭证"窗口。

（2）打开查询窗口。单击工具栏上的"选单"按钮，打开"查询条件"窗口。

（3）设置查询条件。设置选择"（01）采购入库单（报销记账）"，单击"确定"按钮，打开"未生成凭证单据一览表"窗口，如图9-71所示。

图9-71 未生成凭证单据一览表

（4）选择单据。单击"选择"栏，选择需要生成凭证的原始单据，单击工具栏上的"确定"按钮，系统切换到"生成凭证"列表窗口，如图9-72所示。

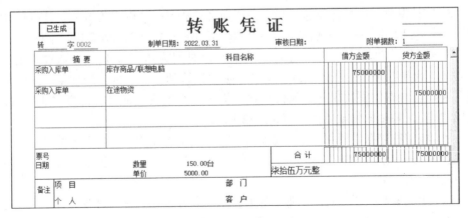

图9-72 生成凭证界面

（5）生成凭证。单击工具栏上的"合并制单"按钮，自动生成一张转账凭证，修改凭证类别为"转"字，单击工具栏上的"保存"按钮，保存凭证。如图9-73所示。

转 账 凭 证

已生成				
转 字 0002	制单日期：2022.03.31	审核日期：	附单据数：1	
摘 要	科目名称		借方金额	贷方金额
采购入库单	库存商品/联想电脑		75000000	
采购入库单	在途物资			75000000
票号 日期	数量 150.00台 单价 5000.00	合 计	75000000	75000000
		柒拾伍万元整		
备注	项目 个人	部门 客户		

图9-73 转账凭证

（6）关闭界面。

凭证填制相关说明见图9-74。

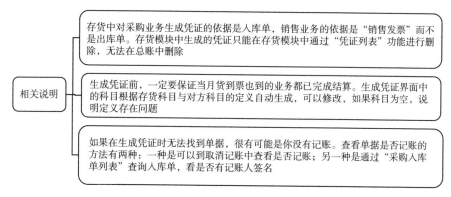

图9-74 凭证填制相关说明

（二）现付业务

现付业务是指在收到发票的同时支付货款。现付业务与普通业务的不同之处在于不需要单独填写付款单，只需要在填写发票的同时进行支付，支付时既可全额支付，也可部分支付，但不可超额支付。根据任务引例中单据时间来登录企业门户。

视频：9-26
现付业务

1. 填写请购单。根据资料直接填写请购单。

2. 生成采购订单。生成订单后，注意要修改单价为4 800元。到货日期为本月7日。

3. 生成到货单。依据采购订单生成到货单。

4. 生成采购发票并现付。依据订单生成发票，同时进行现付处理。

（1）生成采购发票并保存。

（2）现付。单击工具栏上的"现付"按钮，打开采购现付窗口，选择结算方式"转账支票"，录入原币金额"108 480"，票据号"ZZ1102"，单击"确定"按钮，返回发票界面，如图9-75所示。

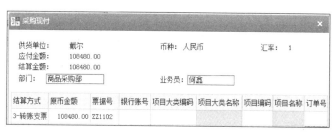

图9-75 采购现付窗口

（3）发票复核。

（4）关闭发票窗口。

5. 生成入库单。依据到货单生成入库单。

6. 采购结算。可以对入库单和发票进行自动结算或手工结算。

7. 记账。对入库单进行正常单据记账。

8. 审核发票。在应付模块对采购发票进行审核。

9. 生成采购凭证（现付凭证）。在应付模块生成凭证（现结制单）。由于等额支付，科目不再含应付账款，而是银行存款，如图9-76所示。

图9-76　付款凭证

10. 生成入库凭证。在存货模块生成入库凭证。

现付业务相关说明见图9-77。

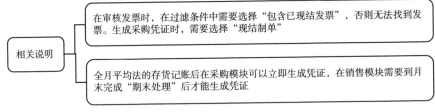

图9-77　现付业务相关说明

（三）采购费用业务

视频：9-27
采购费用业务

采购费用是指企业在采购材料过程中所支付的各项费用，包括材料的运输费、装卸费、保险费、包装费、仓储费，以及运输途中的合理损耗和入库前的整理挑选费等。这里的采购费用业务专指不包括合理损耗的其他费用，并能以发票的形式呈现。

此类型的业务按普通采购业务流程进行操作，在此基础上，录入发票时还需要录入费用发票，将费用项目当作存货定义，并设置应税劳务属性，在采购结算时还需选择费用发票，并分摊费用。

1. 填写请购单。

2. 生成采购订单。

3. 生成到货单。

4. 生成入库单。

5. 生成采购发票。既可依据订单生成发票，也可依据入库单生成发票。

6. 填写运费发票。通过填写专用发票功能实现，如果费用由其他供应商已垫付，还需填写垫付供应商。

（1）打开"采购专用发票"录入功能。单击〖业务导航〗—〖业务工作〗—〖供应链〗—〖采购管理〗—〖采购发票〗—〖专用采购发票〗菜单，打开采购发票录入窗口。

（2）新增并选择供应商。在供应商处点击"参照"按钮，打开供应商档案目录，单击工具栏上的"编辑"按钮，切换到供应商档案定义窗口，单击"增加"按钮，录入供应商信息，在所属分类处单击"参照"按钮，再单击"编辑"按钮，增加供应商分类，选择分类，完成其他信息，保存后选择此供应商。

（3）录入发票信息并保存。录入发票号，修改开票日期，选择代垫单位"联想"，存货编码"004运输费"，数量"1"，原币单价"100"，核对税率是否为9，如图9-78所示。

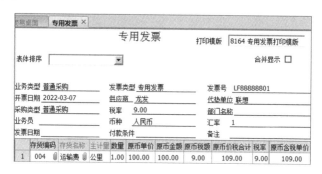

图9-78 采购费用发票

7. 采购结算并分摊运费。选择发票时需要选择采购发票和运费发票，运费发票会显示在结算界面的下方，先单击工具栏上的"分摊"，再单击"结算"，其他操作方法与普通业务流程相同。

8. 正常单据记账。

9. 审核发票。

10. 生成采购凭证。生成采购和运费两张凭证。

11. 生成入库凭证。

采购费用业务相关说明见图9-79。

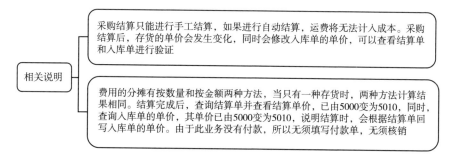

图9-79 采购费用业务相关说明

（四）损耗业务

视频：9-28
采购损耗业务

损耗分为合理损耗和非合理损耗，可以根据损耗原因在采购手工结算时在相应栏内输入损耗数量，即可进行采购结算。短缺时损耗为正数，盈余时损耗为负数。

损耗业务与普通采购业务流程相同，但入库数量与开票数量不同，只能通过手工结算，并填写损耗信息。合理损耗将把成本分摊到正常的入库存货中，而非合理损耗直接扣除，另行处理。

1. 填写请购单。

2. 生成采购订单。

3. 生成到货单。

4. 生成采购发票。

5. 生成并修改入库单。生成入库单后，将入库数量由10修改为8。

6. 采购结算并分摊合理损耗。

（1）选择发票和入库单。在手工结算界面，按标准流程操作方法选择发票和入库单。

（2）录入损耗。录入合理损耗数量"1"，非合理损耗数量"1"，非合理损耗金额"4 800"，选择非合理损耗类型"装卸责任"，进项税转出金额"624"（已自动填写）。

（3）结算。其他操作方法与普通业务流程相同。

损耗业务相关说明见图9-80。

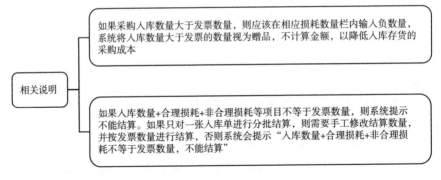

图9-80　损耗业务相关说明

7. 正常单据记账。

8. 审核发票。

9. 生成采购凭证。

10. 生成入库凭证。

11. 关闭到货单。在填写到货单界面，通过查找或翻页（最后一张），找到9日到货的单据，单击工具栏上的"关闭"按钮，关闭当前到货单。

（五）付款

依据任务引例资料填写付款单并进行核销，生成凭证，操作方法与普通业务流程相同。

（六）退货业务

视频：9－29
采购退货业务

采购退货业务是指货物已经到货或入库，由于某些原因，采购方要求全部或部分退货的业务。已到货未入库的货物通过到货拒收单实现，已入库的货物通过退货单或红字入库单实现。退货流程按普通业务流程操作，相应单据按红字方式录入即可。

退货业务流程与普通业务原理相同，相当于普通业务的红字业务，在填写单据时填写红字到货单（即退货单）、红字入库单、红字发票、红字付款单（即收款单），生成的凭证科目与普通业务相同，金额为红字。

1. 填写采购退货单（红字到货单）。操作方法与到货单基本相同，只是数量为负。

（1）打开"采购退货单"录入功能。单击〖业务导航〗—〖业务工作〗—〖供应链〗—〖采购管理〗—〖采购到货〗—〖采购退货单〗菜单，打开采购退货单录入窗口。

（2）进入增加状态。单击工具栏上的"增加"按钮，系统自动增加一张空表单。

（3）参照生成单据。修改日期2022－03－10，单击工具栏上的"参照"下拉按钮，选择"到货单"，在查询条件中单击"确定"按钮，在查询结果中双击选择2日的到货单，单击工具栏上的"确定"按钮，系统自动将上一次的到货单填写到当前单据中。

（4）修改单据。将单据中的数量"－150"修改为"－1"。

（5）单击工具栏上的"保存"按钮，保存当前表单。

（6）单击工具栏上的"审核"按钮，审核当前表单。

（7）关闭界面。

退货业务相关说明见图9－81。

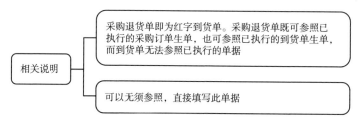

图9－81 退货业务相关说明

2. 生成采购入库单（红字入库单）。根据"采购到货单（红字）"参照生成红字入库单，操作方法与正常的入库单方法相同。

3. 生成红字发票。通过"红字专用采购发票"菜单打开录入功能，根据"红字入库单"生成红字发票，操作方法与正常的发票方法相同。

4. 采购结算。通过自动或手工结算，如果找不到单据，注意修改查询条件。

5. 正常单据记账。

6. 复核发票。

7. 填写红字付款单（收款单）。在付款单中先单击工具栏上的"收款单"按钮，再单击"增加"，录入退回的货款，录入的金额数为正数，保存后，还需要审核。

8. 往来核销。通过自动或手工核销，手工核销时需要将查询条件中的单据类型由付款单改为收款单。

9. 生成红字采购凭证。与正常业务方法相同。

10. 生成红字付款凭证。与正常业务方法相同。

11. 生成红字出库凭证。与正常业务方法相同。

退货业务相关说明见图9-82。

```
相关说明 ── 在录入红字付款单时，由于已切换为收款单，因此，金额录入的值为正，其他红字单据，数据录入为负。可以在入库单中增加后，选择红字单选框，然后录入退货信息，作为退货业务的起点

        ── 如果启用了"必有订单"选项，那么，操作流程的起点必须是订单，而到货单、退货单和入库单只能参照，不能填写。尚未办理入库手续的退货业务，只需要开具退货单，即可完成退货业务的处理。收到对方按实际验收数量开具的发票后，按正常业务办理采购结算
```

图9-82　退货业务相关说明

（七）暂估业务

暂估业务是指本月货先到，下月票才到，业务出现了跨月的情况，在进行业务处理时需根据具体情况进行处理。跨月业务可能会出现两种情况：一是货到票未到；二是票到货未到。第一种情况就是暂估业务；第二种情况既可以采用压单处理，也可以录入发票，形成应付款。暂估业务流程由两部分构成，如图9-83所示。

1. 货上月到，票本月到。

（1）生成采购发票。根据上月的入库单生成采购专用发票。

（2）采购结算。可以手工或自动结算。

（3）结算成本处理。

①打开"结算成本处理"录入功能。单击〖业务导航〗—〖业务工作〗—〖供应链〗—〖存货核算〗—〖记账〗—〖结算成本处理〗菜单，打开"暂估处理查询"窗口，如图9-84所示。

视频：9-30
暂估业务1-接续处理上月暂估

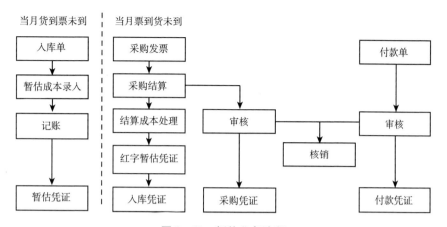

图 9 – 83　暂估业务流程

图 9 – 84　暂估处理查询

②查询暂估单据。在暂估处理查询窗口直接单击"确定"按钮，打开"结算成本处理"窗口，并在窗口中列出符合条件的暂估单，如图 9 – 85 所示。

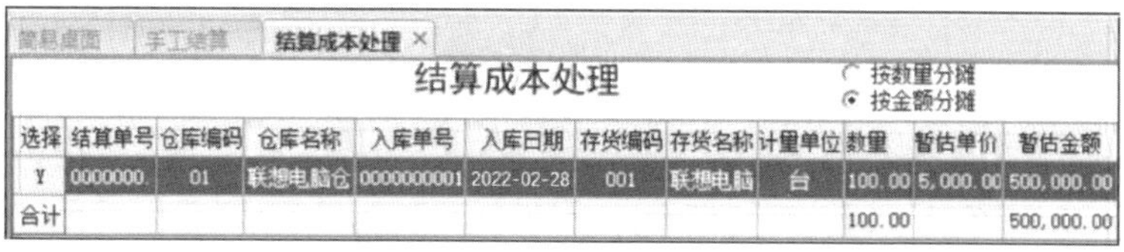

选择	结算单号	仓库编码	仓库名称	入库单号	入库日期	存货编码	存货名称	计量单位	数量	暂估单价	暂估金额
Y	0000000.	01	联想电脑仓	0000000001	2022-02-28	001	联想电脑	台	100.00	5,000.00	500,000.00
合计									100.00		500,000.00

图 9 – 85　结算成本处理

③结算成本。选择结算单，单击工具栏上的"结算处理"按钮，更新上月暂估记账成本。

④关闭界面。

暂估业务相关说明 1 见图 9 – 86。

图 9-86　暂估业务相关说明 1

（4）审核发票。

（5）生成采购凭证。

（6）生成入库凭证（红字凭证和蓝字凭证）。查询时选择"红字回冲单"和"蓝字回冲单（报销）"，其他步骤与正常业务方法相同。

2. 本月货到票未到。

（1）填写采购入库单。直接新增填写并审核采购入库单。

（2）暂估成本录入。

视频：9-31
暂估业务2-
本月暂估

①打开"暂估成本录入"录入功能。单击〖业务导航〗—〖业务工作〗—〖供应链〗—〖存货核算〗—〖记账〗—〖暂估成本录入〗菜单，打开查询窗口。

②查询暂估单据。选择"包括已有暂估金额的单据"，单击"确定"按钮，打开"暂估成本录入"窗口，并在窗口中列出符合条件的暂估单，如图 9-87 所示。

单据日期	单据号	仓库	存货编码	存货代码	计量单位	存货名称	规格型号	业务类型	采购类型	供应商	入库类别	数量	单价	金额
2022-03-29	0000000008	联想电脑仓	001		台	联想电脑		普通采购	普通采购	联通集团	采购入库	50.00	5,000.00	250,000.00
合计												50.00		250,000.00

图 9-87　暂估成本录入

③录入单价。在单价栏录入单价"5 000"（如果在入库单中录入了单价，系统自动将入库单中的单价作为暂估成本带入，无须再录入和保存）。

④单击工具栏上的"保存"按钮，保存单价。

⑤关闭界面。

暂估业务相关说明 2 见图 9-88。

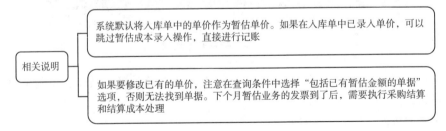

图 9-88　暂估业务相关说明 2

（3）正常单据记账。

（4）生成入库凭证（暂估入库凭证）。查询条件中选择"采购入库单（暂估记账）"，其他步骤与正常业务方法相同。

（八）固定资产采购业务

视频：9-32
固定资产采
购业务

在采购管理系统存在业务类型为"固定资产"的入库单时，通过固定资产模块的"采购资产"功能，根据此入库单中的存货结转生成固定资产卡片。固定资产采购业务流程如图9-89所示。

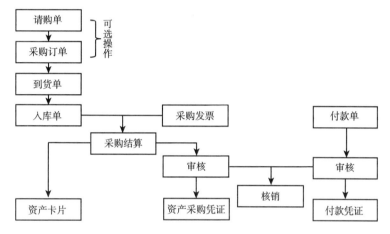

图9-89　固定资产采购业务流程

与普通业务流程相比，其不同点体现在：采购订单与到货单为必须操作流程；采购结算后不能记账与生成凭证，而是到固定资产模块生成卡片，替代卡片录入；新增的卡片在应付模块根据采购发票生成资产采购凭证，固定资产模块无法生成此卡片的凭证，等价于在固定资产模块增加后生成的凭证；在录入单据过程中，需将业务类型改为"固定资产"。

资产采购凭证借方科目取应付模块"固定资产采购科目"，贷方取应付模块"税金科目"与"采购科目"。付款凭证与普通业务相同。

1. 录入采购订单。需将业务类型改为"固定资产"。

2. 生成到货单。需先将业务类型改为"固定资产"，再生单。

3. 生成入库单。仓库选择"固定资产仓"。

4. 生成采购发票并现付。需先将业务类型改为"固定资产"，再生单。

5. 采购结算。在采购发票窗口工具栏单击"结算"按钮。

6. 审核发票。

7. 生成采购凭证。生成的凭证借方科目为固定资产（取固定资产采购科目）。

8. 生成采购资产卡片。

（1）打开"采购资产"功能。单击〖业务导航〗—〖业务工作〗—〖固定资产〗—〖卡片〗—〖采购资产〗菜单，打开采购资产窗口。

（2）增加采购资产。双击选择栏，选择采购模块采购结算后传递过来的固定资产记录，如图9-90所示，单击"增加"按钮。

图9-90　未转采购资产订单列表

（3）设置采购资产分配信息。录入类别编号"022 办公设备"，选择使用部门"人力资源部"，修改开始使用日期"2022-03-24"，选择使用状态"在用"，如图9-91所示，单击"保存"按钮，显示固定资产卡片信息。

图9-91　采购资产分配设置

（4）完善并保存卡片。将卡片中固定资产名称改为"联想服务器"（名称在上一操作步骤修改后无法传递到卡片中），核对其他信息，保存卡片。

固定资产采购业务相关说明2见图9-92。

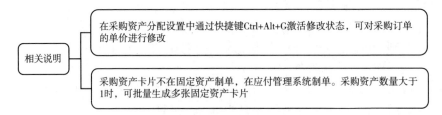

图9-92　固定资产采购业务相关说明2

（九）受托代销业务

受托代销业务是一种先销售后结算的采购模式。当有受托代销商品入库时，以暂估成本记账并生成暂估入库凭证。当受托方销售部分或全部商品后，需要进行受托结算时，由受托方发起采购结算，对已销售部分进行结算，并自动生成一张已结算的受托采购发票，委托方根据受托方发票信息开具销售发票，受托方根据自动生成的发票生成采购凭证，结算成本处理后得到一张已记账的入库调整单，根据入库调整单生成调整凭证（相对暂估凭证）。受托代销业务流程如图 9 – 93 所示。

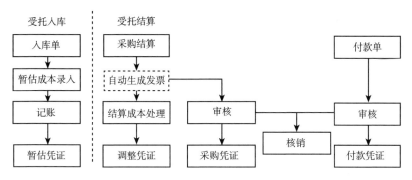

图 9 – 93 受托代销业务流程

受托代销业务由于入库时没有采购发票，不能确定入库成本，原理类似于暂估业务，但不受暂估方式设置影响。暂估凭证与调整凭证所取的科目与成本计价方法有关，此处以售价法为例，其他成本计算方法对应凭证科目可自行研究。

暂估凭证根据入库单生成凭证，借方取存货模块的"存货科目"，金额取售价，贷方取存货模块的"暂估科目"与"差异科目"，金额取暂估成本以及与金额售价的差值。

调整凭证科目根据入库调整单生成凭证，借方取"对方科目"，贷方取"差异科目"进行调整，如果价格上调，差异科目为红字，如果价格下调，对方科目为红字，即金额结算价格与暂估成本的差值。其他凭证与普通采购业务相同。建议暂估科目、对方科目、采购科目为同一科目。

1. 受托代销结算。

（1）采购结算。

①打开"受托代销结算"功能。单击〖业务导航〗—〖业务工作〗—〖供应链〗—〖采购管理〗—〖采购结算〗—〖受托代销结算〗菜单，打开过滤窗口。

②查询暂估单据。选择供应商编码"03"，单击"确定"按钮，打开"受托代销结算"窗口，并在窗口中列出未结算的受托代销入库单。

③录入结算信息。修改结算日期"2022 – 03 – 30"，录入发票号"HP22033001"，修改发票日期"2022 – 03 – 30"，选择采购类型"03"，在表体中修改结算数量"40"，原币无税单价"550"，如图 9 – 94 所示。

④结算。双击选择入库单，单击工具栏上的"结算"按钮，提示"结算完成！"后，单击"确定"按钮，完成结算。

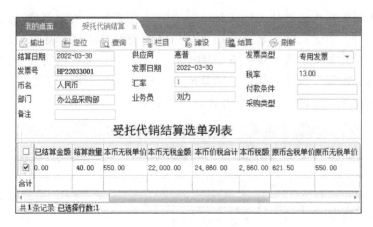

图9-94 委托代销结算

⑤关闭窗口。

受托代销业务相关说明1见图9-95。

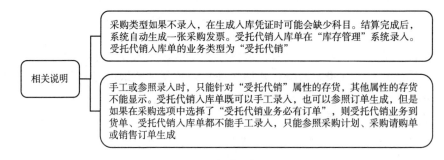

相关说明

- 采购类型如果不录入，在生成入库凭证时可能会缺少科目。结算完成后，系统自动生成一张采购发票。受托代销入库单在"库存管理"系统录入。受托代销入库单的业务类型为"受托代销"

- 手工或参照录入时，只能针对"受托代销"属性的存货，其他属性的存货不能显示。受托代销入库单既可以手工录入，也可以参照订单生成，但是如果在采购选项中选择了"受托代销业务必有订单"，则受托代销业务到货单、受托代销入库单都不能手工录入，只能参照采购计划、采购请购单或销售订单生成

图9-95 受托代销业务相关说明1

（2）结算成本处理。与暂估方法相同。

（3）生成入库凭证（调整凭证）。过滤时选择"入库调整单"，其他步骤与正常业务方法相同。

（4）审核发票。

（5）生成采购凭证。

（6）录入付款单。

（7）生成付款凭证。

（8）往来核销。

2. 受托代销入库。

（1）填写采购入库单。在填写入库单时，将业务类型改为"受托代销"，采购类型为"代理商进货"，入库类别自动变为"受托代销入库"，其他方法与暂估入库方法相同。

（2）暂估成本录入。与暂估方法相同，由于在入库单中已录入单价，此步可跳过。

（3）正常单据记账。

（4）生成入库凭证（暂估入库凭证）。查询时选择"采购入库单（暂估记账）"，其他步骤与正常业务方法相同。

受托代销业务相关说明2见图9-96。

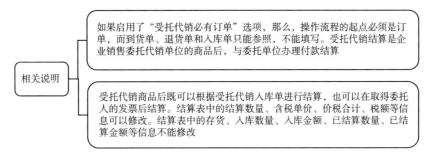

图9-96　受托代销业务相关说明2

（十）撤销操作

撤销操作按业务流程图反向进行。下一步操作撤销后，才可以撤销上一步操作。根据业务反向流程，撤销操作需要经过删除凭证、恢复记账、取消核销、取消采购结算、取消发票审核、取消付款单审核、删除付款单、删除发票、删除入库单、删除到货单、删除订单、删除报价单。销售模块的撤销原理与采购模块的原理相同。

1. 删除凭证。以普通业务为例，按流程图共生成了三张凭证，其中，存货模块生成一张，应付模块生成两张。删除生成的凭证在总账中无法实现。账务外转账生成的凭证，哪个模块生成的，就到哪个模块查询凭证，通过工具栏上的"删除"按钮或"冲销"按钮对选择的凭证进行删除或冲销，简称为"哪里生成哪里删除"。例如，存货模块生成的凭证，先通过"存货核算"—"凭证处理"—"查询凭证"功能查看本模块生成的所有凭证，再通过工具栏上的"删除"按钮或"冲销"按钮对选择的凭证进行删除或冲销。应付模块生成的凭证，先通过"应付款管理"—"凭证处理"—"查询凭证"功能查看本模块生成的所有凭证，再通过工具栏上的"删除"按钮或"冲销"按钮对选择的凭证进行删除或冲销。应收模块生成的凭证删除方法相同。凭证的删除受总账参数影响，当没有选择"同步删除业务系统凭证"时，其他模块发出的删除凭证指令，在总账模块只对凭证打上作废标记，还需要通过凭证整理才能真正删除凭证，如果选择了，那么当其他模块发出删除凭证指令时，总账会直接删除凭证，凭证编号会断号。"冲销"与删除不同，它保留原凭证记录，只生成一张红字冲销凭证，实现有痕迹的修改。

2. 恢复记账。通过存货里面的恢复记账功能实现。具体方法：通过"存货核算"—"记账"—"恢复记账"功能，查看所有已记账的单据，选择相应单据，单击"恢复"按钮。此功能可撤销正常单据记账、发出商品记账、直运销售记账、特殊单据记账、结算成本处理等业务。

3. 取消核销。通过应收或应付功能里的取消操作实现。具体方法：通过"应收款管理"/"应付款管理"—"其他处理"—"取消操作"功能，操作类型选择"核销"，再选择已核销的记录，单击"确认"按钮。此功能可撤销核销、选择收（付）款、汇兑损益、票据处理、应收（付）冲应收（付）、应收（付）冲应付（收）、预收（付）冲应收（付）、红票对冲等业务。

4. 取消采购结算。通过删除结算单实现。具体方法：通过"结算单列表"功能可以查看所有的结算单，如果需要取消结算，只需要先在"结算单列表"中查询找到结算单，双击打开结算单，再通过工具栏上的"删除"按钮删除结算单。

其他撤销环节均为删除单据，操作方法基本相同，哪个功能中完成的就到哪个模块取消复核或审核，再删除单据。

（十一）账套备份

将账套输出至"9-3采购业务处理"文件夹，压缩后保存到U盘。

五、疑难解答

学习任务9-3疑难解答见表9-15。

表9-15　　　　　　　　　学习任务9-3疑难解答

问题描述	问题解答
日常业务的采购入库单在哪里录入生成	启用库存模块后，采购入库单在库存管理系统中录入生成，采购模块的采购入库单功能在采购期初前用于录入期初单据，在日常业务中只能查询入库单
为什么手工录入采购入库单时会弹出"普通业务必有订单"的信息提示	因为在采购选项中设置了"普通业务必有订单"，则采购入库单不能手工录入，只能参照生成。如果需要手录入采购入库单，则需要先取消"普通业务必有订单"选项
上游单据为什么不能直接修改、弃审	因为上游单据已经生成了下游单据。如果要修改上游单据，必须先删除下游单据
怎样删除已经结算的发票或采购入库单	在"结算单列表"中打开该结算单并删除，就可以对采购发票或采购入库单执行相关的修改、删除
如果在生成发票时没有立即付款，该笔业务怎样处理	可以先确认为应付账款，然后在应付款管理系统手工录入一张付款单，审核确认后制单，或者期末合并制单
为什么在应付款系统中，对已现结发票审核时，打开"单据查询窗口"，却没有看到想要的单据	因为在"单据查询条件"界面，没有选中"包含已现结发票"。只需要在单据查询条件对话框中选中包含已现结发票，就可以查询到所需单据
如何理解货到票未到?	指货已到，未收到采购发票，不能计算采购成本，不能进行采购结算，不能生成验收入库凭证，也暂不确认应付账款

续表

问题描述	问题解答
如何理解"普通业务必有订单"选项？	如果将采购管理系统中的采购选项设置为"普通业务必有订单"，那么普通业务必须从采购订单开始，如果没有设置，则可以从入库单开始填写。红字业务（退货业务）与普通业务相同，如果选择了此选项，则红字采购入库单必须根据红字到货单生成。如果需要手工录入，则需要先取消采购选项的设置
正常业务只录入了到货单该如何进行退货处理？	结算前的退货业务如果只是录入到货单，则只需开具到货退回单，不用进行采购结算，按照实际入库数量录入采购入库单
退货时正常业务已录入采购入库单，尚未收到发票，如何进行退货处理？	如果退货时已经录入采购入库单，但还没有收到发票，则只需根据退货数量录入红字入库单，对红蓝入库单进行采购结算
如何查询入库单是否已结算、已记账、已生成凭证？	在采购、库存、存货模块均可查询入库单列表，在列表中可显示记账人、结算日期，结算日期需修改栏目才能显示，结算信息也可双击打开入库单查看。是否已生成凭证可通过工具栏上的"凭证"按钮查询，当已生成凭证时，既可联查到凭证，也可到恢复记账功能中查看，在列表中会显示"已制凭证"一栏
在现付时只支付部分金额，会出现什么结果，大于货款金额又是什么结果？	在现付时可支付部分或全部资金，填写的金额不能大于货款，当小于货款时，部分走银行存款，部分走应付账款
取消结算和删除凭证如何实现？	取消结算与删除凭证都是属于撤销操作，必须保证没有下一步操作时才能撤销本次操作。取消结算通过删除结算单实现，删除凭证要看是删除哪张凭证，如果是存货模块生成的凭证，就先在存货模块通过凭证列表功能查询凭证，再删除或冲销凭证，如果是应付模块生成的凭证，就先在应付模块通过凭证查询功能查询凭证，再删除或冲销凭证。删除在总账中是指作废凭证或删除凭证（由总账参数控制），冲销在总账中是指生成红字凭证
在采购结算后，会回写入库单的单价，是否会回写发票的单价？	入库单在填写时，数量是必填项，而单价对仓库管理员来说，没有价值，因而不是必填项，采购结算后，将结算价（采购成本）以修改单价的形式写入入库单中。采购发票由对方提供，是采购成本的一部分，采购结算不会改变发票单价，记账与生成入库凭证以结算价为准，与发票无关
可否录入红字请购单、红字采购订单？	从实际工作考虑，红字请购单与红字采购订单不可能发生，没有实际意义，在软件中数量不允许录入负数，退货流程的起点是红字到货，即退货单
如果退货业务从红字入库单开始，应该如何操作？	到库存模块增加入库单后，将蓝字改为红字即可
受托代销业务如果从请购单开始，如何操作？	需将业务类型改为"受托代销"
在受托代销结算时，如果结算金额与入库金额相同，能否生成入库调整凭证？	当没有差值时，不需要调整金额为0，不需要生成凭证

续表

问题描述	问题解答
暂估业务、受托业务中发生运费，应该如何处理？	暂估业务、受托业务先结算后生成发票，因此，无法直接将运费分摊到采购成本中，只能另行处理
在货到票未到时，可否采用压单的方式处理？	不能压单，如果压单不录入系统中，会导致销售时无法看到此库存，影响销售
如何理解合理损耗与非合理损耗？	当发票数量大于入库数量时，如果是不可抗力原因造成（如水分蒸发、自然腐烂等），则是合理损耗；如果是供应商责任，则需要供应商将货补齐或走退货流程；如果是企业自身责任或第三方责任（如运输单位），则是非合理损耗
入库单生成完成后，生成采购发票的依据是什么？	可依据入库单或采购订单生成采购发票，如果依据入库单生成，有利于采购自动结算
在普通采购业务中，如果没有采购结算就对出库单进行了记账，有没有影响？	有很大的影响，如果没有采购结算就进行了记账操作，系统采用暂估价记账，业务性质就变成了暂估，而不是普通采购业务。后期需要按暂估流程进行操作，生成的分录与普通业务不同

【实训报告】

通过扫描二维码查看实训报告格式，可以据此参照制作纸质实训报告。

实训报告：学习任务9-3

【问题思考】

1. 在现付时只支付部分金额，会出现什么结果，大于货款金额又是什么结果？

2. 入库单生成完成后，生成发票的依据是什么？

3. 在普通业务流程中，是否可以先记账，后采购结算？

4. 取消结算和删除凭证的具体步骤有哪些？

5. 在采购结算后，会回写入库单的单价，是否会回写发票的单价？

6. 总结标准操作流程中的无痕迹反向操作。

7. 验证可否录入红字请购单、红字采购订单？

8. 如果退货业务从红字入库单开始，应该如何操作？

9. 受托代销业务如果从请购单开始，如何操作？

10. 在受托代销结算时，如果结算金额与入库金额相同，能否生成入库调整凭证？

11. 暂估业务、受托业务中发生运费，应该如何处理？

12. 在货到票未到时，可否采用压单的方式处理？

学习任务9-4　销售业务处理

[任务概述] 本项学习任务主要训练学生掌握先发货后开票业务、先开票后发货业务、直运业务、分期收款业务、委托代销业务、零售日报业务以及代垫费用业务处理的方法。

一、任务目标

1. 掌握先发货后开票业务和先开票后发货业务操作流程。
2. 理解现收业务基本原理。
3. 比较销售业务与采购业务流程的不同。
4. 掌握直运业务、分期收款业务、委托代销业务和零售日报业务的操作流程。
5. 体会销售业务与财务一体化处理的好处。

二、准备工作

1. 了解先发货后开票业务、先开票后发货业务、直运业务、分期收款业务、委托代销业务、零售日报业务以及代垫费用业务流程。
2. 更改计算机时间为 2022 年 3 月 31 日。
3. 引入"9 – 3 采购业务处理"文件夹下的备份账套。

三、任务引例

（一）先发货后开票业务

1. 2022 年 3 月 2 日，长城兴荣科技与速达公司签订销售合同，销售 10 台联想电脑，每台含税单价 8 500 元。

约定发货方式为分批发货，第一批发货时间为 2022 年 3 月 3 日，发货 5 台；第二批发货时间为 2022 年 3 月 4 日，发货 5 台。

收款计划：2022 年 3 月 4 日收取货款的 20%，2022 年 3 月 5 日收取货款的 80%。

2. 2022 年 3 月 2 日，速达公司需要 10 台联想电脑，我公司报价每台 8 500 元。

3. 2022 年 3 月 3 日，速达公司与我方协商后，最后价格确定为每台 8 500 元（含税单价），并签订正式合同。

4. 2022 年 3 月 3 日，销售部门开出发货单，从联想电脑仓发货 10 台联想电脑到速达公司，仓库按发货单进行出库。

5. 2022 年 3 月 4 日，向速达公司开具本次销售专用发票一张，发票号 XS22030401，数量 10 台，含税单价 8 500 元，价税合计 85000 元。

6. 2022 年 3 月 4 日，财务部门确认本次销售收入，结转本次销售成本，生成凭证。

7. 2022 年 3 月 4 日，收到速达公司转账支票一张，支票号 ZZ0439，金额为 17 000 元。2022 年 3 月 5 日，收到速达公司转账支票一张，支票号 ZZ0440，金额为 68 000 元。财务部门核销本次速达公司的往来账，生成凭证。

（二）上月发货，本月开票业务

1. 2022年3月1日，向金算盘公司开具上月发货的销售专用发票一张，发票号XS22030101，数量100台，无税单价8 000元，价税合计904 000元，款未收。

2. 2022年3月1日，财务部门确认本次销售收入，结转本次销售成本，生成凭证。

（三）先开票后发货业务

1. 2022年3月3日，收到用友集团招标书，需要10台电脑，我公司选择提供戴尔电脑，报价每台8 000元。

2. 2022年3月4日，用友开标后，我公司中标，对方同意我公司的报价为每台8 000元（无税单价），双方签订正式合同。

3. 2022年3月5日，向用友开具本次销售专用发票一张，发票号XS22030501，数量10台，无税单价8 000元，价税合计90 400元。

4. 2022年3月5日，销售部门从戴尔电脑仓发货10台电脑到用友，仓库进行出库处理。

5. 2022年3月5日，财务部门确认本次销售收入，款未收，生成相关凭证。

（四）现收业务

1. 2022年3月6日，金蝶集团需要联想电脑20台，销售部门当日开出销售专用发票一张，发票号XS22030601，数量20台，无税价8 500元，价税合计192 100元，同时收到转账支票一张，金额为112 320元，支付部分货款，支票号为ZZ0106，当日仓库出库发货。

2. 2022年3月6日，销售部门将支票交给财务部门，财务部门确认收入，并对该笔货物进行销售成本结算，生成本次销售业务相应凭证。

（五）代垫费用业务

1. 2022年3月7日，用友集团需要惠普打印机10台，销售部门当日开出销售专用发票一张，发票号XS22030701，数量10台，无税价950元，当日仓库出库发货。发货时用现金替用友公司代垫运杂费50元，款未收，用友公司答应这个月支付货款和代垫运杂费。

2. 2022年3月7日，财务部门确认收入，并对该笔货物进行销售成本结算，生成本次销售业务相应凭证。

（六）销售退货业务

1. 2022年3月8日，因型号错误，收到速达公司退回的联想电脑1台，公司当日开出红字专用发票一张，发票号XS22030801，含税单价8 500元。

2. 2022年3月9日，财务部门开出转账支票一张，支票号ZZ1119，金额8 500元，用于归还速达公司退货款，并生成本次退货相应凭证。

（七）业务关闭

1. 2022 年 3 月 10 日，任我行公司公开招标电脑 50 台，我公司报出联想电脑，报价每台 8 500 元。

2. 2022 年 3 月 15 日，任我行公司公布结果，我公司没有中标，销售部门对本笔业务进行关闭。

（八）收款结算

1. 2022 年 3 月 12 日，收到金蝶集团转账支票一张，支票号 ZZ0812，金额 926 600 元，用于支付上月货款，财务核销往来账，生成相应凭证。

2. 2022 年 3 月 15 日，收到用友集团转账支票一张，支票号 ZZ0603，共计金额 101 185（90 400＋10 735＋50）元，用于支付全部货款与代垫费用，财务核销往来账，生成相应凭证。

（九）直运业务

1. 2022 年 3 月 20 日，收到金蝶集团招标书，需要 200 台电脑，我公司选择提供联想电脑，报价每台 7 500 元（无税单价），因我公司库存不够，决定采用直运方式运作。

2. 2022 年 3 月 21 日，金蝶开标后，我公司中标，对方同意我公司的报价为每台 7 500 元（无税单价），价税合计 1 695 000 元，双方签订正式合同，要求 23 日前到货。

3. 2022 年 3 月 21 日，我公司与联想集团签订采购合同，采购联想电脑 200 台，无税单价 5 000 元，价税合计 1 130 000 元，要求将货物直接发送到金蝶集团。

4. 2022 年 3 月 21 日，收到联想集团开具的专用发票一张，发票号 LX22032101，数量 200 台，无税单价 5 000 元，价税合计 1 130 000 元，公司计划收到金蝶货款后再付本次采购款。

5. 2022 年 3 月 22 日，向金蝶集团开具专用发票一张，发票号 XS22032201，数量 200 台，无税单价 7 500 元，价税合计 1 695 000 元。

6. 2022 年 3 月 23 日，货物已运到，收到金蝶集团转账支票一张，支票号 ZZ0123，金额为 1 695 000 元。

7. 2022 年 3 月 24 日，财务开出转账支票一张，支票号 ZZ1124，用于向联想集团支付货款，金额为 1 130 000 元。

8. 2022 年 3 月 24 日，财务进行本次业务核算，生成相应凭证。

（十）分期收款发出商品业务

1. 2022 年 3 月 24 日，用友集团向我公司订购联想电脑 50 台，双方协商后以含税单价 9 266 元成交。合同约定一次发货，分两期收款。

2. 2022 年 3 月 25 日，根据合同要求，向用友集团发送货物。

3. 2022 年 3 月 25 日，收到用友集团第一次货款，转账支票一张，支票号 ZZ3239，金额为 231 650 元，系支付第一期货款。

4. 2022 年 3 月 30 日，收到用友集团第二次货款，转账支票一张，支票号 ZZ3290，金额为 231 650 元，系支付第二期货款。

5. 2022 年 3 月 30 日，开具销售专用发票一张，发票号 XS22033001，数量 50 台，无税单价 8 200 元，价税合计 463 300 元。

（十一）委托代销业务

1. 2022 年 3 月 20 日，我公司与任我行公司协商后，委托代销戴尔电脑 30 台，单价 6 500 元，并于当日出库。

2. 2022 年 3 月 31 日，收到任我行公司通知，本月已销售 20 台，我公司开出专用发票一张，发票号 XS22033101，数量 20 台，结算单价为无税单价 6 500 元，并于当日收到转账支票一张，支票号 ZZ1106，金额 146 900 元。

（十二）零售日报业务

2022 年 3 月 21 日，向零散客户销售联想电脑 12 台，无税单价 9 000 元；戴尔电脑 17 台，无税单价 8 800 元，全部为现金销售，共收款 291 088 元。

【重要提示】本任务引例中的报价为了计算方便，均为无税单价。在整个练习过程中，重点要掌握普通业务流程，即先发货后开票业务和先开票后发货业务，比较先发货与先开票两种业务处理的不同，比较与采购业务的不同之处。在研究其他销售业务时，要与普通业务流程进行比较，研究与其不同的地方。在练习中，要按照流程来做，否则会迷失操作的方向，下一步无法找到单据时，注意查找上一步操作是否存在错误。在生成凭证过程中，当需要指定现金流量项目时，销售业务都指定为"01 销售商品提供劳务"。

四、操作指导

操作流程见图 9 - 97。

第一步	第二步	第三步	第四步	第五步	第六步	第七步	第八步	第九步
·先发货后开票	·先开票后发货业务	·现收业务	·代垫费用业务	·销售退货业务	·业务关闭与直云业务	·分期收款发出商品业务	·受托代销业务	·零售日报业务与销售调拨业务

图 9 - 97　操作流程

（一）先发货后开票业务

先发货后开票业务是指根据销售合同、协议向客户发出货物，发货后根据发货单开票结算。业务流程如图 9 - 98 所示。

视频：9 - 33 销售先发货后开票业务

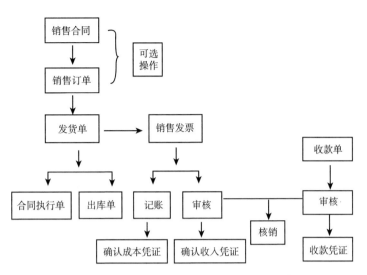

图 9-98　普通销售业务（先发货后开票）流程

与采购流程比较，不同点在于：物流的正式起点是发货单；物流与发票之间无须结算；销售发票不能填写，必须依据发货单生成；依据销售发票记账，而不是发货单或出库单；依据销售发票生成销售成本结转凭证，而不是发货单或出库单；销售发票需要先复核，再审核。

出库单受销售选项"销售生成出库单"影响，当选中时，发货单审核后自动生成一张未审核的出库单，只能实现一对一生单，未选中时需手动生单，可实现多对多生单。

确认收入凭证根据销售发票生成。借方取应收模块"应收科目"，贷方取应收模块"销售收入科目"与"税金科目"，金额取发票中的对应金额。

确认成本凭证根据记账后的销售发票生成。借方取存货模块"对方科目"，贷方取存货模块"存货科目"，金额取采购成本，不是发票中的销售价格。

收款凭证根据收款单生成。借方取应收模块"应收结算方式科目"，贷方如果是预收款取应收模块"预收科目"，如果是应收款取应收模块"应收科目"，金额取收款单上的总额。

1. 合同信息录入。

（1）打开合同格式设置。单击〖业务导航〗—〖业务工作〗—〖供应链〗—〖合同管理〗—〖合同〗—〖合同工作台〗菜单，单击"格式设置"按钮，表头项目勾选"启用阶段"和"合同阶段组"，如图 9-99 所示。

（2）录入销售合同。单击"增加"按钮，在下拉菜单中选择"销售类合同"—"销售合同"，表头项目录入"合同名称"和"对方单位"，"启用阶段"选择"是"，合同阶段选择"商务阶段"，点击"自动布局"，保存后退出。表体项目录入"存货分类编码""对应存货编码""数量""含税原币单价"，如图 9-100 所示。

（3）录入收款计划。单击表体的"收款计划"页签，录入收款计划信息，如图 9-101 所示。

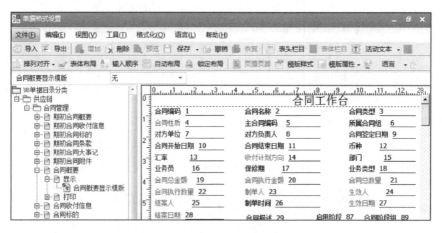

图 9 - 99   合同格式设置页面

图 9 - 100   销售合同

图 9 - 101   收款计划

（4）单击工具栏上的"保存"按钮，保存当前表单。

（5）单击工具栏上的"生效"按钮，生效当前表单。

（6）关闭界面。

2. 生成销售订单。

（1）打开"销售订单"录入功能。单击〖业务导航〗—〖业务工作〗—〖供应链〗—〖销售管理〗—〖销售订货〗—〖销售订单〗菜单，打开订单录入窗口。

（2）进入增加状态。单击工具栏上的"增加"按钮，系统自动增加一张空表单。

（3）参照生成单据。修改日期2022 - 03 - 03，单击工具栏上的"参照"下拉按钮，选择"合同"，在查询条件中单击"确定"按钮，在查询结果中选择对应合同，单击工具栏上的"确定"按钮，系统自动将合同的内容填写到当前订单中，如图9 - 102所示。

图9 - 102　销售订单

（4）单击工具栏上的"保存"按钮，保存当前表单。

（5）单击工具栏上的"审核"按钮，确认销售订单信息。

（6）关闭界面。

3. 生成发货单。

（1）打开"发货单"录入功能。单击〖业务导航〗—〖业务工作〗—〖供应链〗—〖销售管理〗—〖销售发货〗—〖发货单〗菜单，打开发货单录入窗口。

（2）参照生成单据。单击工具栏上的"增加"下拉按钮，修改日期2022 - 03 - 03，在查询条件中单击"确定"按钮，在查询结果中选择对应订单，单击工具栏上的"确定"按钮，系统自动将订单的内容填写到当前发货单中，在表体中选择仓库"联想电脑仓"，如图9 - 103所示（注意分两批次发货，每次发货5台联想电脑，生成两张发货单）。

（3）单击工具栏上的"保存"按钮，保存当前表单。

（4）单击工具栏上的"审核"按钮，确认发货单信息。

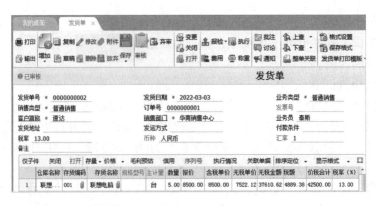

图 9 – 103　发货单

（5）关闭界面。

生成发货单相关说明见图 9 – 104。

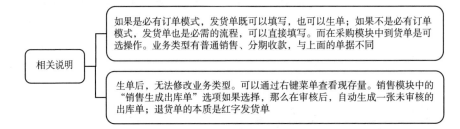

图 9 – 104　生成发货单相关说明

4. 合同执行单录入。

（1）打开合同执行单格式设置。单击〖业务导航〗—〖业务工作〗—〖供应链〗—〖合同管理〗—〖合同执行〗—〖合同执行单〗菜单，单击"格式设置"按钮，表头项目勾选"合同阶段"，如图 9 – 105 所示。

图 9 – 105　合同执行单格式设置页面

（2）参照生成单据。单击工具栏上的"增加"下拉按钮，选择"合同"，在查询条件中单击"确定"按钮，选择客户简称为"速达"的发货单，单击工具栏上的"确定"按钮，如图 9-106 所示。

图 9-106　合同执行单

（3）合同阶段。表头的合同阶段选择"第一阶段"。

（4）单击工具栏上的"保存"按钮，保存当前表单。

（5）单击工具栏上的"生效"按钮，生效当前表单。

（6）用同样方法录入第二张合同执行单，单据时间为 2022-03-05。

（7）关闭界面。

5. 审核出库单。

（1）打开"销售出库单"管理功能。单击〖业务导航〗—〖业务工作〗—〖供应链〗—〖库存管理〗—〖销售出库〗—〖销售出库单〗菜单，打开出库单管理窗口。

（2）查找单据。单击工具栏上的"末张"按钮，自动找到最后一张出库单。

（3）单击工具栏上的"审核"按钮，审核当前表单，如图 9-107 所示。

图 9-107　销售出库单

（4）单击工具栏上的"上张"按钮，找到前一张出库单，审核该表单。

（5）关闭界面。

审核出库单相关说明见图 9-108。

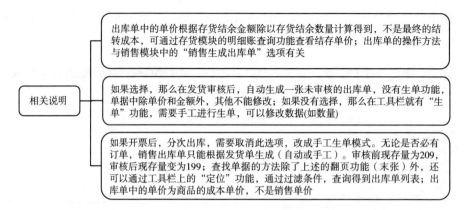

图 9 - 108 审核出库单相关说明

6. 生成销售发票。

（1）打开"销售专用发票"录入功能。单击〖业务导航〗—〖业务工作〗—〖供应链〗—〖销售管理〗—〖销售开票〗—〖销售专用发票〗菜单，打开销售发票录入窗口。

（2）进入增加状态。单击工具栏上的"增加"按钮，系统自动增加一张空表单。

（3）参照生成单据。录入发票号 XS22030401，单击工具栏上的"参照"下拉按钮，选择"发货单"，在过滤条件中单击"确定"按钮，在过滤结果中双击选择发货单，单击工具栏上的"确定"按钮，系统自动将发货单的内容填写到当前发票中，如图 9 - 109 所示。

图 9 - 109 销售专用发票

（4）单击工具栏上的"保存"按钮，保存当前表单。

（5）单击工具栏上的"复核"按钮，复核当前发票。

（6）单击工具栏上的"合同结算"按钮，单击选中销售专用发票，下方合同执行单录入本次结算金额，单击工具栏上的"结算"按钮，如图 9 - 110 所示。

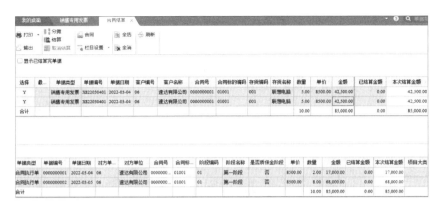

图 9 - 110　合同结算

（7）关闭界面。

生成销售发票相关说明见图 9 - 111。

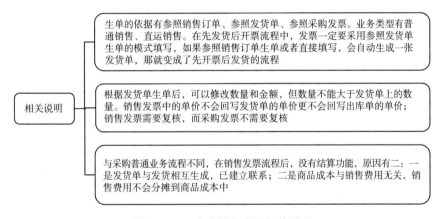

图 9 - 111　生成销售发票相关说明

7. 审核发票。通过〖业务导航〗—〖业务工作〗—〖应收款管理〗—〖应收处理〗—〖销售发票〗—〖销售发票审核〗功能对发票进行审核。

8. 生成销售收入凭证。通过〖业务导航〗—〖业务工作〗—〖应收款管理〗—〖凭证处理〗—〖生成凭证〗功能依据销售发票生成销售收入凭证。

9. 正常单据记账。通过〖业务导航〗—〖业务工作〗—〖供应链〗—〖存货核算〗—〖记账〗—〖正常单据记账〗功能进行记账，方法与采购标准业务操作步骤相同。

10. 生成销售成本结转凭证。通过〖业务导航〗—〖业务工作〗—〖供应链〗—〖存货核算〗—〖凭证处理〗—〖生成凭证〗功能依据销售发票生成成本结转凭证，在查询时选择"销售专用发票"，其他方法与采购标准业务操作步骤相同。注意观察生成凭证后商品的单价为 5 000。

11. 填写收款单，生成收款凭证。通过〖业务导航〗—〖业务工作〗—〖应收款管理〗—〖收款处理〗—〖收款单据录入〗功能收取货款，审核收款单，生成收款凭证。

12. 核销往来账。既可通过〖应收款管理〗—〖核销处理〗—〖手工核销〗功能核销往来账，也可在填写收款单界面中调用核销功能。

核销往来账相关说明见图9-112。

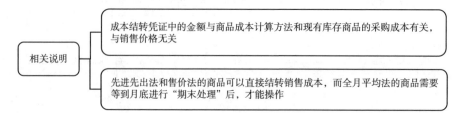

图9-112　核销往来账相关说明

（二）上月发货，本月开票业务

由于上月已完成了发货业务，发货单已录入，商品已出库，因此，本月只需要按照普通业务流程完成其他操作即可。本月业务不能再对期初业务进行出库处理。

1. 生成销售发票。根据发货单生成销售专用发票。

2. 审核发票。在应收模块审核发票。

3. 正常单据记账。对销售发票进行正常单据记账。

4. 生成销售收入凭证。在应收模块根据销售发票生成凭证。

5. 生成销售成本结转凭证。在存货模块根据销售发票生成成本结转凭证。

（三）先开票后发货业务

先开票后发货业务是指先根据销售合同或销售协议向客户开具发票，随后再发货，业务流程如图9-113所示。

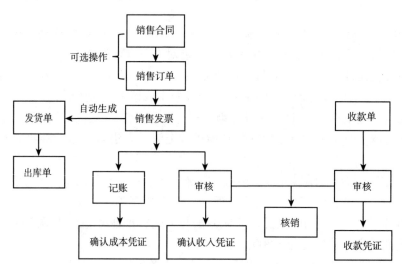

图9-113　普通销售业务（先开票后发货）流程

与先发货后开票流程相比，不同点在于：销售发票只能手工录入或根据销售订单生单，不能根据发货单生单；发货单无须操作，在销售发票录入并复核后，自动得到一张已审核的发货单，销售发票与发货单之间只能实现一对一生单，先开票流程操作步骤比先发货流程简洁。

出库单受销售选项"销售生成出库单"影响，凭证生成方式与先发货流程相同。

1. 填写报价单。

2. 生成销售订单。

3. 生成销售发票。根据销售订单生成发票，并填写仓库"戴尔电脑仓"（必填），复核后，自动生成一张已审核的发货单，此发货单不可取消审核，不能修改，因此，可以跳过发货单的操作。

4. 审核出库单。由于设置了"销售生成出库单"，出库单已自动生成，因此，只需要审核出库单即可。

5. 审核发票。

6. 正常单据记账。

7. 生成销售收入凭证。

先开票后发货业务相关说明见图 9 – 114。

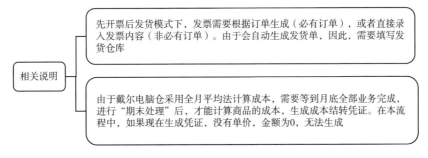

图 9 – 114　先开票后发货业务说明

（四）现收业务

在开具发票的同时收取对方全部或部分货款，填写发票审核前直接录入收款信息，无须额外填写收款单，在确认收入时，已收款部分不形成应收款，直接变为流动资金。操作流程只需将普通销售业务中的收款单对应流程去除，不再核销、生成收款凭证。

视频：9 – 35
现收业务

确认收入凭证根据销售发票生成。借方取应收模块"应收结算方式科目"，贷方取应收模块"销售收入科目"与"税金科目"，金额取发票中的对应金额。确认成本凭证与普通销售业务流程相同。

1. 填写销售发票并现收。直接填写发票内容，保存后，通过工具栏上的"现结"按钮进行现收处理，然后复核。

2. 审核出库单。

3. 正常单据记账。

4. 审核发票。在应收模块对发票进行审核，在条件中需要选择"包含已现结发票"。

5. 生成销售收入凭证。根据"现结制单"生成凭证。

6. 生成销售成本结转凭证。

现收业务相关说明见图 9 - 115。

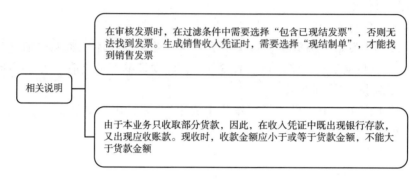

图 9 - 115　现收业务相关说明

（五）代垫费用业务

视频：9 - 36
代垫费用业务

在销售业务中，有的企业随货物销售有代垫费用的发生，如代垫运杂费、保险费等，代垫费用单审核后自动生成一张其他应收单并传递到应收模块，流程如图 9 - 116 所示。

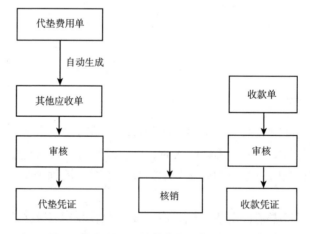

图 9 - 116　代垫费用业务流程

代垫费用单既可在销售发票录入窗口填写，并与销售发票关联，也可独立填写。

代垫凭证根据其他应收单生成，借方取应收模块"应收科目"，贷方优先取其他应收单贷方科目，如为空则取应收模块"代垫费用科目"，金额取发票中的对应金额。收款凭证与普通业务相同。

操作步骤如下：

1. 填写销售发票。

2. 填写代垫费用单。

（1）打开"代垫费用单"录入功能。单击〖业务导航〗—〖业务工作〗—〖供应链〗—〖销售管理〗—〖代垫费用〗—〖代垫费用单〗菜单，打开代垫费用单录入窗口。

（2）进入增加状态。单击工具栏上的"增加"按钮，系统自动增加一张空表单。

（3）录入单据。修改日期 2022 - 03 - 07，选择客户"用友"，在表体中选择录入费用项目"运费"，录入代垫金额"50"，如图 9 - 117 所示。

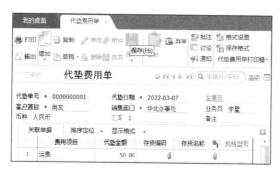

图 9 - 117　代垫费用单

（4）单击工具栏上的"保存"按钮，保存当前费用单。

（5）单击工具栏上的"审核"按钮，审核当前费用单。

（6）关闭界面。

3. 审核出库单。

4. 审核发票和其他应收单。

5. 正常单据记账。

6. 生成销售收入凭证和代垫费用凭证。根据"发票制单"和"应收单制单"生成凭证，在生成代垫费用凭证时，需要补填贷方科目"1001"。

7. 生成销售成本结转凭证。

代垫费用业务相关说明见图 9 - 118。

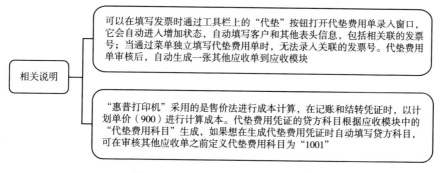

图 9 - 118　代垫费用业务相关说明

（六）销售退货业务

视频：9 - 37
销售退货业务

销售退货业务是指客户在购买后因货物质量、品种、数量不符合规定要求而将已购货物退回给销售单位的业务。退货流程按普通业务流程操作，相应单据按红字方式录入即可。

如果按先发货流程退货，在填写单据时填写红字发货单（即退货单），生成红字入库单、红字发票，填写红字收款单（即付款单）；如果按先开票流程退货，在填写单据时填写红字发票，自动生成红字发货单（即退货单）与红字入库单，填写红字收款单（即付款单）。生成的凭证科目与普通业务相同，金额为红字。

1. 填写红字销售发票。通过〖红字专用销售发票〗功能，根据速达公司上一次的销售订单，生成红字发票，修改数量为"－1"，保存后复核发票，操作方法与正常发票方法相同，只是数量为"－"。

2. 审核红字出库单。与正常销售出库单操作方法相同。

3. 合同执行单。参照出库单生成合同执行单，修改税率为 13%，含税单价 8 500 元，并生效。

4. 合同结算。红字专用销售发票与合同执行单结算。

5. 审核发票。

6. 正常单据记账。

7. 填写红字收款单（付款单）。在应收款管理模块的收款单中通过切换功能录入，操作方法与采购里面的红字付款单方法相同。

8. 核销往来账。手工核销时需要将收款单改为付款单。

9. 生成红字收款凭证。

10. 生成红字销售收入凭证。

11. 生成红字销售成本结转凭证。根据专用销售发票生成。

（七）业务关闭

业务关闭是指将单据关闭，从流程上停止该业务，在以后生单过程中不会再显示该单据。此操作有利于简化生单参照内容，厘清业务逻辑。采购与销售业务均可实现业务关闭，可关闭的单据有请购单、采购订单、到货单、报价单、销售订单、发货单。业务关闭不会生成凭证。

1. 录入报价单。填写并审核报价单。

2. 关闭报价单。通过工具栏上的"关闭"按钮，关闭当前表单。

（八）收款结算

依据任务引例资料在应收款管理系统中填写收款单并进行核销，生成凭证，操作方法与普通业务流程相同。

（九）直运业务

直运业务是指产品无须入库即可完成购销业务，由供应商直接将商品发给企业的客户；结算时，由购销双方分别与企业结算，流程如图9-119所示。

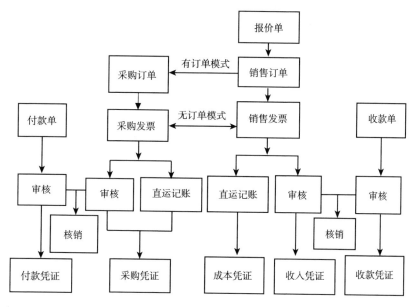

图9-119 直运业务流程

从图9-119中可以看出，直运业务由直运采购与直运销售两大部分组成，去除了采购与销售流程中的物流环节，没有到货单、入库单、采购结算单、发货单、出库单，采购模块根据采购发票直接记账，无采购验收入库凭证，采购流程与销售流程由订单或发票将两者联系在一起，分有订单模式与无订单模式。

当启用了直运必有订单时，执行有订单模式，根据报价单填写销售订单，采购订单根据销售订单生成；当没有启用直运必有订单时，执行无订单模式，可先录入采购发票或销售发票，然后生成另一张发票，没有先后顺序。

采购环节在存货模块对采购发票进行直运销售记账，先在应付模块对发票进行审核，然后在存货模块根据已审核并已记账的采购发票生成采购凭证。销售环节在存货模块对销售发票进行直运销售记账。

采购凭证依据采购发票生成，必须通过存货模块实现，不能在应付模块生成。凭证借方取存货模块"直运科目"与应付模块"税金科目"，贷方取应付模块"应付科目"，金额取发票中的对应金额。成本凭证借方取存货模块"对方科目"，贷方取存货模块"直运科目"。其他凭证与普通业务相同。

操作步骤如下：

1. 填写销售报价单。直接填写并审核销售报价单，在填写时，将业务类型改为直运销售。

2. 生成销售订单。先根据销售报价单生成销售订单，在生单前注意修改业务类型，然后修改订单日期，最后修改预发货日期。

3. 生成采购订单。根据销售订单生成采购订单，在生单前注意修改业务类型，生单后选择供应商，修改计划到货日期。

4. 生成采购发票。根据采购订单生成采购发票，在生单前注意修改业务类型。

5. 审核采购发票。在选择条件中需要选择"未结算完"选项，否则找不到发票。采购发票在应付模块不能生成采购凭证。

6. 生成销售发票。根据销售订单生成销售发票，修改条件中的业务类型，不填仓库。

7. 审核销售发票。

8. 生成销售收入凭证。

9. 填写收款单，审核、生成收款凭证，核销。

10. 填写付款单，审核、生成付款凭证，核销。

11. 直运记账。通过"直运销售记账"功能，对采购发票和销售发票进行记账。

12. 生成直运采购凭证。根据"直运采购发票"生成直运采购凭证。

13. 生成直运销售成本结转凭证。根据"直运销售发票"生成成本结转凭证。

直运业务相关说明见图9-120。

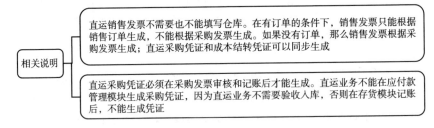

图9-120　直运业务相关说明

（十）分期收款发出商品业务

视频：9-39
销售分期收款发出商品业务

分期收款发出商品，指按协议分期收款的已发出未结算的商品，即商品已经发出，而发票迟迟未开，销售并未实现。发货时，先将存货从库存商品转入发出商品科目，以实现账实相符，开票后，再将存货从发出商品科目转入主营业务成本。业务流程如图9-121所示。

此业务一定是先发货，后开票。其业务的重点不是分期收款，而是发出商品。分期收款发出商品业务与先发货后开票操作流程的不同点在于：单据业务类型不同；记账方法不同；根据发货单记账并生成发出商品凭证；确认成本转出科目不同。

发出商品凭证根据记账后的发货单生成。借方取存货模块"分期收款发出商品科目"，贷方取存货模块"存货科目"，金额取采购成本。

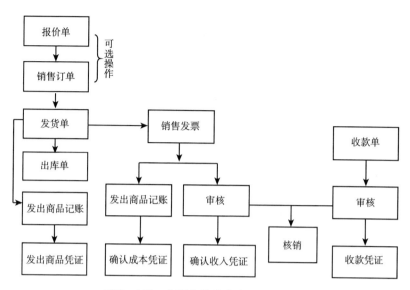

图 9 - 121 分期收款发出商品业务流程

确认成本凭证根据记账后的销售发票生成。借方取存货模块"对方科目",贷方取存货模块"分期收款发出商品科目",金额取采购成本。其他凭证与普通业务相同。

操作步骤如下:

1. 填写销售合同。在填写合同时,将收款计划改为两期各50%。

2. 填写销售订单。

3. 生成发货单。根据销售订单生成发货单,注意修改查询条件中的业务类型。

4. 审核出库单。

5. 对发货单进行发出商品记账。记账时不是正常单据记账,而是"发出商品记账",记账时根据"发货单"进行记账,而不是销售发票。

6. 生成发货凭证。在存货中根据"分期收款发出商品发货单"生成凭证,注意查看凭证的借贷科目。

7. 填写收款单,审核,生成收款凭证。此为第一次收款。

8. 填写收款单,审核,生成收款凭证。此为第二次收款。

9. 生成销售发票。根据发货单生成销售发票,注意修改查询条件中的业务类型。

10. 对发票进行发出商品记账。根据"销售发票"进行"发出商品记账"操作。

11. 生成成本结转凭证。在存货中根据"分期收款发出商品专用发票"生成凭证,注意查看凭证科目。

12. 审核发票。

13. 生成销售收入凭证。

14. 根据合同生成合同执行单。

15. 在销售发票中，单击"合同结算"。

16. 核销。

（十一）委托代销业务

视频：9－40 销售委托代销业务

委托代销是指委托方将货物委托给受托方（一般为商业企业），并要求受托方按委托方的要求销售委托方货物，受托方销售后，视同买断结算。如果委托方给受托方支付手续费，可通过销售费用支出单结合红字其他应收单（或其他应付单）变通处理。此业务相对委托方就是销售模块的委托代销业务，相对受托方就是采购模块的受托代销业务。委托代销的特点是受托方只是一个代理商，委托方将商品发出后，所有权并未转移给受托方，因此，商品所有权上的主要风险和报酬仍在委托方。只有在受托方将商品售出后，商品所有权上的主要风险和报酬才转移出委托方。所以，企业采用委托代销方式销售商品，应在受托方售出商品，并取得受托方提供的代销清单时确认销售收入实现。业务流程如图9－122所示。

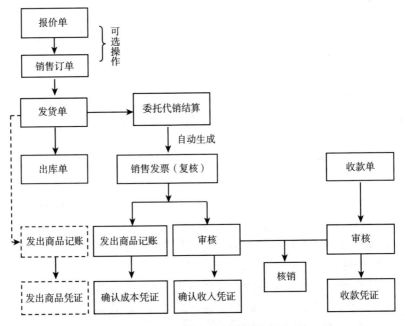

图9－122 委托代销业务流程

此业务成本核算方式默认按"普通销售核算"进行，记账环节采用正常单据记账处理，发货单不能按发出商品记账，不能生成发出商品凭证。如果委托代销结算周期较长，可以在存货参数中将委托代销成本核算方式改为"按发出商品核算"，即可按分期收款发出商品流程对发货单与销售发票进行发出商品记账，以保证库存数与存货数相符。

与受托代销业务相比，不同点有：委托代销结算单根据发货单生成；生成的销售发票还需要手工复核。与先发货后开票流程相比，多一步委托代销结算环节。

当委托代销成本核算方式采用"普通销售核算"，将生成三张凭证，与普通业务处理方式相同，确认成本凭证使用存货科目。当委托代销成本核算方式采用"按发出商品核算"，将生成四张凭证，与分期收款发出商品业务处理方式相似，发出商品凭证的借方与确认成本凭证的贷方取存货模块的"委托代销发出商品科目"，其他相同。

操作步骤如下：

1. 录入其他入库单。仓库：戴尔电脑仓；存货：戴尔电脑；数量：50；单价：5 000。

2. 填写委托代销发货单。通过〖销售管理〗—〖委托代销〗—〖委托代销发货单〗功能填写发货单。

3. 审核发货单。

4. 生成委托代销结算单。根据委托代销发货单生成结算单，修改数量，审核后选择生成销售专用发票。

5. 现结并复核销售发票。无法修改发票，因此，发票号不能录入。先点现结，录入收款信息，再复核。

6. 审核销售发票。注意现结选项。

7. 生成销售收入凭证。选择"现结制单"生成凭证。

8. 发出商品记账。委托代销发货单和销售发票记账。

（十二）零售日报业务

零售日报业务就是零售业务，是处理商业企业将商品销售给零售客户的销售业务，业务流程如图 9 - 123 所示。

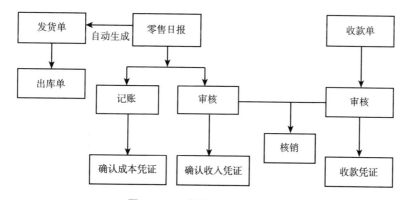

图 9 - 123　零售日报业务流程

由于向零售客户销售时，销售对象不固定，销售数量小，销售记录多，如果每次销售都采用以前的业务处理模式独立处理，将生成大量垃圾数据，并增加了工作人员的工作量。零售日报业务是在每日零售完成后，一次性通过销售日报功能录入当日的全部销售内容，一次性出库，可完美解决这个问题。

零售日报功能等价于销售发票，凭证生成原理与先开票后发货原理相同。

操作步骤如下：

1. 录入零售日报并现结。通过"零售日报"功能增加日报，现结后审核日报单据。

2. 审核出库单。共生成两张出库单，分别进行审核。

3. 正常单据记账。根据"零售日报"单据进行记账。

4. 审核零售日报。通过"应收款管理"—"销售发票"—"销售发票审核"审核零售日报，操作方法与审核发票的方法相同，注意选择"包含已现结发票"选项。

5. 生成销售收入凭证。选择"现结制单"生成凭证。

（十三）销售调拨业务

销售调拨单是一种特殊的确认销售收入的单据，是给有销售结算关系的客户（客户实际上是销售部门或分公司）开具的原始销售票据，客户通过销售调拨单取得货物的实物所有权。

销售调拨业务是一种销售业务，一般要有内部结算权利的单位才能做这个业务。只适用于集团内部结算，与普通销售业务的区别在于销售调拨单处理的销售业务不涉及销售税金。与调拨业务的区别在于调拨业务属仓库之间内部调拨，没有结算业务发生，而销售调拨业务会生成应收款，操作流程如图9-124所示。

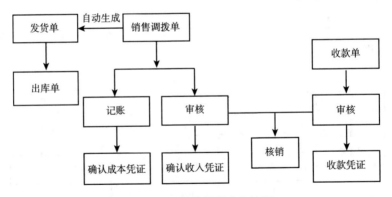

图9-124 销售调拨业务流程

从流程图中可以看出，其原理与先开票后发货的流程基本相同，销售调拨单的地位相当于销售发票，其他环节完全相同，在生成收入凭证时，根据销售调拨单生成的凭证不含进项税科目，具体操作请参照先开票后发货步骤。

（十四）账套备份

将账套输出至"9-4销售业务处理"文件夹，压缩后保存到U盘。

五、疑难解答

学习任务 9 - 4 疑难解答见表 9 - 16。

表 9 - 16　　　　　　　　　　学习任务 9 - 4 疑难解答

问题出处	问题描述	问题解答
先发货后开票业务	如果先填写了发货单,然后填写了销售发票而不是生成销售发票,会是什么结果	填写发货单后,销售发票必须根据发货单生成,如果又手工录入了一张发票,那么会自动生成一张发货单,也就是说,你会出现两张内容一样的发货单。因为手工录入的发票或根据订单生成的发票会自动生成一张已审核的发货单
业务流程	如果在操作过程中不知道应该从哪里开始,下一步应该做什么	学完采购业务流程后,再学习销售业务流程时,会感觉力不从心,由于对每个流程图掌握不牢固,很容易混淆操作步骤。因此,在操作业务前,一定要先判断业务的性质,然后选择操作流程图。分析业务时应该从物流、信息流(发票)和资金流进行分析,简单地说,就是先看发货了没有,开票了没有,收钱了没有,然后根据已发生的业务操作相应流程即可
销售生成出库单选项设置	一次开票、多次出库业务如何操作?多次开票、一次出库业务如何操作	在销售业务中,如果出库单与发票或发货单中货物的数量不是一一对应,而是多对多关系时,需要先在销售管理选项中取消"销售生成出库单"选项,然后在出库单中采用生单的方式生成出库单,生单时可以选择多张发货单,生成的出库单还可以修改货物的数量
销售成本结算方式参数设置	为什么没有审核出库单也可以记账和生成成本结转凭证	因为记账和生成成本结转凭证的依据是销售发票,出库单是否审核只对商品的现存量有影响。在存货核算选项中有"销售成本结算方式"参数,选项为"销售出库单"和"销售发票",默认选择"销售发票"
直运业务	在直运业务中,存货核算无法生成凭证是什么原因	很有可能是在应付模块根据销售发票生成了凭证。直运业务中的采购部分与普通采购业务不同,在存货核算中是根据采购发票生成凭证,在应付模块中不能根据采购发票生成凭证。如果你在应付模块中根据采购发票生成了凭证,那么在存货核算中将无法生成
分期收款发出商品业务	分期收款业务也可以处理一次发货,一次开票,它与先发货后开票业务有何不同	分期收款业务的本质是在发货后、开票前,将存货从"库存商品"转入"发出商品",而普通销售业务是发货后、开票前,商品还是在"库存商品"科目。因此,如果想发货后记入"发出商品",就采用分期收款流程,如果不想记入"发出商品",就采用普通业务流程
不同业务销售成本结转方式	为什么销售业务完成后,有的业务可以在存货模块中生成销售成本结转凭证,而有的业务在生成销售成本结转凭证时,金额为零	因为只有先进先出法的商品才能立即结转成本,而全月平均法和售价法不能立即结转成本,必须在月底进行月末处理后才能结转
先开票后发货业务	先开票后发货业务完成后,如何取消操作	操作原理与采购业务的取消操作方法相同,按业务反向流程操作即可,具体操作见上一节采购业务的取消操作
不同业务记账	在存货模块有多个记账,有什么区别	直运业务采用直运销售记账,分期收款发出商品业务采用发出商品记账,调拨、组装、形态转换业务采用特殊单据记账,其余业务都采用正常单据记账

问题出处	问题描述	问题解答
存货记账	为什么存货记账后生成凭证的金额与发票上的金额完全不同	存货记账后生成的凭证是销售成本结转凭证，结转数量取发票上的销售数量，而金额取存货的成本，与采购、生产以及成本计算方法有关，与发票上的金额无关，发票金额用于确认销售收入
成本计算方法选择	为什么有的业务能立即生成销售成本结转凭证，有的业务不能立即生成销售成本结转凭证	是否能立即生成凭证与成本计算方法有关，如果销售的存货能立即计算出成本，就可以立即生成销售成本结转凭证，例如，采用先进先出法、后进先出法、移动平均法、个别计价法这四种方法的商品可立即生成销售成本结转凭证，而采用全月平均法、计划价格法、售价法的商品必须到月末完成各仓库的期末处理后才能计算出成本，业务发生时也就不可能得到销售成本结转凭证
业务流程	为什么采购业务流程中有采购结算环节，而销售业务流程中没有销售结算环节	采购过程中发生的采购费用需要分摊到采购商品的单价中，通过采购结算实现，而销售过程中发生的销售费用不能分摊到销售商品的单价中，单独走销售费用，无须销售结算

【实训报告】

通过扫描二维码查看实训报告格式，可以据此参照制作纸质实训报告。

实训报告：学习任务9-4

【问题思考】

1. 为什么存货记账后生成凭证的金额与发票上的金额完全不同？

2. 为什么有的业务能生成成本结转凭证，有的业务不能生成成本结转凭证？

3. 总结标准操作流程中无痕迹反向操作内容。

4. 为什么采购业务流程中有采购结算环节，而销售业务流程中没有销售结算环节？

5. 如果普通业务收款时分多次收款，与分期收款业务有何不同？

6. 直运业务生成的凭证与普通业务有何不同？

7. 如何理解委托代销与受托代销的关系？

8. 零售日报业务与普通业务流程有何不同？

学习任务 9-5　库存业务处理

［任务概述］ 本学习任务主要训练学生掌握调拨业务、盘点业务和其他出库业务处理的方法。

一、任务目标

1. 掌握调拨业务的操作流程。

2. 掌握盘点业务的操作流程。

3. 掌握其他出库业务操作流程。

二、准备工作

1. 了解调拨业务、盘点业务、其他出库业务流程图。
2. 更改计算机时间为 2022 年 3 月 31 日。
3. 引入"9－4 销售业务处理"文件夹下的备份账套。

三、任务引例

（一）调拨业务

1. 2022 年 3 月 20 日，联想电脑仓发现有 2 台电脑有故障，暂时不能销售，需要进一步确认故障原因，特将这两台电脑从本仓库调到不良品仓。

2. 2022 年 3 月 22 日，经专业人员检查，排除故障，不影响电脑质量，当日将这 2 台联想电脑从不良品仓调至联想电脑仓。

（二）盘点业务

2022 年 3 月 31 日，对联想电脑仓进行盘点后，发现联想电脑实际库存数比账面库存数多 1 台，多出的这台电脑按 5 000 元入账。

（三）其他出库业务

2022 年 3 月 27 日，联想电脑仓因管理不当，造成 1 台联想电脑损坏，无法修复，损失由仓库管理员赔偿。

【重要提示】库存管理日常业务中最主要的工作就是采购入库和销售出库，这两个功能在前面学习采购业务和销售业务时，已经分别练习过。在本实训中，主要是练习工作中经常使用的调拨业务、盘点业务和其他原因引起的入/出库业务。对于盘点业务，在工作中最好采用定期与不定期的方法进行，平时都要注意核对账实数据，及时发现错误，及时更正。另外需要注意的是，在工作中可以建立虚拟仓库，通过调拨的方法，将错误的存货调至虚拟仓库中，在真实仓库中始终保证账账相符、账实相符。

四、操作指导

操作流程见图 9－125。

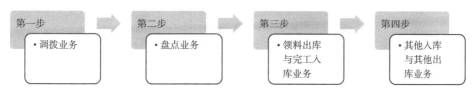

图 9－125　操作流程

（一）调拨业务

调拨业务是指仓库在操作过程中涉及的物料从一个仓库转移到另一个仓库的业务，业务流程如图9-126所示。

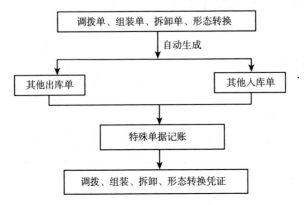

图9-126 调拨、组装、拆卸、形态转换业务流程

当调拨业务发生时，一个仓库物料减少，另一个仓库物料增加，对应生成其他出库单与其他入库单。通过"特殊单据记账"功能进行记账，调拨凭证借贷方都取存货科目，同价调拨，可以不生成凭证；异价调拨，需要生成凭证。

组装单、拆卸单、形态转换单发生于工业企业，本质上是一种存货减少，另一种存货增加，其成本不变，处理原理与调拨单相同。

操作步骤如下：

1. 填写并审核调拨单。通过"库存管理"—"调拨业务"—"调拨单"打开录入窗口，录入日期、转出仓库、转入仓库、出库类别、入库类别、存货编码、数量，保存后审核单据，如图9-127所示。

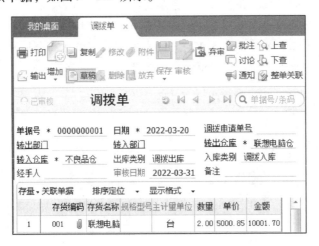

图9-127 调拨单

2. 审核其他入库单。通过“库存管理”—“其他入库”—“其他入库单”打开其他入库单窗口，通过翻页找到单据后，审核即可，如图9-128所示。

我的桌面
其他入库单
打印
输出
增加
复制
回冲
草稿
修改
附件
删除
放弃
保存
审核
弃审
批注
讨论
通知
上查
下查
整单关联
已审核
其他入库单
入库单号 * 0000000001
入库日期 * 2022-03-31
仓库 * 不良品仓
入库类别 调拨入库
业务类型 调拨入库
业务号 0000000001
部门
审核日期 2022-03-31
备注
条码 存量 货位 关联单据 排序定位 显示格式
存货编码 存货名称 规格型号 主计量单位 数量 单价 金额
1 001 联想电脑 台 2.00 5000.85 10001.70

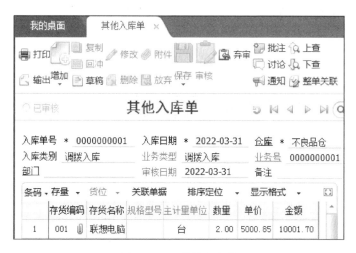

图9-128　其他入库单

3. 审核其他出库单。通过“库存管理”—“其他出库”—“其他出库单”打开其他出库单窗口，通过翻页找到单据后，审核即可。

4. 特殊单据记账。通过“存货核算”—“业务核算”—“特殊单据记账”功能，根据“调拨单”记账，操作方法与正常单据记账方法相同。

5. 按照上述方法操作，完成第2小题业务处理。

调拨业务相关说明见图9-129。

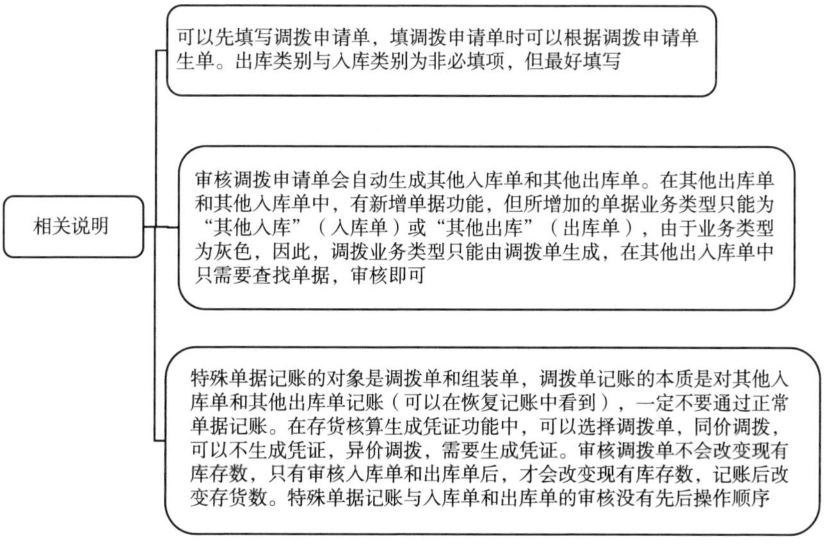

相关说明
可以先填写调拨申请单，填调拨申请单时可以根据调拨申请单生单。出库类别与入库类别为非必填项，但最好填写
审核调拨申请单会自动生成其他入库单和其他出库单。在其他出库单和其他入库单中，有新增单据功能，但所增加的单据业务类型只能为“其他入库”（入库单）或“其他出库”（出库单），由于业务类型为灰色，因此，调拨业务类型只能由调拨单生成，在其他出入库单中只需要查找单据，审核即可
特殊单据记账的对象是调拨单和组装单，调拨单记账的本质是对其他入库单和其他出库单记账（可以在恢复记账中看到），一定不要通过正常单据记账。在存货核算生成凭证功能中，可以选择调拨单，同价调拨，可以不生成凭证，异价调拨，需要生成凭证。审核调拨单不会改变现有库存数，只有审核入库单和出库单后，才会改变现有库存数，记账后改变存货数。特殊单据记账与入库单和出库单的审核没有先后操作顺序

图9-129　调拨业务说明

（二）盘点业务

盘点业务是指将仓库中存货的实物数量与库存账面数量进行核对。盘点工作可根据需要定期与不定期进行，既可针对一个仓库，也可局部盘点。业务流程如图9-130所示。

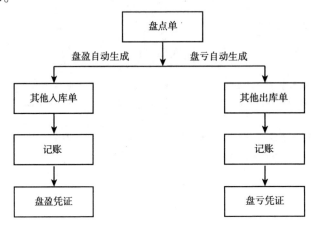

图9-130　盘点业务流程

盘点时直接录入盘点单，审核后，盘盈则自动生成其他入库单，盘亏则自动生成其他出库单。正常单据记账后即可生成盘盈、盘亏凭证。

盘盈凭证根据其他入库单生成，借方取存货模块的"存货科目"，贷方取存货模块的"对方科目"；盘亏凭证根据其他出库单生成，借方取存货模块的"对方科目"，贷方取存货模块的"存货科目"。操作步骤如下：

1. 填制并审核盘点单。通过〖库存管理〗—〖盘点业务〗打开盘点数据录入窗口，新增后，选择普通仓库盘点，修改账面日期、盘点日期，选择盘点仓库、出库类别、入库类别，单击工具栏上的盘库（也可以在表体中录入存货），自动填写表体账面数量，修改盘点数量（账面数量+1），保存并审核，如图9-131所示。

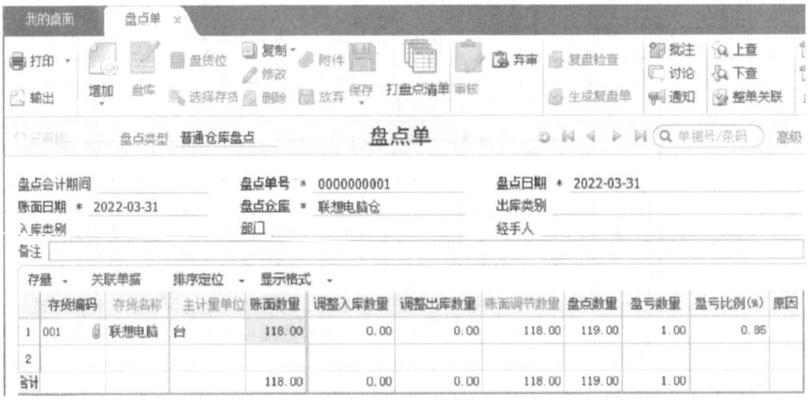

图9-131　盘点单

2. 审核其他出入库单。通过〖库存管理〗—〖其他入库〗—〖其他入库单〗打开其他入库单窗口，通过翻页找到单据后，审核即可。

3. 正常单据记账（鼠标右键手工输入，单价 5 000.85 元）。

4. 生成凭证。在〖存货核算〗—〖凭证处理〗—〖生成凭证〗中根据"其他入库单"生成凭证。

盘点业务相关说明见图 9 – 132。

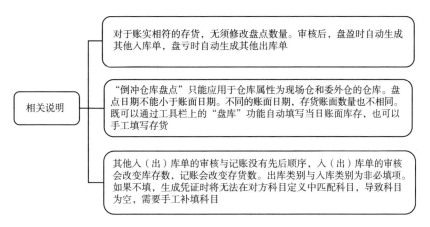

图 9 – 132　盘点业务相关说明

（三）领料出库与完工入库业务

领料出库与完工入库业务属于工业企业专用的业务，在生产前从仓库领出原材料，仓库库存数减少，生产完工后，将产成品入库，仓库库存数增加。业务流程如图 9 – 133 所示。

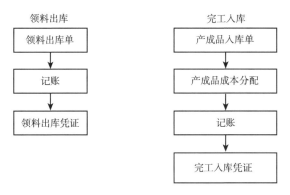

图 9 – 133　领料出库与完工入库业务流程

此业务领料出库中的原材料必须具有"生产耗用"属性，产成品入库中的产成品必须具有"自制"属性。完工入库的产成品价值需要通过产成品成本分配功能完成，如果没有启用成本管理模块，只能查询生产成本明细账后手工录入。

领料出库凭证根据领料出库单生成。借方取存货模块的"对方科目"，贷方取存货模块的"存货科目"，金额取材料成本。

完工入库凭证根据产成品入库单生成，借方取存货模块的"存货科目"，贷方取存货模块的"对方科目"，金额取产成品成本分配金额。

（四）其他入库、出库业务

其他入库、出库业务是指采购入库、销售出库、领料出库（工业）、完工入库（工业）、盘点、调拨等业务之外的业务，主要用于处理一些特殊情况，业务流程如图9－134所示。

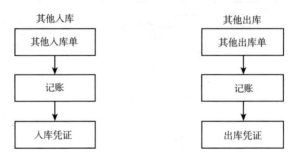

图9－134　其他入库与其他出库业务流程

入库凭证根据其他入库单生成，借方取存货模块的"存货科目"，贷方取存货模块的"对方科目"；出库凭证根据其他出库单生成，借方取存货模块的"对方科目"，贷方取存货模块的"存货科目"。

操作步骤如下：

1. 填写并审核其他出库单。通过〖库存管理〗—〖其他出库〗—〖其他出库单〗打开单据录入窗口，新增后，修改出库日期，选择仓库，出库类别，在表体中选择存货，录入数量，保存并审核，如图9－135所示。

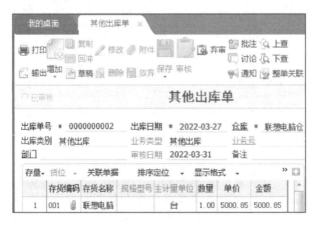

图9－135　其他出库单

2. 正常单据记账。

3. 生成凭证。在〖存货核算〗—〖凭证处理〗—〖生成凭证〗中根据"其他出库单"生成凭证。

（五）账套备份

将账套输出至"9-5库存业务处理"文件夹，压缩后保存到U盘。

五、疑难解答

学习任务9-5疑难解答见表9-17。

表9-17　　　　　　　　　　学习任务9-5疑难解答

问题出处	问题描述	问题解答
参数设置	为什么盘点后生成的凭证，对方科目是空的？	可以从两个方面找原因：一是在填写盘点单据时，是否正确录入了出库类别和入库类别；二是在对方科目定义中，是否定义了你选择的出（入）库类别所对应的科目
盘点业务	为什么我的盘点账面数据和书上的账面数据不同？	从两个方面找原因，一是盘点单中的账面日期是否正确，不同的盘点时间，系统显示的账面数据会不同；二是以前的采购与销售业务日期和数量是否正确。第二个错误可以通过查询"库存台账"查看明细。由于库存入账是以审核日期为准，为了操作简单，所有的业务都是以31日审核，因此，如果账面日期填写的是31日以前，那么账面数其实就是期初数。如果想得到真实的数据，那么需要每次审核单据时，按业务日期重新录入系统
盘点业务	在盘点过程中，发现同款式皮鞋41码多一双，40码少一双，应该如何处理？	像这样的业务，在企业仓库盘点时经常出现，主要原因是发货时只关注了大类商品，对于尺码或颜色未加核对。因此，当核对大类数量时，没有错误，但核算明细级数量时，就出现一多一少的情况。处理方法有两种：一是采用标准的盘盈盘亏方法处理，使用其他入库单和其他出库单将数据调整为正确数据；二是建立虚拟仓库，将多的商品调到虚拟仓库，将少的商品从虚拟仓库调过来。这样，错误的商品都会出现在虚拟仓库中。虚拟仓库不参与运算，允许负库存

【实训报告】

通过扫描二维码查看实训报告格式，可以据此参照制作纸质实训报告。

【问题思考】

1. 根据其他出库单生成凭证时，对方科目为空是什么原因？如何处理？

2. 对于某仓库的某个商品，如何查询其流水账？

3. 如何将调拨单、盘点单、其他出库单和其他入库单中的出库类别和入库类别改成必填项？

4. 入库单、出库单的审核与记账是否有先后操作顺序？

5. 库存结余数的变化与存货结余数的变化分别受哪些操作的影响？

实训报告：学习任务9-5

学习任务 9-6　存货核算处理

[**任务概述**] 本学习任务主要训练学生按照正确顺序进行期末处理和结账操作，并掌握供应链系统主要账表查询的方法。

一、任务目标

1. 掌握期末业务处理的操作流程。
2. 掌握与总账对账的方法。
3. 掌握采购管理、销售管理、库存管理、存货核算月末结账的方法。
4. 掌握如何查询收发存汇总表、采购订单执行表、库存台账、明细账、存货呆滞积压分析表等的方法。

二、准备工作

1. 了解期末处理流程。
2. 更改计算机时间为 2022 年 3 月 31 日。
3. 引入"9-5 库存业务处理"文件夹下的备份账套。
4. 存货核算系统中的所有未记账单据必须先记账。

三、任务引例

1. 采购管理系统月末结账。
2. 销售管理系统月末结账。
3. 对各仓库进行期末处理。
4. 生成全部成本结转凭证。
5. 与总账对账。
6. 库存管理系统月末结账。
7. 存货核算系统月末结账。
8. 供应链各账表查询。

【**重要提示**】存货核算的主要工作是对采购和销售中的相关单据进行记账，并生成相关凭证，此业务已在前面的采购业务和销售业务中练习过，本实训主要练习期末业务处理，重点掌握结账的顺序，体会期末业务处理的必要性，了解各账表查询的方法。

四、操作指导

操作流程见图 9 – 136。

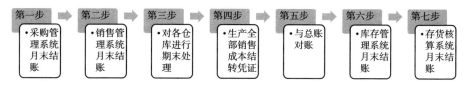

图 9 – 136   操作流程

期末业务主要完成期末处理，依据本月采购与销售情况计算全月平均法、售价法等商品的销售成本，并对供应链各模块结账。期末业务处理流程如图 9 – 137所示。

视频：9 – 41
供应链期末
业务

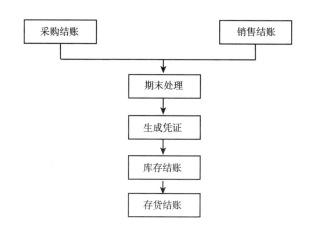

图 9 – 137   期末处理流程

采购结账与销售结账是逐月将每月的单据数据封存，不再发生当月业务，表示当月日常业务全部完成。只有当月日常业务全部完成后，才能进行期末处理，计算按"全月平均"方式核算的存货的全月平均单价及其本会计月出库成本，计算按"计划价/售价"方式核算的存货的差异率/差价率及其本会计月的分摊差异/差价，并对已完成日常业务的仓库、部门、存货做处理标志。

库存结账与存货结账同样是将每月的出入库单据逐月封存，不再发生当月业务。在库存结账前，推荐做一次与总账的对账工作，确保数据没有错误。

联想电脑由于采用先进先出法，其销售成本结转凭证在业务发生时已生成，但由于戴尔电脑采用全月平均法计算成本，惠普打印机采用售价法计算成本，在期末处理前，无法得到存货的成本，无法生成凭证。因此，此类型的凭证只能在月末期末处理后进行，期末处理前需要对采购与销售模块进行结账。

（一）采购管理系统月末结账

采购月末结账是逐月将每月的单据数据封存，并将当月的采购数据记入有关账表中。

1. 打开结账功能。双击“采购管理”—“月末结账”菜单，打开月末结账窗口，如图9－138所示。

结账

会计月份	起始日期	结束日期	是否结账
3	2022-03-01	2022-03-31	否
4	2022-04-01	2022-04-30	否
5	2022-05-01	2022-05-31	否
6	2022-06-01	2022-06-30	否
7	2022-07-01	2022-07-31	否
8	2022-08-01	2022-08-31	否
9	2022-09-01	2022-09-30	否
10	2022-10-01	2022-10-31	否
11	2022-11-01	2022-11-30	否
12	2022-12-01	2022-12-31	否

结账
取消结账
帮助
退出

为保证采购系统的暂估余额表和存货核算系统的暂估余额表数据一致，建议在月末结账前将未填单价、金额的采购入库单填上单价、金额。

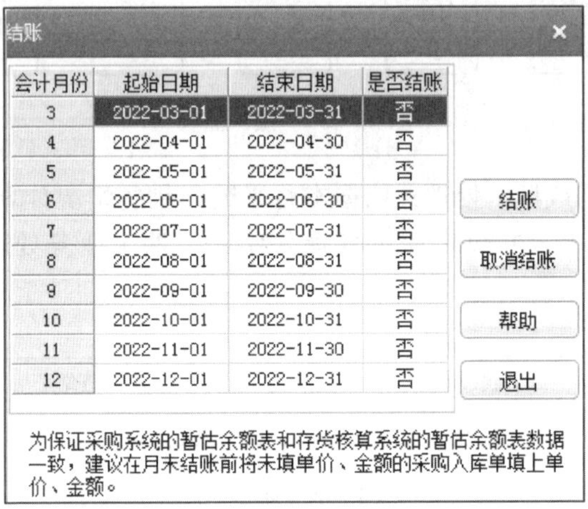

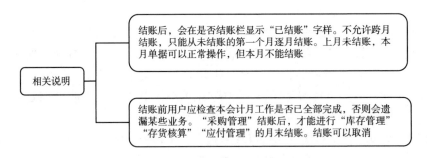

图9－138　月末结账

2. 选择结账期间。单击第一会计月份，在选择标记处出现“选中”字样。

3. 结账。单击“结账”按钮，提示“是否关闭订单”，单击“否”按钮，完成月末结账。

4. 退出。

采购管理系统月末结账说明见图9－139。

相关说明
结账后，会在是否结账栏显示“已结账”字样。不允许跨月结账，只能从未结账的第一个月逐月结账。上月未结账，本月单据可以正常操作，但本月不能结账
结账前用户应检查本会计月工作是否已全部完成，否则会遗漏某些业务。“采购管理”结账后，才能进行“库存管理”“存货核算”“应付管理”的月末结账。结账可以取消

图9－139　采购管理系统月末结账说明

（二）销售管理系统月末结账

销售月末结账是逐月将每月的单据数据封存，并将当月的销售数据记入有关报表中。

1. 打开结账功能。双击"销售管理"—"月末结账"菜单，打开月末结账窗口，如图 9-140 所示。

图 9-140　月末结账

2. 结账。单击"结账"按钮，提示"是否关闭订单"，单击"否"按钮，完成月末结账。

3. 退出。

销售管理系统月末结账相关说明见图 9-141。

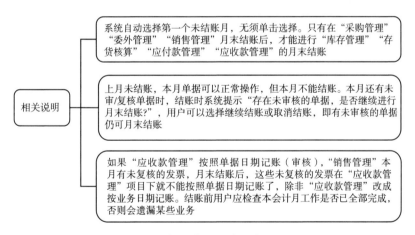

图 9-141　销售管理系统月末结账说明

（三）对各仓库进行期末处理

当日常业务全部完成后，需要进行期末处理，计算按"全月平均"方式核算的存货的全月平均单价及其本会计月出库成本，计算按"计划价/售价"方式核算的存货的差异率/差价率及其本会计月的分摊差异/差价，并对已完成日常业务的仓库、部门、存货做处理标志。

1. 打开"期末处理"功能。单击〖存货核算〗—〖凭证处理〗—〖期末处理〗菜单，打开期末处理窗口，如图9-142所示。

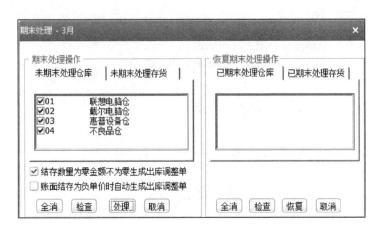

图9-142　期末处理

2. 选择处理对象。选择左边的全部仓库（默认已选择）。

3. 开始计算。单击左边的"处理"按钮，系统开始对各仓库逐个进行计算。

4. 显示计算结果。戴尔电脑仓会显示"仓库平均单价计算表"，惠普设备仓会显示"仓库差异率计算表"和"差异结转单列表"，分别单击工具栏上的"确定"按钮，显示"期末处理完毕！"，单击"确定"按钮，计算完成。

5. 关闭窗口。

各仓库期末处理相关说明见图9-143。

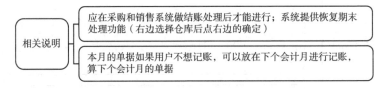

图9-143　各仓库期末处理说明

（四）生成全部成本结转凭证

由于戴尔电脑采用全月平均法计算成本，惠普打印机采用售价法计算成本，在期末处理前，无法得到存货的成本，无法生成凭证。因此，此类型的凭证只能在月末期末处理后进行。操作方法与普通业务相同。

1. 打开存货核算"生成凭证"功能。单击〖存货核算〗—〖财务核算〗—〖生成凭证〗菜单，打开"生成凭证"窗口。

2. 打开查询窗口。单击工具栏上的"选单"按钮，打开"查询条件"窗口。

3. 设置查询条件。单击"确定"按钮，打开"未生成凭证单据一览表"窗口，如图9-144所示。

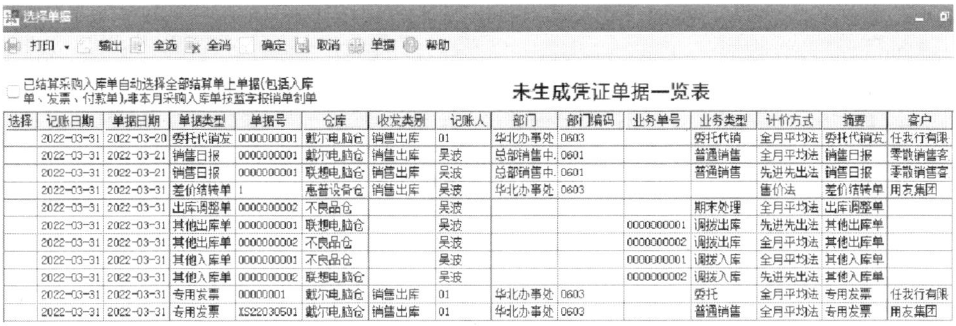

选择	记账日期	单据日期	单据类型	单据号	仓库	收发类别	记账人	部门	部门编码	业务单号	业务类型	计价方式	摘要	客户
	2022-03-31	2022-03-20	委托代销发	0000000001	戴尔电脑仓	销售出库	01	华北办事处	0603		委托代销	全月平均法	委托代销发	任我行有限
	2022-03-31	2022-03-21	销售日报	0000000001	戴尔电脑仓	销售出库	吴波	总部销售中.	0601		普通销售	全月平均法	销售日报	零散销售客
	2022-03-31	2022-03-21	销售日报	0000000001	联想电脑仓	销售出库	吴波	总部销售中.	0601		普通销售	先进先出法	销售日报	零散销售客
	2022-03-31	2022-03-31	差价结转单	1	惠普设备仓	销售出库	吴波	华北办事处	0603			售价法	差价结转单	用友集团
	2022-03-31	2022-03-31	出库调整单	0000000002	不良品仓		吴波				期末处理	全月平均法	出库调整单	
	2022-03-31	2022-03-31	其他出库单	0000000001	联想电脑仓		吴波			0000000001	调拨出库	先进先出法	其他出库单	
	2022-03-31	2022-03-31	其他出库单	0000000002	不良品仓		吴波			0000000002	调拨出库	全月平均法	其他出库单	
	2022-03-31	2022-03-31	其他入库单	0000000001	不良品仓		吴波			0000000001	调拨入库	全月平均法	其他入库单	
	2022-03-31	2022-03-31	其他入库单	0000000002	联想电脑仓		吴波			0000000002	调拨入库	先进先出法	其他入库单	
	2022-03-31	2022-03-31	专用发票	00000001	戴尔电脑仓	销售出库	01	华北办事处	0603		委托	全月平均法	专用发票	任我行有限
	2022-03-31	2022-03-31	专用发票	XS22030501	戴尔电脑仓	销售出库	01	华北办事处	0603		普通销售	全月平均法	专用发票	用友集团

图 9-144　未生成凭证单据一览表

4. 选择单据。单击“选择”栏，选择需要生成凭证的原始单据，单击工具栏上的“确定”按钮，系统切换到“生成凭证”列表窗口，并根据选择的单据生成如图 9-145 所示的结果。

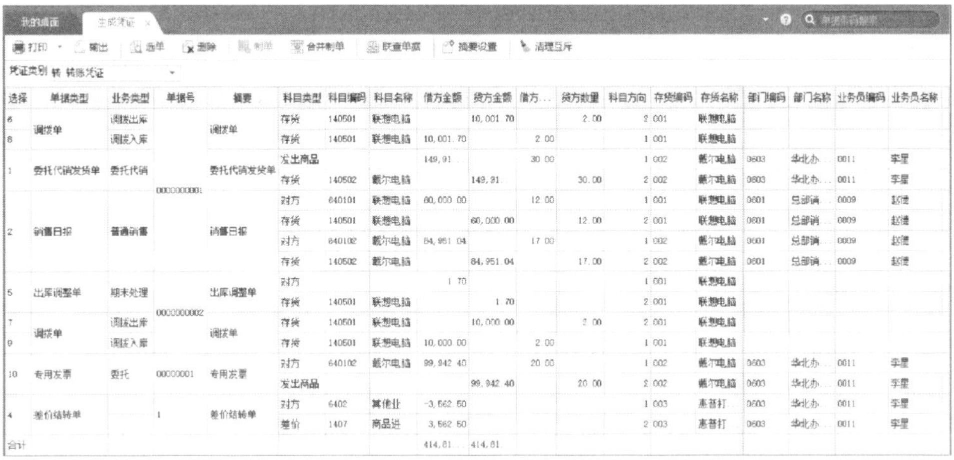

选择	单据类型	业务类型	单据号	摘要	科目类型	科目编码	科目名称	借方金额	贷方金额	借方…	贷方数量	科目方向	存货编码	存货名称	部门编码	部门名称	业务员编码	业务员名称
6	调拨单	调拨出库	0000000001	调拨单	存货	140501	联想电脑		10,001.70		2.00	2	001	联想电脑				
8		调拨入库			存货	140501	联想电脑	10,001.70		2.00		1	001	联想电脑				
1	委托代销发货单	委托代销		委托代销发货单	发出商品			149,91…		30.00		1	002	戴尔电脑	0603	华北办…	0011	李星
					存货	140502	戴尔电脑		149,91…		30.00	2	002	戴尔电脑	0603	华北办…	0011	李星
2	销售日报	普通销售		销售日报	对方	640101	联想电脑	60,000.00		12.00		1	001	联想电脑	0601	总部销…	0009	赵德
					存货	140501	联想电脑		60,000.00		12.00	2	001	联想电脑	0601	总部销…	0009	赵德
					对方	640102	戴尔电脑	84,951.04		17.00		1	002	戴尔电脑	0601	总部销…	0009	赵德
					存货	140502	戴尔电脑		84,951.04		17.00	2	002	戴尔电脑	0601	总部销…	0009	赵德
5	出库调整单	期末处理	0000000002	出库调整单	对方			1.70				1	001	联想电脑				
					存货	140501	联想电脑		1.70			2	001	联想电脑				
7	调拨单	调拨出库		调拨单	存货	140501	联想电脑		10,000.00		2.00	2	001	联想电脑				
9		调拨入库			存货	140501	联想电脑	10,000.00		2.00		1	001	联想电脑				
10	专用发票	委托	00000001	专用发票	对方	640102	戴尔电脑	99,942.40		20.00		1	002	戴尔电脑	0603	华北办…	0011	李星
					发出商品				99,942.40		20.00	2	002	戴尔电脑	0603	华北办…	0011	李星
4	差价结转单		1	差价结转单	对方	6402	其他业	-3,562.50				1	003	惠普打…	0603	华北办…	0011	李星
					差价	1407	商品进	3,562.50				2	003	惠普打	0603	华北办…	0011	李星
合计								414,81…	414,81…									

图 9-145　生成凭证

5. 生成凭证。修改凭证类别为“转”字，单击工具栏上的“生成”按钮，自动生成相关转账凭证，单击工具栏上的“保存”按钮，依次保存凭证。

6. 关闭界面。

（五）与总账对账

本功能已在初始化完成时使用过，在日常业务中需要经常调用此功能与总账对账。对账前，需要对总账的凭证进行审核记账，否则对账不平。操作步骤如下：

1. 打开存货“与总账对账”功能。单击〖业务导航〗—〖业务工作〗—〖供应链〗—〖存货核算〗—〖对账〗—〖存货与总账对账〗菜单，显示对账结果窗口。

2. 修改对账条件。核对方式选“核对金额”复选框，单击工具栏上的“确定”按钮，如图 9-146 所示。对账前，需要对总账的凭证进行审核记账，或者在对账时选择“包含未记账凭证”，否则对账不平，只显示对账不平记录则选择“否”。

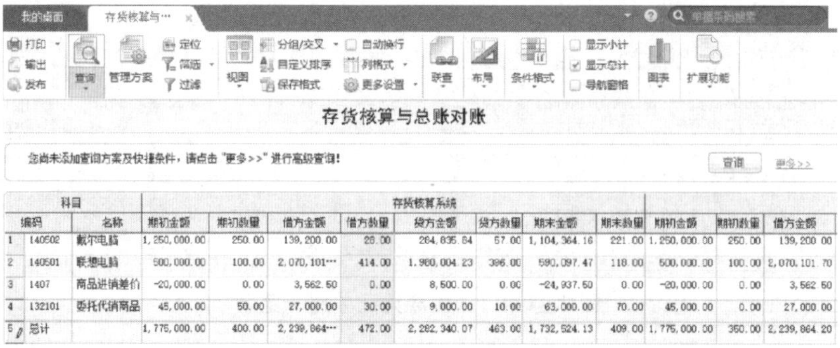
存货核算与总账对账

您尚未添加查询方案及快捷条件，请点击“更多>>”进行高级查询！

	科目		存货核算系统										
	编码	名称	期初金额	期初数量	借方金额	借方数量	贷方金额	贷方数量	期末金额	期末数量	期初金额	期初数量	借方金额
1	140502	戴尔电脑	1,250,000.00	250.00	139,200.00	28.00	264,835.84	57.00	1,104,364.16	221.00	1,250,000.00	250.00	139,200.00
2	140501	联想电脑	500,000.00	100.00	2,070,101···	414.00	1,980,004.23	396.00	590,097.47	118.00	500,000.00	100.00	2,070,101.70
3	1407	商品进销差价	-20,000.00	0.00	3,562.50	0.00	8,500.00	0.00	-24,937.50	0.00	-20,000.00	0.00	3,562.50
4	132101	委托代销商品	45,000.00	50.00	27,000.00	30.00	9,000.00	10.00	63,000.00	70.00	45,000.00	0.00	27,000.00
5	总计		1,775,000.00	400.00	2,239,864···	472.00	2,282,340.07	463.00	1,732,524.13	409.00	1,775,000.00	350.00	2,239,864.20

图9－146　对账结果窗口

本月的单据如果用户不想记账，可以放在下个会计月进行记账，算下个会计月的单据。

3. 用同样的方法对发出商品与总账对账。双击〖业务导航〗—〖供应链〗—〖存货核算〗—〖对账〗—〖发出商品与总账对账〗菜单，查看对账结果。

4. 关闭窗口。

（六）库存管理系统月末结账

库存管理月末结账是将每月的出入库单据逐月封存，并将当月的出入库数据记入有关账表中。操作步骤如下：

1. 打开结账功能。双击〖库存管理〗—〖月末处理〗—〖月末结账〗菜单，打开月末结账窗口，如图9－147所示。

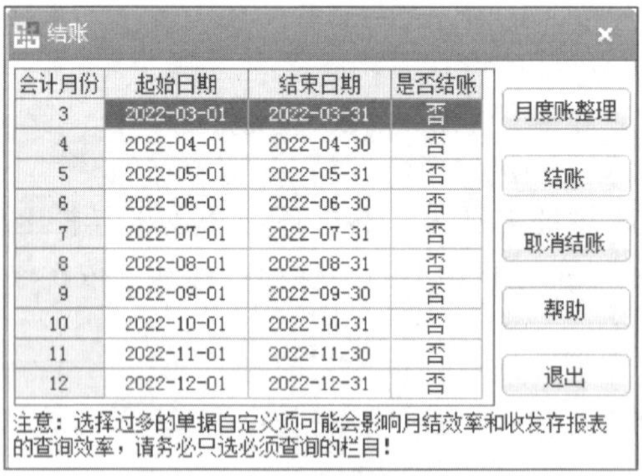
结账

会计月份	起始日期	结束日期	是否结账
3	2022-03-01	2022-03-31	否
4	2022-04-01	2022-04-30	否
5	2022-05-01	2022-05-31	否
6	2022-06-01	2022-06-30	否
7	2022-07-01	2022-07-31	否
8	2022-08-01	2022-08-31	否
9	2022-09-01	2022-09-30	否
10	2022-10-01	2022-10-31	否
11	2022-11-01	2022-11-30	否
12	2022-12-01	2022-12-31	否

月度账整理　结账　取消结账　帮助　退出

注意：选择过多的单据自定义项可能会影响月结效率和收发存报表的查询效率，请务必只选必须查询的栏目！

图9－147　结账处理

2. 结账。单击“结账”按钮，提示“库存启用月份结账后将不能修改期初数据，是否继续结账？”，单击“是”按钮，完成月末结账。

3. 单击“退出”按钮，关闭月末结账窗口。

库存管理系统月末结账相关说明见图9－148。

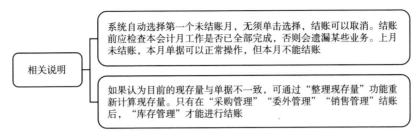

图 9－148　库存管理系统月末结账相关说明

（七）存货核算系统月末结账

存货核算月末结账与其他模块的结账功能相同。操作步骤如下：

1. 打开结账功能。单击〖存货核算〗—〖记账〗—〖月末结账〗菜单，打开月末结账窗口，如图 9－149 所示。

会计月份	起始日期	结束日期	是否结账
3	2022-03-01	2022-03-31	否
4	2022-04-01	2022-04-30	否
5	2022-05-01	2022-05-31	否
6	2022-06-01	2022-06-30	否
7	2022-07-01	2022-07-31	否
8	2022-08-01	2022-08-31	否
9	2022-09-01	2022-09-30	否
10	2022-10-01	2022-10-31	否
11	2022-11-01	2022-11-30	否
12	2022-12-01	2022-12-31	否

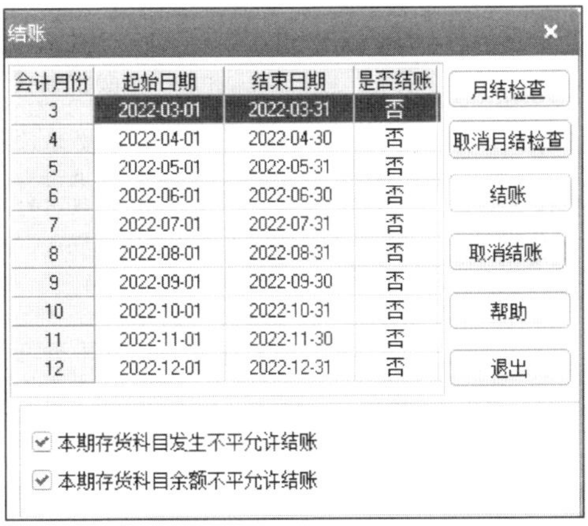

图 9－149　月末结账

2. 结账。选择“结账”单选框，提示“月末结账完成！”单击“确定”按钮完成结账，自动关闭窗口。

存货核算系统月末结账相关说明见图 9－150。

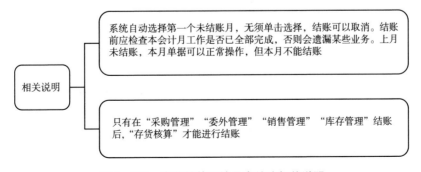

图 9－150　存货核算系统月末结账相关说明

（八）供应链各账表查询

在相应模块中查询收发存汇总表、采购订单执行表、库存台账、明细账、存货呆滞积压分析表、销售毛利表、业务员业绩提成表、账龄分析表、盘点表，操作步骤略。

（九）账套备份

将账套输出至"9-6存货核算处理"文件夹，压缩后保存到U盘。

五、疑难解答

学习任务9-6疑难解答见表9-18。

表9-18　　　　　　　　　　　学习任务9-6疑难解答

问题出处	问题描述	问题解答
与总账对账	存货核算中，总账对账时提示账不平，有哪些原因？	如果对账不平，首先要去掉数量选项，只核算金额，如果金额不平，需要检查总账中的凭证是否已记账，如果已记账，需要查看存货里面已记账的单据是否都已经生成凭证。一般的错误是存货有部分业务没有生成凭证，或存货核算生成凭证后，在总账中未记账
期末处理流程	本月业务未完成，可否结账？	供应链与总账不同，供应链业务流程未走完，可以结账。不是操作错误，而是在实际工作中业务会出现跨月的情况，如采购中货到票未到，销售中已发未开票等
参数设置	根据其他出库单生成凭证时，对方科目为空是什么原因？如何处理？	在填写出库单时没有填写出库类别，或是在定义对方科目时没有按该出库类别定义科目。既可以修补之前的错误，也可以在凭证中直接录入科目
账表查询	对于某仓库的某个商品，如何查询其数量流水账？	先要分清楚是要查库存流水还是存货流水。对于供应链商品数量流水账，分库存流水账与存货流水账，分别记录实际库存数与账面存货数。实际库存数在出入库单审核时修改，账面存货数在记账时修改。库存流水账在库存模块查询，存货流水账在存货模块查询

【实训报告】

通过扫描二维码查看实训报告格式，可以据此参照制作纸质实训报告。

【问题思考】

1. 什么样的业务需要在期末业务处理完成后才能结转销售成本？

2. 采购、销售、库存、存货、应收、应付、薪资、固定资产、总账九个模块的结账顺序如何？请画出流程图。

3. 收发存汇总表、采购订单执行表、库存台账、存货呆滞积压分析表、销售毛利表、业务员业绩提成表、账龄分析表、盘点表的内容及其作用有哪些？

实训报告：学习任务9-6

【思政小课堂——"三个和尚"】

从小我们就听三个和尚打水的故事，故事中，一个和尚挑水喝，两个和尚担水喝，三个和尚没水喝，同时导致寺庙被毁。那么为什么会导致这个结局？

我们先假设这个寺庙里有且仅有一个水桶，因此，当和尚只有一个和两个的时候，和尚们可以通过改变工作方式，合理分配劳动力资源，做到相对均衡。而如果再多一个和尚的时候，由于工作方式没有因为条件改变而改变，导致劳动力出现剩余，于是出现了三个人都想偷懒的局面。排除掉主观意愿，假设采用轮班制，使得劳动和收益相对均衡，则不会导致这个局面的出现。

轮班制在这个故事框架里有个好处，那就是每次任务是可以量化的，例如，每次打水必须把水缸打满，或者每次打多少桶水，其工作细则可以详细列出，避免有人划水。

因此，按照这个思路，无论是水桶的多少，水缸的大小，或者每日的水消耗量的多少，只要把三个和尚作为一个团队，善于利用当前的条件，调整工作方式，使得劳动效益最大化，就能避免原来的结果。

我们在工作学习中的障碍，很多时候是因为原来的条件发生了变化，而导致原本均衡的局面打破，组织无法及时作出相应调整，部分成员在这一过程中出现悲观消极主义。

目前各行各业面临竞争加剧、工作方式迅速转变的局面，对此，企业和员工需要快速作出调整，培养成长型思维，循序渐进地接受更多挑战。

【项目小结】

通过供应链管理系统可以帮助企业实现销售、生产、采购、财务部门的高效协同，逐步消除管理瓶颈，建立竞争优势。供应链管理系统作为用友 ERP – U8 中国企业最佳经营管理平台的一个基础应用，包括合同管理、售前分析、销售管理、进出口管理、采购管理、电商订单中心、委外管理、库存管理、存货核算、质量管理、售后服务、VMI、序列号、采购询价、借用归还、库存条码——PC 版和库存条码——无线版等。本课程重点学习采购管理、销售管理、库存管理、存货核算。

供应链管理系统生成的凭证最终都会传递到总账模块，通过凭证的签证、审核、记账等操作，才能生成财务报表。

【即测即评】

扫描二维码，进行即测即评。

即测即评：项目九

参考文献

［1］钟爱军，郭黎．会计信息系统应用［M］．北京：高等教育出版社，2021．

［2］钟爱军，刘慧．会计信息化应用教程（第四版）［M］．北京：科学出版社，2021．

［3］刘勤，杨寅．改革开放40年的中国会计信息化：回顾与展望［J］．会计研究，2019（02）：25－34．

［4］徐玉德，马智勇．我国会计信息化发展演进历程与未来展望［J］．商业会计，2019（07）：7－12．

［5］徐亚文，钟爱军．会计信息系统［M］．北京：高等教育出版社，2017．

［6］钟爱军．会计电算化和信息化回顾及展望［J］．财会通讯，2012（07）：107－111．

敬 告 读 者

为了帮助广大师生和其他学习者更好地使用、理解和巩固教材的内容，本教材提供课件和部分习题答案，读者可关注公众号"会计与财税"浏览课件和习题答案。

如有任何疑问，请与我们联系。

QQ：16678727

邮箱：esp_bj@ 163. com

教师服务 QQ 群：606331294

读者交流 QQ 群：391238470

经济科学出版社

2024 年 4 月

会计与财税

教师服务 QQ 群

读者交流 QQ 群

经科在线学堂